裁判方法与法律适用

北京市第一中级人民法院／编

案 例 精 选

（2017年卷）

法律出版社
LAW PRESS·CHINA

裁判方法与法律适用

——案例精选(2017年卷)

前　言

案例是人民法院经过司法审判程序形成的发生法律效力并具有一定典型性和代表性的案件形式，是人民法院司法审判过程中形成的重要司法产品，每一个案例都凝聚着法官的智慧和心血。通过案例，我们能够对相同类型案件进行总结和梳理，进一步规范法官的裁判思路和尺度，统一法律适用；通过案例，我们能够及时发现社会生活中出现的新情况、新问题，为服务社会改革发展提供有益参考和借鉴；通过案例，我们能够对公众进行法治宣传教育，为法治中国建设传播正能量。因此，案例研究工作是人民法院审判工作的重要组成部分，是人民法院的一项重要基础性工作。

作为首都中级法院，我院辖区内集中了中央党政领导机关、科研院所、中央直属金融机构、高新技术企业、特大型国有企业等重点单位。独特的社会、经济、人文结构，在客观上为我院的案例研究工作提供了丰富的素材资源和便利条件。正是基于对案例研究重要性的充分认识以及我院所具有的案件资源优势，自 2013 年我院首次开展精品案例评选工作以来，《案例精选》系列丛书和相关工作已经成为我院展示审判成果、交流办案经验、研讨业务问题、培养司法技能的重要平台，得到了我院广大法官的大力支持和充分认可。在全院各部门和全院干警的共同努力下，我院的精品案例评选工作水平不断提升、效果逐渐显现，有力推动了我院审判工作的长远发展。

历经四个月的案例撰写、收集、评审、筛选、修改等项工作，我院 2017 年度精品案例选编工作现已顺利完成。在精品案例的评审过程中，我们在继续坚持务实作风和审慎态度的基础上，积极探索创新评选方式，严格以案件裁判质量和案例撰写水平为基础，以案例的典型性、指导性、新颖性为评判标准，对拟入选案例进行了反复的论证和修改。经过我院审委会审议，最终有 50 篇案例脱颖而出成为我院 2017 年度精选案例，涵盖了我院审判工作从立案到执行的各个领域。这些案例中包括引起社会广泛关注的诉北京大学撤销博士学位决定案、全国首例“两网”公司破产重整案等,充分体现了我院司法审判以及案例研究的较高水准,较好地展示了我院审判质效整体水平。

“如果说法治社会是一维长空,那么案例则像散落的星辰,对案例的研究就是找出那些发亮的星星”,祝愿我院案例研究工作能够取得更加丰硕的成果!

编　者

2018 年 5 月

目 录
Contents

刑事篇

蒙宇赌博案

刘　璐*

关键词

赌博罪　行为犯　犯罪未遂

裁判要旨

随着电子支付手段的快速发展,赌博行为更多地呈现出非现金形式、电子结算等特点。根据赌博罪的犯罪构成,只要有证据证明行为人客观上已完成聚集多人进行赌博的行为,并且与参赌人员约定了筹码等代用品所代表的具体金钱数额以及抽头渔利比例和具体兑换方式,即使筹码没有及时全部兑付,也应当依据起获的筹码等代用品数量认定具体的赌资数额或抽头渔利数额,该数额属于行为人的实际获利,且行为人的行为应当认定为赌博罪既遂。

相关法条

1.《中华人民共和国刑法》第三百零三条。

2. 最高人民法院、最高人民检察院《关于办理赌博刑事案件具体应用法律若干问题的解释》第一条第一项。

【当事人基本情况】

原公诉机关:北京市海淀区人民检察院。

上诉人(原审被告人)蒙宇,男,37 岁。

【基本案情】

2017 年 4 月 3 日,被告人蒙宇在北京市海淀区五道口华清嘉园 M – club 内,组

---

* 刘璐,北京市第一中级人民法院刑一庭法官。

织赵迪、张宇、闻宏亮、王武毅、金靖智、窦翔、于思斌、潘骏峰等八人以“德州扑克”的方式赌博。蒙宇按照人民币与筹码1:1的比例向参赌人员提供筹码,并与参赌人员约定了抽头比例和赌局结束后以微信钱包或支付宝转账的方式结算。被告人蒙宇于案发当日被公安机关抓获归案,从公安人员当场扣押的抽头所用筹码显示蒙宇抽头渔利为人民币10 280元(其中参赌人员向蒙宇实际转账2000元)。蒙宇到案后如实供述了上述事实。

【审理结果】

北京市海淀区人民法院于2017年10月31日作出(2017)京0108刑初2546号刑事判决:一、被告人蒙宇犯赌博罪,判处有期徒刑八个月,罚金人民币五千元。二、对被告人蒙宇违法所得人民币二千元,予以追缴。宣判后,被告人蒙宇不服,提出上诉。北京市第一中级人民法院于2017年12月28日作出(2017)京01刑终790号刑事裁定,裁定驳回上诉,维持原判。对蒙宇抽头渔利的认识错误,导致表述有误,予以纠正。

【裁判理由】

法院生效裁判认为:上诉人蒙宇的多次供述与证人王宏宇、王天宇、于思斌、张宇、窦翔、赵迪、闻宏亮、王武毅、金靖智、潘骏峰的证言,赃物扣押材料,张宇转账手机截图等证据相互印证,可以证明蒙宇通过微信联系,组织三人以上赌博,并按照筹码与人民币1:1的比例向参赌者提供筹码,现场扣押的筹码与蒙宇的供述、证人于思斌、潘骏峰等人的证言相互印证可以证明蒙宇与参赌人员约定了抽水比例及兑付方式,其抽头渔利数额为10 280元,因此,蒙宇的行为客观上已经完成了赌博犯罪的实施,并且形成了与参赌人员因明确约定及惯常的赌场资金交易习惯而产生的获利,其行为已构成赌博罪的既遂。故蒙宇的上诉理由及其辩护人的相关辩护意见不能成立,本院不予采纳。

【裁判解析】

本案二审审理中争议的焦点问题是,对于最高人民法院、最高人民检察院《关于办理赌博刑事案件具体应用法律若干问题的解释》(以下简称《解释》)第一条第一项中关于赌博行为人“抽头渔利数额累计达到5000元以上”应如何理解,如有部分未实际兑付,行为人是否构成赌博罪或者是否构成赌博罪未遂。司法实践中存在两种观点,一种观点认为,行为人正在聚众赌博时被当场抓获,抽头渔利尚未进行对账、结算,属于已经着手实施犯罪,由于其意志以外的原因而未得逞,系犯罪未遂。另一种观点则认为,《解释》设定赌博行为人抽头渔利数额的初衷是将一般娱乐活动、违反治安管理法规行为与赌博犯罪行为进行程度上的区分，而并没有改变赌博罪行为犯的性质。根据赌博罪的犯罪构成，行为人客观上已经完成了聚众赌博的行为，并且与参赌人员形成了因明确约定及惯常的赌场资金交易习惯而产生的抽头获利，即使筹码没有及时全部兑换，其行为也已构成赌博罪既遂，其抽头渔利数额也不再是预期获利。我们同意第二种观点。

第一，从赌博罪的犯罪性质看。《刑法》第三百零三条第一款规定："以营利为目的，聚众赌博或者以赌博为业的，处三年以下有期徒刑、拘役或者管制，并处罚金。"因此，仅从赌博罪的犯罪构成来看，聚众赌博是一种行为犯。即行为人出于营利的目的，实施了组织多人参与赌博的行为即构成犯罪，且其行为实施了就已经构成犯罪既遂。但根据《解释》第一条第一项的规定："组织三人以上赌博，抽头渔利数额累计达到5000元以上的，属于刑法第三百零三条规定的'聚众赌博'。"（还有三个选择条件，但本案都未达到）也就是立法者为了对赌博罪中行为的危害程度加以限制，将立法上的行为犯在司法解释中数额化了。对于数额犯的成立及其既未遂标准学术界一直存在很大争议，但近年来随着司法解释规定诈骗罪等标准的数额犯（此类数额犯在罪状中就规定了数额较大等要求），在行为人未实际取得相应数额利益时也构成犯罪后，学界和司法实务界实际都更倾向于将犯罪目标数额或预期数额作为入罪的标准，而不再将未实际取得相应数额的行为完全排除在犯罪之外。赌博罪作为数额化的行为犯，其本质仍是行为犯。《解释》设定赌博行为人抽头渔利数额的初衷是将一般娱乐活动、违反治安管理法规行为与赌博犯罪行为进行程度上的区分，而并没有改变赌博罪行为犯的性质。根据赌博罪的犯罪构成，如果行为人客观上已经完成了聚众赌博的行为，并且有证据证明其与参赌人员形成了因明确约定及惯常的赌场资金交易习惯而产生的抽头获利，即使筹码等代用品没有及时全部兑付，其行为也已构成犯罪，其抽头渔利的数额也不再是预期获利。

第二，从赌博罪所侵犯的法益来看。诈骗罪、盗窃罪等传统的数额犯所侵犯的主要是个人法益，即公私财产权益。当然其犯罪行为同时也扰乱了社会秩序，而这也正是立法者逐渐将诈骗未遂等行为也纳入犯罪圈的原因。但我们必须认识到，这类犯罪中如果行为人没有实际取得相应的利益，其对财产权的侵犯也是不完整的或极其有限的，社会危害性也就大打折扣，所以司法解释将其认定为犯罪未遂，限制处罚程度。而赌博罪却不同，赌博罪所侵犯的应是社会法益。虽然赌博犯罪是无被害人犯罪，只是损失参赌者财产，但实质上赌博行为的发生，已危害了社会安全以及善良风俗,所以赌博罪侵害的客体是社会管理秩序。这也是我国刑法把赌博罪放在妨害社会管理秩序罪一章的原因。从这个角度来讲,一定规模的赌博行为如果已经实行,其对社会管理秩序的侵害,对社会风气的败坏就已经实现,而不以组织赌博的行为人是否实际取得了预期收益为限。具体到本案,虽然最后有部分筹码尚未进行资金的结算,但现有证据可以证明依据参赌人员约定及之前几次赌局的惯例筹码最终都要以电子支付的形式进行兑付,所以这种以筹码形式进行的赌博行为已经造成了同样的社会危害,无论其是否全部进行结算,筹码所代表的金额均应该作为行为人抽水渔利的数额予以认定,且应认定为犯罪既遂。

第三,从现行司法解释来看。关于赌博罪的司法解释中虽未对筹码未结算的情况如何处理予以规定,但其规定了网络赌博犯罪赌资的计算。《解释》第八条规定:"通过计算机网络实施赌博犯罪的,赌资数额可以按照在计算机网络上投注或者赢取的点数乘以每一点实际代表的金额认定。"而当时的《解释》起草者在其文章中也表示"在计算机网络赌博中,为了方便客户投注,用作投注的对象往往只是点数,而不是真实的资金。只有在结算时才按照每一点实际代表的金额来计算输赢数额,然后再发生真实的资金转移关系。点数能够反映计算机网络赌博中真实的投注数额和赢取数额。而计算机网络赌博中,点数就相当于现实赌博中的筹码。"[①]因此,根据司法解释已规定的内容,我们可以类比得出,现实中筹码也能反映出赌博中投注或盈利的数额。即使筹码未来得及兑换为真实货币,其仍然可以证明行为人的抽水渔利数额。

第四,从司法实践来看。目前我国电子支付技术迅猛发展,微信钱包或支付宝等结算形式由于其快速、便捷的特点突出,使很多赌博犯罪分子都对其"青睐有加"。实践中赌博犯罪逐渐减少了采用现金交易的方式,而更多的是以筹码或者点数等形式代替,散局后再以电子支付形式结算。由于这种形式在一定程度上可以逃避打击和法律制裁,必然会形成一种犯罪趋势。如果将此类情况均认定为犯罪未遂,那将导致今后公安机关抓赌中很难掌握行为人既遂的证据,从而削弱了对赌博犯罪的打击力度。

结合本案具体情况分析:首先,上诉人蒙宇的多次供述与多名参赌人员的证言,现场扣押物品以及蒙宇手机的微信截图等证据相互印证,可以证明蒙宇通过微信联系,组织三人以上赌博,并按照与人民币 1:1 的比例向参赌者提供筹码,民警

① 祝二军:《准确适用刑事法律依法惩治赌博犯罪》,载《人民司法》2005 年第 6 期。

赶到现场时,赌局已进行多时,现场扣押了大量赌博所用的筹码。其次,被告人蒙宇的供述、发牌人于思斌、潘骏峰等人的证言与现场起获的筹码相互印证可以证明,蒙宇与参赌人员约定了按照每局筹码的5%抽水,抽水的筹码由发牌人暂存,等赌局结束后由参赌人员与蒙宇通过微信钱包或支付宝的方式转账结算。案发当天公安机关在现场虽未发现现金赌资,但扣押的发牌人保管的抽水筹码共对应人民币10 280元。最后,多名参赌人员均证明其结算形式就是赌局后电子支付,他们经常在一起玩,都不会赖账。且参赌人员张宇的证言及手机微信支付截图可以证明其输掉了所有筹码后用微信向蒙宇转账2000元。故综合本案全部事实与情节,可以认定蒙宇的行为客观上已经完成了赌博犯罪的实施,并且形成了与参赌人员因明确约定及惯常的赌场资金交易习惯而产生的抽头获利,其行为已构成赌博罪的既遂。一审判决将蒙宇抽头渔利的情况表述为"公安机关现场起获筹码显示蒙宇抽头预期获利共计人民币10 280元(含实际获利2000元)"属于对蒙宇抽头渔利的认识不清,导致表述有误,容易引起蒙宇的行为构成犯罪未遂的歧义,二审法院对此予以纠正,并对一审判决的定罪与量刑结果予以维持。

【案例点评】

随着电子支付手段的快速发展,赌博行为更多的呈现出现场"无赌资"的特点,行为人往往利用筹码或其他代用品进行赌博,之后再通过支付宝或微信等电子方式结算。这样不仅可以一定程度的逃避打击,也可以在被查获后辩解自己为犯罪未遂。本案对此类行为从刑法理论、现行法律及司法解释、司法实践等多个角度进行了专业而翔实的分析,形成了严谨而正确的判断,对于类似案件的处理起到了一定的借鉴和指导作用。

【裁判心得】

随着科技的飞速发展,赌博行为更多的呈现出非现金形式、电子结算等特点。这要求刑事法官在及时了解新的科技发展、洞悉社会变迁的同时,更善于深入探究刑事法律的"本质",从而正确理解和适用法律,使赌博这种严重败坏社会风气的行为无法逃避打击和法律的制裁。

才旺、韩海风贩卖毒品案

张乾雷[*]　张　璇[**]

关键词

程序违法　发回重审　变更起诉　限制辩护权

裁判要旨

《刑事诉讼法》第二百二十七条规定了程序违法应当发回重审，其中第三项规定的剥夺或限制了当事人的法定诉讼权利，可能影响公正审判的，应当撤销原判发回重审，因此，需要通过判断一审程序违法的严重程度从而决定是否适用发回重审的程序性制裁手段。辩护权作为被告人最重要的法定诉讼权利，在案件一审审理中，如果存在较为严重的剥夺或限制被告人辩护权的程序违法情况，那么二审就应当以程序违法为由发回重审。

相关法条

1.《中华人民共和国刑事诉讼法》第十一条、第二百二十七条第三项。

2. 最高人民法院《关于适用〈中华人民共和国刑事诉讼法〉的解释》第二百四十三条。

3. 最高人民检察院《人民检察院刑事诉讼规则（试行）》第四百六十一条。

【当事人基本情况】

原公诉机关：北京市海淀区人民检察院。

上诉人（原审被告人）：韩海风，男，29岁。

---

[*] 张乾雷，北京市第一中级人民法院刑一庭法官。

[**] 张璇，北京市第一中级人民法院刑一庭法官助理。

原审被告人:才旺,男,28 岁。

【基本案情】

2016 年 4 月 17 日,买毒人在本市海淀区筹集毒资后向被告人才旺约购毒品。同日 17 时许,被告人才旺伙同被告人韩海风在本市朝阳区十八里店乡横街子村村口以人民币 300 元的价格向买毒人贩卖毒品 2 包时,被公安机关当场抓获。经鉴定,上述毒品检出甲基苯丙胺,净重 1.94 克。公安机关另从被告人才旺的包内起获毒品 3 包,经鉴定,上述毒品检出甲基苯丙胺,净重 39.58 克。经核实,上述毒品均系被告人韩海风帮助被告人才旺介绍联络,于 2016 年 4 月 15 日在本市密云区向他人购买。被告人才旺、韩海风均如实供述了上述犯罪事实。

针对上述指控,公诉机关在起诉书中以及在第一、二次庭审时,指控被告人才旺、韩海风共同向他人贩卖毒品,应当以贩卖毒品罪追究其二人刑事责任,其中被告人才旺贩卖毒品数量为甲基苯丙胺 41.52 克,被告人韩海风贩卖毒品数量为甲基苯丙胺 1.94 克;且被告人韩海风帮助被告人才旺介绍联络贩毒者,还应当以非法持有毒品罪追究其刑事责任,其非法持有毒品数量为甲基苯丙胺 39.58 克。被告人韩海风一人犯数罪,应当对其以贩卖毒品罪、非法持有毒品罪数罪并罚。但在第三次庭审中,公诉机关认为,被告人才旺、韩海风共同向他人贩卖毒品,应当以贩卖毒品罪追究其二人刑事责任,二人贩卖毒品数量均为甲基苯丙胺 41.52 克。公诉人在第三次庭审时当庭变更了对韩海风指控的罪名,并且这一变更没有任何检察院的书面材料,事先也没有与被告人及其辩护人沟通,仅仅是公诉人在庭审时口头进行了变更,一审法院也没有要求公诉机关补充变更起诉的相关书目材料。

另外,一审时公诉机关变更对韩海风指控罪名的重要依据是一审期间补充侦查获得的韩海风手机中其与才旺微信聊天记录的鉴定意见,二人的微信聊天记录表明,韩海风事先知道才旺买毒是为了贩卖获取收益,根据武汉会议精神,“居间介绍者受贩毒者委托,为其介绍联络购毒者的,与贩毒者构成贩卖毒品罪的共同犯罪;明知购毒者以贩卖为目的购买毒品,受委托为其介绍联络贩毒者的,与购毒者构成贩卖毒品罪的共同犯罪”,韩海风属于贩卖毒品罪,因此,公诉机关变更了对韩海风指控的罪名。但是,此鉴定意见并没有及时送达给被告人,只是在第三次开庭的时候当庭向两名被告人进行了出示,在一定程度上限制了被告人对鉴定意见的异议权和申请重新鉴定的权利。

一审宣判后,被告人韩海风提出了上诉,其上诉理由是,其没有跟才旺一起贩卖毒品,一审一开始认定其持有最后成了贩卖,对其的量刑过重。被告人才旺对一审没有意见。

经二审审理查明的事实、证据与一审相同,经审核予以确认。

【审理结果】

北京市海淀区人民法院于 2017 年 9 月 15 日作出(2016)京 0108 刑初 2073 号刑事判决:一、被告人才旺犯贩卖毒品罪,判处有期徒刑十二年四个月,剥夺政治权利三年,并处罚金人民币二万元。二、被告人韩海风犯贩卖毒品罪,判处有期徒刑十一年,剥夺政治权利二年,并处罚金人民币二万元。被告人韩海风不服向北京市第一中级人民法院提出上诉。北京市第一中级人民法院于 2017 年 11 月 30 日作出(2017)京 01 刑终 732 号刑事裁定:一、撤销北京市海淀区人民法院(2016)京 0108 刑初 2073 号刑事判决及刑事裁定。二、将本案发回北京市海淀区人民法院重新审判。

【裁判理由】

法院生效裁判认为:一审人民法院根据才旺、韩海风犯罪的事实,犯罪的性质、情节和对于社会的危害程度所作出的判决,定罪正确,量刑适当,但存在以下程序严重违法事项:

1. 原公诉机关在一审第三次庭审中以口头方式变更起诉违反法律规定。最高人民检察院《人民检察院刑事诉讼规则(试行)》第四百六十一条规定,"变更、追加、补充或者撤回起诉应当报经检察长或者检察委员会决定,并以书面方式在人民法院宣告判决前向人民法院提出"。最高人民检察院《关于公诉案件撤回起诉若干问题的指导意见》第六条规定,"对于人民检察院决定变更起诉、追加起诉的案件,应当书面通知人民法院,并制作变更起诉书或追加起诉书。变更起诉书、追加起诉书文号分别编为:×检刑变诉(××××)×号、×检刑追诉(××××)×号"。北京市人民检察院《关于公诉案件撤回起诉若干问题的意见(试行)》第五条规定,"人民检察院决定变更起诉、追加起诉的案件,应当书面通知人民法院,并制作变更起诉书或追加起诉书。变更起诉的,原起诉书同时作废;追加起诉的,原起诉书继续有效"。变更起诉应当以书面方式进行。原审判决变更起诉的方式违反了上述法律强制性规定。

2. 本案关键证据,即对才旺、韩海风微信聊天记录的鉴定意见书未及时送达二名被告人才旺、韩海风,剥夺了他们的要求补充鉴定或重新鉴定的权利,属于程序违法。本案一审在补充侦查期间,经北京市公安局海淀分局马连洼派出所 2017 年 7 月 27 日委托,对才旺手机内的全部数据进行了提取、恢复的司法鉴定,该司法鉴定书于2017年8月11日出具，并给两位辩护人阅卷，但未及时告知两名被告人，且两名辩护人也没有会见被告告知这一鉴定意见书的情况，直至一审第三次开庭，两名被告人才了解到该司法鉴定意见书的内容，且当庭仅仅向两名被告简单出示了意见书，并没有询问被告是否要求补充鉴定或重新鉴定。上述情况违反了《公安机关办理刑事案件程序规定》第二百四十三条第二款，“对经审查作为证据使用的鉴定意见，公安机关应当及时告知犯罪嫌疑人、被害人或者其法定代理人”。另外，最高人民法院《关于适用〈中华人民共和国刑事诉讼法〉的解释》第八十四条亦规定，“对鉴定意见应当着重审查以下内容：……（十）鉴定意见是否依法及时告知相关人员，当事人对鉴定意见有无异议”。《刑事诉讼法》第一百四十六条规定，“侦查机关应当将用作证据的鉴定意见告知犯罪嫌疑人、被害人。如果犯罪嫌疑人、被害人提出申请，可以补充鉴定或者重新鉴定”。一审法院直接认定未及时告知并听取当事人意见的司法鉴定，剥夺当事人对司法鉴定的要求补充鉴定或重新鉴定的权利，属于程序违法。

以上违法事项表面上看是对办案规定中程序性事项的违反，实际上是严重剥夺或限制了被告人的辩护权等重要的诉讼权利。公诉机关在一、二次开庭时明确表示指控韩海风非法持有毒品罪，理由是“现有证据，只能证明韩海风明知吸食毒品而帮助其购买”。但是在第三次开庭时，公诉人出示了补充侦查的鉴定书后突然表示要将对韩海风指控的罪名变更为贩卖毒品罪，理由是根据武汉会议精神，“居间介绍者受贩毒者委托，为其介绍联络购毒者的，与贩毒者构成贩卖毒品罪的共同犯罪；明知购毒者以贩卖为目的购买毒品，受委托为其介绍联络贩毒者的，与购毒者构成贩卖毒品罪的共同犯罪”，且“居间介绍也构成犯罪，不以牟利为要件”，鉴定意见表面韩海风事先明知才旺购毒的目的是贩卖，因此韩海风属于贩卖毒品罪。这一指控罪名的变化对韩海风的刑期将产生重大影响，然而公诉人并没有向法院提交变更起诉书或任何其他书面材料，一审法院准许以这种方式变更起诉，未依法重新向被告人送达变更后的起诉书、进行诉讼权利告知等，明显违反法定程序；作为本案关键证据的司法鉴定意见，在没有及时向被告人送达的情况下，一审法院直接认定且没有听取被告人的意见，剥夺被告人对司法鉴定的要求补充鉴定或重新鉴定的权利，属于程序违法。

综上，一审法院的以上程序违法事项严重剥夺了被告人的法定诉讼权利，可能影响公正审判，依据《刑事诉讼法》第二百二十七条第三项的规定，应当裁定撤销原判，发回重审。

【裁判解析】

本案主要涉及《刑事诉讼法》第二百二十七条第三项的理解与适用问题。《刑事诉讼法》第二百二十七条规定了二审发回重审的程序性事由,是我国刑事诉讼法比较典型的程序性制裁规定之一,因此,本案的焦点本质上是程序性制裁的适用问题。

程序性制裁又称程序性裁判,其一般是指刑事诉讼法针对程序性违法行为所建立的程序性法律后果。程序性制裁是一种在诉讼程序内对程序性违法行为及其结果或加以否定,或予以撤销,或令其修正补充的机制。程序性制裁是刑事诉讼由工具主义价值观向多元价值观的转变尤其是向程序本位主义价值观转变的有力法律支撑,为强化裁判结论的权威性与公信力、树立司法的权威提供了切实的保障。

综观我国现行的刑事诉讼法,现有的最具代表性的程序性制裁方式有两种:一种是以《刑事诉讼法》第五十四条规定为核心的非法证据排除规则,近几年,随着以审判为中心的刑事诉讼制度改革的深入推进,非法证据排除规则得到了极大的立法制度完善与实践应用进步;另一种是《刑事诉讼法》第二百二十七条确立的撤销原判、发回重审的方式,与非法证据排除规则相比,发回重审程序性制裁方式则受到的关注度明显较少,但实际上此项规则在司法实践中出现的问题颇多,尤其是第二百二十七条第三项的规定,由于其表述并不明确,且没有相关的司法解释,导致实践应用中的争议很大。对本案的处理实际上反映了审判实务中对《刑事诉讼法》第二百二十七条第三项规定在理解与适用上的几大争议点。

(一)对第三项"可能影响公正审判"的理解

《刑事诉讼法》第二百二十七条规定的五项发回重审的事由中除了第三、五项,都是明确的必须发回重审的程序性违法事由,第三项规定了"剥夺或者限制了当事人的法定诉讼权利,可能影响公正审判的",这里的"可能影响公正审判",我们认为应当从以下两个方面理解:一是准确理解"审判"的含义。"审判"是一个包含过程和结果、具有综合意义的概念,而"判决"是仅就结果而言的,程序性制裁所确立的程序意义与结果正义相互区分并具有相对独立性,与诉讼所要解决的实体问题没有必然的联系,也就是说,程序性制裁并不受原审判决结果正确与否的影响。因此,"影响公正审判"不以不公正判决结果的出现为其成立的前提条件,除实体结果外,程序的公正性也是衡量审判公正与否的重要因素,二审法官即使认为原判决结果是正确的,亦可以一审审判过程不符合公正的一般原则为由将案件发回重审。二是注意把握规定中"可能"的表述。我们认为,"可能"在这里实际上是一种对程序违法程度的限制，其表面，只有当原审剥夺或限制当事人的法定诉讼权利达到影响审判公正性的程度时，才可以发回重审。发回重审程序性制裁固然具有诸多方面的积极意义，但其也存在增加诉讼成本，拖延诉讼效率的重大弊端，我们认为，可导致发回重审后果的程序违法行为应当是那些违法情节较为严重、导致当事人的诉讼权利受到重大损害、致使审判程序的公正性受到重大影响的程序性违法行为，而对那种仅仅属于法律手续不完整或者在具体程序环节方面有瑕疵的程序性违法行为，如未经高级法院的批准超过审理期限的，以及未在规定的时间内公开审判时间、地点的，二审法院可以采用提出意见或发审判监督函的形式要求原审法院纠正，而不必将案件发回重审。

结合本案，本案一审审理中限制的是被告人最重要的诉讼权利辩护权，且其关涉的行权事项是有关被告人罪名的认定，不同的罪名对被告人的刑期将产生重大影响，而检察院并未提前将变更起诉书送达给被告人，而是在最后一次开庭时由公诉人当庭口头予以变更，没有给予被告人及其辩护人心理准备和辩护准备，一审法院对此予以了认可，是严重违反法定程序的行为，属于可能影响公正审判且违法程序严重的情况，应当适用发回重审的程序性制裁规定。

（二）对法院的间接性程序违法行为适用发回重审的程序性制裁的考量

法院审理只是刑事诉讼的一个阶段，在此之前还有侦查和审查起诉阶段，因此，在公安机关和检察机关执行侦控的过程中也有可能出现程序性违法行为，那么对于进入法院审理阶段之前由公安机关或是检察机关造成的程序违法行为，审理法院如果没有进行审查和制裁，或者应当为作为受害者的被告人提供必要的权利救济却没有采取任何措施，这种情况下，二审法院是否可以认为一审法院构成程序性违法，对其适用发回重审的程序性制裁？

有人认为，从《刑事诉讼法》第二百二十七条所规定的五类程序性违法发回重审事由来看，第一、二、四项均是法院在审理中的直接程序性违法行为（分别为违反公开审判、回避、审判组织不合法），虽然第三、五项没有明确具体的程序违法事项，但是根据条文一致的逻辑推理，应当认为第三、五项所指的也仅是一审法院的直接程序违法行为。但是，我们认为，我国现行《刑事诉讼法》第二百二十七条的规定不应当仅适用于一审法院的程序违法行为。相对于作为国家追诉机关的公安机关和检察机关来说，法院是一个利益无涉的裁判机关，法院的中立地位使得它缺乏违反程序的冲动，因而更容易合法公正地履行有关庭审的程序规则，如果《刑事诉讼法》第二百二十七条仅仅是法院系统内的自我约束机制，而对侦控机关的违法侦控行为视若无睹,那么其保障诉讼公正、严肃性,提高司法公信力的功效将大打折扣。因此,我们认为,对于法院的消极性程序违法行为,如果达到了影响公正审判的程度,也应当适用第二百二十七条发回重审的规定。

结合本案,在本案的二审阶段,二审承办人对被告人韩海风进行提讯的时候,韩海风表示其不明白为何一审对其罪名发生了变化,其不明白第三次开庭时公诉人为什么突然变更对他的指控。由此可见,一审法院在公诉人明显违反变更起诉的程序性规定的情况下,没有及时指出,也没有对被告人进行相应权利的告知,导致被告人对变更后的罪名没有完整行使法定的辩护权,是严重地违反法定程序的行为,应当适用《刑事诉讼法》第二百二十七条第三项的规定发回重审。

【案例点评】

我国《刑事诉讼法》第二百二十七条规定了二审发回重审的程序性事由,但是其规定的程序性违法事由仅列举了公开审判、回避、审判组织组成三类具体的程序性违法事项,其他则以概括的方式予以规定。因此,在审判实践中,多数存在程序性违法问题的案件需要二审承办人衡量判断其程序性违规问题是否达到发回重审的严重程度。本案为刑事法官在二审中把程序性违法发回重审的标准,妥善处理案件审判的程序正义与诉讼效率之间的辩证关系提供了有益借鉴。

【裁判心得】

刑事案件二审应当按照全面审查的原则,不仅要审查一审认定的事实是否清楚,定罪量刑的证据是否充分,适用的法律是否准确,还要审查一审的审理程序是否正当合法。因此,法官面对二审案件,要有高度的责任心、耐心,还要细心,树立维护程序正义的审判理念,培养公正与效率的衡平意识,实现二审对一审的监督指导功能。

孙小许合同诈骗案

宋振宇*

关键词

合同诈骗　客观要素　主观要素　机器可骗

裁判要旨

认定机器(系统)被骗应当满足以下条件:1. 机器不能识别欺骗行为。2. 机器的处分行为能够默认为代表了权利人的处分意愿。3. 即使被害人本人在当时的情形下也无法识别欺骗行为。

相关法条

《中华人民共和国刑法》第二百二十四条。

【当事人基本情况】

公诉机关:北京市人民检察院第一分院。

被告人:孙小许。

【基本案情】

被告人孙小许自2016年1月至7月间,先后利用深圳市航行天下航空服务有限公司(以下简称航行天下公司)和深圳市星旅相随商旅服务有限公司(以下简称星旅相随公司)系与北京趣拿软件科技有限公司(以下简称趣拿软件公司)签订《去哪儿网商户服务协议》的代理商的身份,在"去哪儿网"开展国际机票预定业务。其间,孙小许利用趣拿软件公司系统验证规则,以填写虚假票号等方式通过验证,骗取该公司机票结算款等费用共计人民币11 317 467元。因其行为被趣拿软

* 宋振宇,北京市第一中级人民法院刑二庭法官。

件公司发现,另有人民币 1 083 383 元未能取得。此外,趣拿软件公司还冻结了航行天下公司和星旅相随公司的机票结算款人民币 359 815 元,孙小许通过他人退还趣拿软件公司人民币 100 000 元。

被告人孙小许于 2016 年 12 月 5 日被公安机关抓获到案。

【审理结果】

北京市第一中级人民法院于 2017 年 12 月 27 日作出(2017)京 01 刑初 107 号刑事判决:一、被告人孙小许犯合同诈骗罪,判处无期徒刑,剥夺政治权利终身,并处没收个人全部财产。二、责令被告人孙小许退赔犯罪所得人民币一千零八十五万七千六百五十二元,发还被害单位北京趣拿软件科技有限公司。宣判后,公诉机关未提出抗诉,被告人孙小许亦未上诉。

【裁判理由】

法院生效裁判认为:根据《去哪儿网商户服务协议》等相关书证以及被告人孙小许的供述等言词证据,航行天下公司、星旅相随公司均应依协议约定发布机票信息,向乘客提供机票后再向被害单位申请对应的机票款。而孙小许作为航行天下公司和星旅相随公司的控制人,利用被害单位系统自动验证 Amadeus 所出机票的规则,违反协议约定,在被害单位后台系统中填写真实的 PNR 码与虚假的票号,进而申请机票结算款。被害单位因孙小许发布机票信息、填写 PNR 码、机票号及申请结算的行为,误认为孙小许已经按照协议约定向乘客提供了机票故而支付钱款。故被害单位因孙小许的诈骗行为陷入认识错误支付对应款项。

被告人孙小许借用他人钱款收购航行天下公司购买国际机票,根据航行天下公司与被害单位的协议约定,航行天下公司需要先为乘客购买机票并垫付机票款,此后才能从被害单位申请获得对应款项,同时,被害单位有权在航行天下公司不履行合同时冻结应当支付给航行天下公司的款项。孙小许作为航行天下公司的实际控制人,违反协议约定,采用诈骗手段获得被害单位的巨额款项,致使被害单位遭受巨额财产损失。在被害单位冻结了航行天下公司部分机票结算款后,孙小许不仅没有设法减少被害单位的损失,又租用星旅相随公司继续实施不法行为,在产生更大亏空后,既不能保证乘客出行,也不能归还被害单位的钱款。上述行为足以反映孙小许主观上具有非法占有的犯罪故意。

综上,被告人孙小许以非法占有为目的,在签订、履行合同过程中,骗取对方当事人财物,其行为已构成合同诈骗罪。

【裁判解析】

本案的争议焦点之一在于如何确定被告人孙小许的行为构成盗窃罪还是合同诈骗罪。曾有反对观点认为“机器不可骗”，孙小许“欺骗”的是被害单位的系统，系统不会陷入错误认识而处分财产，故其行为不构成合同诈骗罪，而构成盗窃罪。笔者认为孙小许构成合同诈骗罪。

“机器不可骗”来源于日本判例，因机器不能陷入认识错误而处分财产，故即使使用欺骗手段从机器中取得财产也不构成诈骗类犯罪，而只能认定为盗窃罪。该观点在我国为张明楷教授所提倡：“如果认为机器也可以成为欺骗行为的受骗者，就几乎不可能区分诈骗罪和盗窃罪。”[①]其所指的行为包括：用普通铁币代替硬币从自动贩卖机取出商品；用某种工具打开汽车的智能锁然后开走汽车；用某种工具打开住宅的智能锁入室盗窃。该思路可以限制诈骗罪的规制范围，也使得诈骗罪与盗窃罪更容易区分，但并未进一步考虑，机器或者某一系统实施的财产处分行为是否可以默认为代表了财产权利人（不限于所有权人）的处分意思。

笔者认为，可以在有限的范围内认可机器能够被骗。仅就客观要素而言，针对支付平台实施的犯罪行为常常具有盗、骗结合的特点。本案中，孙小许填写虚假票号的行为是一种欺骗行为，而其在被害单位不知情的情况下将被害单位款项非法转移占有的行为也具有秘密窃取的性质。故在本案中，仅从客观要素无法界分盗窃和诈骗类犯罪。笔者认为，对针对支付平台等系统进行犯罪的性质认定，应当结合以下两个关键要素进行分析：第一，财产权利人的本意；第二，支付平台的功能是否能够延展财产权利人的本意。就第一个层面而言，如果财产权利人的本意自始至终就不存在转移财物的主观意图，无论犯罪行为人是否采用了欺骗的手段，都不构成诈骗类犯罪，而成立盗窃罪；如果财产权利人的本意是在犯罪行为人提供了一定条件满足其要求时就转移财物，而犯罪行为人采用了欺骗的手段致使财产权利人陷入认识错误而转移财物，则应当认定为诈骗类犯罪。就第二个层面而言，支付平台的功能（系统）只有能够正常延展财产权利人的本意时才能认为该平台（系统）能够“代表”财产权利人被诈骗。它又包括两层含义：一是平台（系统）正常运行，二是平台（系统）可以直接处分财产。因此，认定机器（系统）被骗应当满足以下条件：1. 机器不能识别欺骗行为。2. 机器的处分行为能够默认为代表了权利人的处分意愿。3. 即使被害人本人在当时的情形下也无法识别欺骗行为。如此解

① 张明楷：《刑法学》，法律出版社2016年版，第1009～1011页。

释，前述张明楷教授所举的通过工具打开电子锁等行为，并不能体现出权利人的意愿，因此不成立诈骗，并不影响罪名的区别认定。

本案中，财产权利人即被害单位的本意，是在行为人提供真实机票的情况下将旅客支付给平台的机票款置于行为人的控制之下，具有处分转移财物的意图；财产权利人设置的网络支付平台，在正常运行当中且能够直接处分财物，能够体现财产权利人的主观要素。因此，被告人孙小许向平台填写虚假票号并非法占有被害单位钱款的行为属于诈骗类犯罪而非盗窃罪。

【案例点评】

机器能否被骗已经讨论地比较深入，认为机器不能被骗的观点除了事实角度的理由外，还存在罪名体系解释的需要。本案总结的相关情形认定为诈骗的三个条件，对同类案件的裁判有较为具体的指导作用。

【裁判心得】

如果仅从技术层面来讲，机器当然存在被骗的情况，如早前的人工智能并不发达，人类棋手可以通过“骗招”让机器上当。但是在法律规范层面，讨论机器是否可骗是否有意义？无论得出肯定或是否定的结论，都是差强人意的，因为完全忽略了刑法评价上“人”的主体地位，而将犯罪行为的相对方指向了不存在利益的机器上。如果讨论“机器能否被骗”的落脚点在于服务司法实践，那么“机器能够被骗”的讨论最终应该回归到“机器背后的权利人能否被骗”这一命题上来。

翟金凤受贿、非国家工作人员受贿案

林辛建[*]　魏晓田[**]

关键词

受贿罪　国家工作人员主体身份　退休人员　以借为名

裁判要旨

1. 国家机关工作人员等在离退休后，虽不再具有国家机关工作人员等身份，但依法继续从事公务活动的，仍应认定为国家工作人员。

2. 判断国家工作人员是否以借款为名行受贿之实，要从双方的人物关系、借款必要性、赃款去向、还款表现等方面综合考量，判断证据之间能否形成较为完整的证据锁链。虽然出具有借条，但双方之间"权钱交易"的意思明确，应认定为受贿。

相关法条

《中华人民共和国刑法》第九十三条、第三百八十五条第一款。

【当事人基本情况】

原公诉机关：北京市海淀区人民检察院。

上诉人（一审被告）：翟金凤，女，64 岁。

【基本案情】

被告人翟金凤于 1997 年 1 月至 2002 年 12 月被任命担任本市海淀区四季青乡党委副书记，2003 年 1 月至 2004 年 9 月被任命担任四季青乡人大副主席，2004

* 林辛建，北京市第一中级人民法院刑二庭法官。

** 魏晓田，北京市第一中级人民法院刑二庭法官助理。

年9月至2006年5月担任四季青镇副职待遇;2006年5月至2008年2月任四季青镇调研员,2008年3月起退休。根据四季青乡党委决定,翟金凤在担任四季青乡党委副书记期间约于2001年11月被乡党委委派兼任远大村党总支书记,主持远大村全面工作,后经远大农工商公司[①]党总支换届选举于2003年12月24日被任命为该公司党总支书记,直至2007年3月19日。翟金凤在兼任远大农工商公司总支书记期间负责远大农工商公司全面工作。后经四季青镇党委会决定,翟金凤于2007年3月19日被免去远大农工商公司党总支书记职务。翟金凤自2002年至2007年2月底担任远大村及远大农工商公司党总支书记期间,主持远大村全面工作,对远大村范围内的所有工作全面负责,包括蓝靛厂地区拆迁工作、与北京永泰房地产开发有限责任公司合作建设"永泰大酒店"项目(原名为"四季青农业科技发展中心"项目)等工作。2007年3月12日,经四季青农工商总公司推荐,四季青镇经济合作总社第一届集体资产管理委员会决定由四季青农工商总公司聘任翟金凤为该公司总政工师。2008年1月,经远大农工商公司党总支会议决定聘请当时为该公司顾问的翟金凤作为远大农工商公司代表进入永泰酒店管理方董事会,负责远大农工商公司与永泰公司合作的该项目工作,对董事会中涉及远大农工商公司利益的重大事项进行监督,一直到2008年12月。

上述位于本市海淀区远大路的"永泰大酒店"项目系四季青农工商总公司、海淀区远大农工商公司与北京永泰房地产开发有限责任公司合作开发建设的项目,于2003年前后双方协商签订的合作建设协议,原项目名称为"四季青农业科技发展中心",性质为农业科技发展项目,后变更为酒店项目。该项目用地系由远大村农村集体所有村庄工矿用地获批征用后于2000年11月转为城市建设用地,属于国有土地; 2005年2月,四季青镇政府批准四季青农工商总公司通过协议方式将该地块的国有土地使用权转让给北京永泰酒店管理有限公司,土地规划用途为商业、地下车库。该项目采用合作开发、委托经营模式,北京四季青乡农工商总公司作为甲方(授权委托远大农工商公司),北京永泰房地产开发有限公司作为乙方(授权委托永泰酒店管理有限公司作为丙方)进行具体磋商,约定甲方作为该项目建设用地的土地使用权所有者,乙方作为合作建设者,建成物业及项目经营收益甲乙双方按比例分成,有关租售事宜由甲方委托乙方统一经营,甲方分得产权以协议

① 农工商联合企业是农村的一种基层组织形式,除了村的集体事务外,还会协助政府从事行政管理工作。远大村即包括村委会、远大农工商公司、党总支三块牌子,一套人员。远大农工商总公司是远大村对外开展经济活动的集体经济组织。远大农工商公司是集体所有制企业,系四季青农工商总公司的二级单位。

方式交由乙方经营；甲方提供地上三通一平的建设用地，负责建设用地的拆迁及拆迁后劳动力安置工作，办理土地使用所需要的文件、资料和手续，协助乙方办理房屋经营手续，协调与相邻单位的关系；乙方负责建设及承担相应费用。

2003 年至 2008 年 12 月，被告人翟金凤在先后担任上述职务期间，受指派或委托作为上述项目的国有土地经营管理方的实际代表人员，与作为项目合作建设方的北京永泰房地产开发有限责任公司总经理戴迪、副总经理李礼等有关人员建立和开展业务关系，负责对上述项目中的国有土地经营收益等相关事项进行监督和管理。2008 年 3 月底至 4 月初，被告人翟金凤利用上述职务便利，以借款的名义，向北京永泰房地产开发有限责任公司总经理戴迪和副总经理李礼索要人民币 150 万元，后将上述钱款用于支付以其配偶陈明贤名义购买的本市海淀区清琴麓苑的一套房屋购房款。

被告人翟金凤于 2014 年 1 月 1 日被恒有源科技发展集团有限公司（中外合资的有限责任公司）聘任为公司经管顾问，担任顾问书记一职，直至 2015 年 4 月。在此期间，翟金凤受恒有源科技发展集团公司邀请和委托参与集团地能热冷一体化新兴产品的经营管理工作，牵头负责该公司在杏石口路 80 号的自建展示项目部的工作，对该项目行使管理、监督、审核职权。被告人翟金凤利用上述职务之便，在项目的工程进度审核、工程款结算支付等管理工作中为承包方北京韩建集团有限公司第八分公司的项目部经理陈东提供便利和帮助，并于 2014 年 8 月底至 9 月初收受陈东为其购买的一辆奥迪牌 A4L 型轿车，购买价款合计人民币 328 800 元，并以其个人名下价值人民币 89 800 元的本田牌雅阁型轿车折价置换。

被告及其辩护人对于第一起事实的主要辩护意见为：涉案 150 万元是翟金凤与李礼、戴迪之间的借款，双方的借款手续完备，翟金凤没有受贿的故意；且翟金凤对涉案酒店项目没有监督管理职权，对涉案项目也不知情，没有利用职务便利为他人谋取利益的行为。

【审理结果】

北京市海淀区人民法院于 2016 年 12 月 8 日作出（2016）京 0108 刑初 732 号刑事判决：一、被告人翟金凤犯受贿罪，判处有期徒刑五年六个月，罚金人民币二十万元；犯非国家工作人员受贿罪，判处有期徒刑一年，决定执行有期徒刑六年，罚金人民币二十万元。二、在案扣押人民币一百五十万元，予以没收；责令被告人翟金凤退缴剩余赃款人民币二十三万九千元，予以没收。宣判后，翟金凤向北京市第一中级人民法院提起上诉。北京市第一中级人民法院于 2017 年 4 月 25 日作出

(2017)京 01 刑终 249 号刑事判决,判决驳回上诉,维持原判。

【裁判理由】

法院生效裁判认为:在案证据证明,涉案的永泰酒店项目系对国有土地进行开发和利用,四季青农工商总公司、远大村委会和远大农工商公司受四季青镇政府委托,协助政府经营管理永泰酒店项目的国有土地。翟金凤 2008 年 3 月退休前,作为四季青镇的国家机关工作人员,受四季青镇指派担任远大村党支部书记、远大农工商公司党总支书记,负责远大村和远大农工商公司全面工作,从而直接负责永泰酒店项目;翟金凤 2008 年 3 月退休后,虽不再具有国家机关工作人员身份,但仍受四季青农工商总公司和远大农工商公司的委托、任命担任四季青农工商总公司总政工师、远大农工商公司顾问暨驻永泰酒店董事会代表,继续负责永泰酒店项目,协助四季青镇政府对国有土地进行经营管理。翟金凤自 2008 年 3 月退休,只是其在四季青镇国家机关中的职务和身份发生了变化,并不影响其在永泰酒店项目中的职权变化;翟金凤对永泰酒店项目的监督和管理职权存在连续性,属于一种连贯、持续行使职权的状态,其退休并未导致这一职权的中断或终止。在案证据显示,翟金凤一直对该项目具有实质掌控和监管权,很多事务和重要事项均需经过其沟通、协调、处理。四季青农工商总公司总政工师和远大农工商公司顾问暨驻永泰酒店董事会代表均系其退休前后挂的名义职位,其实质是代表上述公司协助政府经营管理国有土地,行使职权的内容本质上始终与国有土地经营直接关联,属于依法从事公务活动的人员,依法应认定为国家工作人员。翟金凤退休前后,均属于依法从事公务活动的人员,应认定为国家工作人员。

翟金凤具备"利用职权便利"的要件:(1)翟金凤利用的是其受指派或协助负责经营、监督管理国有土地这项工作的职权,并非利用其在四季青镇政府或远大村、农工商公司中的其他工作职权。(2)这一职权具有连续性和连贯性,没有因翟金凤的公职变动而变动。(3)翟金凤与永泰公司之间的业务制约、管理关系是一种整体上的概括性制约、请托关系,永泰公司的永泰酒店项目得以顺利实施、推进和继续持续经营,都离不开翟金凤的帮助和提供便利。故永泰公司一直有求于翟金凤。这种业务上管理和依赖关系是持续、连贯的,也没有因为翟金凤的职务变动而中断;(4)永泰公司与翟金凤之间的这种关系,主要基于永泰酒店项目的国有土地经营行为,体现在翟金凤在该项目中的职权以及由此职权地位形成的便利。离开该职权,翟金凤对永泰公司没有形成实质性制约关系。翟金凤经营管理永泰酒店项目国有土地的权力对永泰酒店项目的合作方永泰公司形成了制约、管理的关系,翟金凤利用上述职务上的便利，向永泰公司的管理人员李礼、戴迪以借款名义索要150万元，其行为已符合受贿罪的构成要件。虽然涉案150万元是以借款之名义索取，并出具有借条，但综合双方的人物关系及赃款去向、还款表现等各方面，不符合亲友或民间借款关系特征。翟金凤与李礼、戴迪之间除了因其职务上的便利而形成的制约与被制约的关系外，并无密切的私交，翟金凤既未在“借款”时与出借方约定利息，所借款项也未用于其“借款”时所述的用途。且在“借款”后截至案发时，长达七年的时间里，翟金凤在具备还款能力的情况下，没有还款的表示和行为。这足以表明该150万元并非借款而系索贿款。

【裁判解析】

本案疑难点集中在第一起事实中：一是翟金凤索要150万元时已从四季青镇退休，不再属于国家机关工作人员，需要研究其是否还符合受贿罪的主体要件；二是涉案的150万元是翟金凤以“借款”的名义索要的且向李礼出具了“借款申请”，需要研究该笔钱款应认定为借款还是受贿款。

（一）关于翟金凤主体身份的认定

对于第一起事实中翟金凤主体身份的认定存在两种意见：一种意见认为，翟金凤于2008年3月退休，其索要钱款时已经解除了国家机关工作人员的身份，也不再担任远大村和远大农工商公司的党总支书记，不属于“从事公务”的国家工作人员，不具有“职权便利”，不构成受贿罪。另一种意见认为，翟金凤索要涉案150万元时虽不再是在职的国家机关工作人员，其仍属于《刑法》第九十三条规定的国家工作人员，构成受贿罪。

我们同意第二种观点，理由如下：

根据《刑法》第九十三条的规定，国家工作人员包括以下四类人员：(1)在国家机关中从事公务的人员；(2)在国有公司、企业、事业单位、人民团体中从事公务的人员；(3)国家机关、国有公司、企业、事业单位委派到非国有公司、企业、事业单位、社会团体从事公务的人员；(4)其他依照法律从事公务的人员。

从刑法规定可以看出，依照法律从事公务是判断国家工作人员身份的核心内容。虽然一般情况下任职、职务等是从事公务的前提条件，但司法实践中，依法从事公务的情况远比法律规定的前三种情况复杂，故法律又规定了第四种“其他依照法律从事公务”的兜底条款，故应坚持将“公务性”作为判断国家工作人员身份的实质要件。

一般而言，国家机关工作人员从事公务的时间始于具备一定身份职责，终于退休离职。然而,实践中较普遍存在的是国家机关工作人员等在退休后的一段时间内,仍从事公务。具体又细分为两种情形:一是退休后且不再有其他兼职、任命的情况下,在交接工作尚未正式完成前,退休的国家机关工作人员等往往仍会从事一定的公务。这主要是因为办理退休手续后的一段时间内,存在公共事务交接等问题,这就可能出现已退休但还有职权仍从事公务的情况。此时,并不能因已办理退休手续就否定其仍从事公务的事实和国家工作人员的身份。公务员、国有公司、企业、事业单位、人民团体工作人员与国家工作人员是行政法和刑法上的不同概念,并不能完全画等号,不能因不再具备公务员等身份就直接否定国家工作人员的身份。二是国家机关工作人员在退休后,受原单位返聘或被委托、任命为村基层组织人员协助政府从事特定的行政管理工作等而继续从事公务,也是实践中非常常见的情况。村基层组织人员主要是指村党支部、村委会和村经联社、经济合作社、农工商联合企业等掌管村经济活动的组织的人员。在基层实践中,相关人员虽然到龄退休,但其原来负责的某项专项工作仍未完成,基于该项工作的复杂性及对工作的熟悉程度等原因,由其他国家工作人员来接手该项工作需要耗费大量的时间、精力,不利于工作的及时完成。为了较为顺畅地完成该项工作,基层政府组织往往通过返聘或让该退休人员继续在基层组织任职等变通的方式,让该退休人员在一段时期内能够合法地继续从事公务直至该专项工作完成。此时,该退休人员自然也应认定为国家工作人员。本案就属于第二种情况。

回到本案中,争议焦点之一即为翟金凤从事的是否为公务,能否认定为国家工作人员。从翟金凤退休前和退休后两个时间段来分析,翟金凤在 2008 年 3 月退休前任四季青乡党委副书记,翟金凤此时的身份是国家机关工作人员,并负责“永泰大酒店”项目中国有土地管理等相关事项,符合国家工作人员的主体身份。翟金凤在这一时期,经乡党委委派兼任远大村党总支书记,后经远大农工商公司党总支换届选举于 2003 年被任命为该公司党总支书记,受指派负责对“永泰大酒店”项目中国有土地经营收益等相关事项进行经营和管理。虽翟金凤也在村基层组织中任职,并以此身份配合政府从事公务,但这主要是从基层实践出发,为了更好开展工作的需要,这一时期,其的身份应属于国家机关中从事公务的人员。

翟金凤于 2007 年 3 月 19 日被免去远大农工商公司党总支书记职务,并于 2008 年 3 月从四季青镇国家机关退休,正常来讲,应当停止从事公务活动,失去享有的公权力。但其退休前后仍受四季青农工商总公司和远大农工商公司的委托、任命担任四季青农工商总公司总政工师、远大农工商公司顾问暨驻永泰酒店董事会代表,继续负责对"永泰大酒店"项目的监督管理。永泰酒店项目用地是国有土地,该项目的经营性质从本质上是国有土地经营管理活动,此时,翟金凤是以村经济组织人员的身份,继续负责协助政府进行国有土地的经营和管理,自然也应认定为"其他依照法律从事公务的人员"。[①]

综上,无论退休前后,翟金凤均具有国家工作人员的主体身份。

(二)关于是借款还是受贿款的认定

对于第一起事实中150万元性质的认定存在两种意见:一种意见认为,这150万元是以借款的名义收取的,且翟金凤向李礼出具了借条,借款手续完备,翟金凤没有受贿的故意,戴迪、李礼也没有明确表示过这笔钱不需要归还,其仍具有债权,故这笔钱应当认定为借款。另一种意见认为,翟金凤虽然出具了借条,但综合双方的人物关系、借款必要性、赃款去向、还款表现等方面,双方之间"权钱交易"的意思明确,应认定为受贿。

我们同意第二种意见,理由如下:

收受贿赂的方式除了赤裸裸的财物与权力交易外,大量地表现为以各种名目来进行掩饰。"以借为名"的贿赂犯罪是就是一种具有隐蔽性、迷惑性的犯罪手段。

"以借为名"的受贿形式中,受贿人往往通过出具书面借款手续、虚假抵押等方式作为掩饰手段,使贿赂行为身披民间借贷的"合法"外衣。此时,仍应以受贿罪构成要件为基础,结合案件的具体情况综合加以判断和认定。是否出具借条,是否具有名义上的抵押担保不影响受贿罪的实质认定。

最高人民法院在《全国法院审理经济犯罪案件工作座谈会纪要》中规定:国家工作人员利用职务上的便利以借为名向他人索取财物,或者非法收受财物为他人谋取利益的,应当认定为受贿。具体认定时,不能仅仅看是否有书面借款手续,应当根据以下因素综合判定:(1)有无正当、合理的借款事由;(2)款项的去向;(3)双方平时关系如何、有无经济往来;(4)出借方是否要求国家工作人员利用职务上的便利为其谋取利益;(5)借款后是否有归还的意思表示及行为;(6)是否有归还的能力;(7)未归还的原因,等等。

根据《纪要》的规定,准确界定行为是受贿还是正常的借款关系,首先要把握

---

① 全国人民代表大会常务委员会《关于〈中华人民共和国刑法〉第九十三条第二款的解释》规定:村民委员会等村基层组织人员协助人民政府从事国有土地的经营和管理等行政管理工作,属于刑法第九十三条第二款规定的"其他依照法律从事公务的人员"。根据全国人大常委会的解释释义,《解释》中所说的"村委会等村基层组织人员",主要是指村党支部、村委会和村经联社、经济合作社、农工商联合企业等掌管村经济活动的组织的人员。

“权钱交易”的本质特征。双方之间的权钱交易动机明确,各有所求,心照不宣。在这种状况下实施的所谓“借款”行为,具有收受或索取他人财物的故意,出具的“借款手续”也不具有民事上的约束力,只是一种规避法律的行为。即便在形式上出具了借条,但经过一个合理的时间后,借款人一方无还款的明显打算和积极行动,出借人一方也没有催要借款的表现,联系其他条件则基本可以确定属于变相的受贿。即便具有名义上的担保,如果不符合抵押、质押、保证等法定生效条件,“出借方”对“借款方”的还款不能实现有效制约,亦不能排除受贿的成立。

回到本案中,针对翟金凤与永泰房地产公司之间是借款还是受贿款,应从事前、事中、事后的角度,结合主观意思表示和客观行为表现予以全面的分析和认定:(1)双方之间存在权钱交易的客观可能性。一般来说,如果借贷双方系亲友,国家工作人员的职权没有与对方发生关联,则真实借贷关系可能成立,否则,存在真实借贷关系的可能性较小。在案证据显示,双方基于业务认识,平时主要是业务关系,并无密切的私人关系或私交。(2)双方存在与职权密切相关的监管与被监管的管理关系,且给钱时仍存在制约、请托关系。翟金凤与永泰公司之间的业务制约、管理关系是一种整体上的概括性制约、请托关系,永泰公司的永泰酒店项目得以顺利实施、推进和继续持续经营,都离不开翟金凤的帮助和提供便利。故永泰公司一直有求于翟金凤。这种业务上管理和依赖关系是持续、连贯的,未因为翟金凤的职务变动而中断。(3)翟金凤出具的借条不具有民事上的约束力。虽然双方的借条是出借方主动要求翟金凤签订,但签订借条是为了规避法律的处罚,借条不是约束翟金凤还款的“紧箍咒”。双方未具体约定利息、还款方式、还款时间,且该借条被出借方随意放置,以上表现可以看出双方都没有将该借条作为有民事上约束力的借款凭证。(4)借款时机和借款事由不同于真实的借贷关系。自然人之间进行的借款,一般情况下都有特定的用途,往往表现为一方因经济拮据需要借钱,另一方经济宽裕、有能力出借。而本案中翟金凤并不是在急需用钱的情况下向对方借款。借款的时机恰恰在出借人有求于借款人,借款人利用职务便利能够帮助出借人获得某种利益的前后。且借款的名义用途与实际用途不符,借款理由牵强附会。借据上借款人的落款为:“陆洋 翟金凤代”,但实际上该笔借款系翟金凤购房使用,与陆洋无关且陆洋毫不知情,这实际上也反映出翟金凤避免受借条约束的主观心态。(5)翟金凤借款后没有归还的意思表示及行为翟金凤也从未有过实质还款的意思表示。虽然戴迪的证言表示“2014年春节前后,翟金凤主动给其打电话,说钱用得差不多了,过一段时间还给其。其说行,让她周转开就还给其。但至今她也没有把这钱还给其。”但不能据此认为翟金凤有真实的还款表示，事实表明翟金凤在借款长达6年之久后并未直接还款而首先以“过一段时间还款”试探借款人的态度，同时结合后期依旧不予归还的实际表现，翟金凤的还款表示并不真实，实为不想还款的暗示，在对方并未坚持要求其还款后，双方对翟金凤无须还款已是心照不宣。(6)翟金凤具备还款条件和能力后，没有还款实质意向或表现。将用所谓“借款”购买的房屋出卖之后，所得钱款用于购买基金、银行理财、购买房产、存入银行等，没有将钱款归还出借方的实际行为和真实意思表示。(7)直至案发前，长达7年的时间跨度里翟金凤一直未还款。直到2015年6月，翟金凤已被立案侦查，该笔款项才经其丈夫退还给永泰房地产公司。综合上述七方面足以认定，该“借款”实为索贿款。

需要进一步说明的是，借款后是否有归还的意思表示及行为要坚持主客观相一致的判断标准。无归还的意思表示并不因出借方是否有催讨“债务”的行为而改变。在实践中常见的情况是，出借方对于是否催讨“债务”态度暧昧，处于“如果还也可，不还也罢”的模棱两可的心态。如在本案中，钱款出借方北京永泰房地产公司总经理戴迪证称，“2008年初，翟金凤给其打电话说要借150万元作周转。其当时就意识到翟金凤将来有可能就不还这笔钱了，但因为考虑到之前与翟金凤合作过，且翟金凤在远大路酒店项目上也帮助过永泰公司，当时就答应了。翟金凤如果不还的话，其也不会要了。”戴迪还表示：“让她周转开就还给其。”在这种情况下，出借方因受过国家工作人员职务上的“照顾”或者以后有求于国家工作人员，基于这种考虑而“借给”国家工作人员钱款，同时对于是否催讨债务态度暧昧，则是否归还这笔钱就取决于国家工作人员。如果国家工作人员没有归还的意思，出借方不会主动催讨，实质是双方认可了出借方将钱款给予国家工作人员。

判断借款后是否有归还的意思表示及行为，一方面，不能仅看借款人的口头表示，如果借款人仅是口头表达要还款，但既无还款方案，又无还款行动，尤其是在有还款能力的前提下，这种还款“表示”不能认为是还款的真意表达。另一方面，借款人可能未还清全部借款，但承认债务的存在，积极筹措还款的资金，并偿还了部分的欠款，在这种情形下，应认为借款人有归还的意思表示及行为。

综上所述，区分受贿还是借款要结合多种因素做综合性实质判断，从借条的实际约束力、行为人借款理由、借款必要性、双方关系、双方对待借款的态度与做法等客观表现捕捉真实信息，探寻行为人的真实意思表示。不能单纯因有书面借款手续就否定受贿的成立，也不能因借款手续不完备就将钱款一概认定为受贿款，只有证据之间形成较为完整的证据锁链,达到足以排除合理怀疑的情况下才能认定受贿的成立。

【案例点评】

该篇案例针对国家机关退休人员的“借款行为”是否构成受贿进行了分析。主要解决两大焦点问题:一是明确了国家机关工作人员退休后还实际享有职权、行使公务的主体身份的认定标准;二是双方出具“借条”时,“权钱交易”实质的认定标准,对规制新型受贿行为具有一定的参考价值。

【裁判心得】

新型受贿方式更具隐蔽性和伪装性,在受贿时间、行为方式和贿赂物形式上较传统受贿方式都有所突破,给法院在适用法律、打击犯罪上提出了更大的挑战。这虽然是一个二审案件,但案件的审理难度较大。涉及国家机关退休人员受贿的主体身份认定标准和“以借为名”型受贿的认定标准两大焦点问题。受贿案件的审理,应当坚持将“公务性”作为判断国家工作人员身份的实质要件,准确把握权钱交易的实质,严守罪刑法定原则,推动我国的反腐败斗争向深入发展。

谭冠英诈骗案

吕　晶*

关键词

证据不足　自诉　告诉才处理　终止审理

裁判要旨

对于检察机关提起公诉的案件,法院在审理过程中认为认定被告人构成指控罪名的证据不足,被告人的行为属于刑法规定的告诉才处理的犯罪,而公诉机关不撤诉,被害人亦不提起自诉,法院应裁定对案件终止审理。

相关法条

1.《中华人民共和国刑事诉讼法》第十五条第四项。

2. 最高人民法院《关于适用〈中华人民共和国刑事诉讼法〉的解释》第一条第一项。

【当事人基本情况】

公诉机关:北京市人民检察院第一分院。

被告人:谭冠英,男,34 岁。

【基本案情】

北京市人民检察院第一分院指控:被告人谭冠英于 2007 年至 2015 年间,利用被害人张恩友的迷信心理,假装佛、菩萨附体,通过编造所谓的"天条",即"张恩友名下不能有房、不能有钱,财物需由谭冠英保管,否则有杀身之祸",骗取张恩友人民币共计 1 亿余元。

---

* 吕晶,北京市第一中级人民法院刑二庭法官。

公诉机关认为,被告人谭冠英以非法占有为目的,虚构事实、骗取财物,数额特别巨大,情节特别严重,其行为触犯了《刑法》第二百六十六条,犯罪事实清楚,证据确实、充分,应当以诈骗罪追究其刑事责任。

被告人谭冠英在法庭审理中辩解:其没有实施诈骗,其与被害人张恩友系恋人关系,且因张恩友具有公务员身份,故将巨额钱款交给其保管,并同意其任意支配。

被告人谭冠英的辩护人的主要辩护意见为:被告人谭冠英与被害人张恩友之间是同性恋人关系,张恩友基于对谭冠英的信任将钱款交由谭冠英保管,故谭冠英无非法占有的主观故意;谭冠英亦未实施诈骗的客观行为,所谓“天条”是张恩友编造出来的;故公诉机关指控谭冠英犯诈骗罪的事实不清、证据不足。

【审理结果】

北京市第一中级人民法院于 2017 年 8 月 2 日作出(2016)京 01 刑初 50 号刑事裁定,以被告人谭冠英的行为属于依法告诉才处理的犯罪,裁定终止审理。宣判后,被告人谭冠英未提出上诉,公诉机关亦未提起抗诉。

【裁判理由】

法院生效裁判认为:被告人谭冠英的行为属于依法告诉才处理的犯罪。法院据此依法裁定本案终止审理。

【裁判解析】

本案的核心问题有二:一是对于被告人谭冠英行为性质的认定;二是法院在审理检察机关提起公诉的案件过程中,认为被告人的行为属于告诉才处理的犯罪,但公诉机关不撤诉,被害人亦不提起自诉,如何处理。

对于被告人谭冠英行为性质的认定问题,我们认为,本案认定诈骗罪的证据不足,应认定为侵占罪。

首先,目前认定“天条”系谭冠英提出的证据不足。公诉机关起诉谭冠英构成诈骗罪的证据主要是被害人张恩友的陈述及其提供的电话录音。然而,被害人张恩友一直对其与谭冠英之间的同性恋关系予以否认,说明其陈述的部分内容不真实,可信度存疑。另外,从电话录音的内容看,谭冠英虽然对于“天条”的存在及内容是认可的,但曾指出“天条”是张恩友提出的,否认是其提出的。从录音内容无法得出谭冠英虚构“天条”的唯一结论。从证据形式看,在案录音为复制件,并且经过多次、长时间与张恩友进行沟通,反复做其工作,张恩友以不信任司法机关为由拒绝提供录音原件,故针对谭冠英当庭提出的录音经过拼接、剪辑的情况无法进行司法鉴定,因此该录音从证据形式而言存在瑕疵。综上,目前认定诈骗罪的证据呈现

"一对一"状态,属证据不足。

其次,根据现有证据,应认定谭冠英的行为构成侵占罪。客观上,张恩友将公司全部营业收入交由谭冠英保管,因此谭冠英系合法取得对张恩友钱款的保管权,但同时张恩友仍对钱款的使用、支配具有话语权,公司业务支出亦是谭冠英按照张恩友的指示支出,部分钱款也用于二人共同生活消费,从这一点上说,认定张恩友被骗也不合常理。但谭冠英在保管过程中,在未告知张恩友,张恩友不知情的情况下,使用其保管的部分钱款用于为其及其亲属购买房产、车辆、进行投资等,上述房产、车辆均登记在谭冠英及其亲属名下,后在张恩友向其索要钱款时,谭冠英虽承认其保管的钱款系张恩友所有,亦承诺归还,但在归还少部分钱款后一直以各种理由推托还款,且至案发尚未归还。谭冠英的上述行为符合侵占罪规定的"将代为保管的他人财物非法占为己有,拒不退还"的客观要件,也反映出其非法占有的主观故意,符合侵占罪的构成要件。

侵占罪属于刑法规定的绝对自诉案件,即告诉才处理的犯罪。我国《刑法》第九十八条规定,"本法所称告诉才处理,是指被害人告诉才处理。如果被害人因受强制、威吓无法告诉的,人民检察院和被害人的近亲属也可以告诉"。也就是说,刑法规定的属于告诉才处理的案件范围内,除了被害人受到强制、威吓无法告诉的情况,公诉机关可以提起公诉,其余案件必须被害人向人民法院提起自诉后,法院才有权立案审理。

刑法规定告诉才处理制度的意义何在? 首先,告诉才处理赋予被害人运用法律保护自身权益的主动。规定告诉才处理的犯罪,是在一般民事侵权和轻微刑事案件中架起了一座特殊诉讼的桥梁。作为告诉才处理案件的被害人,对于案件的处理占有主动地位,可以选择放弃追究行为人的任何责任,还可以选择只追究行为人的一般民事侵权责任,也可以选择追究行为人的刑事责任,或选择既追究行为人的一般民事侵权责任,又追究行为人的刑事责任。其次,告诉才处理可以化解矛盾,修复被破坏的人身、财产关系。这类案件的当事双方能够一般是关系较为亲密的亲属、朋友等,如若让公安司法机关介入案件的处理,有可能激化双方矛盾。再次,将起诉权赋予被害人,能够切实保护被害人的权益,且不会危害社会利益。告诉才处理犯罪侵犯的是公民个人的权利,没有危害国家或社会公共利益,将起诉权赋予被害人,被害人可以权衡利弊,作出是否追究行为人的刑事责任的决定。相反,如果没有告诉才处理的规定,行为人被检察院提起公诉,如虐待罪的被害人可能因为行为人服刑等原因而陷入更加不利的境地。所以,规定告诉才处理是尊重了被害人的意愿,维护了被害人的权益,并不会危害社会利益。最后,规定告诉才处理的犯罪能够节约诉讼成本,提高办案质量,使公安、检察机关从烦琐的告诉才处理案件中解脱出来,集中精力进行侦查、公诉其他刑事案件,提高办案质量。因此,从刑法规定告诉才处理制度的立法初衷来看,是为此类轻微刑事案件创建有别于一般刑事犯罪的诉讼途径,赋予被害人的告诉主体地位和诉讼权利,同时缩限检察机关作为公诉机关追究被告人刑事责任的诉讼地位和权利,以实现告诉才处理制度的核心作用,也即惩罚刑事犯罪与缓和社会矛盾的平衡,从而达到法律效果和社会效果的统一。

那么,法院在审理检察机关提起公诉的案件过程中,认为被告人的行为属于告诉才处理的犯罪,但公诉机关不撤诉,被害人亦不提起自诉,这种情况该如何处理?我们认为,该种情况应对案件终止审理。

如前所述,对于告诉才处理的犯罪,若被害人不提起自诉,法院无权直接改变指控罪名,作出被告人犯侵占罪的有罪判决。本案中,检察机关起诉被告人犯诈骗罪的证据不足,且在没有被害人受到威吓、强制等无法告诉的情形下,无权超越权限提起公诉,故应撤回起诉,由被害人张恩友向法院提起自诉。但经过多次工作,检察机关不撤诉,被害人张恩友的态度亦十分强硬,坚持认为应当以诈骗罪追究被告人谭冠英的刑事责任,拒绝提起自诉。面对这种情况,法院应如何处理?首先,从告诉才处理制度的立法初衷和意义出发,既然本案经审理应认定被告人的行为属于告诉才处理的侵占罪,那么本案的控告主体应是被害人,由被害人选择是否追究被告人的刑事责任,从而决定是否向人民法院提起刑事自诉,且被害人亦不符合因受强制、威吓无法告诉的情形,因此检察机关不应作为诉讼主体主动提起公诉,其公诉权在该案中被进行了法律上的缩限,若提起公诉,则属于超出法律规定的权限提起公诉,即“越权公诉”。其次,我国现行法律对于“越权公诉”作出了原则性的处理规定。《刑事诉讼法》第十五条规定:“有下列情形之一的,不追究刑事责任,已经追究的,应当撤销案件,或者不起诉,或者终止审理,或者宣告无罪:……(四)依照刑法告诉才处理的犯罪,没有告诉或者撤回告诉的……”本案经审理,被告人的行为应认定为侵占罪,而被害人没有告诉,检察机关亦不撤诉,法院应据此规定对本案终止审理。裁定对案件终止审理不影响被害人行使自诉权,在法律规定的追诉期内,被害人还可以就被告人的侵害行为向法院提起自诉,法院审查后可以就被害人的自诉另行立案审理。因此,这种处理方式既从程序上和实体上终结了不当公诉的案件,又保障了被害人的自诉权,真正实现和发挥了刑法规定的告诉才处理制度的意义和作用。

【案例点评】

该篇案例针对刑法规定的告诉才处理的犯罪的立法意义和在司法实践中适用存在的问题进行了分析。对于检察机关提起公诉的案件,法院在审理过程中认为认定被告人构成指控罪名的证据不足,被告人的行为属于刑法规定的告诉才处理的犯罪,而公诉机关不撤诉,被害人亦不提起自诉,此时,法院应如何处理?本案例结合告诉才处理原则的意义及现行法律规定的原则,得出结论——应裁定对案件终止审理。该案所作出的终止审理的裁判开创了此类案件的首例和先河,对类案的处理具有一定的参考价值。

【裁判心得】

刑法规定告诉才处理的犯罪是在一般民事侵权和轻微刑事案件中架起了一座特殊诉讼的桥梁,对于此类特殊案件,应赋予被害人运用法律保护自身权益的主动地位和权利,而相应缩限检察院作为公诉机关的诉权,以实现惩罚犯罪与缓和社会矛盾之间的平衡,最终实现法律效果与社会效果的统一。而法院作为审判主体,在审理检察机关提起公诉的案件过程中,认为被告人的行为属于告诉才处理的犯罪,但公诉机关不撤诉,被害人亦不提起自诉,应从告诉才处理犯罪的立法初衷出发,以法律原则和现行法律规定为依据,对案件裁定终止审理,以发挥告诉才处理原则的核心意义和作用。

民事篇

中国石化销售有限公司北京石油分公司诉北京三海阜石路加油站有限公司租赁合同纠纷案

张 磊* 叶康喜**

关键词

加油站 租赁经营 租借证照 公共利益 效力性强制性规定 合同无效

裁判要旨

租赁经营加油站模式下,因石油销售企业和社会加油站均具备相应特许经营资质,该租赁行为未违反国家特许经营、限制经营的规定,使用证照的行为不属于相关规定禁止的出租、出借证照的行为,不会危害到社会公共安全和扰乱危险化学品的经营市场秩序,故该类租赁合同并未违反社会公共利益,也未违反法律、行政法规的强制性规定,不应以违反《合同法》第五十二条第四项、第五项为由被认定无效。

相关法条

1.《中华人民共和国合同法》第五十二条第四项、第五项。

2. 最高人民法院《关于适用〈中华人民共和国合同法〉若干问题的解释(一)》第四条、第十条。

3. 最高人民法院《关于适用〈中华人民共和国合同法〉若干问题的解释(二)》第十四条。

4.《中华人民共和国企业登记管理条例》第二十五条第三款。

---

* 张磊,北京市第一中级人民法院民一庭副庭长。

** 叶康喜,北京市第一中级人民法院民一庭法官助理。

5.《危险化学品安全管理条例》第十三条、第九十三条第二款。

6.《危险化学品经营许可证管理办法》第二十一条。

7.《成品油市场管理办法》第三十六条第一款。

【当事人基本情况】

上诉人(一审原告):中国石化销售有限公司北京石油分公司(以下简称中石化北京分公司)。

被上诉人(一审被告):北京三海阜石路加油站有限公司(以下简称三海公司)。

【基本案情】

2009年12月15日,三海公司与中石化北京分公司签订《加油站租赁合同》,约定由中石化北京分公司向三海公司租赁经营使用三海阜石路加油站,租赁期限15年,自2009年10月1日至2024年9月30日,租赁期间中石化北京分公司有权保管并使用三海公司的营业执照正副本、北京危险化学品经营许可证、成品油零售许可证等经营中需要的相关证照。租赁合同签订后,三海公司将约定的租赁物、营业执照等手续交付中石化北京分公司,中石化北京分公司以三海公司加油站名义经营。后双方因加油站的整改问题发生争议,三海公司向中石化北京分公司邮寄了解除合同通知书,并于2014年3月30日收回了加油站。收回加油站后,三海公司对加油站进行改造翻新,悬挂"韦氏石油"标识经营使用至今。三海公司收回加油站后,中石化北京分公司向法院起诉请求三海公司将加油站上的标识恢复为"中国石化"并将加油站返还中石化北京分公司。后在二审诉讼中申请撤回恢复标识的诉讼请求。

一审法院认为,双方之间租赁标的物属于国家特许经营的范畴,法律、法规明确规定特许经营企业依法取得的企业危险化学品经营许可证不得进行出租、出借或转让。因此,中石化北京分公司请求三海公司将所持营业执照、危险化学品经营许可证等交中石化北京分公司租赁使用的主张,有悖法律、法规的规定。在中石化北京分公司不具有涉案加油站相关证照的前提下,涉案房屋及场地租赁目的无法实现,故中石化北京分公司请求继续履行租赁合同等相关诉讼主张,缺乏事实和法律依据,法院不予支持。

【审理结果】

北京市石景山区人民法院于2016年12月21日作出(2016)京0107民初82号民事判决:驳回中国石化销售有限公司北京石油分公司的诉讼请求。宣判后,中石化北京分公司不服向北京市第一中级人民法院提起上诉。北京市第一中级人民法院于2017年6月28日作出(2017)京01民终1790号判决:一、撤销北京市石景山区人民法院(2016)京0107民初82号民事判决;二、北京三海阜石路加油站有限公司与中国石化销售有限公司北京石油分公司于2009年12月15日签订的《加油站租赁合同》继续履行;三、北京三海阜石路加油站有限公司于本判决生效后十五日内将位于北京市石景山区晋元庄三海阜石路加油站返还予中国石化销售有限公司北京石油分公司使用(返还范围包括:租赁场地占地面积2650平方米及地上房屋、附属设施及相关设备,北京三海阜石路加油站有限公司营业执照、成品油零售经营批准证书、危险化学品经营许可证);四、驳回中国石化销售有限公司北京石油分公司其他诉讼请求。二审判决作出后,三海公司申请再审,北京市高级人民法院于2017年12月28日作出(2017)京民申3830号民事裁定书:驳回北京三海阜石路加油站有限公司的再审申请。

【裁判理由】

法院生效裁判认为,国家对危险化学品经营、成品油经营实行许可制度,依据最高人民法院《关于适用〈中华人民共和国合同法〉若干问题的解释(一)》第十条的规定,此特许经营的规定应为效力性强制性规定。本案中,中石化北京分公司、三海公司均已经具备经营危险化学品、成品油的资质,双方并未违反该效力性强制性规定。相关法律、行政法规、行政规章虽然规定任何单位和个人不得出租、出借和转让营业执照、危险化学品经营许可证和成品油零售批准证书,但确认合同无效应以法律和行政法规为依据,且上述相关规定属管理性强制性规定,涉案租赁合同并不能因存在上述规定而应被认定无效。加油站运营中最突出的公共利益问题是公共安全问题,相关规定要求经营加油站应具备相应资质,针对的是加油站的管理安全和设施设备安全。现在租赁双方都具备相应资质,公共安全不会因出租受到不利影响。租赁经营加油站模式系探索形成,相关主管部门并未对该经营模式作出违法性评价,人民法院也不应在民事诉讼中作出否定性评价。故二审法院认为双方合同合法有效,在衡量合同履行情况、违约情形之后对本案进行了改判。

【裁判解析】

合同效力问题是法院应主动审查的问题,本案主要难点在于涉案租赁合同的效力问题。涉案租赁合同为石油销售企业与加油站签订的租赁合同,其效力问题是租赁经营加油站市场的典型问题。租赁经营加油站是石油销售企业的经营模式之一,据了解,北京市目前采用这一经营模式运营的加油站有500多家,都是在加入世贸组织这一特殊历史背景下探索形成的。因此,对本案所涉租赁合同效力问题的认定会极大地影响到这一市场的稳定性。

对此,司法实践中主要有两种观点:

第一种观点认为,成品油属于国家限制经营、特许经营的产品,每个加油站都应办理自己的营业执照、危险化学品经营许可证、成品油零售经营批准证书,法律、法规和一些行政规章已经明确规定不得出租、出借或转让上述证照,石油销售企业租赁加油站时使用加油站的上述证照,本质上是租借证照、挂靠经营的行为,损害了社会公共利益,违反了法律、行政法规的强制性规定,合同应被认定无效。

第二种观点认为,国家对成品油(危险化学品)经营实行许可制度,这应当属于效力性强制性规定,但石油销售企业租赁经营加油站模式中,石油销售企业和加油站均已取得经营成品油所需的证照,并未违反该效力性强制性规定。石油销售企业具备运营加油站的能力,相关主管部门又进行了审核批准,社会公共利益并不会因该租赁行为受到损害。法律、行政法规中关于不得出租、出借、转让相关证照的规定是管理性强制性规定,不应作为认定合同无效的依据。故合同合法有效。

法院生效裁判最终采纳了第二种观点,主要理由在于:

(一)石油销售企业租赁经营加油站并不损害社会公共利益

如果租赁经营加油站存在损害社会公共利益的情形,那么损害应集中表现在该租赁行为会危害到社会公共安全和扰乱危险化学品的经营市场秩序。为了加强危险化学品的安全管理,保障人民群众生命财产安全,国务院制定了《危险化学品安全管理条例》。该条例第三十三条规定国家对危险化学品经营实行许可制度。未经许可,任何单位和个人不得经营危险化学品。为加强成品油市场监督管理,维护成品油市场秩序,根据《行政许可法》《国务院对确需保留的行政审批项目设定行政许可的决定》《成品油市场管理办法》的规定,国家对成品油经营实行许可制度。本案中,中石化北京分公司已经取得危险化学品经营许可证、成品油批发经营批准证书,已经具备经营加油站的相关特许资质,经营加油站并不依赖于三海加油站的相应资质。并且,石油销售企业租赁经营加油站需取得相关主管部门的审核批准,根据法院调查,无论是主管安全生产的北京市安全生产监督管理局,还是监管成品油市场的北京市商务委员会都未将石油销售企业租赁经营加油站的行为视为危害社会公共安全和扰乱危险化学品经营市场秩序的行为。综上,涉案租赁合同并未损害社会公共利益,不能以损害社会公共利益为由而被认定为无效。

值得一提的是,过去,因石油石化行业长期由政府以行政手段进行管理,重批发而轻零售，两大国有石油石化集团所属加油站只占全国的四分之一。按照中国加入世界贸易组织的有关承诺，2004年底、2005年初开放成品油零售市场，2006年底、2007年初开放成品油批发市场。随着汽车逐渐进入中国百姓家庭，成品油零售节节攀升，出现"得终端者得天下"的局面。为应对"入世"挑战，根据国家有关产业政策，经有关部门批准，国有石油销售企业通过收购、参股、联营、租赁、特许经营等方式对社会加油站进行了重组，加紧了成品油零售终端的布点。重组社会加油站对提高流通领域成品油商品质量、保证成品油供应、解决成品油市场供需矛盾、协助政府有效维护成品油市场秩序、维护国家能源安全发挥了重要作用。从这一点讲，国有石油销售企业租赁经营加油站这一经营模式是符合社会公共利益的。

京津冀协同发展是一个重大国家战略，北京非首都功能的疏解是京津冀协同发展的关键环节和重中之重。当前，北京市正在大力组织开展"疏解整治促提升"专项行动，安全生产、消除隐患是专项行动的重要环节。确认租赁加油站租赁合同有效，对维护加油站租赁市场的稳定具有重大意义，使相关企业能将主要精力放在落实企业主体责任，规范企业安全管理上，从而保障租赁加油站的经营安全。

（二）石油销售企业租赁经营加油站并不违反法律、行政法规的强制性规定

根据《企业登记管理条例》第二十五条第三款、《危险化学品安全管理条例》第九十三条第二款、《危险化学品经营许可证管理办法》第二十一条、《成品油市场管理办法》第三十六条第一款之规定，营业执照、危险化学品经营许可证、成品油零售经营批准证书均不得出租、出借或转让。如果想据此认定合同无效，首先要界定石油销售企业使用加油站上述证照的行为能否视为上述规定中租借证照的行为？

二审判决后，北京市第一中级人民法院曾分别向北京市工商行政管理局、北京市安全生产监督管理局、北京市商务委员会提出司法建议，指出上述使用证照的行为容易被人理解成属于出租、出借证照等违法行为，建议相关行政部门在职权范围内进一步建立和完善相关配套制度，并向上级机关提出建议完善相关立法。

各相关行政部门收到司法建议书后，高度重视并进行了研究。

北京市工商行政管理局答复称，企业租赁经营模式总体上并不违反工商法规。采用租赁模式经营，租赁期间被租赁经营的加油站的法律地位、名称等未发生改变，承租方与出租方的权利和义务等均由租赁合同（协议）予以明确。该模式并不违反国家现行的法律、法规及政策。工商法规中所称的"出租、出借营业执照"是指以营业执照为标的出租、出借违法行为，即违法行为人并无相应经营资格，借用他人营业执照开展违法经营活动，借用人与营业执照的持有人为不同主体。而租赁

经营企业的经营权发生变化,但企业所有权不变,原企业自身亦未消亡,对外开展经营的仍为原企业自身,并不存在承租方借用营业执照的情形。因此,基于租赁经营自身特点以及社会加油站重组的大背景,工商部门在执法实践中未将此类经营模式定性为“出租、出借营业执照”。国有石油销售企业租赁经营合同的标的为加油站的经营权,并非直接指向被租赁企业的相关证照。工商机关及相关许可部门所实施的行政许可指向的对象亦是企业(加油站)而非企业的投资者或经营者。因此,部分租赁经营合同错误地将证照使用列入合同条款,相关条款表面上与现行法律法规相悖,但实际上具体操作并不相符。

北京市安全生产监督管理局答复称,为进一步规范租赁加油站的安全管理,落实企业主体责任,将采取下列措施:一是会同包括工商、商务等相关部门进行研究,适时制订发布本市租赁加油站规范管理的指导意见;二是适时向国家安全生产监督管理总局提出建议,制定完善有关规章制度,进一步加大许可证的监督管理力度;三是加强对租赁加油站安全监管,严格安全许可审查和执法检查,督促企业落实主体责任,保障租赁加油站经营安全。

北京市商务委员会答复称,实践中,商务部门把企业将一座加油站的成品油零售经营证书拿到另外一座加油站使用视为出租、转借证书行为。对于企业租赁整座加油站,因开展经营活动需要,而使用出租方相关经营手续行为,不属于出租、转借证书行为。目前国家商务部正在对《成品油市场管理办法》进行修订完善,新修订完善的《成品油市场管理办法》将对租赁加油站经营证书的使用与管理进行明确。

根据法院审理中的调查以及判决后各相关行政部门对司法建议的回函,各相关主管部门在实践中均不将上述模式下使用证照的行为视为上述规定中租借证照的行为,该使用行为并不违法。

但如果从法律条文的字面意思来理解,仍不能排除石油销售企业使用证照的行为为租借加油站证照的行为。并且,租赁经营加油站合同有违反国家限制经营、特许经营规定之嫌。如果从这一层面来理解,那该行为是否符合《合同法》第五十二条第五项规定的情形而导致合同应被认定无效?首先,违法性并不必然导致合同无效。作为影响合同效力原因的违法,只限于违反了法律和行政法规。本案中,《危险化学品许可证管理办法》和《成品油市场管理办法》均为行政规章,在认定合同效力时不应考虑。其次,《合同法》第五十二条第五项的“强制性规定”,是指效力性强制性规定。识别“效力性强制性规定”,应当采取正反两个标准。在肯定性识别上，效力性强制性规定明确规定违反将导致合同无效或者虽未明确规定合同无效，但违反该规定如使合同继续有效将损害国家利益和社会利益。在否定性识别上，应当明确强制性规定仅关系当事人利益的，强制性规定仅是为了行政管理或纪律管理需要的，一般都不属于效力性强制性规定。具体而言：第一，如强制性规定的立法目的是实现管理的需要而设置，并非针对行为内容本身，则可认为并不属于效力性强制性规定。第二，从调整对象来看，一般而言，效力性强制性规定针对的都是行为内容，而管理性强制性规范很多时候单纯限制的是主体的行为资格。具体在适用法律规范进行判断时，法院应决定所涉及的法律规范是否想要使私法上的法律行为归于无效抑或是想要使何种私法上的法律行为归于无效。上述行政法规和规章明令禁止租借证照，是为了防止不具备相应资质的主体不正当地"获得"资质，从而逃避了相关主管部门的审查，如此规定是便于管理的需要，本质上是一种管理性强制性规定，不应作为认定合同无效的依据。

根据司法解释规定，违反国家限制经营、特许经营的合同无效。石油销售企业租赁经营加油站，虽关涉国家限制经营、特许经营领域，但石油销售企业和加油站均具备相关许可资质，且石油销售企业租赁加油站指向的是加油站的经营权，而不是加油站所拥有的资质，因此并未违反国家限制经营、特许经营的规定，不属于《合同法》第五十二条第五项规定的情形，故不能依据该条款认定合同无效。

综上所述，二审法院认定涉案租赁合同合法有效是正确的。

【案例点评】

国有成品油销售企业租赁社会加油站进行经营并使用其相关证照，该经营模式在北京地区大量存在，但政府主管部门对此长期没有明确的规范性文件，诉讼中当事人往往就租赁合同是否因违反相关规章制度而无效产生争议。本案中合议庭并未机械的套用法律法规条文，而是从肯定性识别和否定性识别两个方面对"效力性强制性规定"进行分析，最终得出该经营模式下的租赁合同并不属于《合同法》第五十二条规定情形的结论，判决结果达成了法律效果和社会效果的有机统一，弘扬了诚信的社会主义核心价值观，有利于社会治理法治化进程，具有良好的示范效应。

【裁判心得】

租赁经营加油站是石油销售企业的经营模式之一，该模式是我国在加入世贸组织这一特殊历史背景下探索形成的。因此，对该类租赁合同效力问题的认定会极大地影响到这一市场的稳定性。因租赁经营加油站涉及国家限制经营、特许经营的领域,且租赁经营加油站模式中承租方往往需要使用出租方的相关证照,有观点认为该类租赁合同因违反社会公共利益和违反法律、行政法规强制性规定而被认定无效,但实践中相关行政主管部门均不将此模式下使用证照的行为认定为租借证照的行为。在判断一个规定是效力性强制性规定还是禁止性强制性规定时,不应拘泥于条文的字面意思,而应探求所涉及的法律规范是否想要使私法上的法律行为归于无效抑或是想要使何种私法上的法律行为归于无效。本案中,租赁经营加油站虽牵涉特许经营、限制经营、公共安全等事宜,但租赁双方均具有相关特许经营资质,且实际经营前需取得相关主管部门的审核批准,故该类租赁合同不属于法律、法规希冀无效的情形,应认定该类合同合法有效。

郭双海诉赵秦昌物权保护纠纷案

赵 蕾*

关键词

无权占有 物权行为 返还原物请求权 占有连锁

裁判要旨

《物权法》第三十四条规定，无权占有不动产或者动产的，权利人可以请求返还原物。无权占有系权利人依据该条行使返还原物请求权的要件。依据合法有效的房屋买卖合同移转而来占有是否系有权占有，仍需探讨该占有的权源。买受人系依据出卖人的占有继受取得，出卖人是否享有得为占有的权利，决定着买受人是否依移转享有占有的权利，买受人是否构成占有连锁。出卖人不享有处分权的，该移转占有系无权处分，未经权利人追认或事后未取得处分权的，买受人移转而来的占有系无权占有。

相关法条

《中华人民共和国物权法》第三十四条。

最高人民法院《关于审理买卖合同纠纷案件适用法律问题的解释》第三条。

【当事人基本情况】

上诉人(原审被告)：赵秦昌。

被上诉人(原审原告)：郭双海。

【基本案情】

郭双海、郭双玉、郭双义、郭双来、郭双林、郭双利、郭双金、郭双银系兄弟姐妹

* 赵蕾，北京市第一中级人民法院民一庭法官。

关系，系郭如信、应桂荣之子女，应桂荣于 2006 年 10 月 10 日死亡，郭如信于 2007 年 8 月 26 日死亡。10 排 2 号系公房，原承租人系郭如信，郭如信死亡后，上述公房未重新签订租赁合同。后 10 排 2 号房屋列入危旧房改造范围，郭双金（乙方）于 2010 年 4 月 3 日与北京昊泰房地产开发有限公司（甲方）（以下简称昊泰公司）签订回迁安置协议，郭双金获得安置房两套，其中包括 604 号房屋。2010 年 5 月 17 日，郭双海、郭双玉、郭双义、郭双来、郭双林、郭双利、郭双金、郭双银签订协议，其中约定 604 号房屋归郭双海所有。2015 年 6 月 12 日，北京市门头沟区人民法院作出（2014）门民初字第 305 号民事判决书，确认 604 号房屋归郭双海所有。判决生效后，经北京市门头沟区人民法院强制执行，604 号房屋产权人由郭双金变更为郭双海。郭双海于 2016 年 1 月取得不动产权证书，编号为：京（2016）门头沟区不动产权 0010367 号，权利人为郭双海。

2017 年 2 月 9 日，北京市门头沟区人民法院作出（2016）京 0109 民初 5528 号民事判决书，查明：2012 年 12 月 16 日，郭双金与赵秦昌、易家公司签订《房屋买卖居间合同》，约定郭双金将 604 号房屋卖与赵秦昌，赵秦昌依照合同约定支付了购房款 66 万元，郭双金于 2013 年 2 月 8 日将 604 号房屋交付赵秦昌，赵秦昌支付郭双金涉案房屋公共维修基金、装修管理费、物业费、装修押金、供暖费共计 4900 元，后赵秦昌对涉案房屋进行装修并居住至今。该案中，法院确认赵秦昌与郭双金、易家公司签订《房屋买卖居间合同》时，604 号房屋系郭双金签订的购房合同，赵秦昌购买 604 号房屋时已尽到了审查义务，不存在恶意，故《房屋买卖居间合同》系各方当事人真实意思表示，未违反法律、行政法规的强制性规定，当属有效。604 号房屋虽已交付赵秦昌，但按照法律规定应当办理登记手续，故赵秦昌尚不能取得 604 号房屋的所有权，赵秦昌仅依据《房屋买卖居间合同》享有债权。现 604 号房屋已经生效判决书确认归郭双海所有，且已登记在郭双海名下，故赵秦昌仅依据《房屋买卖居间合同》要求郭双金、郭双海配合办理过户手续的诉讼请求，不予支持。赵秦昌对该案不服，上诉后，经北京市第一中级人民法院（2017）京 01 民终 2988 号民事判决书认定：赵秦昌与郭双金、易家公司签订《房屋买卖居间合同》有效。合同仅在合同当事人之间发生拘束力，合同债权人只能请求合同债务人履行合同义务或者承担违约责任。郭双海并非赵秦昌所签订房屋买卖合同的相对方，在此情况下，赵秦昌要求郭双海将涉案房屋过户给其的上诉请求，不予支持。赵秦昌可在另案中向郭双金主张相应违约责任。

郭双海向一审法院起诉请求：判决赵秦昌将 604 号房屋腾退。

【审理结果】

北京市门头沟区人民法院于2017年9月26日作出(2016)京0109民初1465号民事判决:赵秦昌于本判决生效之日起六十日内将位于北京市门头沟区惠民家园19号楼6层1单元604号房屋腾退并交付郭双海,腾退房屋时不得损坏房屋及附属设施。宣判后,赵秦昌向北京市第一中级人民法院提起上诉。北京市第一中级人民法院于2017年12月19日作出(2017)京01民终8935号民事判决,判决驳回上诉,维持原判。

【裁判理由】

法院生效裁判认为:《物权法》第三十四条规定,无权占有不动产或者动产的,权利人可以请求返还原物。因此权利人行使返还原物请求权的前提之一即占有人为无权占有。首先需要理解无权占有的概念和含义,按照占有是否有本权的依据,将占有分类为有权占有与无权占有。所谓本权,是指基于法律上的原因,可对物进行占有的权利,包括物权权源和债权权源或者来自法律的规定。有权占有即指有本权的占有,无权占有是指无本权的占有。本案的焦点即为赵秦昌对604号房屋的占有是否系无权占有。一审法院认为"不动产权属证书是权利人享有该不动产物权的证明。依据查明的事实,604号房屋的权利人系郭双海,其对该房屋享有占有使用权。现郭双海要求赵秦昌腾退604号房屋的主张,有事实及法律依据。"上述认识没有探究本案赵秦昌对604号房屋的占有系有权占有还是无权占有。物权权利人不是当然对抗所有的占有人,有权占有形成对物权的限制。上诉人赵秦昌主张其依据与郭双金的房屋买卖合同占有604号房屋,故系有权占有,亦依据不足,依据房屋买卖合同转移标的物从而取得的占有是否即为有权占有,还需看出卖人是否有权转移标的物。本院从赵秦昌取得占有的过程分析赵秦昌对604号房屋的占有是否系无权占有。

赵秦昌的占有系从郭双金处因双方履行房屋买卖合同从而移转占有而得,所以本案的第一个问题,郭双金对604号房屋是否具有占有的权源。

郭双金于2010年4月3日与昊泰公司就拆除10排2号房屋签订回迁安置协议,拆迁安置被拆迁人两套房屋,即604号房屋、北京市门头沟区惠民家园19号楼7层1单元703号房屋(以下简称703号房屋)。北京市门头沟区人民法院作出的(2014)门民初字第305号民事判决认为:"关于10排2号房屋拆迁利益的性质。根据查明事实,10排2号房屋拆迁时包括公房及自建房。公房原承租人为郭如信,郭如信死亡后,就该公房并未重新签订租赁协议以确定新的承租人。且郭如信死亡后,该房屋空置,亦无其他人作为实际承租人履行承租上述公房的权利义务,故可以认定该公房并未产生新的承租人。604 号房屋、703 号房屋均系 10 排 2 号房屋被拆迁后转化的拆迁利益。在郭如信夫妇死亡后,上述安置房的权利应当由其法定继承人依法享有。"本院作出的(2015)一中民终字第 8815 号民事判决维持了上述判决。本院认可北京市门头沟区人民法院作出的(2014)门民初字第 305 号民事判决判理部分,郭双金作为 10 排 2 号房屋的共有人之一,与昊泰公司签订的关于 604 号房屋、703 号房屋的回迁安置协议,后经其他共有人即郭双海、郭双玉、郭双义、郭双来、郭双林、郭双利、郭双银以签订协议的方式进行追认,该回迁安置协议对其他共有人发生效力。上述人员于 2010 年 5 月 17 日签订协议,对 604 号房屋、703 号房屋的相关利益在共有人之间进行了分割,约定 604 号房屋无偿过户给郭双海、703 号房屋归郭双玉、郭双义、郭双来、郭双林、郭双利、郭双金、郭双银共同所有。该协议的性质为共有人对共有物的分割,但未经登记物权未发生变动。以上,郭双金作为拆迁利益共有人依据回迁安置协议对 604 号房屋享有占有的权源。

本案第二个问题,郭双金是否有权移转对 604 号房屋的占有,继受人赵秦昌对 604 号房屋的占有是否具备权源。

2012 年 12 月 16 日,郭双金与赵秦昌、易家公司签订《房屋买卖居间合同》,约定郭双金将 604 号房屋卖与赵秦昌,赵秦昌依照合同约定支付了购房款 66 万元,郭双金于 2013 年 2 月 8 日将 604 号房屋交付赵秦昌,赵秦昌支付郭双金涉案房屋公共维修基金、装修管理费、物业费、装修押金、供暖费共计 4900 元,后赵秦昌对涉案房屋进行装修并居住至今。签订该份房屋买卖合同之时,郭双金对 604 号房屋相关利益享有的是共有人的权利,其签订房屋买卖合同应当经其他共同共有人的同意,否则构成无权处分,虽然该合同已经生效判决认定为有效,但无权处分行为效力待定,即郭双金尚不具备转移占有的处分权,其转移占有于赵秦昌的行为效力待定。

后郭双海取得 604 号房屋的房屋所有权证,2015 年 6 月 12 日,北京市门头沟区人民法院作出(2014)门民初字第 305 号民事判决书,确认 604 号房屋归郭双海所有。判决生效后,经法院强制执行,604 号房屋产权人由郭双金变更为郭双海。郭双海于 2016 年 1 月取得不动产权证书,因此郭双金的无权处分行为并未事后取得处分权亦未经其他共有人的追认,赵秦昌从郭双金处继受取得对 604 号房屋的占有,不具备占有的权源,其占有系无权占有,截止到本案诉讼亦未取得占有的权源。

综上，郭双海作为604号房屋所有权人，依据《物权法》第三十四条之规定，其主张的返还原物请求权成立，原审法院判决支持其诉讼请求正确，本院予以确认。赵秦昌依据郭双金所持回迁安置协议与其签订并履行房屋买卖合同，从而占有604号房屋，系善意占有，其权利可以另行主张。

【裁判解析】

在我国民法中，“占有”原来只是作为所有权或他物权的一项权能而存在，并非一类独立的权利。随着社会经济生活的不断发展，物的归属与物的利用相分离情况不断出现，如仅从所有权或他物权意义上对占有关系进行调整，显然是不完备的。《物权法》在充分借鉴大陆法系国家相关制度的基础上，确立了以调整占有人与非占有人之间因财产的占有利用而发生的财产关系为范畴的占有制度。转移所有权并不意味着占有权能的一并转移，因此实践中会发生所有权与占有权能分离的情况。权利人与占有人之间的利益如何权衡？首先探讨一下权利人的救济途径，即返还原物请求权的构成。

（一）返还原物请求权的构成要件和认定

《物权法》第三十四条规定，无权占有不动产或者动产的，权利人可以请求返还原物。权利人依据该条行使返还原物请求权的构成要件有三：一是请求权人须为失却占有之权利人，二是须有他人无权占有或侵夺所有人之所有物之事实，三是须有无权占有所有物之相对人。

权利主体要件是指，行使返还原物请求权的主体应为失却占有之所有人。不动产所有权人是返还原物请求权主体的最常见类型。不动产所有权人是指不动产登记簿上登记的权利人。根据我国《物权法》第十六条第一款之规定，不动产登记簿是物权归属和内容的根据。不动产登记簿具有推定力，即推定登记簿中记载的信息是正确的。所以，对于不动产而言，不动产登记簿记载的名义人就是不动产所有权人，该记载名义人有权行使返还原物请求权。即使实际上不动产登记簿上的记载有误，但在经法定的涂销登记或更正登记之前，该错误的登记人仍有权行使返还原物请求权。

需有无权占有之事实。有权占有与无权占有都构成了占有，其区分标准是占有是否受到得为占有的权利支撑。有权占有是受到得为占有的权利（占有权、本权）支撑的占有。蕴含占有权可以是物权、债权，也可以是法律认可的其他权利或者法律关系。在物权关系、债权关系等不能产生保护管领支配物的具体占有权源时,管领属于无权管领。

相对人要件是指返还原物请求权的相对人是现时的无权占有人。这表明,返还原物请求权的义务人首先是占有人;其次,其占有没有权源;最后,其没有权源的占有在权利人提出主张时仍然存在。无权占有人必须是现时的无权占有人,才能成为返还原物请求权的义务人。这就要求返还原物请求权人在向无权占有人提起返还请求时必须满足两个条件:一是无权占有的物在权利人提出请求时仍然被占有人占有;二是在权利人提出权利请求时,占有人的占有属于无权占有。

(二)从物权行为的独立性认定无权处分占有行为

1. 物权行为与债权行为相区分

依据合法有效的合同移转而来的占有是否即为有权占有?回答这个问题,需要解决债权合同与物权转移之间的关系。最高人民法院《关于审理买卖合同纠纷案件适用法律问题的解释》(以下简称《买卖合同解释》)第三条规定:“当事人一方以出卖人在缔约时对标的物没有所有权或者处分权为由主张合同无效的,人民法院不予支持。出卖人因未取得所有权或者处分权致使标的物所有权不能转移,买受人要求出卖人承担违约责任或者要求解除合同并主张损害赔偿的,人民法院应予支持。”这一条的第一款明显是对《合同法》第五十一条的修正,第五十一条规定:“无处分权的人处分他人财产,经权利人追认或者无处分权的人订立合同后取得处分权的,该合同有效。”

我国立法不承认负担行为与处分行为之分,多数学者认为我国应该承认这一思路,从而肯定无权处分合同的有效性。因为在保护合同当事人的利益方面,当无权处分人不能履行合同时追究其违约责任比之将其定为效力待定合同,追究其缔约过失责任更加有利。

将《买卖合同解释》第三条进行反对解释来看,无权处分合同是有效的,因为这是一种负担行为,而不是处分行为。负担行为不需要当事人有处分权,负担行为的直接后果是使义务人负担了一项义务。而处分行为对处分人的要求则比较严格,要求行为人有行为能力,并具有处分权,其处分行为才能生效。因此《买卖合同解释》第三条可以说是对负担行为有效论的一个回应。

首先探讨一下处分行为的含义。“所谓处分,在承认物权行为独立性和无因性前提下,其意义有广狭之分:广义的处分指法律上的处分,包括处分行为和负担行为,负担行为指发生债法上给付义务效果的财产性法律行为。狭义的处分仅指处分行为,如债权让与。”德国《民法》关于无权处分的规定,仅指处分行为,不包括负担行为。毋庸讳言,《合同法》第五十一条参照德国《民法》第一百八十五条而设。但是,后者的判例学说区分处分行为和负担行为,处分行为效力未定,债权合同(负担行为)则依法律行为的一般规则处理。就其效力而言,债权合同原则上有效,而不是与处分行为一并效力未定。

从《买卖合同解释》第三条的表述来看,人民法院对主张合同无效的不予支持。对于无权处分合同效力应为有效的证成,需要探究合同缔结过程和合同有效性的根本要件。"合同作为双方当事人自由创设特定权利义务的协议,要保证它发生效力,符合合同本质要求的条件应是合同签订过程的自由与意思表示的真实,此即合同的内在生效要件。"缔结合同的过程正是基于这种信赖。但是,基于保护相对人乃至第三人之考量,我们不能仅仅依据一方或双方当事人违反意志自由与真实,便得出合同无效的结论。因此上述的司法解释是合理的。

通过以上分析,一个合法有效的合同并不必然导致物权的权能发生转移。

2. 无权处分人移转占有的行为系无权处分行为

是否基于合法有效的合同取得的占有即为有权占有,是实践中容易产生争议的问题。合法有效的房屋买卖合同中,出卖人负有给付义务,即转移房屋所有权及占有的义务,买受人享有受领和保持受领的权利,即继受取得房屋所有权及占有的权利。分析买受人占有房屋是否系无权占有,需探讨该占有的权源。买受人系依据出卖人的移转取得,出卖人是否享有得为占有的权利,决定着买受人是否依移转享有占有的权利,买受人是否构成占有连锁。

本案中,郭双金的转让行为系由两部分构成:一是与签订房屋买卖合同的债权行为;二是依据该债权行为,郭双金需向赵秦昌转让房屋所有权的物权行为。虽然双方签订的房屋买卖合同合法有效,郭双金因此负有向赵秦昌交付房屋的义务,包括转移房屋的占有及所有权,但买受人取得房屋所有权不仅需要有效的房屋买卖合同,还需要物权行为有效,而一个处分行为生效,需要处分人有处分权,否则该处分行为效力待定。出卖人与买受人之间签订的房屋买卖合同只解决出卖人负有向买受人转移房屋所有权的义务,不履行该义务应当承担违约责任,买受人取得房屋的占有是否具备权源,还需看出卖人是否有处分的权利。

本案中,604 号房屋、703 号房屋均系 10 排 2 号房屋被拆迁后转化的拆迁利益。在郭如信夫妇死亡后,上述安置房的权利应当由其法定继承人依法享有。出卖人郭双金对 604 号房屋相关利益享有的是共有人的权利,其签订房屋买卖合同未经其他共同共有人的同意,构成无权处分。虽然郭双金与赵秦昌之间签订的房屋买卖合同有效,但郭双金基于其共有权移转占有的行为,系无权处分,不发生占有移转的效力。赵秦昌对604号房屋的占有不构成占有连锁,系无权占有。

(三)本案引申出来的思考——不动产所有权与占有相分离的状态下的利益保护问题

不动产所有权与占有相分离的状态下,另一个常见的现象是善意取得不动产的权利人与实际占有人之间利益发生冲突。在一房二卖情形下,亦容易出现登记权利人与实际占有人之间如何平衡利益二者利益的问题。解决这些问题,首先要解决占有人取得占有的权源是什么,该权利是否发生了转移。

《最高人民法院公报》2015年第10期刊登的“连成贤诉臧树林排除妨害纠纷案”对此作了回答。基本案情如下:系争房屋为臧树林购得后,于2008年8月登记至其名下。2011年8月12日,案外人李榛以臧树林代理人身份与谢伟忠签订房屋买卖合同,并向登记机关递交转移登记申请,当月系争房屋登记至谢伟忠名下。2011年10月,连成贤与谢伟忠签订房屋买卖合同。2012年4月5日,系争房屋登记至连成贤名下。2012年7月5日,连成贤起诉谢伟忠交付房屋,臧树林作为第三人参与诉讼。2013年8月19日,浦东法院作出(2012)浦民一(民)初字第21647号民事判决,依据《合同法》第五十二条、第五十八条,《物权法》第一百零六条判决:1. 谢伟忠与臧树林签订的房屋买卖合同无效;2. 驳回连成贤要求谢伟忠交付房屋的诉求;3. 驳回臧树林要求确认谢伟忠与连成贤合同无效的诉求。2013年10月24日,连成贤起诉房屋纠纷一案,浦东法院经审理连成贤提供的证据足以证明其为系争房屋产权人,臧树林已非系争房屋产权人使用系争房屋,连成贤要求臧树林迁出系争房屋予以准许。浦东法院作出(2013)浦民字第36805号民事判决,判令臧树林判决生效2个月内迁出系争房屋。臧树林不服,上诉至上海一中院,经审理认为,虽然生效判决确认谢伟忠就系争房屋签订买卖合同时亦确认谢伟忠自始至终没有合法房屋而客观上无法向连成贤履行交付的义务,故连成贤应向谢伟忠主张系争房屋导致买卖合同无法继续履行,连成贤虽然已取得系争房屋所有权但在其未从出售方谢伟忠处获得系争房屋控制权的情况下,其径行要求系争用人臧树林迁出,不应支持。作出一中民二(民)终字第433号民事(2013)浦民一(民)初字第36805号驳回连成贤的诉讼请求。

签订房屋买卖合同后出卖人应向买受人履行权利与实物的双重交付,在买受方已取得房屋产权而未实际占有的情况下,其仅仅依据物权请求权要求占有人迁出,法院应作审慎审查。若占有人对房屋的占有有正当权源,买受方应以合同相对方为被告提起债权给付之诉,要求对方履行交付房屋的义务或在房屋客观上无法交付的情况下承担相应的违约责任。

【案例点评】

涉房屋类案件中,房屋所有权人的利益与实际占有人的利益,一直是一个需要权衡的问题。房屋所有权人是否能够依据所有权的对世性直接要求占有人返还房屋,司法实践中往往依据物权优于债权的法理作出判决,从法律规定来看,处理该类案件的依据是《物权法》第三十四条,物权人行使返还原物请求权的要件之一是占有人系无权占有,但何为无权占有,《物权法》及司法解释未作进一步说明,司法实践中容易出现的误区是,依据合法有效的房屋买卖合同取得占有即为有权占有?本案抽丝剥茧,层层深入,运用法律要件分析法,分析了何为占有的权源,从而认定何为无权占有,厘清了所有权人与占有人之间、买受人与占有人之间的权利义务关系,对司法实践具有重要的指导意义。

【裁判心得】

要件审判法逐渐成为法官审理案件的主要裁判方法,它以权利请求为出发点,对实体法律规范构成要件的分析为基本手段。《物权法》第三十四条规定了物权人行使返还原物请求权的要件之一为无权占有,但对无权占有的具体内涵未作进一步规定。实践中,所有权人与占有人权利发生冲突时,如何平衡如何选择,引起了我的思考。何为占有的权源?占有作为一项权能,它的来源可能是物权也可能是债权,是否依据合法有效之债取得占有即为有权占有?本案就是在对这些问题的思考的基础上做出的判决,对该类案件提供了裁判思路及裁判方法。

上海浦东发展银行股份有限公司北京分行诉唐宗明、付治国、北京国强环球科技发展有限公司房屋买卖合同纠纷案

柳适思* 王志栋**

关键词

无名合同　混合合同　合同目的　法律适用　不当得利

裁判要旨

由于各种新型的社会经济关系层出不穷，人们不断地在法定合同类型之外另行创新形态不一的合同，即无名合同。无名合同不仅内容复杂、法律关系多元，而且在审判实践中，法律适用的难度及争议较大，当事人之间的权利义务关系不易平衡，裁判结果难以统一。其中，混合合同在实务中最为常见，同时也是无名合同中最难认定、法律适用难度最大、当事人权利义务关系最难平衡的类型。基于混合合同在司法实践中的重要性、复杂性，本文以案例中反映出的法律争议焦点为问题导向，拟对无名合同性质认定的司法技术、无名合同的法律适用标准以及不当得利等问题展开探讨。

相关法条

1.《中华人民共和国合同法》第六十条、第九十七条、第一百二十四条。

2.《中华人民共和国民法总则》第一百二十二条。

* 柳适思，北京市第一中级人民法院民一庭法官。

** 王志栋，北京市第一中级人民法院民一庭法官助理。

【当事人基本情况】

上诉人(一审被告):上海浦东发展银行股份有限公司北京分行。

被上诉人(一审原告):唐宗明。

一审被告:付治国。

第三人:北京国强环球科技发展有限公司。

【基本案情】

2012年10月31日,上海浦东发展银行股份有限公司北京分行(以下简称浦发银行)与北京国强环球科技发展有限公司(以下简称国强公司)签署《融资额度协议》,约定:"浦发银行向国强公司提供可循环使用的融资额度1800万元;哈尔滨中强能源科技有限公司、付治国作为担保人为国强公司的上述债务提供担保。"同日,浦发银行与付治国签订《最高额抵押合同》,约定:"18231号房屋用途为住宅商品房,产权人为付治国,建筑面积为303.86平方米。付治国以该房屋为国强公司《融资额度协议》项下的债务提供最高额抵押担保。期间自2012年10月31日至2015年10月30日。"合同签订后,浦发银行申请办理了抵押权登记。

2012年10月31日,浦发银行又与哈尔滨中强能源科技有限公司(付治国作为法定代表人)签订《最高额抵押合同》,约定:哈尔滨中强能源科技有限公司以北京市东城区建国门内大街7号5层10、11、12号房屋为国强公司《融资额度协议》项下的债务提供最高额抵押担保。

2013年12月11日,浦发银行与国强公司签订《流动资金借款合同》,约定:"浦发银行向国强公司发放短期流动资金贷款人民币1800万元,借款期限为2013年12月11日到2014年12月10日。担保人为哈尔滨中强能源科技有限公司、付治国。"同日,国强公司申请提款,1800万元贷款现已发放。借款期限届满后,国强公司不能按期偿还贷款。经付治国与浦发银行协商,浦发银行同意付治国出售涉案房产。唐宗明则自国强公司法定代表人处知晓售房信息。

2015年6月16日,唐宗明(买受人)与付治国(出卖人)签订《房屋买卖合同》,约定:"出卖人将18231号房屋售予买受人,该房屋已设定抵押,抵押权人为浦发银行。出卖人应于2015年6月30日前办理抵押注销手续。协商的成交价格为1320万元。买受人直接向出卖人支付定金20万元。当事人双方同意,自本合同签订之日起10日内,双方共同向房屋权属登记部门申请办理房屋转移登记手续。"合同中对于购房款的支付方式及期限未作约定。合同签订后,唐宗明向付治国支付定金20万元。

2015 年 6 月 29 日,浦发银行(甲方、抵押权人)、唐宗明(丙方、买方)、付治国(乙方、卖方)签订《三方协议》,约定:"鉴于国强公司在甲方贷款余额为 1800 万元且已于 2015 年 3 月 9 日到期,就该贷款,乙方以 18231 号房屋向甲方提供抵押担保,丙方希望购买上述抵押房屋,乙方同意出售该房屋,并以出售价款偿还甲方贷款。三方就买卖抵押房屋及偿还贷款债务,达成如下条款:一、甲方同意乙方向丙方出售抵押房屋,丙方同意购买该房屋。购房价款 1300 万元。二、乙方同意以出售抵押房屋而取得的全部购房款(包括购房首付和购房尾款)就国强公司在贷款项下的债务向甲方承担清偿责任。三、丙方应于 2015 年 6 月 30 日前(不含 30 日当日)将购房款首付款人民币 1000 万元支付至乙方在甲方开立的账户。四、乙方不可撤销地同意并授权甲方在乙方上述账户收到丙方支付的购房首付款时,立即直接将该款项全额划转至国强公司在甲方开立的账户,用于偿还国强公司在贷款项下的债务。五、国强公司偿还贷款 1000 万元后,甲方同意对抵押房屋进行解押,并出具用于办理抵押权注销的相关文件,协助办理抵押房屋的抵押权注销登记手续。六、丙方就购房尾款人民币 300 万元在甲方办理个人交易资金监管。房屋过户完成后三个工作日内,购房尾款人民币 300 万元支付到国强公司,用于偿还贷款。七、乙方不可撤销地同意并授权甲方在乙方收到购房尾款时,立即将该款项全额划转至国强公司账户,用于偿还国强公司在贷款项下的债务。"协议签订当日,在三方均在场情况下,唐宗明支付的 1000 万元购房款直接汇入国强公司偿还贷款账户,并作为国强公司还贷由浦发银行划走。对上述操作,唐宗明、付治国均未提出异议。同日,唐宗明办理了 300 万元购房尾款的资金监管,付治国将房屋交付唐宗明使用。随后,由于 18231 号房屋被人民法院查封,无法办理房屋转移登记手续,双方因此产生争议。购房尾款 300 万元现已解除监管返还唐宗明。

另查:2016 年 8 月 4 日,浦发银行自(2015)东执字第 3911 号执行案件中取得案外人哈尔滨中强能源科技有限公司承担担保责任用以清偿债务的款项 9 939 232.95 元。

再查:本院依据付治国的取证申请,于 2017 年 7 月 13 日就 18231 号房屋的查封及抵押情况向北京市海淀区不动产登记中心进行核实并制作《房屋抵押查封情况说明》,该中心工作人员答复称:"位于北京市海淀区蓝靛厂南路 59 号 18 号楼 18231 号房屋曾于 2015 年 7 月 14 日、2015 年 8 月 28 日分别由深圳市罗湖区人民法院、北京市东城区人民法院查封,现均已解封。目前的查封情况为:2016 年 8 月 18 日由广东省深圳市龙岗区人民法院进行首轮查封;于 2016 年 9 月 20 日、2017

年 3 月 28 日由北京市海淀区人民法院进行了两轮轮候查封。现房屋仍设定抵押，抵押权人为浦发银行。”

【审理结果】

北京市海淀区人民法院于 2017 年 3 月 24 日作出(2016)京 0108 民初 29294 号民事判决：一、解除唐宗明与付治国于二〇一五年六月十六日签订的《北京市存量房屋买卖合同》；二、解除唐宗明与付治国、上海浦东发展银行股份有限公司北京分行于二〇一五年六月二十九日签订的《三方协议》；三、付治国、上海浦东发展银行股份有限公司北京分行共同退还唐宗明购房款一千万元；四、付治国双倍返还唐宗明定金四十万元，并赔偿唐宗明损失十万元；五、驳回唐宗明其他诉讼请求。宣判后，浦发银行向北京市第一中级人民法院提起上诉。北京市第一中级人民法院于 2017 年 9 月 11 日作出(2017)京 01 民终 4355 号民事判决，判决：一、维持北京市海淀区人民法院(2016)京 0108 民初 29294 号民事判决第一、第二、第五项；二、变更北京市海淀区人民法院(2016)京 0108 民初 29294 号民事判决第三项为：付治国、上海浦东发展银行股份有限公司北京分行于本判决生效后十五日内，共同返还唐宗明购房款一千万元；三、变更北京市海淀区人民法院(2016)京 0108 民初 29294 号民事判决第四项为：付治国于本判决生效后十五日内，双倍返还唐宗明定金四十万元，并赔偿唐宗明损失十万元。如果未按本判决指定的期间履行给付金钱义务，应当按照《民事诉讼法》第二百五十三条之规定，加倍支付迟延履行期间的债务利息。

【裁判理由】

法院生效裁判认为：依法成立的合同，对当事人具有法律约束力。《房屋买卖合同》与《三方协议》系各方当事人真实意思表示，且不违反法律、行政法规的强制性规定，应属有效。综合以上查明的事实及当事人的上诉与答辩意见，本院归纳二审争议焦点为：第一，如何认定《三方协议》的法律性质；第二，《三方协议》与《房屋买卖合同》的关系；第三，《三方协议》与《房屋买卖合同》解除的法律后果如何认定。针对本案的焦点问题，本院论述如下：

针对争议焦点一，法院认为，案涉《三方协议》的法律性质为混合合同。由于民事法律关系在主体、内容、形式、要素等方面的复杂性，实践中经常出现同一合同存在多重、复合法律关系的情形。案涉《三方协议》因基于不同的合同目的而设立，且存在多方法律关系主体、多项权利义务内容，呈现出复合法律关系的特性。第一，从主体上看，《三方协议》签署方为三方主体，各自依不同的基础法律关系和不同的合同目的而缔结协议。唐宗明与付治国系基于房屋买卖的目的而签署协议,浦发银行与付治国则基于担保合同关系而签署协议。第二,在权利义务的设定上,唐宗明履行《房屋买卖合同》中的给付房款义务。付治国在债务人国强公司到期未清偿债务的情况下,依法转让抵押房屋并以取得的该房款承担相应的担保责任,同时负有《房屋买卖合同》项下协助过户的义务。浦发银行则在债务清偿后负有解除房屋抵押的合同义务。因此,《三方协议》中包含了双重法律关系,其一为付治国与唐宗明之间的房屋买卖合同关系。其二为浦发银行与付治国之间的担保合同关系。

针对争议焦点二,法院认为,《房屋买卖合同》与《三方协议》不属于主从合同关系,但二者之间高度依存、紧密联系。第一,对于主从合同的认定需符合如下要件:两个合同之间具有发生上的依附性,效力上、转让上的从属性,以及消灭上的从属性等特征。本案中,《三方协议》约定的款项支付方式及期限,系对《房屋买卖合同》的补充。《三方协议》中关于付治国以购房款向浦发银行承担担保责任,约定授权浦发银行划转款项等内容,并非履行《房屋买卖合同》项下的义务,上述内容与《房屋买卖合同》相互独立,不存在发生、效力及消灭上的从属性。因此,《房屋买卖合同》与《三方协议》并不符合主从合同的特征。一审判决认定《三方协议》系《房屋买卖合同》的从合同,适用法律错误,法院予以纠正。

第二,《房屋买卖合同》与《三方协议》高度依存且紧密联系。通过对当事人的主观意图、各自合同利益以及整体交易结构等因素的考察,可以看出唐宗明签署《三方协议》将款项支付至国强公司账户内系为了解除房屋抵押从而顺利履行《房屋买卖协议》;付治国依约向唐宗明履行房屋转移登记义务,同时以所得房款向浦发银行承担担保责任;浦发银行则收取款项,以实现债权。这不仅体现了《三方协议》混合合同性质的外在联系,而且进一步使《房屋买卖合同》与《三方协议》高度关联、紧密结合,生成经济上的一体交易功能。

针对争议焦点三,法院认为,《三方协议》与《房屋买卖合同》解除后的法律后果为各方之间的法律关系恢复原状,争议款项应由付治国与浦发银行共同返还。

第一,合同解除后,尚未履行的,终止履行;已经履行的,根据履行情况和合同性质,当事人可以要求恢复原状、采取其他补救措施,并有权要求赔偿损失。本案中,案涉合同解除后,已经履行的部分应当恢复原状,且浦发银行在合同履行期间,并未依约解除对 18231 号房屋的抵押,浦发银行依然享有抵押权,案涉合同亦不存在无法恢复原状的法定情形。浦发银行上诉主张担保物权已消灭,本案权利义务不能恢复原状的上诉理由,缺乏事实及法律依据,法院不予采信。

第二,各方当事人对于案涉合同的解除均无异议。《三方协议》作为一个有机整体,亦无法部分解除。因此,合同解除后,争议款项应由付治国与浦发银行共同返还。理由如下:首先,浦发银行作为《三方协议》的当事人,不仅负有协议约定的义务,而且系实际受领款项的一方,在《房屋买卖合同》与《三方协议》均解除的情况下,浦发银行已无合法占有该款项的依据。因此,浦发银行应承担返还房款的责任。其次,唐宗明与付治国签订《房屋买卖合同》后,因付治国的根本违约行为导致合同无法继续履行而解除。一审法院判令付治国承担返还房款的责任,具备事实及法律依据,且付治国对此亦未提起上诉。最后,前述已论,《三方协议》与《房屋买卖合同》高度依存、紧密联系,且《三方协议》系混合合同性质。《三方协议》的合同目的既包含唐宗明作为房屋买受人支付购房款,以促房屋解押并顺利实现房屋过户,取得房屋之目的;又包含付治国作为房屋出卖人出售房屋,同时作为担保人承担担保责任之目的;还包含浦发银行作为抵押权人,同意在抵押期间转让抵押财产并使债务提前清偿之目的。浦发银行与付治国对于解除房屋抵押,使唐宗明取得房屋所有权均负有合同义务。由于 18231 号房屋现被人民法院查封,导致合同不能继续履行而解除,唐宗明作为买受人缔结《房屋买卖合同》及《三方协议》取得房屋的合同目的已无法实现。因此,浦发银行与付治国对上述款项应承担共同返还责任。综上所述,一审法院判令争议款项由付治国、浦发银行共同返还,判决结果正确,但以唐宗明系唯一受损方、有失公平为由进而判定本案各方的合同责任,判理不当,法院予以纠正。另,相关款项的履行期限,一审法院未予明确,对此一并纠正。

【裁判解析】

(一)无名合同性质认定的司法技术标准

以合同法或其他法律对合同类型是否有确定的名称及法律适用规则为标准,学界将合同分为有名合同与无名合同。有名合同又称典型合同,我国合同法分则中规定的买卖合同、赠与合同、租赁合同等十五类合同即为有名合同。无名合同是有名合同的对称,又称非典型合同,属于合同法中尚未有明确合同名称及具体法律适用规则的合同。

虽然我国合同法中并无无名合同之概念,但由于民事权益的广泛性和当事人利益处分的需要,无名合同在民事领域中广泛存在。我国《合同法》第四条从契约自由的角度出发,明确了当事人依法享有自愿订立合同的权利,只要不具有《合同法》第五十二条规定的五类情形,合同就具有法律拘束力。因此,无名合同是市场经济和契约自由共同催生的产物,其虽"有实无名",但为民商事主体之间利益的处分提供了法律上的依据。

无名合同的分类,依照学界通说观点,包括混合合同、纯无名合同以及合同联立。混合合同是指合同的构成是由两个以上的有名合同条款,或有名合同条款与无名合同条款的结合所成立的合同。混合合同有四种分类,一是典型合同附其他种类的从给付,二是类型结合合同,三是二重典型合同,四是类型融合合同。纯无名合同的认定较为明确,而合同联立和混合合同在司法实践中不易分辨,我国台湾地区实务界研究认为,"合同联立系数个合同便宜上的相互结合,之间并无不可分割之关系"。遵循当事人意思自治的原则,合同联立中一个合同的效力与另一个合同的效力或存在形成依附关系。而混合合同系以两个以上有名合同应有的内容合并为其内容的单一合同。因此,混合合同与合同联立的主要区别在于混合合同在性质上是属于一个不可分割的单个合同,混合合同是由若干个典型合同或者典型合同与非典型合同结合而成的单一的合同。合同联立则不相同,合同的联立只是数个合同在文本上的结合或便宜上的相互结合,数个合同并非不可分,数个合同不失其个性。可以简述归纳为,合同联立存在若干合同关系,而混合合同只存在单个合同关系。

本案的重点和难点在于如何认定《三方协议》的合同性质。浦发银行、付治国、唐宗明签订的《三方协议》存在三方民事主体,三者之间交叉体现出多重的权利义务关系。《三方协议》既体现了浦发银行和付治国之间的担保关系,又体现了付治国和唐宗明之间的房屋买卖关系。相对于 18231 号房屋,三方分别为抵押权人、所有权人和买受人,故三方签订该协议的合同目的分别为实现债权、解除担保责任和转移房屋所有权。从购房款的支付、划转到房屋过户,三方基于各合同关系形成交易的一体性,具有不可分割的合同属性。三方基于房屋买卖、实现抵押权和涤除担保的合同目的签订《三方协议》,三方之间的基础法律关系混合体现在《三方协议》中,具备了混合合同的成立要件,也属于司法实践中较为典型的无名合同。无名合同在司法审判中的案由划分,采取吸收、类推或者结合原则。本案案由虽定性为房屋买卖合同纠纷,但系采取吸收原则,以合同主要内容为主,吸收次要内容,使之符合合同关系的基本特征。

(二)无名合同的法律适用标准

合同法为民商事主体之间的争议提供了法律适用的基本司法标准,有名合同可直接适用合同法分则中关于该种合同的具体规定,但其中尚无关于无名合同的具体立法规定。常见的有名合同中,各方民事主体的权利义务关系较为明晰,一般具有权利义务的“双向性”和对待给付的“互惠性”。无名合同则不同,尤其是混合合同,权利义务关系存在“交叉性”和一定的“不对等性”,各方利益错综复杂,在裁判时的法律适用选择上更难把握。

我国《合同法》第一百二十四条规定,本法分则或者其他法律没有明文规定的合同,适用本法总则的规定,并可以参照本法分则或者其他法律最相类似的规定。由此可以看出,在无名合同的法律适用问题上,我国采取了类推适用主义,即对无名合同的处理,只能在适用合同法总则一般规则的同时,参照该法分则或者其他法律中最相类似的规定执行。

对无名合同的解释既要遵循关于合同解释的一般准则,也要根据个案中无名合同的独特性采用特别规则。即无名合同的法律适用,既要符合合同法总则的规定,也要通过比对无名合同与有名合同的相似性,类推适用最为接近的有名合同或其他法律的规定。这也是审判实践中我们处理无名合同的基本思路。除此之外,我们在审判实践发现中,通过格式合同或合同范本的参照适用也解决了一部分无名合同法律适用难的问题。格式合同本身就具有提高交易的效率、降低交易成本的作用。如果能将其中的不平等条款加以修正,格式合同可以成为无名合同适用法律的重要参考,进而通过立法对一些实践中运用比较成熟的非典型合同的范本赋予其法律效力,这种方法值得尝试,笔者在此不予赘述。

具体到本案,在认定《三方协议》的性质为无名合同中的混合合同后,必须探究三方当事人签约时的本意,即明确各方签订该协议的合同目的。首先必须厘清《房屋买卖合同》与《三方协议》之间的关系。唐宗明在上述两份合同和协议中,均负有向付治国支付购房款的义务,除此之外,唐宗明无须履行其他义务。《三方协议》体现了《房屋买卖合同》的主要内容,但并未额外增加唐宗明的义务。可以说,《三方协议》系在纳入浦发银行这一合同主体后对《房屋买卖合同》的吸收及扩充并由此成立新的权利义务关系,最相类似于买卖合同,同时存在相对独立的抵押及担保内容,据此确定本案法律适用的标准。

浦发银行作为18231号房屋的抵押权人,为顺利实现对国强公司的债权而同意担保人付治国出售抵押物。根据《三方协议》的约定,浦发银行的权利为取得出售房屋的全额购房款1300万元,同时履行协助办理18231号房屋抵押权注销登记的义务;从付治国的角度来说,其权利为取得18231号房屋的1300万元购房款,同时其既要将该购房款划拨至浦发银行履行担保义务,又要向唐宗明履行配合办理房屋过户手续的义务;从唐宗明的角度来说,其在向付治国按约支付全部购房款后,能够取得 18231 号房屋所有权。值得注意的是,《三方协议》第六条约定:"房屋过户完成后三个工作日内,购房尾款人民币 300 万元支付到国强公司,用于偿还贷款。"此条约定了唐宗明支付购房尾款 300 万元的前提,即房屋过户完成。唐宗明分两笔支付了 18231 号房屋的购房款,针对第一笔购房款 1000 万元,仅约定浦发银行在收到该笔款项后协助办理房屋的抵押权注销登记。对该两笔购房款支付前后限制条件的认定,影响到本案当事人之一浦发银行的合同责任,下文对此予以详细阐述。

司法审判中,无名合同法律适用的难点,不在于当事人数量的众多,而在于各方之间错综复杂的权利义务关系。不同于有名合同,无名合同具有民事主体权利义务的不可分割性和交易的一体性,各方之间的权利义务关系应在同一个合同框架内解决。

(三)无违约责任方承担返还责任的法律依据

《合同法》第九十四条规定,有下列情形之一的,当事人可以解除合同:……(四)当事人一方迟延履行债务或者有其他违约行为致使不能实现合同目的……由于付治国涉及其他民事诉讼,18231 号房屋在《三方协议》签订后被法院查封,且在本案二审期间仍有法院两轮轮候查封,因此房屋无法办理所有权转移登记,此属于给付不能中的嗣后客观不能的情形。唐宗明取得 18231 号房屋所有权的合同目的无法实现,因此其享有合同的解除权。三方当事人在本案诉讼中一致同意解除《三方协议》,法院据此判决予以确认。

《合同法》第九十七条规定,合同解除后,尚未履行的,终止履行;已经履行的,根据履行情况和合同性质,当事人可以要求恢复原状、采取其他补救措施,并有权要求赔偿损失。违法责任的承担,往往要求合同当事人具有过错或违约责任。因本案诉讼,浦发银行在《三方协议》履行期间未解除对 18231 号房屋的抵押,并不构成违约。本案一、二审皆认定浦发银行对 18231 号房屋无法办理产权转移登记并无过错,且在《三方协议》履行期间亦无违约行为,但本案仍判令浦发银行承担 1000 万元购房款的连带返还责任。对此,我们的依据如下:

1. 不当得利之返还请求权

不当得利,是指无法律上的原因而受利益,致他人受损害者,应付返还的义务。从比较法分析,分为给付不当得利和非给付不当得利。通说认为,给付不当得利的构成要件为:存在受领人不当得利情形;存在现实的给付关系;无法律上的原因。

因给付目的无法实现而产生的不当得利,主要有合同终止而不能实现给付目的、双务合同的对待给付非因当事人原因而不能实现等情况。本案中,在《房屋买卖合同》和《三方协议》均解除的情况下,浦发银行继续占有1000万元构成不当得利。唐宗明向付治国支付1300万元购房款系为解除房屋抵押进而取得房屋所有权;付治国同意将上述购房款划转至浦发银行以实现债权。故该协议兼具实现唐宗明与付治国签订的房屋买卖合同之对价交付和消灭浦发银行与付治国签订的担保合同之抵押权的功能。唐宗明基于和付治国签订的房屋买卖合同这一基础合同关系而产生给付义务,而浦发银行基于上述双方房屋买卖合同的支付行为取得相应钱款。在无法办理房屋产权转移登记的情形下,唐宗明的给付目的不能实现,而浦发银行继续占有1000万元钱款,双方的损益变动欠缺法律依据,浦发银行对1000万元的占有构成不当得利。

2.《三方协议》中交易的一体性

如前文所述,虽《三方协议》中并未直接体现浦发银行对唐宗明负担义务,但唐宗明支付第二笔购房款的前提为完成房屋过户。虽然唐宗明分两次支付购房款,且对第一笔购房款1000万元的支付并未有此约定,但通过明确各方合同目的和交易行为的一体性,可以认定唐宗明支付全部购房款的目的是取得房屋所有权,两次支付行为具有相同的目的,即取得房屋所有权。付治国和浦发银行对唐宗明实现合同目的负有实质上的"保障义务"。在唐宗明合同目的无法实现的情形下,实际占有相应款项的合同当事人均应予以返还。

人民法院作为公平中立的裁判者,既不能脱离当事人的合同约定及缔约本意,也不能擅自增加一方当事人义务而贬损其权利。《三方协议》中,唐宗明并非向浦发银行直接给付购房款,而是由唐宗明支付给治国后,由浦发银行进行划转,因此,《三方协议》不属于第三人利益契约,协议中亦无浦发银行对唐宗明负担义务的直接规定。但基于此前签订的《房屋买卖合同》及二手房交易习惯可以得出,唐宗明之所以在和付治国签订《房屋买卖合同》后与另行加入的浦发银行签订《三方协议》,系为了解除18231号房屋的抵押,顺利变更为房屋所有权人。从协议的交易链来看,先由唐宗明支付付治国购房首付款1000万元,然后浦发银行将此钱款划转并实现部分抵押权,之后由浦发银行协助办理房屋抵押登记,再由唐宗明支付购房尾款300万元,最后浦发银行在房屋过户后将300万元划转实现全部抵押权。从交易的整体性出发,由于18231号房屋最后无法过户,若允许浦发银行在整体交易完成前仍占有争议款项,则《三方协议》的完整法律关系将断裂,各方权利义务呈现实质上的不对等。

社会经济的发展必然导致民事合同类型的多样化和复杂化,只要当事人之间订立的合同不违反法律、行政法规的强制性规定,不违反公序良俗,就应充分尊重当事人的意思自治,认定合同有效。审判实践中出现了越来越多新类型的合同,这需要裁判者在面对纷繁复杂的争议纠纷时,根据现有立法和司法解释,条分缕析,审查当事人订立合同的本意,理顺各方权利义务关系,正确适用法律,作出公正合理的裁判结果。

【案例点评】

房屋买卖合同纠纷受宏观经济政策、不动产交易市场等因素的叠加影响,不仅关系当事人的切身利益,而且涉及产权保护的法律适用以及辖区内执法尺度的统一问题。此案例中,合议庭关注到了案件背后反映的无名合同性质认定的司法技术、无名合同的法律适用标准以及非违约方适用不当得利返还等实践中的诸多争议问题,案例在法律适用的把握和理论研究方面具有典型性和代表性。本案二审判决对上述问题在理论与司法实践层面均做出正面回应,对此类案件的审理具有示范指导意义。

【裁判心得】

本案涉及房屋买卖合同、抵押及担保等多种法律关系的认定及对应的法律适用。从查明的事实可以看出,在成立房屋买卖合同法律关系的同时,交织着房屋抵押权以及担保合同等多重法律关系。我们在审理此类案件时,既要通过对于事实的查明,准确总结案件的争议焦点,本案中即对于无名合同的性质认定与法律适用标准问题;又要在办案中运用法学理论,准确理解并适用法律。重视对裁判文书的说理,提高裁判文书质量。通过对庭审、合议、裁判文书撰写等环节的把握,不仅对案件的争议焦点进行回应阐明观点,同时也在理论上加以研究,以便在今后的类型化案件处理上形成先例。

霍建华诉广州网易计算机系统有限公司等名誉权纠纷案

张永钢[*]　何　悦[**]

关键词

微博侵权　公众人物　名誉权专属

裁判要旨

在互联网技术迅猛发展的时代背景下，微博、微信等网络侵犯名誉权案件频发，侵权人为规避风险采用模糊化、标签化词语进行意思表达，在这种情况下其虽未直接指向某特定主体，但应当依据其描述的情节、时间及空间等进行全面分析，当一般第三人在接受信息后产生对特定主体确定性和对应性的认知，并足以认定为某人时，仍旧构成对他人名誉权的侵犯。

相关法条

1.《中华人民共和国民法总则》第一百一十条。

2.《中华人民共和国侵权责任法》第二条、第十二条、第十五条、第三十六条第一款、第二款。

【当事人基本情况】

上诉人(原审被告)：广州网易计算机系统有限公司。

被上诉人(原审原告)：霍建华。

被上诉人(原审被告)：焦国强。

---

* 张永钢，北京市第一中级人民法院民二庭法官。

** 何悦，北京市第一中级人民法院民二庭法官助理。

原审被告:北京微梦创科网络技术有限公司。

【基本案情】

霍建华系我国台湾地区知名男演员,曾参演过多部热播古装影视剧,曾在横店影视基地进行过拍摄。微梦公司系新浪微博平台的经营者。网易公司系网易网站的经营者。焦国强系新浪微博用户,网络昵称为“函数公”,截至 2015 年 1 月 31 日 15 时 35 分,粉丝数为 199 290 人。2015 年 1 月 31 日,霍建华的委托代理人向北京市方正公证处申请对涉诉网页相关内容进行证据保全,该处作出(2015)京方正内民证字第 07746 号公证书。该公证书显示:2015 年 1 月 28 日 18 时 28 分,网易公司经营的网易网站娱乐频道“深水娱”专稿中发表了第 5 期标题为《横店昔日风月:上百男星曾涉嫖留案底》(以下简称《横》文),该文章中有“一位 H 姓台湾男演员曾接演多部古装戏,都在横店拍摄。在拍一部金庸名著改编的电视剧期间,该男演员与一位 90 后女群演在夜总会结识后,有过多次往来,女孩还曾上传两人亲吻照到自己的微信朋友圈,经人提醒后删除,为了‘封口’,H 姓男演员给了女孩数万元开网店”的描述,截至 2015 年 1 月 31 日 15 时 43 分,在该文章后面的跟帖区有 23 116 人参与。其中不少网络用户认为该“H 姓男演员”指向霍建华。

2015 年 1 月 30 日凌晨 2 时 21 分,焦国强在网络昵称为“函数公”的新浪微博中发布如下微博内容:“H = 霍建华、C = 陈浩民、C = 陈建斌、P = 潘粤明、H = 胡歌(黄晓明)、L = 李易峰,这么带入仿佛是解开了网易娱乐出的谜题,真让博主惊讶,不应该的啊!”同时在该博文下方上传了《横》文的若干幅节选内容图片,其中第一幅节选内容图片有 “一位 H 姓……女孩数万元开网店”的文字内容。截至 2015 年 1 月 31 日 15 时 35 分,在该博文转发 68 次,评论 216 次,点赞 336 次。

诉讼中,网易公司表示已经删除《横》文中上述文字,霍建华对前述文字已删除的事实予以认可。网易公司对霍建华主张《横》文中涉诉文字构成以诽谤方式侵犯名誉权之主张抗辩称涉诉文字并不具有明确指向对象,并未指向霍建华,文章只是描述了在横店影视基地拍摄的演艺人员生存状态,并未有所特指。

【审理结果】

北京市海淀区人民法院于 2016 年 9 月 14 日作出(2015)海民初字第 15079 号民事判决:一、本判决生效之日起十日内,被告广州网易计算机系统有限公司在网易网站娱乐频道(ent. 163. com)首页显著位置公开发表致歉声明,向原告霍建华赔礼道歉,消除影响、恢复名誉,持续时间为连续七天(声明内容需经本院核准,如被告广州网易计算机系统有限公司拒不履行该义务,本院将选择一家全国公开发行的报刊公布本判决的主要内容,费用由被告广州网易计算机系统有限公司负担)。二、本判决生效之日起十日内,被告焦国强在网络昵称为“函数公”的实名认证微博(网址为:http://weibo.com/234744564)中置顶公开发表致歉声明,向原告霍建华赔礼道歉,消除影响、恢复名誉,持续时间为连续七天(声明内容需经本院核准,如被告焦国强拒不履行该义务,本院将选择一家全国公开发行的报刊公布本判决的主要内容,费用由被告焦国强负担)。三、本判决生效之日起十日内,被告广州网易计算机系统有限公司赔偿原告霍建华精神损害赔偿金八万元及诉讼合理支出二万九千一百二十元。四、本判决生效之日起十日内,被告焦国强赔偿原告霍建华精神损害赔偿金二万元及诉讼合理支出七千二百八十元。五、驳回原告霍建华的其他诉讼请求。宣判后,广州网易计算机系统有限公司向北京市第一中级人民法院提起上诉。北京市第一中级人民法院于2017年10月24日作出(2017)京01民终6460号民事判决,判决驳回上诉,维持原判。

【裁判理由】

法院生效裁判认为:本案系名誉权纠纷,依据最高人民法院《关于审理名誉权案件若干问题的解答》第七条规定,是否构成侵害名誉权的责任,应当根据受害人确有名誉被损害的事实、行为人行为违法、违法行为与损害后果之间有因果关系、行为人主观上有过错来认定;以书面或口头形式侮辱或者诽谤他人,损害他人名誉的,应认定为侵害他人名誉权。

首先,依据本案查明事实,涉诉文章系网易公司发布制作,其中描述的个人特征要素有“H姓、籍贯为台湾、性别为男、职业为演艺明星、演艺特点为接演多部古装戏且都在横店拍摄,而且拍摄了金庸名著改编电视剧”等,上述特定个人信息描述较为详细实质上已极度缩小了根据这些特征要素可以锁定个人的范围。本案中,涉案文章描述的特定人具有普通人不具备的、独特的且大众知悉的身份,而霍建华个人特征全部满足前述个人信息,且霍建华在“台湾男演员、知名度及参演金庸名著改编电视剧”等要素上具有重要显著性,以至于一般合理之人在接受上述信息并进行判断时,足以将二者直接或高度对应,从而认为涉诉文章中指称系霍建华,焦国强及诸多网络用户的评论亦认为涉诉文章指向霍建华,故一审法院认定网易公司所发涉诉文字指向霍建华并无不当,网易公司上诉认为涉诉文章不具有特定指向对象,缺乏依据,法院不予采信。

其次,涉案文章题目为《横店昔日风月:上百男星曾涉嫖留案底》,内容系霍建华与某女群演发生不正当性关系一事的叙述。网易公司在发表上述带有贬损性质的言论时并未陈述相关事实证据,庭审中亦未提供证据证明其发表的诉争言论有相应事实依据,由此可见,网易公司发布的诉争言论存在失实之处,其存在主观过错。再者,诉争言论将"涉嫖"等不良行为与霍建华联系在一起,并通过信息网络方式公开传播,足以让社会对霍建华作出道德上的负面评价,从而严重破坏霍建华的公众形象,据此,从侵犯名誉权的构成要件来判断,网易公司在公众平台中公开发布的未经证实且对人格带有负面指向的言论已构成对霍建华名誉的侵害,应当承担相应的侵权责任。网易公司上诉认为其涉诉文章不构成对霍建华名誉的损害,缺乏事实和法律依据,法院不予支持。网易公司经营的网易网站系向不特定网民广泛传播信息和咨询的网络媒体,其在未对涉案文章内容真实性进行审查的情况下发布涉诉言论,已严重侵犯霍建华的名誉权,而焦建国是对文章进行转发系扩大侵害行为,其转发言论的影响力及传播范围远不及网易公司,故一审法院认定焦国强与网易公司承担责任的比例为 2:8 具备事实和法律依据。

公民、法人因名誉权受到侵害要求赔偿的,侵权人应赔偿侵权行为造成的经济损失;公民并提出精神损害赔偿要求的,人民法院可根据侵权人的过错程度、侵权行为的具体情节、给受害人造成精神损害的后果等情况酌定。被侵权人为制止侵权行为所支付的合理开支,可以认定为《侵权责任法》第二十条规定的财产损失。合理开支包括被侵权人或者委托代理人对侵权行为进行调查、取证的合理费用。人民法院根据当事人的请求和具体案情,可以将符合国家有关部门规定的律师费用计算在赔偿范围内。故一审法院依据上述法律规定认定网易公司及焦国强应赔偿霍建华为维权支出的合理公证费和律师费正确,法院予以维持。同时一审法院综合考虑侵权文字及微博的内容描述、侵权人过错程度等因素对精神损害赔偿金予以酌定亦符合法律规定。综上,网易公司的上诉请求不能成立,应予驳回;一审判决认定事实清楚,适用法律正确,应予维持。

【裁判解析】

在互联网技术迅猛发展的时代背景下,微博、微信等网络侵犯名誉权案件频发,与传统名誉侵权案件相比,网络侵犯名誉权案件具有责任主体的虚拟性、多元性及被侵权主体的非典型特定性使得侵权认定变得复杂,在就网络侵权进行立法及网络监督手段多元化的背景下,侵权人为规避风险,往往避免发布具有直接指向性的信息,而改为采用模糊化、标签化词语进行意思表达,在这种情况下对被侵权主体的认定就成为法院审理案件时面临的问题。

第一,名誉权以确定主体身份的特定性和明确性为前提。《侵权责任法》中所指侵害他人的“名誉”,通说认为系对他人就其品性、德行、名声、信用等的社会评价。名誉权以名誉作为客体,是受民事法律保护的公民自然人和法人所享有的名誉不受他人侵害的人格权。从名誉及名誉权的概念中可以看出,名誉权作为人格权的一种,是主体固有的与其人身不能分离的权利,名誉不能转让他人也不能被剥夺或继承,故而名誉权享有的主体应当是特定的,而非不特定群体。离开特定的民事主体,则无所谓名誉,也无法进行法律保护。

第二,权利主体身份的特定化应通过多要素比对综合认定。“特定”的典型情形系指名道姓,但在本案中涉诉文字并未对原告进行直接的指称,那么在此种情况下对涉诉文字指向性的判断应当从两个角度进行,首先是涉诉文字所表达的对象是“特指”还是“泛指”。其次是文意表示是否会令一般第三人产生对特定主体确定性和对应性的认知。从上述两个角度综合判断涉案文字是否指向原告。如果涉诉文字并未直接点名道姓,而是以影射的方式暗指某个人,那么就应当将涉诉文字包含透露的特定信息与原告的个人特征信息进行比对,依其描述的情节、时间、空间等信息全体观之,当涉案文字暗指的个人特征要素具备显著的可识别性,且足以使受领人将涉诉文字与原告进行高度对应,并进一步认为涉诉文字用以特指原告,那么就应当认定涉诉文字指向特定主体,即原告。本案中,从涉诉文字看其所用的表述系一位 H 姓男演员,虽并未直接指向原告,但在文字中提供了姓氏拼音字母开头为 H、籍贯为台湾、性别为男、职业为演艺明星、演艺特点为接演多部古装戏且都在横店拍摄,而且拍摄了金庸名著改编电视剧等特定个人的特征要素。通过比对发现,原告个人特征完全满足了涉诉文字暗指的个人信息,侵权行为与原告身份虽尚不足以产生唯一性,但已产生了一定程度的对应性,已经极为有效地缩小了信息受领者根据这些特征要素锁定个人的范围,提高了识别的显著性。

第三,被侵权主体身份特定化应以高度盖然性为证明标准。司法实践中对法律事实的认定依赖于双方所提交证据的证明力,而民事诉讼中通常采取高度盖然性标准,以优势证据认定案件事实。本案中,被告方提出了其涉诉文字可以对应其他男明星的反驳证据,但通过仔细比对后发生,其要素对应性和准确性都均低于被告,在证明力上原告所提交的身份特定化证据和分析在合理性和准确性上均明显高于被告。

第四,被侵权主体的特定化应以一般第三人认知标准。要素特征与特定主体的对应性,具有一定的主观性,应以一般第三人的认知能力为判断标准。本案涉诉文字指向的主体系演员,其本身职业特点就使得该类主体的个人特征要素极易被大众知悉,原告除个人特征要素满足涉诉文字信息外,其在知名度、演艺经历及籍贯等要素上同时具备重要的显著性。从相关新闻的评论和网络跟帖中,绝大多数网民均认为被告所指对象为原告,此说明从一般第三人角度,通过涉诉文字提供的个人特征要素信息已经足以将其与原告对应,故可以认为涉诉行为已经形成了对原告身份的特定指向,涉诉文章内容严重失实,构成对原告名誉权的侵犯。

【案例点评】

本案裁判的主要意义是确立了当涉诉侵权行为的指向对象具有一定模糊性和非特定性时,认定被侵权主体的裁判规则和证明标准。本案裁判不仅实现了对个体名誉权的有效保护,更为重要的是通过明确认定事实逻辑方法和理解适用法律,形成了对类型化案件裁判思路和认定规则,对规范当前网络乱象,净化网络空间,保护人民群众合法权益具有重大的意义和作用。

【裁判心得】

本案因涉及知名度较高的演员霍建华,引起了较高的社会关注,本案中的涉诉文字因缺乏直接指向性而使得对名誉权被侵害主体的认定成为法院需要判定的问题,本案根据涉诉文字包含的个人特征要素信息,并结合一般第三人接收文意表示后产生的对特定主体的确定及对应性,明确了当言论未指名道姓时,对名誉权专属及特定性应当如何进行判断。

兰某诉王某、北京微梦创科网络技术有限公司名誉权纠纷案

汤　平*　黄慧婧**

关键词

事实陈述　意见表达　真实性标准　公正评论标准　公众人物

裁判要旨

名誉权纠纷所涉言论可分为事实陈述与意见表达,二者的区别主要在于能否验证真伪。在认定是否构成名誉权侵权时,事实陈述应适用真实性标准,意见表达应适用公正评论标准。公众人物提起的名誉权侵权案件中事实陈述与意见表达适用的标准均应有所放宽,并需结合行为人是否构成故意认定是否存在侵权。

相关法条

《最高人民法院关于审理名誉权案件若干问题的解答》第八条。

【当事人基本情况】

上诉人(一审原告):兰某。

被上诉人(一审被告):王某。

被上诉人(一审被告):北京微梦创科网络技术有限公司。

【基本案情】

兰某诉称,王某在其新浪微博上连续多次发布内容其捏造的、虚假不实的严重

---

* 汤平,北京市第一中级人民法院民二庭法官。

** 黄慧婧,北京市第一中级人民法院民二庭法官助理。

侵权言论,对我进行侮辱、诽谤,故起诉请求判令王某、北京微梦创科网络技术有限公司(以下简称微梦公司)微梦公司删除侵权微博、赔礼道歉、连带赔偿精神损害抚慰金10万元及公证费用经济损失1250元。

经审理查明,兰某系绵阳市人民医院工作人员,因曾反映绵阳市人民医院存在过度医疗等问题而被各大媒体连续报道,被称为"走廊医生"。王某系中央电视台工作人员,其加V实名认证的微博账户中个人身份信息为"资深媒体人,新浪微博社区委员会专家成员"。

兰某主张构成侵权的微博内容如下:1."现在可以下结论了:很多此前关于走廊医生的新闻都是虚假新闻。兰某不过是一个为了自己私利,绑架了医院甚至整个医疗行业的一个非典型医生……"("涉诉微博一")该微博同时上传了中央电视台新闻频道所播出的"新闻调查"节目《走廊医生》视频。2."兰某本人更像是个病人,明显有偏执性人格,甚至有轻度妄想……也让兰某彻底失去了治疗的机会……"("涉诉微博二")。3."……兰的举报在证据上都不成立。而且,兰某颇为自豪的,恰恰是自己任主任期间收入飞速增长"("涉诉微博三")4."兰某显然有严重的精神疾病,她最需要的是去接受治疗……"("涉诉微博四")5."……明明她是个病人,但媒体却把她当作英雄,而周围的人却不得不把她当作是个正常人,其实她有迫害妄想……"("涉诉微博五")6.涉诉长文《无论你们有多卑鄙,我都奉陪到底!》,具体内容如下:"……'兰某本人的确需要关怀,这种关怀不是支持她以虚假证据做基础,长期坐在走廊和单位抗争,而是真正关心她引导她回归正常的生活。当你把兰某当作反体制的英雄,也就把兰某当作了工具,宣泄你内心某种不满的工具。这造成兰某越发无法回头。这不是正义,这是自私。'……但有些人,打着高尚的旗号,却干着龌龊的勾当。兰某背后那些人,就是这样的人渣。在他们的内心,只要自己认定的目的正确,就可以不择手段,哪怕是颠倒黑白,罔顾事实。他们将兰某架上英雄的位置,但内心却从不真正关心兰的未来。他们在消费兰某的同时,也将兰变成自己手中的一枚棋子。当兰某一步步走向泥潭,他们在旁边一边露出狰狞的喝彩,一边再次将兰某变成自己的筹码和工具。他们,真的是一群嗜血的豺狼!……这正是这些人的卑鄙之处……"(该文以下简称为"涉诉长文")。

2014年2月20日,联合调查组出具调查报告,载明未证实绵阳市人民医院具体医疗行为存在兰某举报的违反诊疗规范和医疗卫生行业相关规定的情况。王某作为中央电视台《新闻调查》栏目组派出的调查记者前往当地进行实地调查,后该栏目组制作了新闻调查专题片《走廊医生》并播出。

【审理结果】

北京市海淀区人民法院于2016年8月11日作出(2015)海民初字第16638号民事判决:驳回原告兰某的全部诉讼请求。判决后,兰某向北京市第一中级人民法院提起上诉。北京市第一中级人民法院于2017年11月2日作出(2017)京01民终5729号民事判决:驳回上诉,维持原判。

【裁判理由】

法院生效裁判认为:公民享有名誉权,公民的人格尊严受法律保护,禁止用侮辱、诽谤等方式损害公民的名誉。侵害他人名誉权多与言论的发表相关联。针对公民言论内容的规制因"事实陈述"及"意见表达"两种情形而有所不同。"事实陈述"是针对实际发生的事件或实际所处状态的通报,进行"事实陈述"时应当基本或大致真实,或有权威的信息来源渠道,或有基本的证据支持,不应传播虚假或虚构的事实;"意见表达"是表述者针对人物、事件或社会所作的主观评估的评价性表态,进行"意见表达"时应大致客观公正,不应进行不当评论或使用侮辱性言辞攻击他人,否则可能构成对他人人格的侮辱。

本案中,兰某因"走廊医生"事件进入公众视野,其后兰某本人接受了多家媒体的采访,相关报道引发了公众对该公共事件及事件中心人物兰某的广泛关注,兰某由此成为具有一定知名度的公众人物。由于涉及公共利益,对公众人物的议论和评价属正常现象,出于维护社会公共利益和保障公民知情权的需要,公众人物的人格权应受到一定程度的克减。因此,在认定针对公众人物发表的言论是否构成名誉权侵权时,应采取较针对普通公众的言论更为宽松的标准。但是,此种克减应以与公共领域、公众兴趣相关为限,不能超出公共利益的边界。

以下本院就本案涉诉言论进行逐一分析。兰某主张涉诉微博一中构成侵权的内容为:"现在可以下结论了:很多此前关于走廊医生的新闻都是虚假新闻。兰某不过是一个为了自己私利,绑架了医院甚至整个医疗行业的一个非典型医生。"从发布形式上看,上述内容系在上传中央电视台"新闻调查"节目的《走廊医生》视频的同时发表的;从内容上看,其中使用了"下结论"的字眼,而且未涉及相关事件的具体细节,综合来看,上述内容是结合《走廊医生》视频针对"走廊医生"事件及事件中心人物兰某发表的主观性的个人看法,属于"意见表达"的范畴。王某发布上述内容系出于对公共事件及相关公众人物进行评论,并未超出公共事件的范畴讨论兰某私人领域的事务。而且结合其作为依据的权威消息来源即中央电视台发布的《走廊医生》视频及《关于绵阳市人民医院医生兰某反映有关问题的调查报告》

中的相关内容,上述内容并无不当。因此,王某针对"走廊医生"事件及兰某发表的上述言论不构成对兰某的名誉权侵权。

针对涉诉微博二,兰某主张构成侵权的内容为"兰某本人更像是个病人,明显有偏执性人格,甚至有轻度妄想"及"也让兰某彻底失去了治疗的机会"。王某系在转发涉诉微博以后发表的上述内容,结合上下文整体判断,该等表述是王某对处于"走廊医生"事件中心的兰某发表的主观评价,属于"意见表达"。同样,涉诉微博四中"兰某显然有严重的精神疾病,她最需要的是去接受治疗"及涉诉微博五中"明明她是个病人,但媒体却把她当做英雄,而周围的人却不得不把她当做是个正常人,其实她有迫害妄想"也属于"意见表达"的范畴。王某发表上述内容未超出讨论公共事件的范畴,即便言论直接指向兰某,但仍是基于"走廊医生"事件进行相关评论。虽然上述言论中的个别用词稍显不妥,但王某的上述微博言论系基于对公共利益的关注而发表对公共事件的看法,并非刻意对兰某进行侮辱、诽谤,正是借助对公共事件及相关公众人物的自由化、多样化的意见表达,舆论监督的作用方能发挥,公共利益才能得以维护。基于认定是否构成对公众人物名誉权侵权时采取相对宽松的标准,在王某不存在贬损兰某名誉权的主观恶意的前提下,兰某主张上述内容构成对其名誉权的侵犯,本院不予支持。

关于涉诉微博三中"兰的举报在证据上都不成立。而且,兰某颇为自豪的,恰恰是自己任主任期间收入飞速增长"是否构成名誉权侵权的问题。上述内容使用的是叙述性的语言,是对事实状态进行的描述,因而属于一种"事实陈述"。从该条微博的整体来看,其核心内容是除了早期医院确有开单提成之外,兰某举报的过度医疗问题并不存在。结合《关于绵阳市人民医院医生兰某反映有关问题的调查报告》中的相关结论,上述内容并未严重失实,未超出"事实陈述"应遵循的基本或大致真实的要求。兰某就上述内容提出的诉求,本院不予采信。

兰某还主张涉诉《无论你们有多卑鄙,我都奉陪到底!》一文标题及正文"但有些人,打着高尚的旗号,却干着龌龊的勾当。兰某背后那些人,就是这样的人渣。在他们的内心,只要自己认定的目的正确,就可以不择手段,哪怕是颠倒黑白,罔顾事实。他们将兰某架上英雄的位置,但内心却从不真正关心兰的未来。他们在消费兰某的同时,也将兰变成自己手中的一枚棋子。当兰某一步步走向泥潭,他们在旁边一边露出狰狞的喝彩,一边再次将兰某变成自己的筹码和工具。他们,真的是一群嗜血的豺狼!""这正是这些人的卑鄙之处"中的"你们""这些人"指代的人包括兰某,王某使用"龌龊""卑鄙"等词语构成对兰某的侮辱。结合涉诉长文的整体内容可以看出,王某认为兰某背后存在"怂恿"她的一股势力,"他们在消费兰某的同时,也将兰变成自己手中的一枚棋子。当兰某一步步走向泥潭,他们在旁边一边露出狰狞的喝彩,一边再次将兰某变成自己的筹码和工具",可见王某在文中所批判的"你们""他们""这些人"等指代的是利用和消费兰某的背后势力,并非指向兰某也不包括兰某本人。由于上述内容中的"你们""他们""这些人"不能确定指向兰某或包含兰某的确定人群,且涉诉长文的其他部分亦无明显贬低或恶意诋毁兰某之言论,故兰某主张涉诉长文构成对其本人的侮辱缺乏依据,本院不予支持。

因此,兰某关于王某的涉诉微博言论构成对兰某侮辱、诽谤的主张不能成立。兰某上诉认为王某属于公众人物、应就自身言论承担更高的注意义务,鉴于王某上述言论并不构成对兰某名誉权的侵犯,故兰某此项上诉理由,本院不予采信。作为网络服务提供商,微梦公司承担侵权责任的前提是王某发表的微博言论构成对兰某的名誉权侵权。鉴于兰某的侵权诉求并不成立,故微梦公司亦无须承担相应的侵权责任。

需要指出的是,任何人发表对他人的言论,均应秉承事实,公正评论,而不应使用过激的贬损性语言。本案中,王某发表的部分言论虽不构成侵权,但也有失妥当。王某今后在发表评论意见时,亦应谨慎注意,避免使用过激的语言。

微梦公司经本院合法传唤,未到庭参加诉讼,本院依法缺席判决。

综上所述,兰某的上诉理由不成立,故对其要求撤销一审判决、依法改判之上诉请求,本院不予支持。一审法院判决认定事实清楚、适用法律及处理结果正确,应予维持。

【裁判解析】

名誉权纠纷所涉言论因性质的不同,可区分为事实陈述与意见表达。事实陈述是指单纯的对过去或现在实际发生的时间或实际所处状态的通报;意见表达则是指表述者以自己的观察方式所作的主观评估的一种评价性的表态。[①] 虽然此种分类和表述来源于学理,但在法律规定方面是有迹可循的。1993 年最高人民法院《关于审理名誉权案件若干问题的解答》(以下简称《解答》)第八条规定:"因撰写、发表批评文章引起的名誉权纠纷,人民法院应根据不同情况处理:文章反映的问题基本真实,没有侮辱他人人格的内容的,不应认定为侵害他人名誉权……文章的基本内容失实,使他人名誉受到损害的,应认定为侵害他人名誉权。"从该条中可以看

① 汪志刚:《德国法上的意见表达和事实陈述的区分》,载《北方法学》2011 年第 3 期。

出,“文章的基本内容失实”大致对应的是事实陈述,而“文章反映的问题基本真实,没有侮辱他人人格的内容的”规制的则是意见表达。此条规定为探讨二者的区分及法律适用奠定了基础。此种分类的意义在于,基于二者的不同性质适用不同的侵权判定规则,进而更好地平衡言论自由与名誉权保护。在司法实践中,不少裁判文书中已将此种区分纳入说理并作出裁判,因此有必要探讨二者如何界定及其适用的规则。

(一)分类标准

理论上,二者的界限是明确的,即所涉言论能否证明真伪及是否带有评价的主观性。能否证明真实性是区分二者的关键要素,在具体案件中,可以从下述角度进行考量:1. 表述的内容是否足够具体;2. 用词的通常用法及含义;3. 言论发表的语境及上下文;4. 受领人的通常理解。本案中,涉诉微博一系在上传中央电视台“新闻调查”节目的《走廊医生》视频的同时发表的,其中使用了“下结论”的字眼,而且未涉及相关事件的具体细节,综合其用语、内容以及语境来看,该条微博属于王某主观性的个人看法,属于意见表达。而涉诉微博三中提及了兰某举报的诸多具体问题,得出的是“兰的举报在证据上都不成立”的事实性结论,应属于事实陈述。

单纯的事实陈述或意见表达不难认定,但实践中出现的多为夹叙夹议或是基于事实发表评论的混合性言论,此时应审查言论整体内容偏向何种性质。如果描述事实情况的因素只是服务于对它的评价,则应将该项表述归类为意见表达;反之,若叙述客观情况的因素可以被视为起到了决定或核心作用,应将其归类为事实陈述。[①] 比如涉诉微博二,其中虽然提到了兰某个人的家庭状况,但这些个别词句是服务于对处于“走廊医生”事件中心的兰某发表的主观评价,总体来看,该项言论属于意见表达的范畴。

(二)适用规则

概括而言,事实陈述与意见表达适用的侵权认定规则如下:事实陈述应符合真实性标准;意见表达应符合公正评论标准。依据《解答》第八条中的规定,事实陈述如果达到“基本内容失实”便构成侵权,即是要求符合真实性标准。“基本内容失实”意味着此种真实性标准并不等于完全真实,即并非是指量而是指质的概念,指失实内容足以使人对有关问题的性质产生错误的认识[②],换言之,此种真实性标准要求的是实质真实。其背后的法理在于,如果法律纠缠于涉诉言论的细枝末节,只

---

① 汪志刚:《德国法上的意见表达和事实陈述的区分》,载《北方法学》2011 年第 3 期。

② 转引自魏永征:《新闻传播法教程》(第二版),中国人民大学出版社 2006 年版,第 165 页。

会阻碍个人言论表达的自由和舆论监督功能的发挥,整个社会将噤若寒蝉,与个人自由发展和社会福祉增进相悖。本案中,涉诉微博三主要陈述的是除了早期医院确有开单提成之外,兰某举报的过度医疗问题并不存在,结合《关于绵阳市人民医院医生兰某反映有关问题的调查报告》,上述言论有相应的依据。至于兰某是否因自己任主任期间收入飞速增长而颇为自豪,不是该条微博言论的主要内容,其真实与否不应妨碍该条微博言论并未严重失实的判断。

针对意见表达,《解答》虽没有直接作出规定,但从"文章反映的问题基本真实,没有侮辱他人人格的内容的,不应认定为侵害他人名誉权"可以推出,不侮辱他人是意见表达应遵循的界限,这与学理中提及的公正评论标准是一致的。具体而言,行为人在进行意见表达时应大致客观公正,不应进行不当评论或使用侮辱性言辞攻击他人。出于保护言论自由的需要,对意见表达的容忍度要高于事实陈述。本案中,涉诉微博一中提及兰某为了一己私利绑架了医院甚至整个医疗行业,虽然是对兰某进行了贬损性的评价,但综合该条微博言论并结合其发布的语境,此项评论应属未超出公正评论标准的要求。

(三)公众人物身份对适用规则的影响

虽然法无明文规定,但司法实践中已有不少引入公众人物理论的裁判文书。公众人物所涉事项是公众关注和公共利益之所在,由于涉及公共利益,对公众人物的议论和评价属正常现象,出于维护社会公共利益和保障公民知情权的需要,审理涉公众人物的名誉权纠纷时适用的规则较其他案件有所不同。公众人物理论发源于美国联邦最高法院的判例,其基本内容是:当属于公众人物的原告提起诽谤之诉时,应适用"真实恶意"法则,即原告只有在以"明确而令人信服"的证据证明被告明知报道不实或根本不在乎其真伪时,该被告才需承担推定及惩罚性损害赔偿,①实质是从过错认定的角度加重了作为公众人物的原告应承担的举证责任。而我国司法实践在运用公众人物理论时更加注重的是从损害结果的角度,要求公众人物对媒体行使正当舆论监督过程中造成的轻微损害承担适当容忍义务。该种义务的设定是出于维护公众知情权、增进公共利益的需要,因而此种轻微损害应以与公共领域、公众兴趣相关为限,不能超出公共利益的边界。

在涉及公众人物的名誉权纠纷中采用如下思路是适当的:首先,结合事实陈述与意见表达的区分,界定涉诉言论给公众人物造成的是否属于未超出公共利益的

---

① 靳羽:《"公众人物"理论实证考察与名誉侵权过错判断路径检讨》,载《政治与法律》2013 年第 8 期。

轻微损害,超出轻微损害范畴的可以认定为侵权;其次,更加关注行为人的主观状态,将过错要件放宽,将侵权的主观要件限定为故意。就事实陈述而言,只要言论的基本主旨并未失实,且内容未超出公共利益的范畴,造成的损害就应属于公众人物需容忍的范畴。就意见表达而言,公正评论标准应有所放宽,如果针对公众人物发表的意见表达与公共利益相关,即便可能存在偏颇或偏激,也不宜认定造成了超出轻微范畴的损害。在认定属于轻微损害之后,还应重点审查行为人是否存在故意的主观状态。只要行为人是出于对公共事件和公众利益的关切,发表了上述造成轻微损害的言论,就不应被认定为构成侵权。本案中的涉诉微博二虽然提及兰某本人像是个病人、有偏执性人格等,用语有些偏激,但未超出讨论公共事件的范畴;而且整体来看,王某仍系基于对公共利益的关注而发表对公共事件的看法,并非刻意对兰某进行侮辱、诽谤,因此兰某应承担轻微损害的容忍义务,该条微博不构成对兰某的名誉权侵权。

【案例点评】

本案涉及"走廊医生"这一热点事件,社会关注度较高。该判决遵循区分事实陈述及意见表达的思路进行名誉权侵权认定,其中提出的真实性标准及公正评论标准阐述了名誉侵权认定中的具体规则,为厘清内容庞杂的侵权内容进而作出侵权判定指明了思路。本案还对涉公众人物的名誉侵权案件有借鉴意义。该判决通过审查公众人物是否遭受的是未超出公共利益的轻微损害并着重关注行为人是否存在故意的主观状态,达到平衡公共利益与公众人物个人名誉权的效果。

【裁判心得】

本案所涉的名誉侵权内容较多,但均可借由区分事实陈述与意见表达、进而适用真实性标准或公正评论标准的思路进行认定。针对实践中较难认定的是混合型言论,应重点审查言论整体内容偏向何种性质,进而决定应适用何种标准。同时,本案还涉及公众人物身份对于名誉权侵权认定的影响。在审理此类案件时,一方面应界定涉诉言论给公众人物造成的是否属于未超出公共利益的轻微损害,另一方面应更加关注行为人的主观状态,将侵权的主观要件放宽为故意。

庞理鹏诉中国东方航空股份有限公司、北京趣拿信息技术有限公司隐私权纠纷案

丁宇翔[*]　刘雅播[**]

关键词

个人信息　隐私权　高度盖然性　注意义务　自甘风险

裁判要旨

本案系因在网络购票导致信息泄露引发的隐私权诉讼,具有典型性和时代性。本案中所泄露的隐私信息应纳入到隐私权保护的范围内予以救济,个人信息是否属于隐私信息从而加以保护亦不能孤立、片面地来看待。法院在审理此类案件时,应在法律的框架内,就现有证据进行考量,个案分析,通盘考虑,将综合因素纳入法官自由裁量权的范畴,从而对案件作出判断。

相关法条

1.《中华人民共和国侵权责任法》第二条、第十五条。

2.《中华人民共和国消费者权益保护法》第二十九条。

【当事人基本情况】

上诉人(一审原告):庞理鹏。

被上诉人(一审被告):中国东方航空股份有限公司、北京趣拿信息技术有限公司。

---

* 丁宇翔,北京市第一中级人民法院民二庭副庭长。

** 刘雅播,北京市第一中级人民法院民二庭法官助理。

【基本案情】

庞理鹏诉称,2014年10月,我与鲁超在趣拿公司下辖网站去哪儿网购买了东方航空公司机票。后我收到由尾号为0529号码发来的短信,该短信中列明了我的姓名、航班号等个人隐私信息,并告知我所购航班因机械故障取消。对方泄露了我的个人隐私信息,侵犯了我的隐私权,故诉至法院,请求判令对方向我赔礼道歉并赔偿精神损害抚慰金。

趣拿公司辩称,不同意庞理鹏的全部诉讼请求。庞理鹏无证据证明其个人信息系我方泄露,我方不存在侵害其隐私权的行为。我方对平台内用户信息已进行加密处理,尽到了平台应尽的保密义务。

东航辩称,不同意庞理鹏的全部诉讼请求。我方没有泄露庞理鹏的姓名、航班号,不存在其主张的侵犯隐私权行为,不应承担侵权损害赔偿责任。

法院经审理查明:庞理鹏委托鲁超通过去哪儿网平台订购了10月14日MU5492泸州至北京的东航机票。去哪儿网订单详情页面显示该订单登记的乘机人信息包括庞理鹏姓名及身份证号,联系人信息、报销信息均为鲁超及其尾号1858的手机号。10月13日,庞理鹏尾号9949手机号收到尾号为0529的发件人发来短信:"……您预订的MU5492次航班由于机械故障已取消,请收到短信后及时联系客服办理改签业务……"鲁超拨打东航客服予以核实,客服人员确认该次航班正常,并提示庞理鹏收到的短信应属诈骗短信。鲁超在通话中向客服人员确认了尾号949系庞理鹏本人号码。10月14日,东航客服向庞理鹏号码发送通知短信:"……由于飞机故障,MU5492时刻调整至19时50分泸州蓝田机场起飞,预计22时30分到达北京首都机场……"鲁超遂拨打95530予以确认,得到答复为该次航班确因故障延误。当日19时43分,鲁超再次拨打95530确认航班时刻,被告知该航班已取消。

【审理结果】

北京市海淀区人民法院于2016年1月20日作出(2015)海民初字第10634号民事判决:驳回庞理鹏的全部诉讼请求。判决后,庞理鹏向北京市第一中级人民法院提起上诉。北京市第一中级人民法院于2017年3月27日作出(2017)京01民终509号民事判决,判决:一、撤销北京市海淀区人民法院(2015)海民初字第10634号民事判决;二、北京趣拿信息技术有限公司于本判决生效后十日内在其官方网站首页以公告形式向庞理鹏赔礼道歉,赔礼道歉公告的持续时间为连续三天;三、中国东方航空股份有限公司于本判决生效后十日内在其官方网站首页以公告形式向庞理鹏赔礼道歉,赔礼道歉公告的持续时间为连续三天;四、驳回庞理鹏的其他诉讼请求。

【裁判理由】

法院生效裁判认为:本案二审争议的焦点问题有四个,以下分别进行评析。

(一)本案涉及的姓名、电话号码及行程安排等事项是否可以通过隐私权纠纷而寻求救济

法院认为,姓名、电话号码及行程安排等事项首先属于个人信息。本案中,庞理鹏被泄露的信息包括姓名、尾号9949手机号、行程安排,其行程安排无疑属于私人活动信息,应该属于隐私信息,可以通过本案的隐私权纠纷主张救济。

至于庞理鹏的姓名和手机号,在日常民事交往中,发挥着身份识别和信息交流的重要作用。基于合理事由掌握上述整体信息的组织或个人应积极地、谨慎地采取有效措施防止信息泄露。任何他人未经权利人的允许,都不得扩散和不当利用能够指向特定个人的整体信息。本案中,恰恰是诈骗分子掌握了庞理鹏的姓名、手机号和行程信息,从而形成了一定程度上的整体信息,所以才能够成功发送诈骗短信。即使单纯的庞理鹏的姓名和手机号不构成隐私信息,但当姓名、手机号和庞理鹏的行程信息结合在一起时,结合之后的整体信息也因包含了隐私信息而整体上成为隐私信息。综上,法院认为本案涉及的姓名、电话号码及行程安排等事项可以通过隐私权纠纷而寻求救济。

(二)根据现有证据能否认定涉案隐私信息是由东航和趣拿公司泄露

本案中,鲁超通过去哪儿网为庞理鹏和自己向东航订购了机票,并且仅仅给去哪儿网留了自己的手机号,而非庞理鹏的手机号。但是,由于庞理鹏以前曾经通过去哪儿网订过机票,且是东航的常旅客,现有证据显示东航和去哪儿网都留存有庞理鹏的手机号。同时,中航信作为给东航提供商务数据网络服务的第三方,也掌握着东航的相关数据。因此,从机票销售的整个环节看,庞理鹏自己、鲁超、趣拿公司、东航、中航信都是掌握庞理鹏姓名、手机号及涉案行程信息的主体。但从本案现有证据及庞理鹏、鲁超在整个事件及诉讼中的表现看,庞理鹏和鲁超的行为并未违背一名善意旅客所应有的通常的行为方式,不属于自己故意泄露个人信息而进行虚假诉讼。

在排除了庞理鹏和鲁超的泄露可能性之后,趣拿公司、东航、中航信都存在泄露信息的可能。而从收集证据的资金、技术等成本上看,作为普通人的庞理鹏根本不具备对东航、趣拿公司内部数据信息管理是否存在漏洞等情况进行举证证明的

能力。因此,客观上,法律不能也不应要求庞理鹏确凿地证明必定是东航或趣拿公司泄露了其隐私信息。一个非常重要的背景因素是,在本案所涉事件发生前后的一段时间,东航、趣拿公司和中航信被多家媒体质疑存在泄露乘客信息的情况。这一特殊背景因素在很大程度上强化了东航、趣拿公司和中航信泄露庞理鹏隐私信息的可能。

在法院已经确认东航、趣拿公司存在泄露庞理鹏隐私信息的高度可能的情况下,并未举证证明本案中庞理鹏的信息泄露的确是归因于他人;也未证明是因为黑客攻击;更未证明是其自身或鲁超所为。故东航、趣拿公司存在泄露庞理鹏隐私信息的高度可能很难被推翻。更何况,在本案事件所处时间段内,东航和趣拿公司都被媒体多次质疑泄露乘客隐私,国家民航局公安局甚至发文要求航空公司将当时的亚安全模式提升为安全模式。这些情况都表明,东航和趣拿公司的安全管理并非没有漏洞,而是存在提升的空间。因此,法院确认东航和趣拿公司存在泄露庞理鹏个人隐私信息的高度可能。

(三)在东航和趣拿公司有泄露庞理鹏隐私信息的高度可能之下,其是否应当承担责任

东航和趣拿公司作为各自行业的知名企业,一方面因其经营性质掌握了大量的个人信息,另一方面亦有相应的能力保护好消费者的个人信息免受泄露,这既是其社会责任,也是其应尽的法律义务。从法院现有证据看,东航和趣拿公司在被媒体多次报道涉嫌泄露乘客隐私后,即应知晓其在信息安全管理方面存在漏洞,但是,该两家公司却并未举证证明其在媒体报道后迅速采取了专门的、有针对性的有效措施,以加强其信息安全保护。而本案泄露事件的发生,正是其疏于防范导致的结果,因而可以认定趣拿公司和东航具有过错,理应承担侵权责任。

(四)东航和趣拿公司所提出的中航信更有可能泄露庞理鹏信息的责任抗辩事由是否有效成立

法院认为,庞理鹏并没有起诉中航信,而中航信也并非必须加入本案诉讼。第一,如果本案中东航和中航信都泄露了庞理鹏的隐私信息,则东航和中航信基于各自的泄露行为均应向庞理鹏承担侵权责任,此时,东航和中航信对庞理鹏构成不真正连带责任。而在不真正连带责任中,作为受害人的庞理鹏有权选择起诉侵权人。本案中,庞理鹏起诉了东航和趣拿公司,而没有起诉中航信,可以认为系庞理鹏行使了选择权。第二,如果本案中的确是中航信泄露了庞理鹏的隐私信息,则从东航和中航信之间的关系看,中航信仅仅是对内向东航提供信息网络服务的人。外部

的订票者并不在意、也不知道东航的订票系统是由谁来维护和管理的。无论由谁管理和维护，订票的消费者都认为是在向东航订票。因此，在对外关系上，即便是中航信泄露了庞理鹏的隐私信息，也可以由东航首先承担责任。

法院认为，东航和趣拿公司存在泄露庞理鹏隐私信息的高度可能，并且存在过错，应当承担侵犯隐私权的相应侵权责任。同时现有证据无法证明庞理鹏因此次隐私信息被泄露而引发明显的精神痛苦，故对该诉讼请求，法院不予支持。

【裁判解析】

本案是由网络购票引发的涉及航空公司、网络购票平台可能侵犯公民隐私权的纠纷。各方当事人立场鲜明，争议较大，涉及焦点问题具有代表性和典型性，也引发了舆论的持续关注。法院在审理该案时，在法律的框架内结合本案事实与双方举证情况，综合考虑涉及隐私权争议的关键因素，重点把握如下几方面作出审查判断：

（一）隐私权语境下个人信息的救济路径与保护范式

1. 隐私权概念之时代性发展延伸

自1890年隐私权以一种法律权利的概念被创设①，其概念、保护范围及价值追求都随时代的进步处于变化过程中。随着数据化、信息化社会的到来，隐私权的概念也从传统走向了现代。传统隐私权的概念强调个人不被干扰的权利②，意在保证自己的隐私不被泄露或窥探，具有被动和消极的属性。现代隐私权将其概念拓展到一种信息自主权或信息控制权，突出了个人对信息的自我控制。申言之，就是个人有权自主决定是否公开以及如何公开其个人信息，这体现了现代的积极控制式的隐私权保护模式。当然，由于隐私权概念的不确定性、开放性和发展性，其概念必须置于法律整体框架下进行分析，放在现世的时代背景下进行考量，现代的隐私权概念亦处在不断的发展与修正中，而对其概念的准确把握则是保护个人隐私权的先决命题。

2. 个人信息与隐私权之权种关系

加强个人信息的保护已成为全球共识，但对于个人信息与隐私权之间是何关系的命题，各国司法呈现出差异，而其差异的核心在于各国对于隐私权保护范围的

---

① 通说认为隐私权的概念源自1890年，Warren及Brandeis共同在《哈佛法律评论》所发表的The Right to Privacy的论文。

② 也即独处的权利（the right to be alone）。

差别。在美国,隐私权的保护范围包括生育自主、家庭自主、个人自主及信息隐私[①],其中信息隐私关注个体对个人信息处理的获取、使用、公开及处理。由此可见,个人信息归属于隐私权项下进行保护。无独有偶,在日本,隐私权的保护也在向个人信息控制权的方向发展,并专门制定了《个人信息保护法》。而在德国民法中,并无隐私权的概念,因其对私人领域的保护源自一般人格权,也即一般人格权的具体化。但为了应对社会的飞速发展,德国联邦宪法法院也创设了信息自主权[②]。

在我国:《民法总则》第一百一十一条明确规定自然人的个人信息受法律保护。但是,关于个人信息与隐私权之间的关系,理论界素有争论,我们认为,就我国法律现状及司法实践而言,将个人信息保护纳入隐私权保护的范畴乃是最优选择。首先,相较于个人信息单独保护或交叉保护的模式,将个人信息保护纳入隐私权保护的范畴在司法实践中更具现实操作性。因为隐私权保护在国内外的理论研究和实践都较为成熟,特别是在我国《侵权责任法》确立了隐私权概念后,隐私权在司法实践中已得到了广泛的认可和使用,而单独的个人信息权并未被我国现有法律框架所认可。其次,隐私权的概念从传统走向现代,经历了从消极防御到主动控制的转变,其内涵已经包括了主体对个人信息自主控制的权利,将个人信息保护纳入隐私权保护范畴是隐私权概念的应有之义,亦符合当今信息社会的时代特性。因此,结合我国司法实践和隐私权的概念,特别在我国目前未确立个人信息权这一权种的前提下,隐私权保护可以涵盖并满足对个人信息之保护。

3. 本案特定个人信息纳入隐私权保护之考量

本案中涉及的个人信息包括当事人的姓名、电话号码及行程安排,东航在二审中主张上述事项不构成隐私信息。对此我们认为,姓名、电话号码及行程安排首先属于个人信息。本案中当事人的行程信息,根据我国法律规定[③],属于个人隐私信息中的私人活动信息,即可以通过本案的隐私权纠纷主张救济。

姓名和电话号码如果孤立来看,不但不应保密,反而是需要向他人告示的。然而,在大数据时代,信息的收集和匹配成本越来越低,原来单个的、孤立的、可以公

---

① 王泽鉴,《人格权法——法释义学、比较法、案例研究》,北京大学出版社 2014 年版。

② 王泽鉴:《人格权法——法释义学、比较法、案例研究》,北京大学出版社 2014 年版。

③ 最高人民法院《关于审理利用信息网络侵害人身权益民事纠纷案件适用法律若干问题的规定》第十二条规定,网络用户或者网络服务提供者利用网络公开自然人基因信息、病历资料、健康检查资料、犯罪记录、家庭住址、私人活动等个人隐私和其他个人信息,造成他人损害,被侵权人请求其承担侵权责任的,人民法院应予支持。

示的个人信息一旦被收集、提取和综合,就完全可以与特定的个人相匹配,从而形成某一特定个人的详细而准确的整体信息。正如我国台湾地区学者王泽鉴所述,"由于计算机、网络、传播等各种科技的快速发展,使国家、企业或个人能够迅速地搜集、储存、传送有关个人的各种资料,以不同的方式加以组合和呈现,可以用来预测个人的行为模式、政治态度、消费习惯作为一种资源或商品加以运用"。[①] 因此,本案庞理鹏的姓名、电话号码及行程安排看似孤立,但被提取整合后成为全方位、系统性的整体信息。任何他人未经权利人的允许,都不得扩散和不当利用能够指向特定个人的整体信息。就本案而言,庞理鹏的姓名、电话号码及行程安排应当属于其个人隐私信息范畴,适用于隐私权保护的法律规定。

(二)高度盖然性证据规则在审判活动中的运用与权衡

1. 审判活动是法律真实无限趋向于客观真实的过程

如果法官通过审理能够知晓案件的客观事实从而准确无误的作出判断,那便是近乎理想状态的司法审判。但囿于科学技术和法官认知能力的限制,法官难以将案件复原到绝对客观真实的状态,只能凭借证据来作出裁判。可以说,通过司法审判所确立的事实是通过证据所建立的法律事实,而法官所追求的就是将法律事实无限趋向于客观真实。最高人民法院《关于适用〈中华人民共和国民事诉讼法〉的解释》第一百零八条之规定,是我国民事诉讼中针对民事证据高度盖然性标准的明确规定。这项民事诉讼证据认定标准尽管已经被理论界和实务界所广泛接受,但由于各种原因,该项证据规则在部分案件中仍未得到合理或充分的适用,隐私权纠纷便是其一。

隐私权纠纷存在其特殊性,因其隐私往往为相对隐蔽、私密之事项,侵权行为发生时当事人难以察觉,加之网络侵权的隐蔽性和技术性,使被侵权人难以留存或取得证据。而损害事实亦因侵害隐私权主要发生羞辱、苦恼、不安等精神痛苦,较少以财产毁损、人身伤害的形式表现出来,从而导致被侵权人陷入举证难的困境。我们认为,法院在审理该类案件时不能机械适用举证责任原则,僵化理解证据规则,而应综合审查判断双方证据情况,结合案件背景等辅助性因素,在法律的框架内充分发挥法官的自由裁量权和主观能动性,全面展开审查判断。

2. 本案东航、趣拿公司是否构成侵犯隐私权之审查判断

本案中,证明东航、趣拿公司侵犯其隐私权的举证责任在庞理鹏,但其无法向

---

① 王泽鉴:《人格权法——法释义学、比较法、案例研究》,北京大学出版社 2014 年版。

法院提供直接证据证明其隐私信息是由东航、趣拿公司泄露的。事实上,从收集证据的资金、技术等成本上看,作为普通人的庞理鹏根本不具备对东航、趣拿公司内部数据信息管理是否存在漏洞等情况进行举证证明的能力。因此,法律不能也不应要求庞理鹏确凿地证明必定是东航或趣拿公司泄露了其隐私信息。根据民事证据高度盖然性规则,如何认定本案的事实关键在于庞理鹏提供的证据能否表明东航和趣拿公司存在泄露庞理鹏个人隐私信息的高度可能。庞理鹏提交了短信记录、录音及手机购买凭证等证据,证明了东航和趣拿公司都是掌握其姓名、电话号码及行程信息的主体。同时,根据其提交的证据显示,在本案所涉事件发生前后的一段时间,东航、趣拿公司被多家媒体质疑存在泄露乘客信息的情况。这一特殊背景因素在很大程度上强化了东航、趣拿公司泄露庞理鹏隐私信息的可能。此外,客观上任意第三人能同时获取其姓名、电话号码及行程信息的可能性非常低,而东航和趣拿公司均未证明涉案信息泄露归因于他人,或黑客攻击,抑或是庞理鹏本人。法院在排除了其他人泄露隐私信息可能性的前提下,结合本案证据及相关背景认为东航和趣拿公司存在泄露庞理鹏隐私信息的高度可能性,从而认定上述两公司构成对庞理鹏的隐私权侵权。

(三)第三人过错能否成为本案的免责事由

第三人过错,顾名思义,是指双方当事人之外的第三人对于损害事实存在过错,而使得被诉侵权人得以免责。若该抗辩事由成立需满足第三人主观上存在过错、行为违法且系构成损害发生或扩大的原因等条件。在本案中,东航、趣拿公司主张涉案信息很可能是被中航信泄露的。中航信是为东航提供定出票系统并进行相关系统管理与维护的主体。从地位上来说,其应该是东航的债务履行辅助人,但本案中庞理鹏作为原告并未起诉中航信,其并非本案的当事人。那么东航、趣拿公司的该项抗辩理由是否应予支持,可以从以下角度进行探讨。

其一,中航信因不存在泄露的行为,那么其自然不构成侵权进而不需要加入本案的诉讼。其二,如果东航和中航信均泄露了庞理鹏的隐私信息进而构成侵权,那么因东航与中航因之间没有主观上的相互联系,也未共同约定实施侵权行为,只是因为致害原因及相关法律关系发生竞合,故二者构成不真正连带责任,也即被侵权人享有起诉选择权。本案中,庞理鹏没有起诉中航信,可以认为系其行使了选择权,那么由东航向庞理鹏清偿全部债务,中航信亦可不必加入本案诉讼。其三,如果只有中航信泄露了庞理鹏的隐私信息,这时也可以由东航先行承担责任。理由有二:一是中航信之所以掌握上述个人信息,系源于东航与其内部建立的服务关系，或者说，中航信对于该隐私的获取系通过东航且只通过东航。在此前发生客户个人信息泄露的事件后，东航既没有提升自身的信息技术安全措施，亦没有敦促作为履行辅助人的中航信进行监管和审查，故东航对于中航信泄露隐私的行为本身即具有一定的过错。二是本案的特殊之处在于，庞理鹏无从知晓中航信的存在，更对其在网络购票中的角色缺乏认知。作为普通消费者的庞理鹏，既没有被告知、也无从选择最终端的出票系统。因此，从保护消费者的角度出发，消费者有权选择向直接消费对象，即东航主张权利。综上所述，不论中航信是否有侵犯庞理鹏隐私权的行为，其都不是必须加入本案诉讼的主体，故对东航、趣拿公司的该项抗辩理由不应予以支持。

值得指出的是，为避免立法的滞后性与僵化性，考虑到隐私权是一项开放而不断发展的权利类型，立法对于隐私权的条文言简意赅，给司法实践创造了较大的空间，也为法官发挥自由裁量权留有一定的余地。由于隐私权的内涵与外延不甚清晰，侵犯隐私权的形态亦非固定，因此法院在审理隐私权纠纷时，不应仅仅局限于法律条文本身，抑或仅就现有证据进行考量，而应就个案分析，通盘考量，将综合因素纳入法官自由裁量权的范畴，从而对隐私权侵权问题作出判断。例如，本案中的特殊之处在于，因航空公司、网络购票平台泄露消费者隐私信息的情况被媒体大量报道的时间与本案发生时间存在重叠，这一背景信息的出现虽然并非是本案认定事实的唯一依据，但该背景信息不可避免会在法官自由心证的天平上添加砝码，因为该背景一方面在一定程度上加大了东航、趣拿公司泄露庞理鹏隐私信息的可能性，另一方面二审法院注意到在如此大面积被曝光且公安部门发函责令整改的情况下，东航、趣拿公司并没有采取及时有效的措施加强信息安全保护的技术，以尽到保障消费者信息安全的义务和职责。二审法院在根据案件证据情况，并辅以事件发生背景，综合判断进行认定。

【案例点评】

自《侵权责任法》首次从立法上引入隐私权概念以来，如何在信息高度传播共享与个人隐私权益保护之间寻求平衡，实现社会进步发展与个人权益保护之间的双赢一直是立法与司法实践的不懈追求。本案二审判决对个人信息保护以及隐私权侵权理论予以逻辑严谨、精练充分的法律论证，做到了隐私权保护及信息传播的衡平。

【裁判心得】

对个人隐私保护的司法实践并非朝夕可成,需要通过审判活动的长期摸索。而对于当今社会,寻求个人隐私保护与信息共享流通间的平衡已成为时代的特殊命题,而司法作为保障社会进步与维护个人权益的最后一道防线,应当承担起法律的规导作用。

苏夫泉、陆明珍诉
清华大学生命权、健康权、身体权纠纷案

王国庆* 刘雅播**

关键词

生命权 校内自杀 心理评估 过错 高度盖然性

裁判要旨

高校学生自杀通过民事法律关系进行救济，是否应由高校承担责任应重点考察高校是否充分履行职责，即是否尽到相应的管理或注意义务。高校对学生除了负有教育、管理的基本义务，还应保障学生在校学习生活期间的基本安全，同时对待可能出现自伤、自杀情形的学生还应采取合理的预防和及时的救助措施。同时基于自杀的特殊性，在判断学校是否尽到了相关义务时，不能简单以自杀结果反观其生前行为表征，而是要从学生平时表现，群体观察，是否足以引起学校警惕以及采取的方法是否合理综合评价学校的管理行为。

相关法条

1.《中华人民共和国民法通则》第九十九条、第一百零一条。

2.《中华人民共和国侵权责任法》第二条、第六条、第十五条。

【当事人基本情况】

上诉人(一审原告)：苏夫泉、陆明珍。

被上诉人(一审被告)：清华大学。

---

* 王国庆，北京市第一中级人民法院民二庭法官。

** 刘雅播，北京市第一中级人民法院民二庭法官助理。

【基本案情】

苏玥系苏夫泉、陆明珍之女。2013 年,苏玥被清华大学录取,就读建筑环境与能源应用专业。2015 年 8 月 23 日,苏玥在假期期间提前返校。2015 年 8 月 28 日早,苏玥寝室同学发现苏玥无法唤醒,遂通知辅导员、宿舍楼长并呼叫 120 急救。120 急救认定苏玥已无生命体征,宣布死亡。公安侦查现场后,发现苏玥在笔记本电脑桌面留有遗书,记录了其个人密码及英文(no one is to blame. I hope it would be quick since I might regret),认定苏玥系服用苯巴比妥钠中毒死亡。事后,清华大学陪同苏夫泉、陆明珍办理善后事宜,承担了苏夫泉、陆明珍及亲属在京住宿及苏玥丧葬费用。

对有争议的事实,法院认定如下:苏夫泉、陆明珍主张清华大学对于苏玥的自杀身亡存有过错,提供了如下证据:1. 2015 年 1 月 19 日《学生在校期间的基本情况表》,苏夫泉、陆明珍以此证明苏玥在校表现优异,清华大学在大一上学期就对全部新生做了心理普查,苏玥因暴露出自杀倾向被心理中心列为新生回访对象并被写入重点观察名单中,而在该情况表只字未提,也未向苏夫泉、陆明珍告知。清华大学对于该份证据的真实性认可,关联性和证明目的不认可。调查表说明苏玥在校期间一切情况均正常优异。对于该份证据,法院确认为真实,能够证明苏玥在校期间表现优异。2. (1)网易邮件往来内容,苏夫泉、陆明珍以网易邮件证明何材于 2015 年 12 月 2 日用电子邮件方式回复了苏夫泉、陆明珍,承认苏玥在大一上学期被列为重点观察对象,且在 2015 年 3 月周严已将苏玥在网上购药的情况告知了何材,但清华大学未及时采取任何干预措施,也未向苏夫泉、陆明珍告知该重要情况。何材在邮件中所说:“学校心理中心在大一上学期对全部新生做了心理普查,并抽选部分新生进行回访。当时苏玥被心理中心列为了新生回访对象,所以我们也把她写入了重点观察名单。经过持续的观察,苏玥平时表现十分正常且优秀,没有发现有抑郁倾向或其他心理问题,因此等级慢慢下降。今年 3 月份,在一次班级聚会前,周严将在苏玥网上购药的情况私下告诉了我,当时我们不知道药物名字,也不确定药物的真假,只知道可能是在淘宝上买的。因为苏玥心理回访之后一直没有异常发生,没有到需要紧急干预的程度,为了避免闹出误会,造成不好的影响,准备观察一段时间再例会汇报。期间安排了同宿舍同学林琳密切观察。今年 6 月份,在学生组例会上汇报了情况,因为苏玥平时的表现十分正常,感情状况稳定,很多方面也很优异,当时我们觉得直接去搜寻药物不是最妥善的解决办法,所以学生组决定由心理辅导员跟心理咨询中心反馈情况,沟通结果为:及时在系统中更新星级及描述，并且判断能够将购买药物的情况告诉其他同学一般不会真的选择自杀，如有需要可以告诉其父母。当时我们观察苏玥并没有任何异常的或负面的表现，不仅参加了各种班级活动，还报名了自由行、社会实践，跟男友感情也很好，周围同学也并没有发现异常，因此综合考虑之后，决定先密切观察，若真的出现情绪或异常表现，再及时通知家长。”清华大学对于邮件真实性认可，认为清华大学辅导员是兼职身份，其个人观点不能代表大学态度，不能作为认定事实的依据。对于何材的邮件，法院确认为真实。(2)2015 年 11 月 30 日，清华大学派代表到苏夫泉、陆明珍家里的录音对话，苏夫泉、陆明珍用以证明清华大学承认了校方已接到周严汇报的关于苏玥在网上购买用于自杀的危险药的事实。清华大学认为录音有删改，且许多话都是为了安抚父母情绪，不能说明学校有过错。在谈话中，教师牛犇谈道：“是这样的。何材了解情况，因为不确切，找了其他同学，也找了苏玥谈了，但不能当面质问，怕万一。然后和其他同学侧面了解情况，因为苏玥有时也会用些减肥药之类的药，再加上苏玥没有什么特别反常表现，所以她了解情况密切关注了这件事，但因为不是很确切了解什么药，其他同学也没看到，因为都是一个宿舍。”在苏夫泉问到“你刚才说了你们把那个药当成减肥药，这个不成立吧”，答“不是，这个不成立。他(周严)说了她有那种类似于自杀用的药。”苏夫泉问到，“什么叫激化？你们明明知道她有了药，不去阻止她，这叫激化？现在才是激化。”邵磊老师答：“我们没有证据，我们不知道她手里有没有，只是听周严说了，所以我们一直寻找证据。”对于该证据，法院确认为真实，是否采纳，应结合其他证据综合认定。(3)2015 年 12 月 5 日，周严给原告打电话的录音，承认他知道苏玥在网上购买安乐死的药，并将此事已向辅导员汇报，但未引起重视。清华大学对于周严的电话录音真实性不认可，且无法核实录音当事人的身份。因清华大学对于该录音中的当事人身份存疑，故法院对于该证据不予认定。3. 2015 年 4 月 12 日，苏玥与周严微信聊天记录，证明苏玥有严重自杀倾向并持有足以致两人死亡的药物。清华大学对于微信聊天记录持有异议，微信系苏玥与周严的沟通，并不是与清华大学的沟通，与大学没有关系。对于该证据因清华大学持有异议，法院不予确认为真实。4. 照片，系苏玥自学校外墙维修楼梯爬上教育楼的情形，证明清华大学未提供防护措施、管理缺失。清华大学认为该证据与本案无关。该证据材料系苏玥其他生活照片，与本案无直接关联。5. 苏夫泉、陆明珍持有清华大学提交的报告单，证明苏玥在心理复查中被定为中度以上心理问题者，清华大学并非不知情。清华大学对于该证据无异议，认为清华大学不是医疗机构，没有能力判断学生有无心理疾病，也不能单独因为心理中心的问卷认定其有问题。对于该证据法院确认为真实,是否采纳,应结合案情综合考虑。

【审理结果】

北京市海淀区人民法院于 2017 年 3 月 31 日作出(2016)京 0108 民初第 27922 号民事判决:一、驳回苏夫泉、陆明珍的全部诉讼请求;二、清华大学于本判决生效后七日内支付苏夫泉、陆明珍人民币 60 000 元。判决后,苏夫泉、陆明珍向北京市第一中级人民法院提起上诉。北京市第一中级人民法院于 2017 年 12 月 5 日作出(2017)京 01 民终 7167 号民事判决,判决:驳回上诉,维持原判。

【裁判理由】

法院生效裁判认为:本案的争议核心是清华大学是否应对苏玥的自杀行为承担责任。依据《侵权责任法》第六条,参考《学生伤害事故处理办法》第十二条之规定,衡量学校在涉及学生自杀、自伤问题上是否具有责任,应该审查学校是否履行了相应的职责,是否在管理上明显失当。

众所周知,自杀行为因受个人内部以及外部环境因素影响,其心理成因异常复杂。既可能归因于强烈挫折而导致个体自怜心理,也可能归因于受不同思想文化冲击而产生生命无意义心理等。受不同心理因素影响,个体在感受痛苦时的外部表征有时亦不一样。学校并非医疗机构,负责日常管理学生的工作人员也并非医务人员,而学生作为群体之一员,也时刻处于群体对其审视与评价当中。因此,判断学校在履行管理职责上是否明显失当,不能简单以自杀结果反观其生前行为表征,获得某种“情况极其严重”的主观印象,进而得出学校管理明显不当的结论,而是要从学生平时表现,群体观察,是否足以引起学校警惕以及采取的方法是否合理中综合评价学校的管理行为。

本案中,依据一审法院对事实和证据的审查并结合双方当事人的二审陈述,本院阐述以下几点意见。

第一,苏玥入学时确实在新生心理调查中出现一些异常。对此,清华大学通过筛选后对苏玥进行了心理回访。该事实表明,清华大学在管理制度层面上并没有忽视对学生心理问题的干预。

第二,苏玥学习成绩极其优异,积极参加学校和社会活动,交友感情状况稳定,无任何反常表现。苏玥的该外在表现不可能让人感觉到其有严重的心理问题,清华大学基于此种表现逐渐降低对苏玥心理问题的评级,未给予其更多的心理关注实际上是一种正常的做法。

第三,学生辅导员何材确实通过案外人得知苏玥有“网上购药”的情况。案外人之所以将该事实向辅导员报告,说明其主观上认为该信息具有某些危险成分,否则,案外人不可能告诉辅导员。而清华大学在得知该信息后的处理是否得当就成了衡量其管理是否失当的主要评价依据。本院认为,首先,对于该信息,清华大学并没有充耳不闻。依据现有证据可证实,辅导员得知后安排苏玥寝室舍友密切观察,在6月的学生组例会上汇报了该情况,清华大学没有忽视对苏玥的关注。其次,苏玥网上所购到底系何种药物其实并不明确。因案外人并没有亲眼见到,其他寝室舍友也没有见到,截至目前,苏夫泉、陆明珍也没有提交苏玥网上购物清单,证明其所购何种药物。因此,从常人看,我们只能怀疑而不能确信该药物就是用于自杀目的的极其危险的药物。虽然清华大学代表在苏玥去世后和苏夫泉、陆明珍的谈话中有过明确的表示,即“属于采取极端行为的药”,但做出这样的判断是因为毕竟已经发生了极端行为事件,并不能说明清华大学在当时已经判断出该危险是现实的、紧迫的,已经到了十分紧急的地步。最后,清华大学对苏玥情况的判断和采取的措施符合基本的认知。当时的事实呈现出两个矛盾方面,能够准确判断的一面是苏玥长期的良好的表现和积极乐观的生活态度。何材在邮件中说,“苏玥并没有任何异常的或负面的表现,不仅参加了各种班级活动,还报名了自由行、社会实践,跟男友感情也很好,周围同学也并没有发现异常”。可以说群体观察和个体表现中均没有出现让人警惕的情况。而不确定的另一面是苏玥可能持有某种药物,是否用于自杀也不可知。那么在这两种相互矛盾的信息中,清华大学依据苏玥的长期表现判断苏玥不会发生自杀但保有一些警惕并要求寝室舍友密切观察,这样的认知和措施是合理的。苏夫泉、陆明珍在本案审理中并没有提供心理治疗方面的依据,认为清华大学此种措施显然不当并最终造成了悲剧的发生。综合以上意见,本院的判断是,清华大学在管理中没有不当情形,不应该承担侵权责任。

综上所述,一审认定事实清楚,适用法律准确,苏夫泉、陆明珍认为清华大学应该承担侵权责任的意见没有事实和法律依据。清华大学在承担苏玥家属在京住宿及丧葬费用近50 000元的情况下,仍自愿支付60 000元予以精神抚慰,一审据此判定清华大学再给付60 000元处理妥当,本院予以维持。苏夫泉、陆明珍的上诉请求和理由,本院予以驳回。

【裁判解析】

本案是一起高校大学生在校自杀所引发的生命权、健康权、身体权纠纷案件,属于一般侵权,核心问题在于考察清华大学就损害的发生是否存在过错和违法行

为,同时,在探讨此核心争议之前还需先厘清高校与大学生之间系何种法律关系,现分述如下:

(一)高校与大学生之间的法律关系

高校与大学生的法律关系是确定高校在此类事故中承担责任的法律依据。因此,对高校与大学生的法律关系进行定性,对判断大学生自杀事故中高校是否应承担法律责任具有重要意义。目前我国侵权责任法对教育机构的侵权责任作出了专门规定,但此条文仅适用于受害人是无民事行为能力人和限制民事行为能力人,而本案被诉主体是清华大学,受害人是年满 18 岁的成年人,因此并不适用于本条。在理论界,对于高校和学生之间的关系,比较主流的观点通常有如下几种:一种是民事法律关系说,认为学校与学生之间是双方自愿达成的教育合同关系,双方法律地位平等,因此由民法法律关系进行调整;另一种是行政法律关系说,即高校因国家的法律授权而行使行政管理职权,作为行政相对人的学生则服从学校制定的与教育教学相关规章制度①;还有一种观点是民事法律关系与行政法律关系兼而有之。

我们认为,高校依据相关部门的行政授权从事高等教育活动,学生在高校中进行长期且相对固定的高等教育学习,高校与学生之间的法律关系确实具有多重性和复杂性。一方面,高校颁发或撤销学位证书、管理学籍等的权力源于行政授权,具有明显的行政权力特征,与学生之间形成了一种行政法律关系;另一方面,从双方之间订立的教育合同出发,高校与学生之间系平等独立的民事主体,双方权利义务相对等,是一种民事法律关系。因此,高校与学生之间发生纠纷时,因其法律关系兼具行政和民事法律关系色彩,不能对其一概而论,而应根据双方参与的具体事务性质进行分类,并确定通过何种法律予以调整。学生与学校之间因对学籍管理、学位授予等事项产生纠纷的,学生应通过行政诉讼予以调整。但本案涉及高校大学生自伤自杀事件,与学校肩负的学位授予等行政权力并无直接关联,该纠纷亦不应通过行政诉讼寻求救济。发生大学生自伤自杀事件时,是否应归责于校方应从民事法律关系进行考察。一般情况下,进入高校的大学生应是完全民事行为能力人,对自己的行为及行为后果有合理的认知。高校学生在校期间自杀是否应由高校承担责任,其产生的损害是否由高校承担应基于民事法律关系考察高校是否充分履行职责,即是否尽到相应的管理或注意义务。因此,高校学生自杀应通过民事

① 黄丽洁:《在校大学生自杀引发的高校法律责任研究》,载《法制与社会》2017 年 1 月(中)。

法律关系进行救济。

(二)高校对学生应尽到的相应义务及标准

如上所述,高校对学生具有一种民事上的管理或注意义务。需要强调的是,首先,此种义务首先不同于幼儿园、中小学校对学生的安全监督及保护的义务,因大学生一般已经成年,具备完全民事行为能力,在法律地位上与未成年人有很大区别,高校对大学生的管理显然更加松弛,在管理义务的程度上也低于幼儿园或中小学校。其次,在学界有种观点认为因高等教育活动具有群体性特征,所以高校在预防学生伤害事故的注意义务在性质上属于《侵权责任法》第三十七条[①]规定的安全保障义务[②]。我们认为,在学生安全层面上,高校对学生的管理或注意义务不能完全等同于侵权责任法所规定的安全保障义务。因为相较于宾馆、超市、车站等公共场所而言,高校与学生之间基于教育合同关系形成的是一种相对长期、固定的且更为紧密的关系,其对学生的安全负有更高的保障义务,正如学生在学校自杀与旅客在宾馆自杀,法院在判断损害责任时显然会对学校和宾馆适用不同的义务认定标准。因此,我们可以说在对待行为人自伤或自杀时,高校对学生负有一种特殊的安全保障义务,此种义务的标准低于教育机构对未成年人的监管,而高于一般公共场所管理人的安保义务。具体到本案中,清华大学对学生苏玥除了负有教育、管理的基本义务,还应保障学生在校学习生活期间的基本安全,同时对待可能出现自伤、自杀情形的学生还应采取合理的预防和及时的救助措施。

(三)判断学校是否应承担责任

在一般侵权责任中,判断行为主体是否应承担责任应考察其是否存在过错。依据《学生伤害事故处理办法》第十二条之规定,因学生自杀、自伤造成的学生伤害事故,学校已履行了相应职责,行为并无不当的,无法律责任。因此在本案中,判断学校在学生发生自杀事件中是否履行了相应职责是认定学校是否应承担责任的核心问题。学校应履行的职责,也即应尽的义务,基于上述探讨,应是一种保障学生基本安全、对待可能出现自伤、自杀情形的学生采取合理的预防和救助措施的义务。值得注意的是,自杀行为因受个人内部以及外部环境因素影响,其心理成因异常复杂。既可能归因于强烈挫折而导致个体自怜心理,也可能归因于受不同思想文化冲击而产生生命无意义心理等。受不同心理因素影响,个体在感受痛苦时的

---

① 《侵权责任法》第三十七条第一款规定,宾馆、商场、银行、车站、娱乐场所等公共场所的管理人或者群众性活动的组织者,未尽到安全保障义务,造成他人损害的,应当承担侵权责任。

② 葛建义:《大学生自杀事故中高校的注意义务》,载《中国青年研究》2014 年第 2 期。

外部表征有时亦不一样。而学校并非医疗机构,学校的教职人员并非专业医生,无法从医生专业的角度去判断学生的行为及情绪倾向。故而在判断学校是否尽到了相关义务时,不能简单以自杀结果反观其生前行为表征,获得某种"情况极其严重"的主观印象,进而得出学校管理明显不当的结论,而是要从学生平时表现,群体观察,是否足以引起学校警惕以及采取的方法是否合理中综合评价学校的管理行为。

本案中,苏玥在入学的新生心理调查中出现一些异常,清华大学在其入学后对其进行了心理回访。在苏玥就读期间,学习成绩极其优异,积极参加学校和社会活动,交友感情状况稳定,无任何反常表现。在学生辅导员何材通过案外人得知苏玥可能有网上购买危险药物的情况后,安排苏玥寝室舍友密切观察并在学生组例会上汇报了该情况。综合以上事实可以得知,清华大学首先设置了对学生心理进行测评的制度,其次在管理层面上并没有忽视对学生心理问题的干预,最后在不确定苏玥是否购买了危险药物并且苏玥外在表现非常良好的情形下,仍然采取了相关措施。

因此,我们认为清华大学对苏玥情况的判断和采取的措施符合基本的认知,尽到了其应当尽到的安全保障义务,不应对其自杀承担责任。

【案例点评】

本案涉及在校大学生自伤自杀情况,关涉大学生的人身权保护与学校的教育管理职责的问题,需要结合侵权责任构成要件、学校注意义务标准及个案情况综合考虑。本案二审法院论证充分有力,对冲突利益的取舍评判得当,对今后此类案件的审理有一定的指引作用。

【裁判心得】

一起自杀事件,可归因的心理、生理、社会因素众多,很难将责任归于学校一方。但对学生的心理健康的关注和教育,学校和父母无疑都担负着重要的职责。这就使得一些死者家属将学校作为被告起诉要求其承担赔偿责任。本案在考虑自杀行为的多种机制、不同表现以及学校的管理责任之后,依据案件事实,认定应从学生平时表现、群体观察、是否足以引起学校警惕以及采取的方法是否合理四重因素中综合评价学校的管理行为,进而衡量学校是否应该承担赔偿责任。

张灵芝、周淑芹诉汤斌等人生命权、健康权、身体权纠纷案

丁宇翔* 刘雅播**

关键词

骑行 侵权责任 过错 注意义务 自甘风险

裁判要旨

注意义务既可以来源于法定或约定的义务，也可以来源于先行行为、公序良俗及诚实信用的原则，在实践中注意义务的程度和界限是动态的，需要通过对案件的具体情况进行综合把握。在判断是否违反相关注意义务时，既要符合理性人的合理标准，还要考虑避免危险的成本。此外，自甘风险作为侵权领域的免责事由，在适用时应注意其特殊的适用条件，同时与过错原则有所区分。

相关法条

《中华人民共和国侵权责任法》第六条、第二十六条、第三十七条第一款。

【当事人基本情况】

上诉人(一审原告)：张灵芝、周淑芹。

被上诉人(一审被告)：汤斌、李万杰、蔡锐、夏松岐、熊建中、潘佩锋、康涛。

原审被告：北京市自行车运动协会。

【基本案情】

张灵芝、刘兆福、周淑芹向一审法院起诉请求：判令汤斌、李万杰、蔡锐、夏松

---

* 丁宇翔，北京市第一中级人民法院民二庭副庭长。

** 刘雅播，北京市第一中级人民法院民二庭法官助理。

岐、熊建中、潘佩锋、康涛、自行车协会共同赔偿医疗费 1452 元、丧葬费 42 516 元、被扶养人生活费 366 420 元、死亡赔偿金 1 057 180 元,以上共计 1 467 568 元。

一审法院认定事实:张灵芝系刘志刚之妻,刘兆福系刘志刚之父,周淑芹系刘志刚之母。刘志刚与张灵芝生有一子刘洋。刘志刚于 2012 年 3 月 22 日注册成为自行车协会会员,汤斌、李万杰、蔡锐、熊建中、潘佩锋亦曾注册过自行车协会会员,夏松岐、康涛未注册过自行车协会会员。

2015 年 9 月 12 日,刘志刚与汤斌、李万杰、蔡锐、熊建中、潘佩锋、夏松岐、康涛等大约二十余人开展往返门头沟的骑行活动,并于当日中午在门头沟区安家庄附近河边共同烧烤饮酒。午饭后,其他骑行者陆续返程,汤斌、李万杰、蔡锐、熊建中、潘佩锋、夏松岐、康涛与刘志刚最后一同返程。在骑行返程途中,当日 16 时许,刘志刚在骑行的队尾,行至门头沟区 109 国道 42 公里 900 米处时,发生单方交通事故,后刘志刚被救护车送往北京市门头沟区医院救治,当日因重度颅脑损伤经抢救无效死亡。刘志刚发生医疗费 912 元、救护车费 540 元。

2015 年 12 月 18 日,北京市公安局门头沟公安分局交通支队(以下简称门头沟交通队)出具了京公门交证字(2015)第 004 号《道路交通事故证明》,载明:2015 年 9 月 12 日 16 时 15 分许,在门头沟区 109 国道 42 公里 +900 米处,刘志刚驾驶自行车(无号牌)由西向东行驶至上述地点,自行车前轮与道路南侧护栏接触,造成刘志刚倒地受伤,车辆损坏,刘志刚送医院抢救无效于当日死亡;经检验,刘志刚血液检材中检出酒精,其含量为 56.4mg/100ml;综合调查情况认为符合单方交通事故,但由于刘志刚驾驶自行车因何种原因造成车辆失控与护栏接触这一事实无法查证,导致交通事故成因无法查清。

另查,此次骑行活动并非自行车协会发起和组织。

法院根据认定的证据及双方当事人的陈述,查明如下事实:刘志刚与汤斌等人通过在"驰鹿聊吧"微信群中相约参加骑行活动,2015 年 9 月 12 日,刘志刚与汤斌、李万杰、蔡锐、熊建中、潘佩锋、夏松岐、康涛等大约二十余人开展往返门头沟的骑行活动,并于当日中午在门头沟区安家庄附近河边共同烧烤饮酒。在当日下午,刘志刚与汤斌、李万杰、蔡锐、熊建中、潘佩锋、夏松岐、康涛共同骑行返程。途中刘志刚发生单方交通事故。一过路车辆发现后,拨打 110 报警和 120 急救电话。汤斌等人得知刘志刚出事后,大约于 16 时 30 分至 16 时 41 分期间陆续返回事故现场,于 16 时 41 分至 17 时 03 分期间多次拨打 120、999 急救电话,联系刘志刚所在单位,并拦截路过救护车辆为刘志刚进行救助。后刘志刚被救护车送往北京市门头沟区医院救治,因抢救无效死亡。另查明,参加此次骑行活动的人员大部分互相不知道真实姓名,烧烤餐饮费用由参加者共同支付,没有当事人从中营利的情形。

【审理结果】

北京市门头沟区人民法院于2016年12月27日作出(2016)京0109民初3650号民事判决:驳回张灵芝、刘兆福、周淑芹的诉讼请求。判决后,张灵芝、周淑芹向北京市第一中级人民法院提起上诉。北京市第一中级人民法院于2017年9月21日作出(2017)京01民终1536号民事判决,判决:一、撤销北京市门头沟区人民法院(2016)京0109民初3650号民事判决;二、本判决生效后十日内汤斌给付张灵芝、周淑芹赔偿金8000元;三、本判决生效后十日内,李万杰、蔡锐、夏松岐、熊建中、潘佩锋、康涛分别给付张灵芝、周淑芹赔偿金5000元,共计30 000元;四、驳回张灵芝、周淑芹的其他诉讼请求。

【裁判理由】

法院生效裁判认为:本案二审争议的焦点问题为汤斌等七人是否应对刘志刚的死亡负相应的侵权责任;自甘风险能否成为汤斌等人的免责事由;如果成立侵权责任,则汤斌等七人之间的责任如何划分。以下逐一进行评析。

(一)汤斌等七人是否应对刘志刚的死亡负相应的侵权责任

本案中,汤斌等七人是否应对刘志刚的死亡负侵权责任,关键是看汤斌等七人对于共同骑行的伙伴刘志刚是否存在相应的注意义务,以及汤斌等七人是否违反了这一注意义务。

1. 汤斌等七人是否存在相应的注意义务

本案中,汤斌等七人曾主张,根据我国民法通则的相关规定,类似本案这种既不收费也无营利的自发结伴而行的骑行活动,参与者之间并无民事合同关系,微信群友之间也未形成负有安全保障义务的法律关系。对此,本院认为,民法作为调整平等主体之间人身关系和财产关系的法律规范,其对人们日常生活的介入的确是有限度的。一般情况下,人们日常生活中的很多生活事实,并不会导致民事权利的发生、变更或消灭,民法并不予以关注。例如,本案中单纯的不具营利性和比赛性的自发相约骑行,就属于并不引起民事权利变动的生活事实,是社交层面的情谊行为,而不是法律行为。在类似于本案相约骑行这种社交层面的情谊行为中,相约者之间并不负担必须履行的义务。比如,本案中汤斌通过微信群约群友一起去骑行,被约之人即使答应要去,也并不负担必须去的法律义务。并且,即使他事后明确表示不去,汤斌也不能追究其违约责任。因为这种情谊行为是民法不予介入的社会生活空间。

但是,被约之人一旦以实际行动加入到骑行活动中,则所有实际参与骑行的当事人之间的关系就发生了深刻的变化。在实际参与骑行活动之前,相约者之间在空间上相互隔离,彼此之间仅仅负担"诚实生活,不害他人,各得其所"的一般注意义务。在选择共同的路线实际参与骑行活动之后,相约者之间则由此前的相互隔离变为正面接触,彼此之间基于此次非营利、非比赛的骑行之共同目的产生信赖,并且基于这种具体的信赖,相互开启了各自的权利领域。此时,选择同一路线共同骑行的骑友之间由此前的一般关系转化为特别交往关系或特别约束关系,从而产生了更强的权利保护需求。相应地,他们之间也相互产生了比侵权法上一般注意义务(即"诚实生活,不害他人"的义务)更高的注意义务。也就是说,基于社交相约而在同一路线共同骑行的先行行为,骑行者之间产生了相互之间的更高的注意义务。本案中,不仅存在单纯的相约行为,而且在相约之后汤斌等七人与刘志刚按照同一路线共同骑行,因而在他们之间产生了比一般注意义务更高的注意义务。这种义务对于组织者而言,是我国侵权责任法规定的安全保障义务;对于其他参加者而言,则是基于诚实信用原则和共同从事某项活动的事实而产生的帮助义务。

2. 汤斌等七人是否违反了这一注意义务

庭审中,汤斌等七人主张,即使存在安全保障义务或伙伴救助义务,他们也已经尽到了相应的义务,不应承担责任。对此,本院认为,根据上面的分析,既然汤斌等七人与刘志刚基于涉案的实际骑行活动产生了比一般注意义务更高的注意义务,则考察是否违反这一义务,就需要结合这一注意义务的内容并根据本案的实际情况进行具体的考察。

从义务的内容上看,参加不具有营利性和比赛性的相约骑行活动的骑友之间,其注意义务主要是骑行活动中的互相提醒、劝告、帮助、扶持等。当发生损害事故时,参加骑行活动的骑友之间还应当提供一般人所能提供的力所能及的救助。鉴于骑行活动的危险性,这里的提醒、劝告、帮助、扶持等义务,是一种主动的、积极的义务,贯穿于骑行活动的始终,这与一般的仅仅是不侵害他人的注意义务是不同的。同时,对于组织者而言,其承担的安全保障义务虽然应低于商业性骑行活动或竞赛性骑行活动组织者的义务,但仍然应承担比一般骑行参加者更高的注意义务。组织者除了应承担以上一般骑行者应承担的注意义务外,还应承担召集参加者、安排路线、管理费用支出、督促骑行人员遵守基本的骑行安全常识等义务。组织者和其他参加者一旦违反上述各自的注意义务,未能避免损害的发生,则此前社交层面的情谊行为就转化为情谊侵权行为，义务违反者即应承担相应的赔偿责任。

本案中，虽然汤斌在审理中主张此次骑行活动是自发组织，自己并非是组织者。但结合汤斌事先在微信群中发布骑行时间、路线和后勤保障的通知以及大家在微信群中的反馈等相关事实情况，一审判决已将汤斌认定为此次骑行活动的组织者，本院对此不持异议。骑行活动是一项具有较强危险性的体育活动，尤其是在骑行路线中存在山路、弯道等复杂路况时，骑行的危险性更为明显。本案中，汤斌作为组织者所选择的线路存在较多的陡坡和弯道，这本是为了提升骑行活动的挑战性和趣味性，但同时，却也增加了此次骑行活动的危险性。在这种情况下，作为组织者的汤斌应对骑行活动的安全性进行起码的评估，并提醒、告诫和督促参加骑行人员注意安全。事实上，汤斌也的确在微信群中明确提示大家注意安全。但是，考虑到骑行活动所固有的危险性及本次骑行活动所选路线所增加的危险性，作为组织者的汤斌除了进行一般的“注意安全”式的提醒外，至少应提醒和告诫参加骑行者不应饮酒，或者在发现有人饮酒时进行善意的提醒或规劝（而不必制止，也无权制止）。这种提醒或规劝的成本非常低，任何人只要稍尽注意，即可做到。但本案中没有任何证据表明汤斌对大家的饮酒行为有任何的提醒和劝告，反而是有大量证据表明汤斌自己也和大家一起饮酒。虽然并无证据表明刘志刚所发生的单方交通事故与饮酒有关，且当事人之间关于刘志刚到底是喝了两瓶瓶装啤酒还是四瓶瓶装啤酒存在争议，但一个不可否认的事实是，刘志刚在出事后大量失血流失酒精并进行输液稀释酒精的情况下，且在出事后六小时（在此期间酒精也会进行自然代谢）的情况下，检验报告仍然显示刘志刚血液内酒精含量高达 56. 4mg/100ml。也就是说，刘志刚在出事时，体内酒精含量应更高于 56. 4mg/100ml。在这种情况下，刘志刚发生交通事故的概率无疑将大大增加。作为组织者的汤斌只要安排或者建议一两名骑友跟随在刘志刚附近进行提醒或随时提供帮助，刘志刚发生单方交通事故的概率就会降低，发生交通事故没有人在现场以致耽搁了黄金救助时间的情况也就不会存在。并且，这种安排或建议的成本也非常低，只要稍加注意，就可做到，被安排的人也会理解而予以配合。但是，没有证据表明汤斌做出了这样的安排或建议。基于以上分析，本院认为，汤斌作为组织者在此次骑行活动中并未完全尽到安全保障义务，应当承担相应的责任。

本案中，汤斌之外的其他六人并非此次骑行活动的组织者，而仅仅是参与者。但是，基于他们与刘志刚选择同一路线共同骑行的先行行为，大家相互之间产生了一定的帮助扶持义务。基于与上述关于组织者承担责任的相同理由，当大家共同参加具有一定危险性的骑行活动时,相互之间应进行必要的安全提醒,提醒和劝诫不要喝酒、不要接打电话等。当发生损害的危险因素增加,如有人饮酒过量时,大家应提高警惕,对饮酒过量之人进行适当的照看或帮助,以避免损害的发生。同样地,上述提醒、劝诫以及适当的照看或协助,非常容易做到,成本很低。但是,现有证据并未表明其他六人中有任何一人尽到了这样的提醒、照看或帮助义务。因此,本院认为,汤斌之外的其他六人也没有完全尽到同一路线共同骑行的参加者所应尽的帮助义务,应当承担相应的责任。一审判决认定汤斌等七人已尽到相应的注意义务从而判决其不承担责任有所不当,本院予以纠正。

当然,本院也注意到,在事故发生后,汤斌等七人返回事故现场竭尽所能积极协助交警和医务人员进行施救,做了大量的配合工作,充分体现了骑友之间的互助友爱精神,应该予以充分的肯定。但是,这些积极施救行为都是在损害事故发生之后,并且,这些积极的补救行为也并未能阻止刘志刚的死亡,无法弥补之前的过失行为。因此,从法律上,应当把损害发生之前的义务违反行为和损害发生之后的积极补救行为区分开来,不能用损害发生之后的积极补救行为来折抵之前的过失侵权行为。尽管如此,本院仍然对汤斌等七人的事后救助行为给予充分肯定,这些救助行为虽然不能成为汤斌等人承担侵权责任的阻却事由,但应成为本院判定损害赔偿数额时的酌定事由,本院将充分考虑汤斌等人在事后的积极救助行为,适当减轻其承担的损害赔偿数额。

(二)自甘风险能否成为汤斌等人的免责事由

汤斌等七人在诉讼中主张此次骑行活动是群众性、自发性活动,自愿参加,自担风险,因而汤斌等七人不应承担责任。对此,本院认为,自甘风险是受害人明知可能遭受来自特定危险源的风险,却依然冒险行事。第一,在自甘风险中,受害人虽然同意承受一定的危险,但其并不真的希望产生这种危险,他不会直接去追求对自己利益的损害。第二,至关重要的是,自甘风险仅仅是针对受害人和直接加害人而言的。就如同拳击运动中互相对抗的双方那样,他们都是自甘风险的,受害人不可能要求按照拳击规则出拳打伤自己的对手赔偿。并且,即便是在受害人和直接加害人之间主张自甘风险抗辩,也并不必定免除加害人的侵权责任,而是要通过适用过失相抵规则具体地、因案制宜地减轻或免除其责任。本案中,受害人刘志刚参加具有危险性的户外骑行活动发生事故,该事件并不存在直接加害人,因而并不存在自甘风险抗辩的基础。第三,在一些极端情况下,即使损害是由受害人故意造成的,队友或伙伴仍有帮助救助义务。举重以明轻,骑行活动本身有固有风险,这种风险使得参加骑行活动的人处于危险之中。相比受害人故意造成的自己损害而言,来自外部风险和受害人本人重大过失而造成的损害,更应得到队友或伙伴的救助。第四,在类似于本案这样的共同骑行活动中,大家组队骑行的目的一方面是为了锻炼身体、增进友谊,另一方面也是为了降低风险以及危险发生时能够起到救助作用,把风险降到最低。因此,参加共同的骑行活动,往往不是自甘风险,反而是为了降低风险。基于以上分析,本院认为,汤斌等人以刘志刚参加共同骑行活动是自甘风险作为免责事由不能成立。

(三)汤斌等七人之间的责任应如何划分

根据《侵权责任法》第二十六条之规定,被侵权人对损害的发生也有过错的,可以减轻侵权人的责任。本案中,刘志刚作为完全民事行为能力人,且作为具有一定骑行经验的骑行者,明知此次骑行活动的危险性,但仍然不顾安全而饮酒骑行,并造成骑行返程中发生单方交通事故而死亡的严重后果,其自身对于损害后果的发生存在重大过失,应当承担此次损害后果的主要责任。

根据《侵权责任法》第三十七条第一款之规定,宾馆、商场、银行、车站、娱乐场所等公共场所的管理人或者群众性活动的组织者,未尽到安全保障义务,造成他人损害的,应当承担侵权责任。本案中,汤斌作为自发性的群众性骑行活动的组织者,在组织骑行活动过程中没有完全尽到安全保障义务,应当承担相应的民事责任。同时,根据《侵权责任法》第六条之规定,行为人因过错侵害他人民事权益,应当承担侵权责任。本案中,汤斌之外的其他六人在参加本次骑行活动中没有完全尽到骑行队友之间的帮助义务,对损害事故的发生存在过错,也应承担一定的民事责任。

鉴于刘志刚的死亡结果主要由其自身原因造成,汤斌等七人的过失行为对其死亡结果的原因力非常小,且汤斌等七人在事发前尽到了一定的注意义务,在事发后积极参与救助,故本院综合上述情况酌情确定汤斌等七人的赔偿数额。汤斌因作为组织者在骑行活动中较之一般参与者发挥着更大的作用,应当承担相对较大责任,其他六人承担相对较小的责任。经本院核查,刘志刚发生的医疗费为1452元,丧葬费为42 519元,张灵芝、周淑芹请求的丧葬费为42 516元,本院不持异议;由于刘志刚的父亲已经在诉讼中去世,则本案涉及的被扶养人仅为周淑芹(超过75周岁),其被扶养人生活费为183 210元,刘志刚去世时不足60周岁,其死亡赔偿金为1 057 180元,以上共计1 284 358元。在此数额内,汤斌承担8000元的赔偿责任,李万杰、蔡锐、夏松岐、熊建中、潘佩锋、康涛每人承担5000元的赔偿责任。

最后必须指出的是,对于骑行这样的群众性户外运动应该予以鼓励并进行保护。但是,鼓励不等于放任。如果以自发性活动和自甘风险为由而豁免活动组织者和参加者的起码的注意义务,实际上是对骑行安全的漠视。从长远来看,更会导致群众性骑行活动的不健康发展甚至畸形发展。相反,要求骑行的组织者和共同参加者承担适当的注意义务不但不会阻碍群众性骑行活动的发展,反而会促使该项运动更为健康、有序、规范、安全地进行。本院判决汤斌等人承担适当的责任,目的不仅仅是对刘志刚家人的赔偿和慰藉,更是为了督促骑行活动的组织者和参加者充分提高安全防范意识,杜绝饮酒等一切有悖活动安全要求的行为。同时也是为了督促骑行活动的组织者和参加者在活动过程中相互之间施以举手之劳的关爱,最大程度地防止损害结果的发生,而不仅仅是在损害发生之后才给予积极救助。

【裁判解析】

本案是骑行爱好者自发组织的骑行活动中出现的骑友死亡所引发的侵权案件,因案件类型新颖且责任认定方面争议较大,引发了社会的广泛关注。在此先要说明的是,骑行作为一种健康、环保且具备一定竞技性的户外运动应该予以鼓励和保护,从司法层面上来说,对组织管理机构和骑行爱好者们的权利义务予以适当的规制,是促进此项运动良性、可持续发展的应有之义。本案骑行活动不具有营利性和比赛性,法院在判断组织者和参加者的权利义务边界时,既不能放任更不宜过苛。本案争议的核心问题为各被上诉人是否违反了相应注意义务以及自甘风险是否能成为本案的免责事由。现分述如下:

(一)注意义务的来源及判断标准

1. 注意义务的来源

在司法实践中,侵权责任构成包括侵权行为、损害后果、因果关系及过错四个要件。关于过错,无论持主观说、客观说或折中说,注意义务均是一个重要的评判要素。注意义务是指行为人为避免危害他人的结果发生而为必要的作为或不作为的义务,既包含制定法层面的也包含非制定法层面的。来源于法定或约定的义务往往并非司法判断中的难点,相反地,来源于先行行为[①]、公序良俗、诚实信用,也即非法定或约定的义务,因需要依靠法官在司法实践中借助其法律素养,运用其智慧和良知,通过对具体案件情形的把控来完成,往往最具难度和争议。本案恰好属于

① 先行行为引起作为义务的发生,最终的法理依据其实也在于公序良俗原则和诚实信用原则。

此种情况，因汤斌等人是自发组织的骑行活动，既不营利也不具备比赛性质，各位骑行参加者之间并无特定关系（如亲属、医患关系等），也没有通过契约约定各自义务。因此在汤斌等人是否存在相应注意义务，该义务的来源是什么，无疑是判断是否侵权的前提。

本案骑行活动的参加者在实际参与骑行活动之前，因不具有受法律约束的意思和缔结法律关系的意图，处于法律调整范围之外的纯粹生活事实，各方仅负担不侵害他人权利的一般义务即可，法律不会过多的介入。但民法上权利义务状态并非静止不动的，是动态变化的。当骑友实际加入到骑行活动中时，骑友之间基于同一路线共同骑行的先行行为，开启了一种相互信赖、并肩前行的状态，此种状态基于诚实信用及公序良俗的原则，产生了更强的权利保护需求，从而产生更高的注意义务。此时骑友之间的义务从“诚实生活，不害他人”的不作为义务，转变为彼此信任、相互帮助的积极的作为义务。特别是汤斌作为本案骑行活动的组织者，固然其义务明显不同于带有营利性或比赛性质的活动组织者，但其仍应承担高于其他骑友的义务。具体来说，汤斌作为组织者召集大家参加活动并负责选择骑行线路，其应对骑行活动的安全性进行起码的评估，并提醒、告诫和督促参加骑行人员注意安全。其他骑友则是基于诚实信用原则和共同从事某项活动的事实而产生了帮助义务。

2. 是否违反注意义务的判断标准

在侵权法中，行为人的注意义务一经确定，则必须尽到。否则，若因行为人没有尽到注意义务而给他人造成损害时，则应承担损害赔偿责任。如上所述，在实践中判断一个人是否违反了相应的注意义务比较复杂，注意义务的程度和界限因各案而不同，每个人也会有不同的理解。但尽管如此，我们在判断是否违反注意义务的时候还要遵循一定的原则和标准。

首先，要以理性人的标准来衡量，也即以一个有理性的人在此种情况下应当从事或不从事某项活动为标准。该标准虽然是被法律所拟制的客观标准，但我们在衡量被诉行为是否低于理性人的标准时，应该根据当时所处的环境和掌握的信息来决定其行为合理与否。集体骑行相较于独自骑行，既会增加趣味性，同样也是一种降低风险的选择，因骑友间可以相互帮扶和提醒，这是一个理性人所应当知晓的。本案中，汤斌作为组织者，应提醒、告诫和督促骑友注意安全，在大家午间聚餐发生饮酒行为时应予以适当的规劝，特别是刘志刚在饮酒后对其应予以更多的照看或帮助。对于其他骑友来说，在骑行过程中应相互帮助，当发生损害的危险因素增加,如有人饮酒过量时,大家应提高警惕,对饮酒过量之人进行适当的照看或帮助,以避免损害的发生。这些都是基于共同骑行行为,特别是明知饮酒会极大增加骑行危险性的情形下,汤斌等人作为理性人应当采取的普通谨慎的预防措施。但遗憾的是,结合本案事实和证据情况,组织者汤斌未能在午间聚餐时劝阻刘志刚饮酒而是参与其中,在返程途中刘志刚独自骑行于队尾,组织者和其他队友未尽到相应的提醒和照看,在很大程度上增加了刘志刚单方发生交通事故的可能性。因此,汤斌等人未尽到一个理性人在当时当下应当作出的行为和措施,违反了各自相应的注意义务。

其次,要考量避免危险的成本。排除损害危险的成本应当同此种损害的危险加以平衡。此种平衡包括在某种特定的情况下采取预防措施所存在的困难和可能性。如果付出很小的成本便可以大大减少危险或避免损害的发生,那么行为人没有采取措施其行为就是不合理的;反之,如果所需成本巨大却只能减轻很少的危险,那么行为人什么都不做也是合理的。本案中,作为组织者的汤斌只要在刘志刚饮酒时进行适当的劝阻,或在其酒后安排或者建议一两名骑友跟随在其附近进行提醒或随时提供帮助,刘志刚发生单方交通事故的概率就会降低,且发生事故后没有人在现场以致耽搁了黄金救助时间的情况也就不会存在。这种安排或建议的成本也非常低,只要稍加注意,就可做到,被安排的人也会理解而予以配合。同样地,对于其他骑友来说,在刘志刚饮酒后只要适当的照看或协助,就能大大避免损害发生或降低损害结果。但是,没有证据表明汤斌等人采取了相应的低成本的措施。因此,本案汤斌等人是对基于先前行为产生的积极作为义务的一种违反,系应注意能注意而没有注意,应当承担相应的责任。

(二)自甘风险作为免责事由的适用条件

自甘风险作为一项抗辩事由,在目前司法实践中适用最为普遍的是在竞技体育领域中,其是指受害人明知某种行为具有危险性,但仍然自愿冒险从事该行为,在危险现实发生而因此遭受损失的情况下,加害人可以此作为抗辩受害人的事由。在一般侵权领域中,我国适用过错原则,自甘风险与过错原则在适用时应当予以区分。自甘风险的适用需要具备一定条件:第一,行为人明知风险存在且自愿承担风险;第二,加害人没有故意或重大过失;第三,不违反社会公共利益及法律强制性规定。由此可知,自甘风险首先是针对加害人与受害人的,而本案的事件并不存在直接加害人,因而并不存在自甘风险抗辩的基础。其次,在自甘风险中,受害人对于加害人的没有尽到注意义务的情形是预见到的,而本案中,死者刘志刚显然无法预见到这一点。最后，本案的骑行活动不同于带有对抗性的体育项目(如拳击)，大家组队骑行的目的是既增加趣味性，也是为了降低风险以及危险发生时能够起到救助作用，将风险降到最低。因此，参加共同的骑行活动，往往不是自甘风险，反而是为了降低风险。因此，汤斌等人以自甘风险作为免责事由的抗辩不能成立。

【案例点评】

本案较好地兼顾了骑行者行为自由和骑行受害者的权利保护。充分运用了法学方法论中的文义解释、当然解释、社会学解释以及利益衡量的方法，对于提升判决书的说理水平，具有积极意义。本案判决对于丰富民法中关于情谊行为理论的研究具有样本的意义，本案从实践的角度为深化情谊行为的研究提供了较好的实例。判决文书行文流畅、结构清晰、逻辑严谨、叙事客观、详略得当、论理充分，具有较强的说服力。

【裁判心得】

本案中，法官对注意义务的把握是核心问题，在没有法定或约定明确各方权利义务时，出现人身财产损害，骑行活动各位伙伴之间基于怎样的行为产生了何种义务，进而是否需要承担相应责任，需要法官结合案件事实并运用法律思维去综合判断。但法官内心确信的形成仍然要以事实和证据为基础，以符合常理的判断方法为要旨。

张金龙、李亚楠诉北京市延庆区妇幼保健院医疗损害责任纠纷案

张　琪[*]　张丽君[**]

关键词

死亡赔偿金　胎儿民事权利能力　精神损害抚慰金　丧葬费　赔偿权利人

裁判要旨

死亡赔偿金是死者因他人致害死亡后由加害人给其近亲属造成的物质性收入损失的一种补偿。胎儿娩出即为死体的情况下，不存在死亡这一法律事实，不满足适用死亡赔偿金的前提条件。院方的过错医疗行为直接侵害了胎儿母亲的健康权，给胎儿的父母造成了严重的精神损害，因此，医疗费、误工费和护理费的赔偿权利人应为胎儿的母亲，精神损害抚慰金的主体应为胎儿的父母。支付丧葬费是一种习惯的传统做法，是对社会经验法则的遵从，即使胎儿娩出即为死体也不例外，且丧葬费的权利主体为胎儿父母。

相关法条

1.《中华人民共和国民法通则》第九条、第九十八条。

2.《中华人民共和国侵权责任法》第十六条、第二十二条、第五十四条、第五十八条。

3. 最高人民法院《关于审理人身损害赔偿案件适用法律若干问题的解释》第十九条、第二十条、第二十一条、第二十二条、第二十三条、第二十七条。

---

* 张琪，北京市第一中级人民法院民二庭法官。

** 张丽君，北京市第一中级人民法院民二庭法官助理。

4. 最高人民法院《关于确定民事侵权精神损害赔偿责任若干问题的解释》第十条。

【当事人基本情况】

上诉人(一审被告):北京市延庆区妇幼保健院。

被上诉人(一审原告):张金龙、李亚楠。

【基本案情】

张金龙与李亚楠系夫妻关系。2015 年 11 月 25 日,李亚楠在妇幼保健院建档产检且一直在妇幼保健院处产检。2016 年 6 月 21 日 1 时 25 分,患者因不规律腹痛急诊收入院,入院诊断为:1. 先兆临产;2. 妊娠期糖尿病。入院后完善相关检查,履行告知义务,拟阴道分娩。后检测李亚楠胎心突然下降,医院告知剖宫产终止妊娠,当日 7 时 26 分取出一男性胎儿,交给儿科医师抢救至 9 时 42 分,胎儿仍无呼吸、无心跳,妇幼保健院停止抢救。李亚楠于 2016 年 6 月 29 日出院,支付住院医疗费 768.47 元、材料费 205.01 元、门诊医疗费 1766.8 元(2016 年 8 月底前),共计 2740.28 元。2016 年 7 月 27 日,北京市尸检中心针对李亚楠之子出具了尸体解剖报告书,结论:胎儿因宫内窘迫导致呼吸循环衰竭而胎死宫内。张金龙、李亚楠对于尸检报告中认定胎儿是宫死胎内存疑;妇幼保健院认可尸检报告的结论。妇幼保健院支付尸检费用 1.5 万元。

2016 年 7 月 19 日,张金龙诉至法院要求妇幼保健院赔偿经济损失。诉讼中,李亚楠申请作为本案原告参加诉讼。张金龙、李亚楠向一审法院起诉请求:1. 判令妇幼保健院赔偿医疗费 3005 元、护理费 13 600 元、误工费 13 600 元、交通费 2000 元、住院伙食补助费 800 元、丧葬费 38 778 元、死亡赔偿金 1 057 180 元,上述各项损失合计 1 128 963 元,按照过错责任比例 40% 计算为 451 585 元;2. 判令妇幼保健院赔偿精神损害抚慰金 5 万元;以上合计 501 585 元。张金龙、李亚楠提出过错鉴定申请,北京华夏物证鉴定中心向法院出具华夏物鉴中心[2016]医鉴字第 759 号的司法鉴定意见书,鉴定意见为:"北京市延庆区妇幼保健院对被鉴定人李亚楠的医疗行为存在违反诊疗规范之处,应对被鉴定人李亚楠之子的死亡承担一定的赔偿责任,责任程度以次要责任为宜。"审理过程中,妇幼保健院认为胎儿在脱离母体前就已经死亡,依法不享有民事权利能力,死亡赔偿金不应支持。医疗费、护理费、误工费、精神损害抚慰金认定有误。张金龙、李亚楠认为妇幼保健院的过错医疗行为是造成胎儿死亡的直接原因,其应赔偿包括死亡赔偿金在内的各项损失。

【审理结果】

北京市延庆区人民法院于 2017 年 3 月 31 日作出(2016)京 0119 民初 5678 号民事判决:一、被告北京市延庆区妇幼保健院赔偿原告张金龙、李亚楠医疗费八百二十二元、护理费一千零二十元、误工费四千零八十元、交通费三百元、住院伙食补助费二百四十元、丧葬费一万一千六百三十三元、死亡赔偿金三十一万七千一百五十四元、精神损害抚慰金四万元,共计三十七万五千二百四十九元,判决书生效后七日内履行。二、驳回原告张金龙、李亚楠的其他诉讼请求。三、驳回被告北京市延庆区妇幼保健院要求原告张金龙、李亚楠分担尸检费的诉讼请求。宣判后,北京市延庆区妇幼保健院向北京市第一中级人民法院提起上诉。北京市第一中级人民法院于 2017 年 8 月 9 日作出(2017)京 01 民终 4095 号民事判决:一、撤销北京市延庆区人民法院(2016)京 0119 民初 5678 号民事判决;二、北京市延庆区妇幼保健院于本判决生效后七日内赔偿李亚楠医疗费 822 元、护理费 1020 元、误工费 4080 元、交通费 300 元、住院伙食补助费 240 元,合计 6462 元;三、北京市延庆区妇幼保健院于本判决生效后七日内赔偿张金龙、李亚楠丧葬费 11 633 元、精神损害抚慰金 40 000 元,合计 51 633 元;四、驳回李亚楠的其他诉讼请求;五、驳回张金龙的其他诉讼请求。如果未按本判决指定的期间履行给付金钱义务,应当依据《民事诉讼法》第二百五十三条之规定,加倍支付迟延履行期间的债务利息。

【裁判理由】

法院生效裁判认为,本案二审的争议焦点在于以下四个问题:(1)妇幼保健院的医疗行为是否存在过错,鉴定机构出具的鉴定意见是否可以作为定案依据。(2)张金龙、李亚楠主张的死亡赔偿金、护理费、误工费、交通费、医疗费、住院伙食补助费、丧葬费是否应予支持。(3)一审法院认定的精神损害抚慰金的赔偿数额是否适当。(4)一审法院适用最高人民法院《关于民事诉讼证据的若干规定》第四条第一款第八项规定的"举证责任倒置"是否正确。

关于争议焦点一,人民法院委托鉴定部门作出的鉴定意见,当事人没有足以反驳的相反证据和理由的,可以认定其证明力。本案中,经张金龙、李亚楠申请,一审法院委托北京华夏物证鉴定中心对本案进行了司法鉴定。鉴定机构在鉴定意见书中指出,李亚楠进入第一产程后,病历中未见有李亚楠宫缩强弱、间隔及持续时间的观察记录,未见有每小时检测胎儿胎心的记录,与诊疗规范要求不符,妇幼保健院在观察和处置方面存在不足。鉴定机构的鉴定意见认为:妇幼保健院对李亚楠的医疗行为存在违反诊疗规范之处,应对李亚楠之子的死亡承担一定的赔偿责任,责任程度以次要责任为宜。虽然妇幼保健院不认可该鉴定意见,认为鉴定机构认定的过错是建立在假设上的错误认定。但是,根据相关诊疗规范以及李亚楠的病历记录,妇幼保健院确实存在未按照诊疗规范的要求对李亚楠进行胎儿胎心监测的事实,其在对李亚楠观察和处置方面存在过错。故妇幼保健院在没有足以反驳该鉴定意见的相反证据的情况下,一审法院采信该鉴定意见,并以此作为认定案件事实的依据正确。妇幼保健院主张该鉴定意见不应被采纳的依据不足,法院不予支持。

关于争议焦点二,死亡赔偿金,是死者因他人致害死亡后由加害人给其近亲属所造成的物质性收入损失的一种补偿。《民法通则》第九条规定,公民从出生时起到死亡时止,具有民事权利能力,依法享有民事权利,承担民事义务。该法第九十八条规定,公民享有生命健康权。根据上述法律规定,自然人的民事权利能力始于出生,终于死亡。出生是胎儿脱离母体并生存的法律事实。出生须具备两项要件:一是胎儿与母体分离,与母体分离之前为胎儿,分离之后即成为法律上的人;二是与母体分离之际保有生命。分离之际保有生命的,即是“出生”,而不论其出生后生命延续的时间长短。胎儿在与母体分离时已经没有生命的,其不是法律意义上的自然人,没有民事权利能力,不享有民事权利。承担死亡赔偿金的前提是自然人死亡,而自然人死亡的前提是自然人出生。胎儿与母体分离时无生命的,是死体,没有生命,就无所谓生。没有生就无所谓死。故近亲属主张胎儿的死亡赔偿金无法律依据。本案中,根据尸检解剖报告书的结论,胎儿未脱离母体时即已无生命。故张金龙、李亚楠要求胎儿死亡赔偿金的主张不应支持。一审法院判决支持该项诉讼请求错误,二审法院予以纠正。关于张金龙、李亚楠主张的医疗费、护理费、误工费、交通费、住院伙食补助费,均是李亚楠在住院生产期间产生的费用。本案中,虽然胎死宫内,但胎儿未出生时,是母体一部分,造成胎儿死亡就是对母体健康权的侵犯,故上述费用应作为李亚楠的损失由妇幼保健院按照责任比例予以赔偿。关于丧葬费,虽然胎死宫内,但是作为父母的张金龙、李亚楠仍要对胎儿的尸体进行安葬,故一审法院支持其主张的丧葬费并无不当。妇幼保健院针对上述费用提出的上诉主张依据不足,法院不予支持。

关于争议焦点三,《侵权责任法》第二十二条规定,侵害他人人身权益,造成他人严重精神损害的,被侵权人可以请求精神损害赔偿。如前所述,胎儿在未出生时是母体的一部分,胎儿受损在法律上就是对母体健康权的侵犯。根据上述法律规定,公民的健康权受到侵犯是可以要求精神损害赔偿的。故胎儿未出生即死亡的情况下,孕育胎儿的母亲可以作为主体主张精神损害赔偿。而且,经过十月怀胎的艰辛,张金龙、李亚楠欲为人父母的美好愿望最终落空,对张金龙、李亚楠夫妻二人心灵造成的创伤是显而易见的。故在本案中,张金龙、李亚楠主张的精神损害抚慰金应予以支持。对于具体的赔偿数额,一审法院结合损害后果、过错程度、侵害方式、当地的生活水平等因素综合予以考虑,酌定为 4 万元并无不当。妇幼保健院就此提出的上诉主张依据不足,法院不予支持。

关于争议焦点四,2002 年 4 月 1 日施行的民事诉讼证据规定作为司法解释明确将过错和因果关系两项事实实行举证责任倒置,由医疗机构就医疗行为与损害后果之间不存在因果关系及不存在医疗过错承担举证责任,客观上起到了实体法上医疗过错推定和因果关系推定的效果。但是,2007 年 7 月 1 日施行的《侵权责任法》第五十四条规定,患者在诊疗活动中受到损害,医疗机构及其医务人员有过错的,由医疗机构承担赔偿责任。本条是关于医疗损害责任归责原则的规定。该法第五十八条规定,患者有损害,因下列情形之一的,推定医疗机构有过错:(1)违反法律、行政法规、规章以及其他有关诊疗规范的规定;(2)隐匿或者拒绝提供与纠纷有关的病历资料;(3)伪造、篡改或者销毁病历资料。本条是关于在什么情况下推定医疗机构有过错的规定。根据《侵权责任法》的规定,对诊疗活动引起的纠纷,应当适用一般过错责任。医疗机构及其医务人员有过错的,医疗机构才承担赔偿责任,原则上由原告承担过错的举证责任。只在特殊情况下如医务人员有违规治疗行为或者隐匿、拒绝提供与纠纷有关的医学资料,才适用过错推定责任原则,发生举证责任倒置。由此可见,民事诉讼证据规定虽然未被废止,但是其中有关医疗损害责任的“举证责任倒置”的规定,已经与侵权责任法中有关医疗损害责任的归责原则规定相抵触,故在审理医疗损害责任纠纷案件时,不应再适用民事诉讼证据规定第四条第一款第八项的规定。一审法院适用该司法解释的上述规定存在错误,法院予以纠正。

此外,张金龙并非是本案医疗损害责任纠纷中的直接受害人,一审法院认定的医疗费、护理费、误工费、交通费、住院伙食补助费,均属于李亚楠的损失,妇幼保健院针对上述损失仅对李亚楠承担赔偿责任。妇幼保健院针对尸检费 1.5 万元要求一审法院一并处理,但并未作为反诉向法院主张,一审法院径行在判决主文中作为诉讼请求予以驳回错误。法院按照妇幼保健院的责任比例对尸检费重新进行分担。

综上所述,妇幼保健院的上诉请求部分成立,应予支持。一审判决认定事实清楚、适用法律正确的部分应予维持,适用法律错误的部分应予改判。

【裁判解析】

本案是一起因胎儿胎死宫内,胎儿父母提起的医疗损害责任纠纷之诉,主张医院赔偿死亡赔偿金、丧葬费和精神损害抚慰金等。近年来,从无锡冷冻胚胎案到错误出生,围绕民法上对胎儿权益保护的争论离不开胎儿民事主体地位、胎儿损害赔偿的请求权基础以及死亡赔偿金的赔偿权利人范围界定等问题。本案的特殊之处即在于因胎儿娩出时即为死体、民事权利能力自始不存在所导致的人身损害赔偿范围界定之难题。结合本案,法院在审理此类医疗损害责任案件时应着重把握以下三个法律问题。

(一)关于胎儿娩出为死体时死亡赔偿金的适用

死亡是取得死亡赔偿请求权的法律事实,当事人主张死亡赔偿金这一民事责任承担方式的适用,须以死亡的法律事实存在为前提条件。换言之,若无死亡,便无死亡赔偿金。死亡赔偿金是民事主体的生命权受到损害之时,对死者近亲属的一种财产损失的赔偿。《民法通则》第九条规定,公民从出生时起到死亡时止,具有民事权利能力,依法享有民事权利,承担民事义务。现已生效的《民法总则》第十三条规定,自然人从出生时起到死亡时止,具有民事权利能力,依法享有民事权利,承担民事义务。该法第十六条规定,涉及遗产继承、接受赠与等与胎儿利益保护的,胎儿视为具有民事权利能力。但是胎儿娩出时是死体的,其民事权利能力自始不存在。由此可见,我国对民事主体权利能力的界定,仍是以"始于出生、终于死亡"为原则,同时将胎儿的权利能力问题作为例外,在界定胎儿的权利能力性质时最终采纳了法定解除条件说。本案中,胎儿娩出时即为死体,既无出生便无死亡,胎儿的权利能力自始不存在,胎儿的父母主张医院承担死亡赔偿金没有事实和法律依据。

本案中,因院方存在医疗过错所导致的胎儿胎死宫内的损害结果是客观发生的,法院裁判所面临的难题,其实质是胎儿出生前所受侵害能否请求损害赔偿以及损害赔偿权利人的问题。除前述案件事实不符合死亡赔偿金的构成要件以外,法院还综合考虑了胎儿民事权益保护、生命权的本质以及民法对死亡救济的有限性等因素的基础上,做出了最终的裁判路径选择。

(二)关于胎儿娩出为死体时精神损害抚慰金及丧葬费赔偿权利人的认定

精神损害抚慰金和死亡赔偿金的性质并不相同,虽然在以往的司法解释中,对这两种民事责任的承担方式的性质认定有过摇摆,但最终还是厘清了二者之间的关系:精神损害赔偿更多的是对侵权所致的精神痛苦的救济,死亡赔偿金更多的是对未来物质生活损害的一种填补。本案中,法院虽未支持胎儿父母的死亡赔偿金,但胎儿娩出便为死体系院方过错所致,这一损害后果的发生给胎儿的父母同时造成了严重的精神痛苦。从伦理上讲,胎儿,即使是胎死宫内,也是生命体最初的表征。为人父母的期待对于原告而言是同时落空的,此种情况下,精神损害抚慰金的赔偿权利人应当是父母双方。对于丧葬费,赔偿权利人亦是胎儿的父母双方。父母为安葬胎儿、料理后事所支付的合理费用是客观存在的财产损失,虽然胎儿不存在法律上死亡的事实,但安置后事势必会支付一定的合理费用,在民法上对诸如胎死宫内的胎儿以及冷冻胚胎等法律性质界定存有争议的情况下,在现有法律框架内,结合当事人的诉讼请求,将这笔费用界定为丧葬费,并将父母双方同时作为赔偿权利人最为适当。

(三)关于胎儿娩出为死体时医疗费等赔偿权利人的范围

一审法院在认定医疗费等赔偿权利人范围时,将胎儿的父亲也包括在内,二审法院认为胎儿的母亲才是此次医疗损害责任纠纷的直接受害人,胎儿的父亲不属于赔偿权利人。笔者认为,二审法院的裁判更为适当。医疗费、误工费和护理费属于财产损害赔偿,与精神损害赔偿不同,其是对受害人人身权益损害的填补,而在本案中,院方的过错诊疗行为直接侵害的是母亲的健康权,胎儿父亲的健康权并未受到损害,不属于诊疗行为的受害人,故不存在主张医疗费等损害赔偿的事实依据和法律依据。

【案例点评】

近年来,伴随着人格权法是否应该独立成编讨论的推进,关于民法对胎儿民事权益的保护、对民事主体权益保护范围的讨论也愈加广泛和深入,在医疗损害责任纠纷案件中尤为突出。本案的特殊之处在于胎儿娩出时即为死体,二审法院能够综合全案证据认定案件事实,在兼顾父母权益和胎儿权益保护的基础上,准确地理解和适用法律,逻辑严谨、法律论证充分。本案对医疗费、精神损害抚慰金以及丧葬费性质及赔偿权利人范围的界定,对同类案件的处理具有指导意义。

【裁判心得】

本案系一起医疗损害责任纠纷,因胎儿娩出时即为死体,引发了死亡赔偿金的适用、精神损害抚慰金及丧葬费赔偿权利人的认定以及医疗费等赔偿权利人范围的讨论。民法作为私法,对死亡存有敬畏,但对生命权的救济也具有有限性。从这一立场出发,本案在法律适用时,便综合运用了法律解释的方法,在遵循司法三段论的前提下作出最终裁判。

姜春梅诉陶泓颖、李彦锋名誉权纠纷案

赵小军*

关键词

网络侵权主体　虚拟人　证明标准

裁判要旨

对于虚拟主体与现实民事主体如何对应的问题。首先要对网络“虚拟人”进行准确甄别。其次在具体对应的证明标准问题上，应当结合网络特征对高度可能性的标准灵活加以把握，主要从以下四个方面进行考量：一是虚拟人呈现出的个人特征。二是网络文章所描写的人物与现实人物所处的具体环境。三是网络文章发布后的受益人和文章语气内容。四是从一般社会公众的认知角度加以判断。

相关法条

1.《中华人民共和国民法通则》第一百零一条、第一百二十条。

2.《中华人民共和国侵权责任法》第二条、第六条第一款、第十五条、第二十二条、第三十六条第一款。

3. 最高人民法院《关于审理名誉权案件若干问题的解答》第七条、第十条、第十一条。

4.《中华人民共和国民事诉讼法》第六十四条、最高人民法院《关于适用〈中华人民共和国民事诉讼法〉的解释》第一百零八条。

---

* 赵小军，北京市第一中级人民法院民二庭法官。

【当事人基本情况】

上诉人(一审被告):姜春梅。

被上诉人(一审原告):陶泓颖。

一审被告:李彦锋。

【基本案情】

李国民系中国地质大学工程技术学院教授,姜春梅系李国民的前任妻子,二人育有婚生子李彦锋。陶泓颖称其是李国民的现任妻子,但未向法院提交结婚证明予以佐证。

2010 年 12 月 8 日,法院判决准许李国民与姜春梅离婚,该判决书已经生效。法院认为部分认定:"姜春梅在李国民领导、同事朋友间多次发表李国民包二奶、道德败坏等言论,其行为应视为双方感情已经破裂。"2015 年 4 月 13 日,中国地质大学出具证明,主要内容为从 2006 年开始,姜春梅多次给学校同事、校领导发邮件,称李国民包二奶并同居,告李国民重婚罪、剽窃科研成果等。经调查并不符合事实。姜春梅不听劝解,不停在各种网站,如在天涯网、新浪网、网易等,指名道姓发布辱骂李国民包二奶、抛妻弃子。

李国民提交的公证书显示:《李国民是北京中国地质大学工程技术学院教授 抛妻弃病子 是当今社会陈世美的再现 他包养二奶邢玉珍 包养小三陶泓颖》,该文章位于人民网的强国论坛板块,该帖标注发帖人为"jiangchunmei",发布时间为 2015 年 2 月 24 日,该帖内容为:"李国民是北京中国地质大学工程技术学院教授,抛妻弃病子,是当今社会陈世美的再现,他包养二奶邢玉珍,包养小三陶泓颖等多名女性,"该帖下方有提示语:"本帖只代表 jiangchunmei 的个人观点,不代表人民网观点。"此外,在"世纪网"的杂谈栏目,"天涯海角社区"的"天涯杂谈"栏目、"快乐生活"网的"天涯杂谈"栏目、"学校网"的"学校吧"学校栏目等网页中也发表有涉诉帖文内容,但这些帖文的署名均无姜春梅或"jiangchunmei"等明确称谓。

姜春梅主张涉诉言论的帖子均非其发送,并向法院提交了长春市绿园区普阳街道办事处世纪社区居委会出具的《特困证明》证明其生活困难和不会使用电脑,陶泓颖对证明内容亦不予认可。陶泓颖主张李彦锋与姜春梅构成共同侵权,理由是前述照片是李彦锋拍了交给姜春梅的。

【审理结果】

北京市海淀区人民法院于 2016 年 12 月 22 日作出北京市海淀区人民法院(2015)海民初字第 15357 号民事判决:一、判决生效之日起十日内,姜春梅书面向陶泓颖赔礼道歉，该书面赔礼道歉内容须经法院核准，如姜春梅拒不履行该义务，法院将选择一家全国公开发行的报刊公布判决的主要内容，费用由姜春梅负担；二、判决生效之日起十日内，姜春梅赔偿陶泓颖精神损害赔偿金 8000 元；三、驳回陶泓颖的其他诉讼请求。宣判后，姜春梅向北京市第一中级人民法院提起上诉。北京市第一中级人民法院于 2017 年 10 月 25 日作出（2017）京 01 民终 6788 号民事判决，判决驳回上诉，维持原判。

【裁判理由】

法院生效裁判认为：首先，关于涉案帖子的发帖主体问题。对负有举证证明责任的当事人提供的证据，人民法院经审查并结合相关事实，确信待证事实的存在具有高度可能性的，应当认定该事实存在。对一方当事人为反驳负有举证证明责任的当事人所主张事实而提供的证据，人民法院经审查并结合相关事实，认为待证事实真伪不明的，应当认定该事实不存在。涉案帖子为用户名为“jiangchunmei”的网络用户发表，“jiangchunmei”为“姜春梅”的汉语拼音全称。帖子题目为《李国民是北京中国地质大学工程技术学院教授　抛妻弃病子　是当今社会陈世美的再现　他包养二奶邢玉珍　包养小三陶泓颖》，该文章从题目到内容所涉“李国民”均可以明显看出是指向姜春梅的前夫“李国民”，文章内容涉及也是姜春梅之前指控李国民的情况，文章还在最后以作者第一人称求助公众“敬请帮助我这个无助的弱女子，感激不尽！”帖子所涉内容为姜春梅与李国民之间的私事，加之文章结尾以第一人称向社会公众发出的求助，根据一般生活经验及常识判断，该文章应为妻子指控丈夫的帖子。综合发帖人的名称、帖子的主题、内容及特定的用语，可以判断出由姜春梅所发表或姜春梅指使发表的盖然性较高。同时，姜春梅作为对待证事实的反驳负有举证证明责任的当事人，并未就帖子非其发表或由他人发表提出充分证据加以证明，故一审法院认定姜春梅为侵权帖子的发帖人的认定正确。其次，关于名誉侵权的认定问题。姜春梅在涉诉帖文中在互联网上向公众公开传播陶泓颖被李国民“包养”等内容，但对此事实未提供充分证据加以证明，其行为构成虚假事实传播，姜春梅存在主观过错，而该言论具有人格侮辱性，足以降低社会公众对陶泓颖的社会评价，故姜春梅的行为构成对陶泓颖名誉权的侵犯。一审法院判令姜春梅向陶泓颖赔礼道歉并进行精神损害赔偿并无不当。最后，姜春梅主张一审应追加网络平台经营者作为诉讼参与人，以确定责任划分，缺乏法律依据，法院不予支持。经法院核实，本案不存在姜春梅所主张的程序违法事项。

【裁判解析】

现实生活中的民事主体具有确定性。但是在网络环境下,由于网络的虚拟性(非物质性),网上的交流具有几乎是实时的特点,我们所面对的不是真实和可以辨识的个人,而是作为个人代号的网名、IP地址等符号或数字,属于网络“虚拟人”。在实名注册的情况下,侵权人和被侵权人比较容易和现实生活中的权利主体进行对应。而在非实名注册的情况下,一旦当事人对主体问题予以否认,则存在虚拟主体与现实主体对应的问题。如何审查当事人提供对主体加以证明的证据是否达到高度可能性的标准？破解这一难题,可以从以下步骤入手:

(一)第一步:对网络“虚拟人”进行分类甄别

根据实际注册的民事主体与“虚拟人”的关系紧密程度对“虚拟人”进行一个简单的分类,分为完全虚拟主体与复合虚拟主体。完全虚拟主体是指由民事主体注册的,与现实生活完全分离的虚拟主体,社会公众根据普通认知无法将网络虚拟主体与实际生活中的民事主体进行对应和联系。复合虚拟主体是指民事主体在网络中直接披露其现实社会民事主体名称、肖像、工作等信息或者由于享有一定的社会知名度,民事主体注册的虚拟主体被社会公众广泛知晓,使公众能够将虚拟主体和现实民事主体实现对等联系的主体。复合虚拟主体一方面具有虚拟网络的虚拟性,另一方面,由于直接与现实生活、现实民事主体人格、姓名、肖像相结合,与现实社会生活具有对应性。

(二)第二步:复合虚拟主体与现实民事主体进行对应的具体认定标准

从上述分类可以看出,完全虚拟主体与现实生活完全分离,无法进行对应。可以通过证据对主体问题进行证明和对应的是复合虚拟主体。从证明的难易程度看,任何证明标准都不能僵化,否则会导致实质不公正。同时作为两大法系国家共同的选择,构建证明标准的层次性也属必要。因此,对高度可能性证明标准的理解与适用,应当结合案件类型具体分析。在对网络复合虚拟主体的证明方面,是否能够达到高度可能性的标准主要通过以下几方面的考察:一是考察网络“虚拟人”的基本特征。所谓基本特征,就是在网络文章的描述中可以抽象出的能将一人与他人区别开来的主要标志,如所处地域、性别、年龄、职业、外貌等。二是考察网络文章所描写的人物与现实人物所处的环境。如生活、工作环境以及人物之间的相互关系等。三是对网络文章发布后受益人和文章语气内容的考察。网络侵权文章一般是具有利益导向和情绪宣泄性质的。从受益人和情绪主体的角度可以对发布者作出辅助判断。四是从一般社会公众的认知角度加以判断。具体是指多数社会公众阅读文章后可以产生一种公认，该文章的发布主题或所描写的人物是指向现实中的某人。从这四个方面进行考察，就可以确认网络文章的发布者或者所描写之人物具有排他性，确系现实中的某个人物。当然，这四个条件未必在网络侵权中都能同时得到一一体现，在司法实践中，可以结合具体的案件，择其部分而灵活应用。

具体到本案中，涉案帖子为用户名为“jiangchunmei”的网络用户发表，帖子内容涉及“李国民”与姜春梅之间的私事，发布该帖子的主体应当属于复合虚拟主体，可以与现实生活中的民事主体进行对应。“jiangchunmei”为“姜春梅”的汉语拼音全称，这属于网络虚拟人的基本特征。该文章从题目到内容所涉“李国民”均可以明显看出是指向姜春梅的前夫“李国民”，帖子所涉内容为姜春梅与李国民之间的私事，这属于对人物所处环境和人物关系的描述。文章结尾以第一人称向社会公众发出的求助，属于情感宣泄的内容，此种宣泄的受益人为姜春梅。根据一般公众的生活经验及常识判断，该文章应为妻子指控丈夫的帖子。综合发帖人的名称、帖子的主题、内容及特定的用语，加之姜春梅曾经多次向相关部门反映过类似的问题。由此可以认定本案中的侵权主体为姜春梅。

【案例点评】

随着信息网络的发展，当事人的侵权手段更加多样，其身份的隐匿性也逐渐增强。如何将网络虚拟主体与现实主体加以对应是此类案件审理的难点，更是摆在法官面前不可逾越的问题。本案二审结合现有证据，充分考虑到网络环境的特殊性，对网络虚拟主体和现实主体对应方法的探索，思路清晰、逻辑严密，对同类案件具有指导意义。

【裁判心得】

由于网络存在非物质性特征，虚拟主体与现实主体对应存在一定的困难，也是本案的核心问题。破解这一难题的方法在于在对网络“虚拟人”进行分类甄别的基础上，从证据中呈现出的虚拟主体的个人特征、具体环境、受益人和语气内容、社会公众认知角度四个方面对复合型虚拟主体作出确认，彻底破灭侵权人妄图利用网络虚拟性特征恣意侵权的想法，维护当事人的合法权益。

李国立诉赵福生、中国平安财产保险股份有限公司北京分公司机动车交通事故责任纠纷案

汤　平[*]　朱龙臻[**]

关键词

闯黄灯　交通事故认定书　侵权责任　过失相抵

裁判要旨

本案的关键在于闯黄灯案件侵权责任如何认定，尤其是违法性应如何认定。"闯黄灯"本身不具有违法性，其违法性在于未尽到谨慎驾驶注意义务而致人损害。对于闯黄灯案件，应依据交通事故认定书等证据材料确定案件事实，在充分考虑闯黄灯违法性的基础上进行责任分配。当被侵权人对损害的发生也具有过错时，应结合双方注意义务尺度、通行路线是否违法、事故能否避免等情形综合判断能否减轻侵权人的责任。

相关法条

1.《中华人民共和国道路交通安全法》第二十六条。

2.《中华人民共和国道路交通安全法实施条例》第三十八条。

3. 最高人民法院《关于审理道路交通事故损害赔偿案件适用法律若干问题的解释》第二十七条。

【当事人基本情况】

上诉人（一审被告）：赵福生。

---

[*] 汤平，北京市第一中级人民法院民二庭法官。

[**] 朱龙臻，北京市第一中级人民法院民二庭法官助理。

被上诉人(一审原告):李国立。

被上诉人(一审被告):中国平安财产保险股份有限公司北京分公司。

【基本案情】

2016年6月18日17时56分,赵福生驾驶小客车由西向东行驶至门头沟区石担路承泽苑路口处时,适有李国立驾驶电动自行车由东向西驶来,赵福生车辆左前部与李国立车辆前部接触,造成李国立受伤,两车部分损坏。经交管部门认定,赵福生为全部责任,李国立为无责任。事故发生的路口交通信号灯有计时器,事发时黄灯总共闪烁四秒。事故时,李国立驾驶电动自行车在交通信号指示灯为绿灯时进入路口,赵福生驾驶机动车在黄灯亮起的第二秒越过停止线。赵福生通过路口时车速高于36.6公里/小时,低于42.8公里/小时。赵福生前方同一车道的几辆机动车均在路口向左转弯行驶,赵福生系直行,李国立前行时遇有对向向左转弯车辆,遂避让至对向最里侧的机动车道(即赵福生所在车道)延长线部分,在路口内与越过停止线继续直行的赵福生车辆发生接触,事故发生。事发地点在十字路口中间。涉案车辆在中国平安财产保险股份有限公司北京分公司投保了交强险和商业三者险(限额20万元,不计免赔),事故发生在保险期间内。

李国立向法院起诉请求判令赵福生、中国平安财产保险股份有限公司北京分公司赔偿李国立各项损失共计735 853元。一审法院作出判决后,赵福生不服,提起上诉,认为道路交通事故认定书分配责任不合理,李国立避让行为不合理,其在明知逆向车道有车行驶的情况下,加速冲入逆向机动车道,对事故的发生有过错,一审法院将闯黄灯等同于闯红灯,进而认定赵福生承担交通事故的全部责任,实属认定事实不清和适用法律错误,闯黄灯和闯红灯不同,设置黄灯的意义在于警告而不是处罚,"未越过停止线的车辆不得继续通行"并非法律明文规定,不宜作为处罚的法定依据。

【审理结果】

北京市门头沟区人民法院于2017年9月11日作出(2017)京0109民初352号民事判决:一、中国平安财产保险股份有限公司北京分公司于本判决生效之日起七日内赔偿李国立医疗费、精神损害抚慰金、残疾赔偿金等损失共计320 000元;二、赵福生于本判决生效之日起七日内赔偿李国立医疗费、住院伙食补助费、营养费、护理费、误工费、交通费、残疾辅助器具费等各项损失共计198 403元;三、驳回李国立的其他诉讼请求。宣判后,赵福生向北京市第一中级人民法院提起上诉。北京市第一中级人民法院于2017年12月19日作出(2017)京01民终8988号民事判决,判决驳回上诉,维持原判。

【裁判理由】

法院生效裁判认为:根据最高人民法院《关于审理道路交通事故损害赔偿案件适用法律若干问题的解释》第二十七条规定,公安机关交通管理部门制作的交通事故认定书,人民法院应依法审查并确认其相应的证明力,但有相反证据推翻的除外。公安机关交通管理部门出具的交通事故认定书是人民法院处理交通事故损害赔偿案件的重要证据之一,如当事人一方或者双方无相反的证据或者足以推翻其结论的理由,交通事故认定书应当成为人民法院认定案件事实的依据。当事人一方或者双方在民事诉讼中对交通事故认定书提出异议的,应当提供相反的证据或理由,并承担结果意义上的举证责任。

本案交通事故认定书载明,公安机关交通管理部门经现场勘查、调查取证后查证,赵福生驾驶车辆违反交通信号灯通行规定,此违法行为"与本起道路交通事故的发生有直接因果关系,是事故发生的全部原因。李国立没有造成事故发生的违法行为"。公安机关交通管理部门认定,赵福生负事故的全部责任,李国立无责任。赵福生虽对公安机关交通管理部门出具的交通事故认定书不服,并申请一审法院调取了事故现场的监控视频和公安机关交通管理部门的卷宗材料,但上述资料显示的内容与公安机关交通管理部门查明的事实一致,即在赵福生通过有计时器的十字路口,交通信号灯由绿灯变为黄灯时,其驾驶的车辆未越过停止线,此时赵福生依然继续前行,越过停止线驶入路口,与行驶至路口中间的李国立相撞。

《道路交通安全法》第二十六条规定,交通信号灯由红灯、绿灯、黄灯组成。红灯表示禁止通行,绿灯表示准许通行,黄灯表示警示。《道路交通安全法实施条例》第三十八条第一款规定,机动车信号灯和非机动车信号灯表示:(一)绿灯亮时,准许车辆通行,但转弯的车辆不得妨碍被放行的直行车辆、行人通行;(二)黄灯亮时,已越过停止线的车辆可以继续通行;(三)红灯亮时,禁止车辆通行。黄灯的警示意义在于提醒准许通行的绿灯已经结束,禁止通行的红灯即将到来。此时通过路口的车辆行人负有谨慎的注意义务。根据本案查明的事实,赵福生驾车进入路口前完全能够根据交通信号灯计时器显示的时间作出是否可以继续通行的判断。赵福生无视计时器的提示,在明知黄灯亮起尚未通过停止线的情况下仍快速驶入路口将李国立撞伤,赵福生存在过错,其行为是事故发生的直接原因,应承担责任。根据监控视频显示,事发时李国立驾驶电动自行车由东向西行驶,在交通信号灯为绿灯时正常通行进入路口,因对向有左转弯车辆,李国立向左斜前方骑行。事发地点位于十字路口中间,未施划道路标线,李国立的行驶路线不被禁止,不存在驶入逆向车道的情形。赵福生称李国立在明知逆向车道有车辆行驶的情况下加速冲入逆向机动车道,无事实依据,本院不予采信。

综上,公安机关交通管理部门制作的交通事故认定书所依据的事实是清楚的,赵福生并未提供相反证据或者足以推翻其结论的理由,一审法院依据交通事故认定书,并结合现场监控视频、公安机关交通管理部门的卷宗材料、法院调查情况等确定由赵福生负本次事故的全部责任并无不当,应予维持。

【裁判解析】

本案的关键在于闯黄灯案件侵权责任如何认定。本案是一起机动车交通事故责任纠纷,交管部门出具的交通事故认定书是处理这类案件的重要证据,在当事人一方或者双方无相反的证据或者足以推翻其结论的理由时,人民法院依据交通事故认定书作出裁判并无不当。所要考虑的是,本案中民事责任的划分能否有非证据法上的依据,"闯黄灯"致人伤残应如何承担责任。在讨论这个问题前,需要强调的是,这里讨论的是民事责任,并非行政责任,应在侵权责任法的框架下进行分析。

(一)本案违法性源自未尽注意义务

违反规范或未尽到注意义务均有可能产生违法性,所要讨论的是,本案的违法性来自何处?我们认为,本案中,"闯黄灯"本身不具有违法性,其违法性在于未尽到谨慎驾驶注意义务而致人损害。

闯黄灯是指在黄灯亮时,未越过停止线的车辆越过停止线继续通行。黄灯是交通信号的一种,黄灯的作用在于警示。[①] 明确本案的违法性来源需先明确黄灯的警示意义,其警示意义有两种理解:

其一是警示未越过停止线的车辆停车等候通行,这种理解似有不妥,若认为黄灯的警示意义在于警示未越过停止线的车辆停车等候通行,实是认为"闯黄灯"本身具有违法性。法律并未禁止黄灯亮时未越过停止线的车辆禁止通行,若作此理解,有过度解释之嫌。[②] 若未发生交通事故时,自然无须进行民事赔偿,此时认定闯

---

① 《道路交通安全法》第二十六条规定:"交通信号灯由红灯、绿灯、黄灯组成。红灯表示禁止通行,绿灯表示准许通行,黄灯表示警示。"

② 参考《中华人民共和国道路交通安全法实施条例》第三十八条第一款"机动车信号灯和非机动车信号灯表示:(一)绿灯亮时,准许车辆通行,但转弯的车辆不得妨碍被放行的直行车辆、行人通行;(二)黄灯亮时,已越过停止线的车辆可以继续通行;(三)红灯亮时,禁止车辆通行"可知,法律并未对"未越过停止线的车辆继续通行"这一行为赋予违法性。该规定仅是划定了黄灯亮时通过路口者的注意义务之尺度。对于黄灯亮时,未越过停止线的车辆,若继续通行,则负有更高的注意义务。

黄灯者违反警示义务既无意义又不必要；若发生交通事故时，通过认定闯黄灯者未尽到谨慎驾驶义务即可以对其进行科责，已足以保护被侵权人。

其二是警示通行者有谨慎驾驶的注意义务。黄灯的警示意义在于提醒准许通行的绿灯已经结束，禁止通行的红灯即将到来。此时通过路口的车辆行人负有较高的注意义务，应审慎通行。对于这种理解可进一步细化，黄灯所警示的谨慎驾驶注意义务可分不同层次理解。对于绿灯时越过停止线、黄灯亮后仍未通过路口者，黄灯更多的是警示红灯即将到来；对于黄灯亮后才越过停止线的通行者，黄灯的警示意义在于对注意义务的提醒，告知通行者若选择越过停止线继续通行，则需保障安全，谨慎驾驶。

因此，仅仅闯黄灯并不具有违法性，当未尽到注意义务时，其行为才可能产生违法性。本案中，赵福生应尽到注意义务，也能尽到注意义务，而其却在黄灯亮以超过 36km/h 的速度越过停止线通过路口，并且未能注意到对向驶来的李国立，显然是未尽到此注意义务，故赵福生存在过失。

（二）本案不存在过失相抵原则的适用余地

被侵权人对损害的发生也有过错的，可以减轻侵权人的责任。本案中，被侵权人对损害的发生是否也有过错存在争议。一种观点认为。李国立的避让行为不合理，其不应避让到对向车道，应减速停车等待；另一种观点认为，李国立避让行为并无不当，其不能直行、右转，若停车则有红灯亮时滞留路口之虞，而此时李国立并无预见对向有车辆以超过 36km/h 的速度行驶之义务，因此其左转行为不能被苛责。此争论见仁见智，难有定论。然而就本案而言，关键在于能否减轻侵权人的责任。

若认为李国立的避让行为合理，其对损害的发生不具有过错，则自无减轻赵福生责任之余地。所要讨论的是，若认定被侵权人对损害的发生也具有过错时，应否减轻侵权人的责任？

我们认为，就本案而言，即使李国立存在过错，也不宜减轻赵福生的责任。原因在于，虽然事发时是黄灯，但李国立绿灯时越过停止线，李国立的注意义务要远比赵福生低；其避让路线不被法律所禁止，事发地点在于左转弯的必经区域内。换言之，若李国立左转弯同样不能避免此次事故的发生，赵福生在此时刻以此速度通过此地点即造成了法律所不容的危险，此危险导致损害产生的责任不能因被侵权人的主观不同而被减少。因此不宜减轻赵福生的责任。就此结果再做实体上的审视，检阅其他类似案件，可以发现只有一起案件闯黄灯者负次要责任，因对方闯红灯并且超速；对于闯黄灯者，若对方是闯红灯等严重违法行为，则按同等责任处理；

若对方无违法行为,则应承担全责。尤其值得一提的是,有一个案件,对方系自行车闯红灯,闯黄灯一方承担了60%的责任。此检索结果也能增加对此案的信心。

综上,我们认为,对于闯黄灯案件,应依据交通事故认定书等证据材料确定案件事实,在充分考虑闯黄灯违法性的基础上进行责任分配。

【案例点评】

本案从侵权责任法角度分析了闯黄灯案件中侵权责任应如何认定的问题,就事实要件而言,在无相反证据推翻交通事故认定书认定的事实时,应以交通事故认定书认定的事实为准;而闯黄灯案件中,其违法性在于未尽到注意义务,当闯黄灯者未尽到注意义务致人损害时,其行为始具有违法性;可责性的判断在一般情况下应推定闯黄灯者具有过失。

有的案件可能存在过失相抵的问题,在判断过失相抵时,应结合双方注意义务的尺度综合考虑通行路线、事故避免的可能性等因素进行判断。

【裁判心得】

本案审理过程中,当事人认为交通事故认定书分配责任不合理,并称其已经就本案交通事故认定书申请了行政复核,但因对方起诉而导致复核终止。因本案监控视频清晰,事实问题并无争议,因此主要争议在于责任判断。考虑到本案是民事纠纷,应严格适用侵权责任法等相关法律进行评判,于是运用了侵权理论独立的进行了法律判断,得出的结论是赵福生应承担全部责任,此结果与交通事故认定书的责任分配相吻合,也与我们价值不支持闯黄灯的判断一致。为了增加自信,又统计了大量的闯黄灯案件,发现了如下规律:对于闯黄灯者,若对方是闯红灯等严重违法行为,一般按同等责任处理;若对方无违法行为,则应承担全责。尤其值得一提的是,有一个案件,对方系自行车闯红灯,闯黄灯驾驶机动车一方承担了60%的责任。

刘立丰诉寇新昌劳动争议案

刘佳洁[*]

关键词

工伤　未经依法清算注销公司　股东责任　工伤赔偿协议　撤销

裁判要旨

用人单位未依法为劳动者缴纳工伤保险，用人单位未经合法清算注销后，股东应当承担相应的未缴工伤保险的责任，向工伤职工支付工伤保险待遇。双方就工伤赔偿达成的协议，如存在显失公平的情形，人民法院可以撤销。

相关法条

1.《工伤保险条例》第六十二条。

2. 北京市《实施〈工伤保险条例〉若干规定》第二十三条。

3. 最高人民法院《关于适用〈中华人民共和国公司法〉若干问题的规定（二）》第二十条。

【当事人基本情况】

上诉人（一审被告）：刘立丰。

被上诉人（一审原告）：寇新昌。

【基本案情】

北峰杰公司为自然人独资公司，股东为刘立丰。2014 年 1 月 1 日刘立丰与安朝和签订《股权转让协议》，转让北峰杰公司 49% 的股权给安朝和；同日刘立丰与王焕成签订《股权转让协议》，转让北峰杰公司 49% 的股权给王焕成。上述股权转

---

* 刘佳洁，北京市第一中级人民法院民六庭法官。

让一直未办理工商变更登记。2015 年 11 月 11 日北峰杰公司向工商行政部门申请办理注销登记,提交了股东决定、郑重承诺等材料,其中股东决定显示股东"刘立丰"签字决定成立清算组注销公司,公司注销后的未尽事宜由全体股东承担,全体股东一致确认清算报告内容;郑重承诺显示清算组负责人"刘立丰"签字承诺提交的注销登记材料真实。当天工商行政部门核准北峰杰公司注销。

寇新昌曾向北京市丰台区人民法院起诉要求北峰杰公司支付停工留薪期工资、一次性伤残补助金、2014 年 4 月起的伤残津贴和生活护理费,并要求北京建工集团有限责任公司(以下简称建工集团)承担连带责任。两家公司均出庭应诉。2015 年 6 月 3 日北京市丰台区人民法院作出(2015)丰民初字第 01094 号民事判决书,查明:2011 年 11 月 20 日寇新昌入职北峰杰公司,月工资标准为 6000 元。2012 年 5 月 1 日寇新昌因工受伤,后经北京市丰台区人力资源和社会保障局认定为工伤。2014 年 3 月 27 日北京市丰台区劳动能力鉴定委员会作出《劳动能力鉴定、确认结论通知书》,认定寇新昌目前已达到职工工伤与职业病致残等级标准肆级,护理依赖程度为部分护理依赖。北峰杰公司自 2014 年 7 月起为寇新昌缴纳工伤保险,缴费期限为 2014 年 4 月至 11 月。该判决认定:寇新昌 2014 年 8 月起的伤残津贴和护理费属于工伤保险基金支付范围,故法院不予处理;2014 年 4 月至 7 月的伤残津贴和护理费,北峰杰公司系补缴工伤保险,工伤保险基金无法支付,故由北峰杰公司支付。判决:北峰杰公司向寇新昌支付 2012 年 5 月 1 日至 2013 年 4 月 30 日停工留薪期工资 72 000 元、一次性伤残补助金 126 000 元、2014 年 4 月至 7 月伤残津贴 18 000 元和生活护理费 6951.60 元,并驳回寇新昌的其他诉讼请求。各方均未就该判决提起上诉,该判决已生效。之后,寇新昌向北京市丰台区人民法院申请强制执行,因北峰杰公司在执行过程中注销,执行程序终结。另查,除缴纳了 2014 年 4 月至 11 月工伤保险外,北峰杰公司未再为寇新昌缴纳在职期间其余月份的工伤保险。

2016 年 7 月 14 日寇新昌(甲方)与刘立丰(乙方)签订《协议书》,其中第四条约定:"鉴于北峰杰公司现已注销,无力继续履行赔偿责任,现甲乙双方就甲方 2012 年 5 月 1 日工伤事故赔偿一事达成以下协议:1. 乙方一次性支付甲方 2012 年 5 月 1 日工伤事故赔偿款人民币壹拾捌万元整(人民币 180 000 元整)。乙方支付该款项后,有权向北峰杰公司受让股东安朝和追偿该款项。2. 该赔偿款包括:(2015)丰民初字第 01094 号判决,以及甲方因此次工伤的后续治疗费、生活护理费、伤残津贴等一切费用。从此双方互不负权利义务,甲方不能再以此工伤事故为由追究乙方的赔偿责任。3. 甲方若对此协议反悔,并再以 2012 年 5 月 1 日工伤事故为由起诉乙方请求赔偿的,则应先退还此次乙方已支付的人民币 180 000 元整和同期人民银行贷款利息。"之后,刘立丰向寇新昌支付了上述 180 000 元。2016 年 11 月 28 日本案庭审中,刘立丰主张上述《协议书》是双方真实意思表示,其已按约履行,寇新昌不能再就工伤主张赔偿。寇新昌则主张上述《协议书》是在其生活危难之际被迫签订的,并非其真实意思表示,故上述《协议书》应属无效;同时主张其以为领取上述《协议书》的一次性赔偿后,仍可从工伤保险基金按月领取伤残津贴和生活护理费,但鉴于目前其社会保险缴费情况,其无法从工伤保险基金按月领取伤残津贴和生活护理费,存在重大误解,且上述《协议书》的一次性赔偿金额相对于其至死亡时按月享受的伤残津贴和生活护理费金额,显失公平,故上述《协议书》应予撤销。

寇新昌提起本案诉讼,要求刘立丰向其支付 2014 年 8 月至 2017 年 2 月的伤残津贴 135 000 元、2014 年 8 月至 2017 年 2 月的生活护理费 78 450 元。

【审理结果】

北京市海淀区人民法院于 2016 年 12 月 30 日作出(2016)京 0108 民初 37408 号民事判决:一、刘立丰于判决生效后七日内向寇新昌支付二〇一四年八月一日至二〇一六年十一月二十八日期间伤残津贴十二万五千六百三十七元九角三分和生活护理费五万五千一百九十八元三角八分;二、驳回寇新昌的其他诉讼请求。宣判后,刘立丰向北京市第一中级人民法院提起上诉。北京市第一中级人民法院于 2017 年 4 月 6 日作出(2017)京 01 民终 1680 号民事判决:驳回上诉,维持原判。

【裁判理由】

法院生效裁判认为:北峰杰公司并未为寇新昌补缴劳动关系存续期间的全部工伤保险,且北峰杰公司已注销,导致寇新昌的工伤保险属于欠缴状态。因北峰杰公司未能为寇新昌按时缴纳及补缴工伤保险,寇新昌无法从工伤保险基金领取 2014 年 8 月起的伤残津贴和生活护理费,北峰杰公司需承担工伤保险待遇的赔偿责任,向寇新昌支付相应的伤残津贴和生活护理费。

关于工伤保险责任的承担主体。虽然刘立丰与安朝和、王焕成签订了《股权转让协议》,但未办理股权转让的工商变更登记,并不产生对抗第三人的法律效力,故寇新昌向刘立丰主张权利并无不当。鉴于北峰杰公司在办理工商注销登记时提交的股东决定显示该公司注销后的未尽事宜由全体股东承担,且刘立丰未能提交证据证明将北峰杰公司清算事宜书面通知寇新昌,北峰杰公司未经合法清算即进行了注销。因此,刘立丰作为北峰杰公司的股东应当对北峰杰公司的债务承担清偿责任。

关于双方签订《协议书》的效力问题。(2015)丰民初字第01094号民事判决书判决北峰杰公司应向寇新昌支付停工留薪期工资、一次性伤残补助金、伤残津贴和生活护理费等共计222 951.6元,而双方签订的《协议书》约定刘立丰一次性向寇新昌支付包括该判决款项及后续赔偿共计180 000元,该协议约定的数额明显低于生效判决确定的数额,且根据寇新昌的年龄及每月享有的伤残津贴和生活护理费标准,计算2014年8月起至死亡时,寇新昌可能获得的伤残津贴和生活护理费总额,将远远超过180 000元。若按照《协议书》约定,寇新昌不能再就工伤主张赔偿,势必会侵害寇新昌作为工伤职工的合法权益,造成双方权利义务的严重失衡,属于显失公平的情形,故一审法院对该协议予以撤销,应属正确。

【裁判解析】

公司未经依法清算进行注销后,原工伤职工的权利如何继续得到保护,公司股东是否应当承担相应的责任?这就涉及劳动法与公司法的交叉适用问题。本案的争议焦点在于北峰杰公司注销后,该公司原股东刘立丰是否应向寇新昌支付相关工伤待遇,双方签订的《协议书》的效力如何认定。

(一)公司注销与工伤职工工伤待遇赔偿之间的矛盾解决

1. 公司未经依法清算,股东承担民事责任的法律基础

根据公司法的规定,公司解散后必须进行清算,清算结束后,清算组应当制作清算报告,报股东会、股东大会或人民法院确认,并报送公司登记机关,申请注销公司登记,公告公司终止。《公司登记管理条例》亦明确规定,公司解散后必须进行清算,公司清算组应当自公司清算结束之日起30日内向原公司登记机关申请注销登记,经公司登记机关注销登记,公司终止。根据上述法律规定可知,清算是公司终止的前置程序,未经清算公司不得办理注销登记。但实践中,公司股东或第三人向登记机关承诺负责清理债权债务,但公司未经清算即办理注销登记的情形大量存在,基于该种情形,最高人民法院《关于适用〈中华人民共和国公司法〉若干问题的规定(二)》第二十条第二款明确规定,"公司未经依法清算即办理注销登记,股东或者第三人在公司登记机关办理注销登记时承诺对公司债务承担责任,债权人主张其对公司债务承担相应民事责任的,人民法院应依法予以支持"。

另外,《公司法》第一百八十五条规定,"清算组应当自成立之日起十日内通知债权人,并于六十日内在报纸上公告"。由此可见,通知、公告债权人是公司清算的

法定必经程序。本案中,北京市丰台区人民法院作出判决,确认北峰杰公司应向寇新昌支付停工留薪期工资、一次性伤残补助金、伤残津贴及生活护理费。该判决生效并进入执行程序后,北峰杰公司申请了注销登记,该公司明知该债权的存在,但在进行注销登记前并未通知债权人寇新昌,也没有履行公告其他债权人的法定程序,上述行为明显没有依法履行公司清算的法定义务,构成未经依法清算即办理注销登记的情形,且根据工商资料显示,刘立丰签字决定成立清算组并承诺公司注销后的未尽事宜由全体股东承担。据此,根据上述公司法司法解释二的规定,北峰杰公司未经依法清算即办理了注销登记,该公司股东亦进行了对公承诺,应当由股东对公司的债务承担相应的民事责任。

2. 工伤职工作为债权人主张权利的法律依据

为劳动者缴纳社会保险是用人单位的法定义务,但规避该项义务的用人单位实践中也是屡见不鲜,劳动者的相关社会保障权益无法得到实现。为惩戒用人单位的上述违法行为,社会保险法、工伤保险条例等法律均作出明确规定,除需要接受罚款等行政处罚外,职工所在用人单位未依法缴纳工伤保险费,发生工伤事故的,由用人单位支付工伤保险待遇。本案中,北峰杰公司未为寇新昌缴纳工伤保险,寇新昌发生工伤后,依照上述规定,北峰杰公司应向寇新昌支付相应的工伤保险待遇。上述规定也就成为北峰杰公司未依法清算,股东应承担相应责任的债权依据的法律渊源。

本案的特殊性在于寇新昌所受工伤构成伤残四级,护理依赖程度为部分护理依赖。根据《工伤保险条例》的规定,职工因工致残被鉴定为一至四级伤残的,保留劳动关系,退出工作岗位,享受一次性伤残补助金、伤残津贴等工伤待遇,经鉴定需要生活护理的,从工伤保险基金按月支付生活护理费。按照该规定,寇新昌达到工伤四级,北峰杰公司未为寇新昌缴纳工伤保险,应当由北峰杰公司向寇新昌按月支付伤残津贴及生活护理费,但北峰杰公司登记注销后,该公司主体资格灭失,与工伤职工的劳动关系无法维系,类似寇新昌工伤职工的后续生活保障如何满足就成为一道难题。对于该种情况,《北京市实施〈工伤保险条例〉若干规定》第二十三条规定,参加工伤保险的用人单位破产、解散的,其一级至四级伤残职工、享受供养亲属抚恤金待遇的人员、退休的工伤人员享受的由工伤保险基金支付的工伤待遇,由街道办事处或者乡、镇人民政府设立的社会保障事务机构发放。根据上述规定,只要用人单位依法为劳动者缴纳了工伤保险,即使用人单位解散、破产,仍然可以通过社会保障继续保障一至四级伤残职工的合法权益。但本案中,北峰杰公司未履行缴纳工伤保险的法定义务,该公司注销后,寇新昌的工伤保险待遇支付无法实现社会化,而北峰杰公司在办理注销登记前又没有依法进行清算,根据前述公司法及劳动法律法规的规定,应当由股东承担向寇新昌支付工伤保险待遇的义务。

(二)未经工商变更登记的股权转让效力问题

我国公司法对工商登记是否为股权转让合同和股权转让发生效力的要件并未作出规定,通说认为办理工商变更登记是股权转让的法定程序,而非股权转让合同的生效要件。实际上,工商登记仅是公司股权发生变化后的对外公示程序,属于形式要件。而商法的一项重要基本原则即为维护交易安全,公示主义和外观主义就是维护交易安全的基本表现形式,公示主义主要体现为公司登记、信息公开等。也正是因此,对于第三人或者公司的相对人而言,考虑到形式要件的对外功能,根据上述公示主义和外观主义的原则,股东变更未经工商登记的,不得对抗第三人。

本案中,刘立丰即抗辩其已将股权转让给案外人,其与北峰杰公司已经没有任何关联,并提交了股权转让协议等证据。但刘立丰所述之股权转让并未进行工商变更登记,因此寇新昌向其主张权利时,上述股权转让协议无法对抗第三人寇新昌,且在工商注销登记时,亦应当以登记的股东刘立丰作为唯一的股东办理相关清算、注销手续。也正是考虑到未经变更登记的股权转让协议无法对抗第三人,法院最终判决由刘立丰承担赔偿寇新昌工伤保险待遇的责任。

(三)关于双方就工伤赔偿达成协议的效力认定

用人单位和劳动者签订的和解协议效力的认定,2009 年北京市高级人民法院、北京市劳动争议仲裁委员会《关于劳动争议案件法律适用问题研讨会会议纪要》曾作出规定,"用人单位与劳动者解除或者终止劳动合同时,自愿签订的和解协议,不违反法律和行政法规的强制性规定,在履行完毕后,一方当事人反悔,主张双方约定无效的,一般不予支持。但协议中双方的权利义务明显失衡,仲裁委或人民法院可予以适当调整。用人单位与劳动者就工伤保险待遇达成的协议在履行完毕后,劳动者以双方约定的给付标准低于法定标准为由,在仲裁时效内要求用人单位按照法定标准补足差额部分的,应予支持"。2010 年出台的最高人民法院《关于审理劳动争议案件适用法律若干问题的解释(三)》第十条规定,"劳动者与用人单位就解除或者终止劳动合同办理相关手续、支付工资报酬、加班费、经济补偿或者赔偿金等达成的协议,不违反法律、行政法规的强制性规定,且不存在欺诈、胁迫或者乘人之危情形的,应当认定有效。前款协议存在重大误解或者显失公平情形,当事人请求撤销的,人民法院应予支持"。上述司法解释三从程序、适用情形、法律后果等方面较会议纪要作出了更完善的规定。总体而言,在处理双方签订的和解协议效力案件中,目前的司法尺度为充分尊重并维护双方协议约定的效力,除法定情形外不宜撤销双方的和解协议。值得注意的是,前述会议纪要一单独将工伤赔偿案件作为一种特殊情形,专门规定了对工伤赔偿协议效力的认定条款,这是充分考虑工伤职工权利保护的特殊性决定的,而从司法解释三的规定来看,也提出了显失公平情形下协议的撤销权。而对于显失公平的理解,是指双方当事人的权利义务明显不对等,使一方遭受重大不利。其构成要件为:双方当事人的权利义务明显不对等;这种不对等违反公平原则,超过了法律允许的限度。

本案中,丰台区法院作出判决后,北峰杰公司注销,北峰杰公司股东刘立丰与寇新昌达成了关于工伤赔偿的和解协议。该和解协议约定刘立丰一次性向寇新昌赔偿工伤全部损失 18 万元,寇新昌不得就工伤再次主张赔偿。但仅前述丰台法院判决书确定的截至 2014 年 7 月的工伤赔偿总金额已经达到 22 万余元,根据寇新昌的年龄及其每月享有的伤残津贴和护理费标准,2014 年 8 月起至其死亡,其可能获得的工伤待遇将远远超过 18 万元。在双方约定的赔偿金额尚不足以覆盖生效判决数额,且与寇新昌可能获得的工伤待遇总额之间存在巨大差额的情况下,若按照双方和解协议的约定,寇新昌不能再就工伤待遇主张赔偿,势必侵害了寇新昌作为工伤职工的合法权益,构成双方权利义务的严重失衡,且远远超过了法律允许的限度,该和解协议明显属于显失公平的情形,人民法院可以撤销。而对于撤销的程序要求,合议庭认为从诉讼便利的角度出发,不必要求当事人必须首先提出一个撤销之诉再主张后续的权利,只要在诉讼请求中包含了协议应撤销的主张即可。本案中,寇新昌要求刘立丰支付相关工伤赔偿待遇,主张双方签订的协议存在欺诈及显失公平的情形,故法院最终判决撤销双方签订的和解协议,刘立丰应当按照法律规定向寇新昌支付相应工伤保险待遇。

【案例点评】

劳动争议案件审理过程中,由于用人单位主体的合并、撤销、注销等情形,常会遇到劳动法律法规与公司法交叉适用的问题。鉴于劳动立法中倾斜保护劳动者的权利与公司法立法中维护股东权利存在基本点上的差异,如何实现两者间的平衡成为劳动争议审判中的一道难题。尤其在涉及工伤职工权利保护的案件中,在公司法与劳动法的法律适用中找到合理的平衡点至关重要。本案对于公司未经合法清算进行注销后的法律后果,根据公司法关于股东责任承担的法律规定,判决由股东向劳动者支付相应工伤待遇，充分保护了工伤职工的合法权利。

【裁判心得】

股东有限责任乃现代公司法律的基石，是公司法的一项基本原则。本案审理过程中，如何理解股东的有限责任，如何调和股东有限责任与工伤职工待遇保护之间的矛盾，一直让我感到十分困扰。按照劳动法的理论，用人单位未为职工缴纳社会保险，应当承担支付劳动者工伤赔偿待遇的责任，但本案中的用人单位恰恰经工商登记注销，是否应当让股东承担相应的责任？股东承担公司注销后的债务是否与股东的有限责任相矛盾？经过对公司法及司法解释的梳理，最终通过未经法定程序注销公司股东应当承担责任的法律条款中找到了对工伤职工合法权益保障的答案。

北京倪氏海泰餐饮有限公司诉赵金香劳动争议案

赵　斌*　王　飞**

关键词

诉讼时效　劳动报酬请求权　劳动关系终止

裁判要旨

劳动关系存续期间因拖欠劳动报酬发生争议的，劳动者申请仲裁不受一年仲裁时效期间的限制。若双方之间法律关系从劳动关系转化为劳务关系，但劳动者提供劳动一直属于延续且无间断状态，就拖欠劳动报酬发生争议的，劳动者申请仲裁依然不受一年仲裁时效期间的限制。

相关法条

1.《中华人民共和国劳动争议调解仲裁法》第二十七条。

2.《中华人民共和国民法总则》第一百八十八条。

【当事人基本情况】

上诉人（一审原告）：北京倪氏海泰餐饮有限公司（以下简称倪氏海泰公司）。

被上诉人（一审被告）：赵金香。

【基本案情】

赵金香于1962年8月7日出生，为农业户口，赵金香于2005年11月3日入职倪氏海泰公司，工作至今，倪氏海泰公司从未为赵金香缴纳社会保险。倪氏海泰公司主张赵金香入职时双方曾达成合意，公司无须为赵金香缴纳社会保险，而以每月

---

* 赵斌，北京市第一中级人民法院民六庭法官。

** 王飞，北京市第一中级人民法院民六庭法官助理。

发放 200 元的方式用于社保补偿,赵金香对此予以否认,倪氏海泰公司亦未就此提交证据予以证明。

赵金香于 2017 年 7 月 17 日以要求倪氏海泰公司支付 2005 年 11 月 3 日至 2017 年 6 月 30 日期间未缴纳养老保险赔偿金为由向北京市海淀区劳动人事争议仲裁委员会提起仲裁申请,该委作出不予受理案件决定,赵金香不服该决定向北京市海淀区人民法院起诉。

【审理结果】

北京市海淀区人民法院于 2017 年 8 月 16 日作出(2017)京 0108 民初 37284 号民事判决:一、北京倪氏海泰餐饮有限公司于判决生效之日起十日内向赵金香支付二〇〇五年十一月三日至二〇一一年六月三十日期间未缴纳养老保险赔偿金 9395.4 元;二、驳回赵金香其他诉讼请求。宣判后,北京倪氏海泰餐饮有限公司向北京市第一中级人民法院提起上诉。北京市第一中级人民法院于 2017 年 11 月 2 日作出(2017)京 01 民终 7523 号民事判决,判决:驳回上诉,维持原判。

【裁判理由】

法院生效裁判认为:赵金香于 2005 年 11 月 3 日入职倪氏海泰公司,其于 2012 年 8 月 7 日达到法定退休年龄,在此期间双方存在劳动关系。因倪氏海泰公司在双方劳动关系存续期间,未为赵金香缴纳养老保险,且赵金香系农业户籍,倪氏海泰公司应向赵金香支付未缴纳养老保险的赔偿金。2012 年 8 月 7 日之后,赵金香仍在倪氏海泰公司工作,双方之间形成劳务关系。双方之间法律关系的性质虽存在变化,但赵金香向倪氏海泰公司提供有偿劳动一直属于延续且无间断状态,故一审法院对倪氏海泰公司提出的时效抗辩意见不予采纳并无不当,本院予以确认。倪氏海泰公司所述其他法院判决并非本案判决依据,其该项上诉意见,本案不予采纳。

【裁判解析】

本案中争议焦点是:赵金香的诉讼请求是否超过诉讼时效。有观点认为:被上诉人于 2012 年 8 月 7 日达到法定退休年龄,双方劳动关系于该日终止,之后,双方形成劳务关系。根据《劳动争议调解仲裁法》第二十七条第四款的规定,被上诉人应当在劳动关系终止之日起一年内主张劳动报酬,而被上诉人于 2017 年 7 月 17 日主张,明显超过一年时效,不能因被上诉人与上诉人形成劳务关系并继续在上诉人处工作而暂停时效的进行与计算,被上诉人并未举证证明时效存在中止、中断的法定情形,被上诉人要求赔偿,应当自劳动合同解除或终止之日起一年内提出,故上诉人无须支付养老保险赔偿金。

本文认为,问题的关键在于如何理解《劳动争议调解仲裁法》第二十七条第四款但书中“劳动关系终止”。

从文义上看,“劳动关系终止”可能产生的一种解读是:劳动关系终止的逻辑前提是劳动关系存在,劳动关系存在需要满足《劳动合同法》中一些要件。但是,若做这样推断,使得不存在劳动关系的个人,他们的报酬请求权受诉讼时效期间限制,这既与实践相违背,又违背《劳动争议调解仲裁法》第二十七条第四款的立法宗旨。

实践中,存在个人受单位胁迫与其签订劳动合同情形,以合同期限 5 年为例,根据《劳动合同法》第二十六条第一款第一项,该劳动合同无效。当单位不向个人支付劳动报酬时,按照上述逻辑,由于双方不存在劳动关系,前 4 年的劳动报酬请求权都不能取得胜诉支持,实在有违正义。又如,单位聘用童工,双方亦不存在劳动关系,在童工上班期间,报酬请求权理应不应受仲裁时效期间的限制。

从立法目的上看,仲裁时效期间不受权利人知道或者应当知道其权利被侵害之日起计算的正当性基础是:一是在劳动关系期间不能期待劳动者积极行使自己权利。劳动者从属于用人单位,在用人单位的指挥监督下劳动,劳动者的收入、职位甚至工作尊严都受到用人单位的掌控。所以,劳动者为了维持劳动关系以及顺利的、完成工作,往往对于用人单位侵害自己权利的行为,不敢诉至仲裁委。二是劳动关系期间,双方不仅存在从属性,亦存在信任关系;在双方互相信任时,争议之解决,往往是私下协商,亦即很难期待诉诸仲裁委。劳动者在用人单位工作年限,常常是几年甚至是几十年,双方不仅是一种管理与被管理的关系,亦是一种长期友好合作关系或是比较熟悉的关系,双方互相信任。劳动者没有及时主张权利是出于与用人单位之间的信赖关系,这种信赖关系能够产生经济利益。因此,法律应尽量维持当事人之间的信任关系,促进双方的友好合作。但仅仅就这两点,尚不足以论证劳动报酬请求权不受仲裁时效期间的限制。因为劳动者对用人单位主张其他的合法权益,也会面临上述困境,但是依然受仲裁时效期间的限制。三是劳动报酬请求权相比一般债权具有特殊性。一方面,劳动报酬请求权具有人权属性。例如,《世界人权宣言》第二十三条第二款和第三款规定人人有同工同酬的权利,不受歧视;每一个工作的人,有权享受公正和合适的报酬,保证使他本人和家属有一个符合人的生活条件,必要时并辅以其他方式的社会保障;我国《宪法》亦规定男女同工同酬。由此可见,劳动报酬权是公民生存的基础;保障了公民的人格尊严。相比其他债权,其更值得保护。另一方面,劳动报酬请求权是继续性债。继续性债是指债的内容，非一次给付可完结，而是继续的实现，其基本特色系时间因素在债的履行上居于重要的地位，总给付内容与给付时间的长度相关。如果对每笔劳动报酬分别计算仲裁时效，劳动者会因担心债权“过期”而频繁主张权利，这不仅可能到当事人为频繁主张权利而激化矛盾，不利于维持当事人之间劳动关系稳定，损害信任；还会因频繁起诉，造成诉累，浪费司法资源。这一点才是在个人与单位分道扬镳之前，报酬请求权不受仲裁时效期间的限制的根本所在。

劳动报酬请求权的产生不仅因双方存在劳动关系而产生，当双方存在劳务关系时，亦可产生。所以，从立法目的上看，劳务关系存续期间，拖欠的劳动报酬发生争议的，诉讼时效期间可适用《劳动争议调解仲裁法》第二十七条第四款的规定。

因此，从实践情况和立法目的角度看，“劳动关系终止”不能解读出：双方必然存在劳动关系。在这里，逻辑必须让位于生活。本文认为，这里“劳动关系终止”指的是个人与单位之间的劳动报酬关系终止，是一种法律效果，即个人与单位之间不再产生劳动报酬，引发事由不仅包括《劳动合同法》第四十四条规定的劳动合同期满的、用人单位被依法宣告破产等情形，亦包括劳动合同解除、被撤销、无效等事由。此时，才开始计算诉讼时效。

本案中，虽然赵金香 2012 年 8 月 7 日之后，其与倪氏海泰公司存在的上劳务关系，但双方之间的主要权利义务从入职至今，一直没有改变，即一方提供劳动，另一方给付报酬，这种法律关系一直没有终止；且双方的地位也没有改变，即个人接受公司的指挥监督；另外，赵金香在单位已经工作十几年，对单位具有很大的信赖利益。很难期待赵金香依然在北京倪氏海泰餐饮有限公司上班期间，向仲裁委主张自己的合法权益。除此之外，公司拖欠赵金香的是未缴纳养老保险的赔偿金，是赵金香向公司提供劳动所应得的对价，属于劳动报酬，公司承担的仅是代缴义务。其相比于一般债权，具有特殊保护的必要性，满足《劳动争议调解仲裁法》第二十七条第四款规定的立法目的，可适用之。

所以，赵金香从 2005 年入职工作至今，双方之间法律关系的性质虽存在变化，但赵金香向公司提供有偿劳动一直属于延续且无间断状态，主张养老保险的赔偿金的请求权不受时效期间的限制。

另外，本案中，还要注意的一点是《社会保险法》于 2011 年 7 月 1 日起施行，在该法实施前，用人单位未为农民工缴纳养老保险的，因社会保险经办机构实际无法办理补交手续，仲裁委、法院可以判令用人单位以金钱方式赔偿农民工未缴养老保险损失。2011 年 7 月 1 日起农民工的养老保险问题原则上由社会保险经办机构和劳动行政部门依法处理,仲裁委、法院不再判决赔偿损失。

【案例点评】

诉讼时效制度的基本法理基础是法律不保护权利上的睡眠者,敦促权利人尽早行使合法权利。但《劳动争议调解仲裁法》第二十七条第四款规定了劳动报酬请求权时效的起算点不是从当事人知道或应当知道权利被侵害之日起算,而是从劳动关系终止起算。但如何理解劳动关系终止,存在争议。该案从劳动报酬请求权的特殊性以及第四款的立法目的为出发点,明确劳动者退休之后,依然在单位提供劳务的,劳动报酬请求权的诉讼时效未开始起算。该案件对统一法律适用具有指导意义。

【裁判心得】

在该案过程中,当事人提出了时效抗辩。如何开始起算劳动报酬请求权的诉讼时效成为本案裁判的关键。不能单纯从字面意义上理解"劳动关系终止",而要从《劳动争议调解仲裁法》第二十七条第四款规定的立法目的和制定背景去把握,探究劳动报酬请求权相对于一般债权具有特殊性,从而依法保障当事人的合法权利。

戴晓华与中鼎纪元(北京)国际工程设计有限公司劳动争议案

王丽蕊*

关键词

连续订立二次固定期限劳动合同　延期终止劳动合同　经济补偿金

裁判要旨

1. 考察“连续订立二次固定期限劳动合同”的标准有三:时间上前后相继的连续性、两次签订行为的独立性和合同期限的更新性、符合固定期限劳动合同的形式。

2. 对于劳动合同期满后劳动者仍在原用人单位工作而形成的新的事实劳动关系,第一年双方均享有无理由的合法终止劳动合同的权利,但符合《中华人民共和国劳动合同法》第十四条规定情形的,按无固定期限劳动合同处理;自第二年起双方不再享有终止劳动合同的权利,双方视为无固定期限劳动合同关系。上述终止劳动合同,与固定期限劳动合同到期终止的法律后果相同,符合《中华人民共和国劳动合同法》第四十六条第五项情形的,劳动者可以主张终止劳动合同经济补偿金。

相关法条

1. 最高人民法院《关于适用〈中华人民共和国民事诉讼法〉的解释》第九十三条。

---

* 王丽蕊,北京市第一中级人民法院民六庭法官。

2.《中华人民共和国劳动合同法》第十四条、第四十六条。

3. 最高人民法院《关于审理劳动争议案件适用法律若干问题的解释》第十六条。

【当事人基本情况】

上诉人(一审原告):戴晓华。

上诉人(一审被告):中鼎纪元(北京)国际工程设计有限公司。

【基本案情】

一审法院查明:戴晓华主张其于 2010 年 9 月入职中鼎纪元(北京)国际工程设计有限公司(以下简称中鼎纪元公司),于 2015 年 9 月 29 日离职。中鼎纪元公司主张与戴晓华存在两段劳动关系,分别为 2011 年 1 月 24 日至 2011 年 6 月 7 日以及 2013 年 7 月 16 日至 2015 年 6 月 30 日。对此,戴晓华予以否认,主张双方未曾中断劳动关系。庭审中,中鼎纪元公司主张戴晓华曾主动提出离职,但并未提交相应证据予以证明。戴晓华主张在中鼎纪元公司正常工作至 2015 年 9 月 29 日。中鼎纪元公司主张戴晓华正常工作至 2015 年 7 月 15 日。

2010 年 9 月 10 日,戴晓华与中鼎纪元公司签订了期限自当日起至 2013 年 9 月 9 日止的劳动合同书。2011 年 1 月 24 日,戴晓华与中鼎纪元公司签订了期限自 2011 年 1 月 25 日起至 2014 年 1 月 24 日止的劳动合同书。2012 年 8 月 30 日,戴晓华与中鼎纪元公司签订了期限自 2012 年 8 月 1 日起至 2015 年 7 月 31 日止的劳动合同书。2013 年 5 月 22 日,戴晓华(乙方)与中鼎纪元公司(甲方)签订了期限自当日起至 2015 年 5 月 21 日止的劳动合同书,约定甲方每月 5 日前以货币形式支付乙方工资,月工资为 2000 元。甲方克扣或者无故拖欠乙方工资的,以及拒不支付乙方延长工作时间工资报酬的,除全额支付乙方工资报酬外,还应加发相当于工资报酬 25% 的经济补偿金。2013 年,戴晓华(乙方)与中鼎纪元公司(甲方)签订聘用协议书一份,约定甲方因业务需要,聘用乙方为工程师,聘用期限 2 年,甲方给付乙方 2 年工资共 200 000 元。中鼎纪元公司主张于 2013 年 7 月 19 日、2013 年 7 月 24 日分别向戴晓华支付了聘用协议书中约定的工资各 100 000 元。戴晓华认可收到上述两笔款项,但主张该款项仅为注册的费用,并不是工资,要求中鼎纪元公司支付 2014 年 4 月至 2015 年 9 月 29 日期间的工资及 25% 经济补偿金。中鼎纪元公司主张已经足额支付戴晓华的工资。

2013 年 7 月 19 日,戴晓华出具付款说明一份,载明:“中鼎纪元(北京)国际工程设计有限公司根据建设部人员注册查询结果查询,本人成功注册在本公司时间为2013年7月16日,依照聘用协议要求需一次性支付本人二年(聘用期限2013年7月16日至2015年7月15日)聘用工资共计20万元整大写:贰拾万元整,请将款汇至以下账户:户名:戴晓华 ……"

2015年8月25日,中鼎纪元公司出具通知一份,载明:"戴晓华:你与我公司之间的合同几月前已到期。公司执行董事费爱林已多次与你联系,你一直没有同意续签,也没有来签订合同。合同因到期而终止,公司决定不再与你续签协议,你的社保档案本月将转出。特此通知。"戴晓华于当日收到通知。中鼎纪元公司主张双方劳动合同到期终止,戴晓华主张根据通知中鼎纪元公司系违法解除劳动合同,要求中鼎纪元公司支付违法解除劳动合同赔偿金。

2016年5月5日,戴晓华以要求中鼎纪元公司支付工资及25%经济补偿金、违法解除劳动合同赔偿金为由向北京市海淀区劳动人事争议仲裁委员会提出申请,由于戴晓华在收到书面出庭通知书后,无正当理由拒不到庭,故按撤回仲裁申请处理,现重新申请仲裁,仲裁委员会决定不予受理,并出具不予受理案件通知书。戴晓华于法定期限内向法院提起诉讼。

二审法院查明:北京市海淀区劳动人事争议仲裁委员会作出的已经生效的京海劳仲字(2014)第4125号裁决书查明以下事实:戴晓华具有中华人民共和国一级注册建筑师资格。2011年1月24日前,戴晓华将其一级注册建筑师资格注册在案外第三方单位;2011年1月24日戴晓华将其一级注册建筑师资格注册变更为中鼎纪元公司;2011年6月9日戴晓华将其一级注册建筑师资格注册变更为案外第四方单位;2013年5月28日戴晓华又将其一级注册建筑师资格注册变更为中鼎纪元公司。戴晓华与中鼎纪元公司分别于2011年1月24日至2011年6月8日及2013年5月28日至该裁决书作出之日即2014年5月13日存在劳动关系。

二审庭审中,双方当事人均认可戴晓华于诉争期间仅有上述裁决书查明的一级注册建筑师资格的注册变更记录。戴晓华主张,在上述仲裁中,双方均未提交2012年8月30日、2013年5月22日戴晓华与中鼎纪元公司签订的劳动合同书作为证据。

二审期间另查明,戴晓华与案外人北京彼特建筑设计咨询有限公司劳动争议一案,北京市西城区人民法院作出(2014)西民初字第23600号民事判决书,判决:一、自判决生效之日起七日内,北京彼特建筑设计咨询有限公司支付戴晓华违法解除劳动合同赔偿金一万四千零一十六元;二、自判决生效之日起七日内,北京彼特建筑设计咨询有限公司支付戴晓华二〇一二年十月二十九日至二〇一二年十二月十四日期间的工资差额二千一百四十三元八角八分;三、驳回北京彼特建筑设计咨询有限公司之其他诉讼请求;四、驳回戴晓华之其他诉讼请求。后北京市第二中级人民法院作出(2015)二中民终字第10338号民事判决书,驳回上诉,维持原判。

就涉诉期间戴晓华是否实际在中鼎纪元公司工作,双方各执一词。戴晓华提交了加盖中华人民共和国一级注册建筑师印章"姓名:戴晓华"的施工图册封面照片及戴晓华担任"设计负责人"的竣工验收质量检查报告等证据,并据此主张其实际参与了中鼎纪元公司的工作;中鼎纪元公司主张该公司系借用戴晓华一级注册建筑师的资质,故相关文件上有其姓名,但戴晓华未实际参与该公司的工作。

【审理结果】

北京市海淀区人民法院于2017年6月1日作出(2016)京0108民初17710号民事判决:一、中鼎纪元(北京)国际工程设计有限公司于本判决生效后七日内支付戴晓华二〇一五年七月十六日至二〇一五年八月二十五日期间的工资一万一千三百九十八元及百分之二十五经济补偿金二千八百四十九元五角;二、中鼎纪元(北京)国际工程设计有限公司于本判决生效后七日内支付戴晓华违法终止劳动合同赔偿金八万三千三百三十元;三、驳回戴晓华的其他诉讼请求。宣判后,双方当事人向北京市第一中级人民法院提起上诉。北京市第一中级人民法院于2017年11月6日作出(2017)京01民终6993号民事判决:一、维持北京市海淀区人民法院(2016)京0108民初17710号民事判决第一项;二、撤销北京市海淀区人民法院(2016)京0108民初17710号民事判决第二项;三、中鼎纪元(北京)国际工程设计有限公司于本判决生效后七日内支付戴晓华终止劳动合同经济补偿金二万零八百三十三元;四、驳回戴晓华的其他诉讼请求。

【裁判理由】

法院生效裁判认为:关于双方劳动关系存续一节,戴晓华与中鼎纪元公司先后签订了四次劳动合同,期限分别为2010年9月10日至2013年9月9日、2011年1月25日至2014年1月24日、2012年8月1日至2015年7月31日、2013年5月22日至2015年5月21日;双方另签订了一份聘用协议书,该协议书载明2013年签署,聘用期限为二年,结合2013年7月19日戴晓华出具的付款说明所载明的聘用期限,可以认定聘用协议书的期限为2013年7月16日至2015年7月15日。戴晓华主张双方于2010年9月10日至2015年9月29日期间连续存在劳动关系,但已经生效的京海劳仲字(2014)第4125号裁决书查明戴晓华与中鼎纪元公司分别于2011年1月24日至2011年6月8日及2013年5月28日至该裁决书作出之日即2014年5月13日存在劳动关系,已经生效的(2015)二中民终字第10338号民事判决书也能够证明2012年10月29日至2012年12月14日期间戴晓华与北京彼特建筑设计咨询有限公司存在劳动关系。现戴晓华未能提交充分证据推翻上述生效法律文书查明的事实,亦未能提交证据证明诉争期间存在双重劳动关系,故本院对戴晓华所持其与中鼎纪元公司于2010年9月10日至2015年9月29日期间连续存在劳动关系的主张不予采信。现有证据至少能够证明2012年10月29日至2012年12月14日期间戴晓华与中鼎纪元公司的劳动关系发生中断,在此之前双方劳动关系的存续状态对本案争议焦点的认定无关,本院对此不予审查。对于期间分别为2012年8月1日至2015年7月31日、2013年5月22日至2015年5月21日的两份劳动合同书及期限为2013年7月16日至2015年7月15日的聘用协议书,本院认为,2013年签订的劳动合同书和聘用协议书的期限大部分重合,且完全包含于2012年签订的劳动合同书,应视为后一份合同(协议)系对前一份合同部分条款(包括合同期限和工资数额)的变更;结合2012年10月29日至2012年12月14日期间戴晓华与北京彼特建筑设计咨询有限公司存在劳动关系的事实,亦能够佐证在上述期间戴晓华与中鼎纪元公司的劳动合同并未实际履行。有鉴于此,本院认为,上述劳动合同书及聘用协议书不属于《中华人民共和国劳动合同法》(以下简称《劳动合同法》)第十四条中"连续订立二次固定期限劳动合同"的情形,戴晓华主张双方应当订立无固定期限劳动合同,于法无据。但中鼎纪元公司于2015年8月25日方向戴晓华出具终止双方劳动合同的通知,应当认定2015年7月16日至2015年8月25日,双方形成了新的事实劳动关系。戴晓华主张双方劳动关系存续至2015年9月29日,但其未提交充分证据予以证明,本院对该主张不予采信。最高人民法院《关于审理劳动争议案件适用法律若干问题的解释》第十六条第一款规定,劳动合同期满后,劳动者仍在原用人单位工作,原用人单位未表异议的,视为双方同意以原条件继续履行劳动合同。一方提出终止劳动关系的,人民法院应当支持。据此,中鼎纪元公司主张终止与戴晓华的劳动关系,本院予以支持。《劳动合同法》第四十六条第五项规定,除用人单位维持或者提高劳动合同约定条件续订劳动合同,劳动者不同意续订的情形外,因劳动合同期满终止固定期限劳动合同的,用人单位应当向劳动者支付经济补偿。本案中,系因双方协商续订劳动合同导致事实劳动关系的发生,劳动关系存续的法律基础具有同一性,故因未达成续订合意而终止劳动关系的行为应视为上述法律规定中终止固定期限劳动合同的情形,现中鼎纪元公司未提交充分证据证明存在该公司维持或者提高劳动合同约定条件续订劳动合同而戴晓华不同意续订的情形,应当向戴晓华支付经济补偿金20 833 元(10 万元 ÷12 个月 ×2.5)。

就工资和经济补偿金一节,本院同意一审法院的意见。戴晓华对其主张的超出一审判决数额的部分,未提交充分证据予以证明,本院对该上诉主张不予支持。中鼎纪元公司主张无须支付工资和经济补偿金,亦缺乏事实依据和法律依据,本院同样不予支持。

【裁判解析】

本案的主要争议焦点在于中鼎纪元公司于 2015 年 8 月 25 日出具的核心内容为“合同因到期而终止”的通知之法律性质的认定问题,以及戴晓华能否因此主张补偿金或者赔偿金,以下裁判解析围绕上述问题展开,对于该案涉及的拖欠工资、25% 经济补偿金等问题,本文不予赘述。

(一)连续订立二次固定期限劳动合同的认定

《劳动合同法》第十四条第二款第三项规定,连续订立二次固定期限劳动合同,且劳动者没有本法第三十九条和第四十条第一项、第二项规定的情形,续订劳动合同的,劳动者提出或者同意续订、订立劳动合同的,除劳动者提出订立固定期限劳动合同外,应当订立无固定期限劳动合同。用人单位自用工之日起满一年不与劳动者订立书面劳动合同的,视为用人单位与劳动者已订立无固定期限劳动合同。《劳动合同法》第三十九条规定,劳动者有下列情形之一的,用人单位可以解除劳动合同:(1)在试用期间被证明不符合录用条件的;(2)严重违反用人单位的规章制度的;(3)严重失职,营私舞弊,给用人单位造成重大损害的;(4)劳动者同时与其他用人单位建立劳动关系,对完成本单位的工作任务造成严重影响,或者经用人单位提出,拒不改正的;(5)因本法第二十六条第一款第一项规定的情形致使劳动合同无效的;(6)被依法追究刑事责任的。该法第四十条第一项、第二项规定,有下列情形之一的,用人单位提前三十日以书面形式通知劳动者本人或者额外支付劳动者一个月工资后,可以解除劳动合同:(1)劳动者患病或者非因工负伤,在规定的医疗期满后不能从事原工作,也不能从事由用人单位另行安排的工作的;(2)劳动者不能胜任工作,经过培训或者调整工作岗位,仍不能胜任工作的。

本案中双方订立了四份劳动合同和一份聘用协议书,戴晓华据此主张双方符合《劳动合同法》第十四条规定的“连续订立二次固定期限劳动合同”的情形,并主张双方应当订立无固定期限劳动合同的情形,一审法院对此予以确认。二审的改判意见,首先基于对该事实的否认。

1. 在先生效法律文书对劳动关系的查明或认定对后续确认劳动关系的影响

最高人民法院《关于适用〈中华人民共和国民事诉讼法〉的解释》第九十三条规定，除当事人有相反证据足以推翻的外，对已为人民法院发生法律效力的裁判所确认的事实、已为仲裁机构生效裁决所确认的事实，当事人无须举证证明。

本案二审期间，法院查明已经生效的仲裁裁决曾对本案双方劳动关系作出查明，即"戴晓华与中鼎纪元公司分别于 2011 年 1 月 24 日至 2011 年 6 月 8 日及 2013 年 5 月 28 日至该裁决书作出之日即 2014 年 5 月 13 日存在劳动关系。"另一生效判决亦曾对戴晓华与案外人之间的劳动争议进行处理，并可以通过对于工资的判决确认 2012 年 10 月 29 日至 2012 年 12 月 14 日期间戴晓华与北京彼特建筑设计咨询有限公司存在劳动关系。在没有相反证据的情况下，在先生效法律文书对于上述劳动关系的查明否认了戴晓华所持其与中鼎纪元公司于 2010 年 9 月 10 日至 2015 年 9 月 29 日期间连续存在劳动关系的主张，从而排除了 2012 年 12 月 14 日之前双方之间劳动合同对认定"连续订立二次固定期限劳动合同"的影响。

2. 连续订立二次固定期限劳动合同的认定标准

本案中，对于 2012 年 12 月 14 日之后的两份劳动合同和一份聘用协议（均被认定属于书面劳动合同），法院认为其中两份劳动合同期限大部分重合，且期限完全包含于另一份劳动合同期限，故应视为后一份合同系对前一份合同部分条款的变更，而不构成"连续订立二次固定期限劳动合同"的情形。对此，笔者认为"连续订立二次固定期限劳动合同"的审查标准有三：第一，"连续"：二次劳动合同在时间上应当有先后相继的连续性，劳动合同期限之间不得有所中断。第二，"二次"：一方面指两次签订行为的独立性，形成两份互异的书面劳动合同；另一方面指合同期限的更新性，两份劳动各自有独立涵盖的合同期限。第三，"固定"：两次签订的劳动合同应为固定期限劳动合同。本案中的三份劳动合同，其中两份劳动合同期限完全包含另一份劳动合同书期限之内，故法院认定为不符合合同期限更新性的标准，认定不属于"连续订立二次固定期限劳动合同"的情形。

（二）固定期限劳动合同的延期终止权

最高人民法院《关于审理劳动争议案件适用法律若干问题的解释》第十六条规定，劳动合同期满后，劳动者仍在原用人单位工作，原用人单位未表异议的，视为双方同意以原条件继续履行劳动合同。一方提出终止劳动关系的，人民法院应当支持。根据《劳动法》第二十条之规定，用人单位应当与劳动者签订无固定期限劳动合同而未签订的,人民法院可以视为双方之间存在无固定期限劳动合同关系,并以原劳动合同确定双方的权利义务关系。

在此讨论的,是双方第一次签订固定期限劳动合同期满之后产生的法律后果。若为第二次签订固定期限劳动合同,则依《劳动合同法》第十四条第二款第三项处理,视为用人单位与劳动者已订立无固定期限劳动合同。

1. 固定期限劳动合同未及时终止产生新的事实劳动关系

根据最高人民法院《关于审理劳动争议案件适用法律若干问题的解释》第十六条第一款的规定,固定期限劳动合同期满后发生的用工状态继续存续,将产生新的事实劳动关系,劳动关系的权利义务依原劳动合同界定。本案中,中鼎纪元公司与戴晓华之间的书面劳动合同截止于2015年7月15日,中鼎纪元公司于2015年8月25日向戴晓华出具终止双方劳动合同的通知,应当认定2015年7月16日至2015年8月25日,双方形成了新的事实劳动关系。

2. 合法的延期终止权与无固定期限劳动关系保护

对于劳动合同期满后,劳动者仍在原用人单位工作而形成的新的事实劳动关系期间,双方(特别是用人单位一方)是否享有无理由单方终止劳动关系的权利,司法实务界有不同的看法。一种观点认为,根据最高人民法院《关于审理劳动争议案件适用法律若干问题的解释》第十六条的规定,"一方提出终止劳动关系的,人民法院应当支持。"也就是说,双方均享有无理由的合法终止劳动关系的权利。另一种观点认为,该法律规定制定于《劳动合同法》之前,其规定的劳动合同终止的情形在《劳动合同法》施行之后已不适用。笔者同意第一种观点。首先,《劳动合同法》第四十四条第六项规定,法律、行政法规规定的其他情形的,劳动合同终止。最高人民法院《关于审理劳动争议案件适用法律若干问题的解释》第十六条未被废止,故该条规定的情形符合《劳动合同法》第四十四条第六项规定。其次,现实的用工环境中,大量存在因为各种原因在劳动合同同期满后劳动者仍在原用人单位工作而形成的新的事实劳动关系的情形,而其中亦有很大比例,双方系因磋商新的劳动合同、解决终止原劳动合同的相关事宜等,导致未及时终止劳动合同,双方不具有建立新的劳动关系的明确合意,劳动关系的延续完全基于原有劳动关系期间对双方权利义务关系的认知。笔者认为,新的事实劳动关系存续的法律基础与原有劳动关系具有同一性,应当享有基于原劳动合同所产生的终止劳动合同的权利。另外,若不赋予这种延期终止的权利,可能造成显失公平的结果,这一点对用人单位尤其明显。因一旦未及时终止劳动合同,用人单位即使未抱有继续聘用劳动者的意愿,或双方未能磋商达成新的劳动合同,用人单位仍丧失了“终止”劳动合同的可能,而在此情况下往往不符合合法“解除”劳动关系的条件,用人单位面临承担违法解除劳动合同赔偿金的责任,且不及时解除双方劳动关系超过一年,又面临着形成无固定期限劳动合同关系的后果。这种额外形成的权利义务关系与双方业已达成的固定期限劳动合同的合意不相一致,亦与双方未及时终止劳动合同的过错程度不相适应。

但是,延期终止劳动合同之权利的无限扩大势必侵犯劳动者的权利。故特别需要强调,最高人民法院《关于审理劳动争议案件适用法律若干问题的解释》第十六条第二款规定,根据《劳动法》第二十条之规定,用人单位应当与劳动者签订无固定期限劳动合同而未签订的,人民法院可以视为双方之间存在无固定期限劳动合同关系,并以原劳动合同确定双方的权利义务关系。对此,笔者理解,《劳动合同法》第十四条已经对《劳动法》第二十条进行了修订,故对于符合《劳动合同法》第十四条情形的,均应按无固定期限劳动合同关系处理。另外,《劳动合同法实施条例》第七条规定,用人单位自用工之日起满一年未与劳动者订立书面劳动合同的,自用工之日起满一个月的次日至满一年的前一日应当依照劳动合同法第八十二条的规定向劳动者每月支付两倍的工资,并视为自用工之日起满一年的当日已经与劳动者订立无固定期限劳动合同,应当立即与劳动者补订书面劳动合同。据此,在劳动合同期满后劳动者仍在原用人单位工作的第一年,双方享有无理由的合法解除劳动合同的权利;但自第二年起,即视为双方形成了无固定期限劳动合同关系,不再享有劳动合同终止权。

3. 终止劳动合同经济补偿金的认定

基于新形成的事实劳动关系与原劳动关系在法律基础上具有同一性的原理,笔者认为,对于新的事实劳动关系的终止与因劳动合同期满而导致的劳动合同终止应具有相同的法律后果,符合《劳动合同法》第四十六条第五项情形的,劳动者可以主张终止劳动合同经济补偿金。

【案例点评】

案例中的问题具有现实意义,对是否构成“连续签订二次固定期限劳动合同”的审查标准和固定期限劳动合同到期终止后双方是否享有劳动关系终止权及相应的法律后果进行了充分的研究,其结论体现了对劳动者和用人单位权益的平衡保护,有益于对此类案件形成相对统一的裁判标准。

【裁判心得】

本案主要涉及两个关键问题,即是否构成“连续签订二次固定期限劳动合同”的审查问题和固定期限劳动合同到期终止后双方是否享有劳动关系终止权及相应的法律后果。对此,本案尝试确立了相应的审查标准,以期能够指导今后的司法实践。

张清良诉法务云科技(北京)股份有限公司劳动争议案

吴博文*

关键词

十四薪　录用通知书　用人单位无须补偿的单方解除权

裁判要旨

本案涉及两个实务中的常见问题。其一是用人单位向劳动者发放的录用通知书的性质和效力,其二是劳动合同中约定的用人单位无须支付经济补偿的单方解除权的效力问题。这两个问题分别涉及劳动者的工资标准和劳动合同的解除,与劳动者权益息息相关,且用人单位经常借以侵犯劳动者的权益,因此有必要进行探讨,对相关问题定性,以保护劳动者的合法权益。对于第一个问题,笔者认为录用通知书的法律性质为要约,经劳动者承诺后,即对双方当事人产生法律约束力。录用通知书与劳动合同不冲突的内容,应视为劳动合同的补充,对双方继续有法律约束力。对于第二个问题,笔者主张,《劳动合同法》第三十九条是典型的强制性规定,立法目的旨在保护劳动者合法权益不被用人单位随意侵犯,维持劳动关系的稳定。该规定禁止通过约定的方式排除适用。法官对劳动合同里约定的种种"严重违反单位规章制度、用人单位无须支付补偿即可单方解除"的条款,应当审慎审查其效力,以防范用人单位变相规避《劳动合同法》第三十九条的强制性规定。

* 吴博文,北京市第一中级人民法院民六庭法官。

相关法条

1.《中华人民共和国劳动法》第三条。

2.《中华人民共和国劳动合同法》第二十六条、第三十条、第三十九条、第四十条、第四十一条、第四十六条、第四十七条。

【当事人基本情况】

被上诉人(一审原告):张清良。

上诉人(一审被告):法务云科技(北京)股份有限公司。

【基本案情】

张清良起诉请求法务云科技(北京)股份有限公司支付:1. 2017 年 2 月 1 日至 2017 年 2 月 28 日期间工资 12 000 元;2. 违法解除劳动合同赔偿金 12 000 元;3. 2016年 9 月 9 日至 2017 年 2 月 28 日期间"十四薪"11 375. 34 元;4. 2016 年 9 月 9 日至 2017 年 2 月 28 日期间平日延时加班费 1986. 2 元;5. 2016 年 9 月 9 日至 2017 年 2 月 28 日期间未休年假工资 5517. 24 元。

张清良于 2016 年 9 月入职法务云科技(北京)股份有限公司(以下简称法务云公司)担任产品经理,双方签订期限自 2016 年 9 月 9 日至 2019 年 9 月 8 日期间的劳动合同,约定试用期及转正后每月工资均为 12 000 元。2016 年 9 月起法务云公司为张清良缴纳社会保险。法务云公司支付工资至 2017 年 1 月 31 日。张清良执行标准工时制,双方均确认张清良入职后即可享受年休假,每整年应休 5 天,实际未休。

2017 年 2 月 27 日法务云公司向张清良送达《解除劳动合同通知书》,载明内容为:"……解除您的理由是:过错性解除:严重违反公司的规章制度……公司保留追诉上班时间长期浏览无关网站、欺骗公司损害公司利益行为的权利。我公司解除劳动合同的依据(双方于 2016 年 9 月 9 日签订的《劳动合同》包括但不限于以下条款:9. 2. 6 条第 8 项和 9. 2. 5 条第 2 项……)"法务云公司主张张清良在一个考勤月内,于工作时间浏览与工作无关的网页达到三次以上,严重违反公司的规章制度,故其公司以此为由将张清良辞退具备依据。法务云公司就己方主张提举了《劳动合同》、入职员工物品领用单、网页浏览记录截图等证据材料。张清良就其主张提举了:电子邮件打印件、照片等证据材料。

关于"十四薪"。张清良主张法务云公司应支付其 2016 年 9 月 9 日至 2017 年 2 月 28 日期间的十四薪,计算方式为:2 个月的工资 ÷365 天 × 在职期间自然日天数。法务云公司则主张双方并未约定"十四薪",双方的劳动报酬支付以劳动合同的约定为准。张清良就己方主张提举了以下证据：电子邮件打印件、企业用信息网截屏、法务云公司网站截屏、微信聊天记录、杨玲的书面证言、答辩书等证据。

关于加班，张清良主张其在职期间存在50小时的平日延时加班，法务云公司否认其安排张清良加班。张清良就己方主张提举了杨玲的书面证言。法务云公司不认可该证据真实性，主张加班必须经过审批。法务云公司就己方主张提举了《员工考勤及假期管理制度》。张清良对该证据的真实性认可。

对双方持有争议的证据一审法院认定如下：法务云公司提举的网页浏览记录截图，张清良并未提举证据证明系经修改生成，故对浏览记录中经当场核对一致的部分予以采纳，未经展示核对部分，不予采纳；法务云公司提举的入职员工物品领用单，双方对签署日期各执一词，退而言之，即便如张清良所述系于2017年2月20日签署，则在此之后的网页浏览记录中亦存在"一个考勤月内，上班时间浏览与工作无关的网站达三次以上（含本数）的"情形，张清良主张笔记本电脑系大家共用，但并未就此提举证据推翻其签署的物品领用单载明的内容，故对张清良的该项主张不予采纳；证人杨玲与法务云公司存在劳动争议纠纷，与本案当事人存在利害关系，故对证言中与现有证据显示内容相印证的部分，予以采纳，对证言中无其他证据佐证的部分，不予采纳；张清良提举的电子邮件经当庭勘验与打印件一致，法务云公司认可发件人为其公司人事邮箱，故对该证据的真实性予以采纳。

一审判决后，法务云公司提起上诉，请求撤销一审判决第一项和第二项，改判其支付张清良2017年2月1日至2017年2月27日期间的工资9931.03元且无须支付十四薪。该公司主张，一、一审判决第一项存在计算错误，相关法律法规对工资计算标准未有明确规定，公司内部是按照劳动者实际出勤天数累计计算工资，应按照公司计算的工资为准。二、一审判决不应当判令公司支付十四薪，劳动合同已取代录用通知，双方权利义务应以劳动合同为准，十四薪性质为奖金，张清良严重违纪，不应当发放奖金。

【审理结果】

北京市海淀区人民法院于2017年9月29日作出（2017）京0108民初27954号民事判决：一、法务云科技（北京）股份有限公司于判决生效之日起十日内，支付张清良二〇一七年二月一日至二〇一七年二月二十七日期间工资11 448.28元；二、法务云科技（北京）股份有限公司于判决生效之日起十日内，支付张清良二〇一六年九月九日至二〇一七年二月二十七日期间"十四薪"11 309.59元；三、法务云科技（北京）股份有限公司于判决生效之日起十日内，支付张清良二〇一六年九月九日至二〇一七年二月二十七日期间未休年假工资 1103.45 元;四、驳回张清良的其他诉讼请求。宣判后,法务云公司向北京市第一中级人民法院提起上诉。北京市第一中级人民法院于 2017 年 12 月 19 日作出(2017)京 01 民终 9479 号民事判决:驳回上诉,维持原判。

【裁判理由】

法院生效裁判认为:法务云公司就一审判决第一项上诉,认为一审判决计算工资有误,但经核算,一审判决计算正确,故应予确认。

法务云公司上诉认为一审判决不应判令其支付十四薪,理由是劳动合同已取代录用通知,双方权利义务应以劳动合同为准,十四薪性质为奖金,张清良严重违纪,品行不端,不符合发放奖金的条件。但根据查明的事实,双方订立的劳动合同中就张清良的劳动报酬做出明确约定的仅有月工资标准、试用期工资标准以及工资由基本工资 + 绩效工资构成,劳动合同并未对张清良的工资总数做出量化约定。而录用通知书中则明确载明张清良的薪资为 14 个月的税后月工资,该通知书中的内容系真实意思表示,经送达张清良后,张清良按照通知书中要求的时间前往法务云公司报到,至此,该通知书对双方当事人均产生了法律约束力。通知书中关于薪资为 14 个月税后月工资的约定,因之后双方订立的劳动合同并未约定相关内容而继续有效。故一审判决第二项正确,应予确认。

另,《劳动合同法》第三十九条规定了因劳动者过错、用人单位无须支付劳动者经济补偿即可单方解除劳动合同的六种情形,该规定属强制性规定,且没有兜底性条款,其立法目的旨在保护劳动者合法权益不被用人单位随意侵犯,应禁止通过约定的方式排除其适用。故劳动合同中关于用人单位无须支付劳动者经济补偿即可单方解除劳动合同的约定条款,如与《劳动合同法》第三十九条的规定不一致,则应当审慎、严格地审查该约定中规定的劳动者行为是否达到严重违反劳动纪律和职业道德的程度,如果未达到严重违反劳动纪律和职业道德之程度,则应当适用《劳动合同法》第二十六条第一款第三项规定,认定该约定条款为无效条款。本案中,法务云公司据以解除劳动合同的依据是劳动合同中关于严重违纪的相关约定,该约定如与法务云公司依照法定程序制定并公示或告知劳动者的规章制度中的相应内容不一致,就不能作为单位规章制度使用,而该约定中规定的劳动者行为,如果经审查也达不到严重违反劳动纪律和职业道德的程度,则该约定条款应当被认定为无效条款。用人单位依据此约定单方解除劳动合同,不符合《劳动合同法》第三十九条的规定。鉴于张清良未上诉,本院对一审判决所做的相关认定予以确认。

【裁判解析】

本案涉及两个实务中的常见问题。其一是用人单位向劳动者发放的录用通知书的性质和效力，其二是劳动合同中约定的用人单位无须支付经济补偿的单方解除权的效力问题。这两个问题分别涉及劳动者的工资标准和劳动合同的解除，与劳动者权益息息相关。但是在签订劳动合同时，一方面，劳动合同基本是用人单位提供的格式合同；另一方面，劳动者或者已经从原单位离职，或者已经放弃别的单位提供的工作机会，换言之，劳动者在很大程度上只能与现用人单位订立劳动合同。因此，劳动者没有与用人单位商议劳动合同条款的能力，基本是用人单位提供什么劳动合同，劳动者就只能签订什么劳动合同。受利益驱使，用人单位经常借助在订立劳动合同时的优势地位，通过设定权利义务不对等的劳动合同条款，以免除自身的义务、排除劳动者的权利。因此，十分有必要对相关问题进行探讨和定性，以保护劳动者的合法权益。

关于第一个问题——用人单位向劳动者发放的录用通知书的性质和效力。实务中，经常有用人单位——尤其是新兴互联网企业——在招录劳动者时以“十四薪”“十六薪”等高薪待遇作为招揽人才的手段，并通过录用通知书的形式向劳动者进行明确，但正式录用后却不将超出十二个月的薪水写进正式的劳动合同书，而是将其作为绩效，通过设定考核标准，进行有选择的差额发放。如此，既降低了用人单位的人力成本，又加强了用人单位对劳动者的控制，却损害了劳动者的合法权益。那么，应该怎么看待录用通知书的性质和效力呢？笔者以本案为例，试做如下分析：法务云公司主张一审判决不应判令其支付十四薪，理由是劳动合同已取代录用通知，双方权利义务应以劳动合同为准，十四薪性质为奖金，应视张清良的表现进行发放。但根据查明的事实，双方订立的劳动合同中就张清良的劳动报酬做出明确约定的只有月工资标准（12 000 元）、试用期工资标准（12 000 元，试用期工资与转正后工资相同，亦是时下新兴互联网企业常见的招人手段）以及工资构成（基本工资 + 绩效工资），却并未对张清良的工资总数做出量化约定。录用通知书中则明确载明张清良的薪资为“薪资（税后）12 000 元/月（14 个月）。不满一年，按实际天数/365 ×（2 × 月薪）”，该月工资标准以及年薪资标准是具体、确定且不附条件的，可以推定其即是法务云公司在招聘中向张清良允诺的工资标准。该录用通知书向张清良发出，其中载明的内容当是法务云公司的真实意思表示，而其中明确载明同意录用张清良等内容，即希望与其建立劳动关系，因此，录用通知书的法律性质为要约，是法务云公司希望与张清良订立劳动合同的意思表示。其经电子邮件途径送达张清良后即生效,而张清良按照通知书中要求的时间和方式前往法务云公司报到,即是以行为作出承诺,该承诺在要约确定的期限内作出并达到法务云公司,至此,该通知书中关于薪资为十四薪的内容对双方当事人均产生了法律约束力。之后双方订立的劳动合同并未约定张清良的薪资总数,因此通知书中关于薪资为十四薪的约定与劳动合同的内容并无冲突,应视为劳动合同的补充,对双方继续有法律约束力。

关于第二个问题——劳动合同中约定的用人单位无须支付经济补偿的单方解除权的效力问题。众所周知,为维持劳动关系的稳定性,保护相对用人单位处于弱势地位的劳动者的合法权益,劳动合同法对用人单位解除劳动合同的情形做了限制性的列举规定。根据该法,用人单位可以依据第三十六条与劳动者协商一致解除劳动合同,或者依据第四十条规定的三种用人单位无过失情形单方解除劳动合同,又或者在满足第四十一条规定的情形时,依法定程序进行经济性裁员。但上述三种解除合同,用人单位均需按照该法第四十六条、第四十七条的规定,向劳动者支付经济补偿。唯有该法第三十九条规定了六种情形,用人单位在劳动者出现符合这六种情形的行为时,无须支付经济补偿即可单方解除劳动合同。因此,为规避支付高额的经济补偿,一些用人单位想方设法地利用第三十九条与劳动者解除劳动合同。然而,第三十九条列明的情形非常具体且没有兜底性条款,以致难以成就。只有第三十九条第二项规定的情形——严重违反用人单位规章制度的——因规章制度的内涵和外延具有一定的不明确性,用人单位便常常利用该规定与劳动者解除劳动合同。常见的做法是,用人单位利用在订立劳动合同时的强势地位,直接在劳动合同里,将诸多行为约定为严重违反单位规章制度的行为,并约定,劳动者一旦出现该行为,用人单位即可依据该约定无须支付补偿而径行解除合同,从而赋予自己单方解除权,变相突破了《劳动合同法》第三十九条第二项的规定。实务中,对于用人单位的这种做法,一种观点认为,既然是劳动合同中的明确约定,可以推定劳动者接受了这些约定,除非劳动者能举证证明用人单位在订立合同时存在欺诈、胁迫等情节,否则应认定这些约定有效,进而用人单位可以依据这些约定单方解除劳动合同而不用支付经济补偿。笔者认为该观点错误。因为《劳动合同法》不同于《合同法》,《合同法》遵循合同自由原则,对缔约主体采取平等保护,故其绝大多数规定都是非强制性规定,合同主体可以通过约定来排除适用。而《劳动合同法》的立法目的之一就是保护劳动者的合法权益,构建和发展和谐稳定的劳动关系(劳动合同法第一条),其带有一定的公法性质,其大部分规定——尤其是保护劳动者权益、限制用人单位权利的规定——都应当被视为强制性规定，禁止通过约定的方式排除适用。该法第三十九条就是典型的强制性规定，其甚至没有兜底性条款，立法目的旨在保护劳动者合法权益不被用人单位随意侵犯，维持劳动关系的稳定。因此，该规定禁止通过约定的方式排除适用。法官对劳动合同里约定的种种"严重违反单位规章制度、用人单位无须支付补偿即可单方解除"的条款，应当审慎审查其效力。应审查该条款与用人单位依照法定程序制定并公示或告知劳动者的规章制度中的相应内容是否一致。如果一致，则该约定因为符合《劳动合同法》第三十九条第二项的规定而有效。如不一致，则考虑到用人单位的规章制度确实无法对各种严重行为作出穷尽规定，且《劳动法》第三条第二款也规定劳动者应遵守劳动纪律和职业道德，此时，基于劳动者履行劳动合同亦应严守诚实信用原则，法官应审查该条款约定的情形是否达到严重违反劳动纪律和职业道德的程度。如果达到，则该条款作为用人单位规章制度的必要延伸而生效力；如果达不到，则该约定条款应当被认定为违反《劳动合同法》第三十九条第二项的强制性规定，进而依据该法第二十六条第一款第三项规定，认定该约定条款为无效条款，用人单位依据此单方解除劳动合同，属违法解除。

【案例点评】

本案涉及的两个问题都是劳动争议实务中的常见问题，与劳动者的权益息息相关。笔者从相关法律原理出发，结合民法、《劳动法》及《劳动合同法》的相关规定，尝试对问题的法律性质和效力作出厘清和界定，以起到规范用人单位相关行为的效果，具有较强的参考价值。

【裁判心得】

本案涉及的两个问题，分别涉及劳动者的工资标准和劳动合同的解除，与劳动者权益息息相关。但是在签订劳动合同时，一方面，劳动合同基本是用人单位提供的格式合同；另一方面，劳动者或者已经从原单位离职，或者已经放弃别的单位提供的工作机会，换言之，劳动者很大程度上只能与现用人单位订立劳动合同。因此，劳动者没有与用人单位商议劳动合同条款的能力，基本是用人单位提供什么劳动合同，劳动者就只能签订什么劳动合同。受利益驱使，用人单位经常借助在订立劳动合同时的优势地位，通过设定权利义务不对等的劳动合同条款，以免除自身的义务、排除劳动者的权利。因此，十分有必要对相关问题进行探讨和定性，以保护劳动者的合法权益。

北京诺华制药有限公司诉李迎节劳动争议案

张建清*

关键词

规章制度　解除劳动合同　紧密性原则

裁判要旨

劳动者严重违反用人单位规章制度的，用人单位可以解除劳动合同。此为用人单位合法解除劳动合同的法定理由之一。为妥善平衡劳动者的合法权益与用人单位的生存发展，司法审查中应遵循紧密性原则来判断用人单位以此为由解除劳动合同是否适当，具体而言考量三个要素，规章制度应与劳动者提供的劳动内容紧密相关、与劳动者的岗位紧密相关、与劳动者的职责要求紧密相关。

相关法条

1.《中华人民共和国劳动法》第三条。

2. 最高人民法院《关于审理劳动争议案件适用法律若干问题的解释》第十九条。

【当事人基本情况】

上诉人（一审原告）：北京诺华制药有限公司。

被上诉人（一审被告）：李迎节。

【基本案情】

李迎节于 1995 年 7 月 21 日入职诺华制药公司，担任生产流水部门的包装操

---

* 张建清，北京市第一中级人民法院民六庭法官。

作员。双方共签订三次劳动合同,自 2007 年 1 月 1 日起,劳动合同期限变更为无固定期限合同。诺华制药公司为李迎节缴纳了社会保险。李迎节的月工资标准为 5853.75 元。双方于 2016 年 1 月 15 日解除劳动关系。李迎节于 2016 年 1 月 19 日向北京市昌平区劳动人事争议仲裁委员会提起劳动仲裁申请,申请诺华制药公司支付解除劳动关系经济补偿金 120 001.9 元。该委于 2016 年 12 月 13 日作出京昌劳人仲字(2016)第 1094 号裁决书,裁决诺华制药公司支付李迎节 1995 年 7 月 21 日至 2016 年 1 月 15 日期间解除劳动关系经济补偿金 120 001.9 元。诺华制药公司不服仲裁裁决起诉请求诺华制药公司无须向李迎节支付 1995 年 7 月 21 日至 2016 年 1 月 15 日期间解除劳动关系经济补偿金。

一审期间,关于解除劳动合同的原因,诺华制药公司称:"解除原因是李迎节在进行 LAM X0190 的批文件结算过程中,在批文件中故意伪造说明书的废品数量,以保证物料平衡计算结果满足批文件设置的限度要求,严重违反了公司的规章制度,给公司造成巨大损失。"李迎节对此不予认可,主张其借用说明书的行为不属于严重违反公司规章制度,且未对公司造成损失,诺华制药公司解除劳动关系的行为是违法的。为证明其主张当事人提交了证据。诺华制药公司提交的《X0190 批文件记录》中显示:"……数量记录者李迎节……确认者李迎节日期 16.12.2015……操作者李迎节日期 16.12.2015……"诺华制药公司提交的《事件说明》显示:"2015 年 12 月 17 日,A-730 包装操作员在进行 LAM X0191 的批文件结算过程中,发现该说明说中的材料平衡结果异常,第一时间汇报主管、经现场勘查,发现原因为 X0190 批次生产过程中由于损耗过多,从 X0191 批次借用了 5 包(2500 张)说明书,之后部分结存回 X0191 批次。但以上操作未在 X0190 以及 X0191 批次指令单中进行记录。此后,A-730 包装操作员李迎节在进行 X0190 批次批文件结算过程中,为了保证说明书物料平衡计算结果符合批文件要求,故意伪造了该批说明书废品数,以确保批文件中的说明书物料平衡计算结果符合批文件要求,该行为违反了良好文件记录以及数据完整性的要求。我确认并证明我的直接主管/人力资源经理已就上述内容和我进行必要的沟通,我同意以上内容属实。"在"员工签名"处有"李迎节"字样的个人手写签字,在"日期"处有"28.12.2015"字样的手写签字。诺华制药公司提交的《违纪处理函》显示:"2015 年 12 月 16 日,您在 A-730 包装操作间进行 LAM X0191 的批文件结算过程中,没有按照批文件的要求计算说明书物料平衡相关数据,而是伪造说明说废品数量,以保证物料平衡计算结果满足批文件设置的最低限度要求。进而影响到后续批次 LAM X0191 说明书物料平衡计算结果异常。该行为违反了良好文件记录以数据完整性的要求。为了严肃操作纪律,提高全员的数据完整性意识,将给予解除劳动关系的处分,并通报 PU 全体人员,杜绝此类事件的发生。按公司《员工劳动纪律管理细则》规定,决定给予你解除劳动关系……该'解除劳动关系'于签发之日起生效,相应的影响按照《员工手册》规定执行……我确认并证明我的直接主管/人力资源经理已就上述内容和我进行必要的沟通,我同意接受上述处分。""员工签名"和"日期"后有"此通知已接到,处理结果不接受,李迎节,13.01.2016"。李迎节对《X0190 批文件记录》《事件说明》《违纪处理函》的真实性没有异议。诺华制药公司主张李迎节故意伪造说明书的废品数,违反了《员工手册》4.1.1 解除劳动关系项下"直接或间接篡改公司文件或记录"等内容,构成严重违纪,应当解除劳动合同。诺华制药公司提交的《员工培训签到表/培训记录》及《员工手册收讫函》,均有李迎节的签名。李迎节称其借用说明书的行为只是违反了批次药品整体中的一个操作流程,是符合员工守则所规定的警告的一个行为。一审法院判决诺华制药公司支付李迎节解除劳动合同经济补偿金。

一审判决作出后,诺华制药公司不服,提起上诉。诺华制药公司上诉主张李迎节的行为属于《员工手册》4.1.1 规定的"直接或间接篡改公司文件或记录",且该行为导致所涉批次产品延误放行,已经给诺华制药公司造成重大影响,其无须支付解除劳动合同经济补偿金。李迎节则辩称,其系因同组人员所报数据存在偏差而导致计算错误,其不存在故意欺骗或者篡改公司文件的行为,其行为属于违反工厂相关标准操作流程及安全行为,未达到解除劳动合同的程度,借用说明书的数量只体现在废品中,对诺华制药公司未产生实际损失。

诺华制药公司、李迎节为证明各自的主张于二审期间提交了证据。诺华制药公司提交的证据为废品日志,用以证明李迎节未按照废品日志如实记录说明书废品数,故意伪造说明书废品数。李迎节不认可该证据的真实性及关联性。李迎节提交的证据为 2017 年 6 月 6 日下午 14:30 李迎节向黄××调查从 X0191 批次借用 2500 张说明书的情况说明视听资料,用以证明黄××承认因为时间紧忘记在单子上记录借用说明书的相关内容。诺华制药公司认可该证据的真实性,不认可该证据的关联性及证明目的。经审查,二审法院认为,诺华制药公司、李迎节所提交证据符合最高人民法院《关于民事诉讼证据的若干规定》的法定要求,予以采信。废品日志可以证明相关人员已经如实记录废品数量。视听资料可以证明黄××从 X0191 批次借用了 2500 张说明书。

二审法院另查明,《员工劳动纪律管理细则》第三条内容为:“纪律处分类别。对违反劳动纪律的处分分为下列四种:口头警告、书面警告、最后书面警告、解除劳动关系。违反本细则未明示的其它纪律,经调查核实,并经工厂管委会讨论决定,依情节轻重,给予相应处罚。1)口头警告。有下列情况之一,经调查核实,给予口头警告:……违反工厂相关标准操作流程及安全行为规定,但尚未对公司造成损失的行为……2)书面警告。有下列情况之一,经调查核实,给予书面警告:……违反工厂相关标准操作流程及安全行为规定,造成实际损失,但情节较轻……3)最后书面警告。有下列情况之一,经调查核实,给予最后书面警告:……违反工厂相关标准操作流程及安全行为规定,造成实际损失,情节较重……4)解除劳动关系。有下列情况之一,经调查核实,属严重违纪行为并构成严重违反工厂规章制度,公司有权依照劳动合同法第三十九条的规定解除劳动关系:……玩忽职守、违反工厂相关标准操作流程,且给公司业务造成严重影响或损失,或对他人造成严重人身、财产损失的;……篡改公司文件记录;虚报工作、个人资料(如:雇佣申请表、考勤记录、病假证明、学历证明等)……”

【审理结果】

北京市昌平区人民法院于2017年4月11日作出(2017)京0114民初502号民事判决:一、诺华制药公司于判决生效后十日内支付李迎节1995年7月21日至2016年1月15日期间解除劳动合同经济补偿金120 001.88元;二、驳回诺华制药公司的其他诉讼请求。宣判后,诺华制药公司向北京市第一中级人民法院提起上诉。北京市第一中级人民法院于2017年8月4日作出(2017)京01民终4436号民事判决,判决驳回上诉,维持原判。

【裁判理由】

法院生效裁判认为:结合双方的诉辩主张,本案的争议焦点为李迎节未如实记录LAM X0190批文件中说明书废品数量、其自行按照物料平衡计算要求填写说明书废品数量的行为是否属于篡改公司文件记录,并达到解除劳动合同的程度。

《劳动法》第三条第二款规定,劳动者应当遵守劳动纪律。最高人民法院《关于审理劳动争议案件适用法律若干问题的解释》第十九条规定,用人单位根据《劳动法》第四条之规定,通过民主程序制定的规章制度,不违反国家法律、行政法规及政策规定,并已向劳动者公示的,可以作为人民法院审理劳动争议案件的依据。本案中,诺华制药公司的《员工手册》和《员工劳动纪律管理细则》经过民主程序且已告知李迎节,故可以作为本案审理依据。根据诺华制药公司提交的培训记录,诺华制药公司亦对李迎节进行了良好文件规范培训,可见李迎节知悉正确、及时记录批文件的工作要求。根据庭审中当事人陈述,李迎节认可其应当遵守《药品生产质量管理规范》的相关要求。其中《药品生产质量管理规范》第一百八十四条规定,所有药品的生产和包装均应当按照批准的工艺规程和操作规程进行操作并有相关记录,以确保药品达到规定的质量标准,并符合药品生产许可和注册批准的要求。对员工违反劳动纪律的行为诺华制药公司制定的规章制度区分严重程度设定了口头警告、书面警告、最后书面警告、解除劳动关系四种处分形式,在四种形式下均规定了不同程度违反工厂相关标准操作流程导致的后果。

本案中,要判断李迎节的行为属于诺华制药公司规章制度中的哪一具体情形及其行为后果,必须考量李迎节的工作岗位和职责要求。首先,李迎节的行为属于诺华制药公司规章制度中的哪一具体情形。李迎节为包装操作员,根据诺华制药公司提供的工作描述,李迎节的主要职责要求包括产品知识、工艺知识、操作技能、生产协调、设备维护、设备故障处理、质量合规、偏差处理、工艺/清洁/设备验证、安全等方面的内容。根据李迎节的工作岗位及工作职责要求,结合《药品生产质量管理规范》第一百八十四条的规定,本院认为,李迎节作为包装操作员应当按照操作规程进行操作并如实记录,其如实记录义务应属于操作规程的必然要求。故其未如实记录废品说明书数量、自行按照物料平衡计算要求填写说明书废品数量的行为应当属于违反工厂相关标准操作流程,而不属于直接或间接篡改公司文件记录。其次,李迎节的行为造成的后果是否达到解除劳动关系的程度。本院认为,《员工劳动纪律管理细则》规定违反工厂相关标准操作流程,且给公司业务造成严重影响或损失,或对他人造成严重人身、财产损失的,诺华制药公司有权解除劳动合同。根据《药品生产质量管理规范》第二百一十五条的规定,在物料平衡检查中,发现待包装产品、印刷包装材料以及成品数量有显著差异时,应当进行调查,未得出结论前,成品不得放行。诺华制药公司主张因李迎节未如实记录废品说明书数量的行为导致本案所涉批次产品迟延放行,对此,本院予以采信。但本院需要指出的是,李迎节的行为所造成的产品迟延放行并未达到给公司业务造成严重影响或损失,或对他人造成严重人身、财产损失的程度。故对诺华制药公司所持李迎节直接或间接篡改公司文件记录,构成严重违反公司规章制度依法解除劳动合同的主张,本院不予采信,对其上诉请求,本院不予支持。

【裁判解析】

本案涉及用人单位规章制度和劳动纪律的适用问题。

（一）用人单位的规章制度作为定案依据

工业社会，为促进劳动组织和管理，维护企业秩序，需要加强对集体劳动的组织和管理，由企业制定劳动规章制度来规范劳动行为成为惯例。劳动规章制度与劳动者的权益密切相关，是劳动条件的重要内容。在用人单位的规章制度中，最为重要的是关于劳动者的劳动纪律规范。实务中，劳动纪律的处分形式甚至包括了解除劳动合同。严重违反用人单位的规章制度亦是导致劳动合同解除的正当理由。一般而言，劳动纪律包括严格履行劳动合同；考勤纪律；根据生产、工作岗位职责，按质按量完成工作任务；严格遵守技术操作规程和安全卫生规程；节约原材料、爱护用人单位的财物；保守用人单位的商业秘密和技术秘密；奖惩制度；与劳动和工作相关的其他纪律或规则。用人单位虽有权制定规章制度，但亦非不受限制。一般认为，用人单位的规章制度应受两个方面的约束，一是合法性约束，即不得违反国家、行政法规规定；二是适当性约束，即用人单位不得利用其优势地位恣意而为，排除劳动者的意志。在我国，用人单位的规章制度也是劳动争议案件的司法裁判依据。最高人民法院《关于审理劳动争议案件适用法律若干问题的解释》第十九条规定，用人单位根据《劳动法》第四条之规定，通过民主程序制定的规章制度，不违反国家法律、行政法规及政策规定，并已向劳动者公示的，可以作为人民法院审理劳动争议案件的依据。司法实践中，对用人单位劳动规章制度的审查一般侧重于四个方面，一是内容的合法性，即不得违反国家、行政法规及政策规定；二是程序的民主性，即要经过民主程序而制定；三是制度的公开性，即向劳动者公示内部劳动规则；四是规定的合理性，即用人单位不能滥用单方面的规制权，规章制度的内容要合情合理。

（二）适用用人单位规章制度需要把握的原则

随着社会生产的日益发展，企业组织也变得日益复杂，与之相适应，现代企业所制定的规章制度越来越繁杂，这对法院适用规章制度审理劳动争议案件带来挑战。

本案中，用人单位诺华制药公司的规章制度经过民主程序且已告知劳动者李迎节，因此可以作为审理案件的依据。经过审查证据，也可以确定李迎节确实存在未如实记录批文件的行为，但对其行为如何定性及行为所导致的处罚后果，双方当事人存在争议。用人单位主张李迎节的行为构成篡改公司文件，达到解除劳动合同的程度，而李迎节则认为其违反了工厂相关标准操作流程及安全行为，未达到解除劳动合同的程度。合议庭在详细了解诺华制药公司的规章制度后，认为适用用人单位规章制度审查解除劳动合同是否合法适当时应当遵循紧密性原则,即着重考虑三个要素:规章制度应与劳动者提供的劳动内容紧密相关、与劳动者的岗位紧密相关、与劳动者的职责要求紧密相关。本案中,李迎节系药品生产线上的包装员,从事的是药品包装工作,其主要职责要求包括产品知识、工艺知识、操作技能、生产协调、设备维护、设备故障处理、质量合规、偏差处理、工艺/清洁/设备验证、安全等方面的内容,可以看出李迎节的工作职责主要集中在工艺规程和操作规程方面。同时,根据我国《药品生产质量管理规范》的规定,所有药品的包装均应当按照批准的工艺规程和操作规程进行操作并有相关记录,因此,可以认定李迎节的行为应当属于违反工厂相关标准操作流程。针对药品包装环节的操作记录形成的文件是否属于公司文件,合议庭认为,应当根据劳动者的工作岗位和职责来进行严格解释,药品包装环节的操作记录应当视为操作规程要求的一部分,而不宜作扩大解释,除非用人单位对此与劳动者有明确的事先约定或告知。在判定李迎节行为性质的基础上,再根据李迎节行为的严重程度,对其进行处罚。合议庭认为,李迎节的行为未达到解除劳动合同的程度,依法支持了李迎节要求解除劳动合同补偿金的请求。

《劳动合同法》第三十九条规定,劳动者严重违反用人单位的规章制度,用人单位可以解除劳动合同。解除劳动合同既是对劳动者最为严厉的纪律处罚措施,也是用人单位合法解除劳动合同的法定理由。因此,在司法实践中,审理此类案件要注重平衡好劳动者合法权益与用人单位自主经营权的关系。在审查用人单位解除劳动合同是否合法适当时,应当根据劳动者提供劳动的实际情况,按照紧密性原则的三个要素来进行判定。这不仅有利于有效保障劳动者的合法权益,防止用人单位滥用劳动合同解除权,同时又充分尊重了用人单位的经营自主权,防止加重用人单位的负担,充分贯彻和体现了最高人民法院依法保护劳动者合法权益和维护用人单位生存发展并重的原则。

【案例点评】

在劳动争议案件中,劳动者严重违反用人单位规章制度是用人单位解除劳动合同的法定理由。如何判断用人单位规章制度适用的正当性一直是司法实务中的难点问题。本案二审通过对用人单位规章制度的审查,合法合理地确立了用人单位规章制度正当适用的判定原则与要素,这一裁判标准不但充分体现了最高人民法院关于“依法保护劳动者合法权益和维护用人单位生产发展并重”的劳动争议审判原则，更对同类案件具有指导意义。

【裁判心得】

在现代工业社会，为促进劳动组织和管理，维护生产经营秩序，由企业来制定劳动规章制度规范劳动行为是通行做法，我国亦不例外。用人单位的规章制度对企业生产发展和劳动者权益都至关重要。本案涉及的用人单位为大型药企，首先，国家在规制药品生产质量方面有专门规范；其次，该企业亦建立了较为全面的规章制度来规制劳动行为。本案双方对劳动者行为的定性、严重程度，及应适用规章制度中的哪一条款来进行处理各执一词，因此，如何认定规章制度适用的正当性和合理性是案件的核心要点。审理中，在详细了解用人单位的规章制度内容、劳动者的工作内容及职责要求后，合议庭确立了审查用人单位规章制度解除劳动合同的基准原则，即紧密性原则，着重考量规章制度与劳动者提供劳动内容的紧密程度、与劳动者工作岗位的紧密程度、与劳动者职责要求的紧密程度。紧密性原则不仅有利于有效保障劳动者的合法权益，防止用人单位依据规章制度滥用劳动合同解除权，同时又充分尊重了用人单位的经营自主权，防止加重用人单位的负担。

洑晴雨诉网易公司、启德教育中心名誉权、隐私权纠纷案

李纪红[*]　赵旭涛[**]

关键词

新闻自由　名誉权　隐私权　真实性公开

裁判要旨

新闻自由并非毫无边界，网络服务提供者在转载新闻时，应负担善良管理人的审慎义务，特别是在关涉未成年人或重大敏感事件时要更加慎重，对新闻内容予以必要审查，确保新闻的基本真实。名誉权侵权的界定主要考虑存在侵害名誉的行为、特定受害者社会评价降低以及加害者存在主观过错等方面。隐私权独立于名誉权，不宜再将隐私权纳入名誉权范畴予以保护。隐私权侵权包括两种情形：一是侵害私生活的安宁；二是未经许可公布个人信息。

相关法条

1.《中华人民共和国民法总则》第一百一十条。

2.《中华人民共和国民法通则》第一百零一条。

3.《中华人民共和国侵权责任法》第二条、第三十六条。

4. 最高人民法院《关于审理名誉权案件若干问题的解答》第七条。

【当事人基本情况】

上诉人（一审被告）：广州网易计算机系统有限公司（简称网易公司）。

---

* 李纪红，北京市第一中级人民法院少年庭副庭长。

** 赵旭涛，北京市第一中级人民法院少年庭法官助理。

被上诉人(一审原告):洑晴雨。

被上诉人(一审被告):北京启德励志教育咨询中心(简称启德教育中心)。

【基本案情】

洑晴雨与启德教育中心于2014年5月22日签订《北京启德励志教育咨询中心培训协议书》,双方约定洑晴雨自2014年5月22日至2014年11月21日在启德教育中心接受教育培训。2014年2月至同年6月,路透社经与启德教育中心联系,启德教育中心口头同意路透社前往该中心进行采访。路透社与网易公司签订路透媒体协议订单,网易公司于2014年7月1日至2015年6月30日期间可转载其文件。洑晴雨提交的北京市方正公证处的公证书显示:2014年7月7日10时28分,在网易公司旗下的网易探索网站上刊出一组《探访北京戒网瘾学校》相关内容的照片和文章。打开相关网页第一张照片为洑晴雨正面全身照,该图片为洑晴雨坐在汽车后排座中间,左右各有一名成年人。洑晴雨头微微低下,目光朝下,但图片没有打马赛克或者其他模糊处理。该图片配有说明:"北京启德励志教育中心是一所戒网瘾学校,学校通过军事化管理帮助青少年戒除网瘾。目前,类似这样的戒网瘾学校在中国已经多达250所。为了帮助孩子戒除网瘾,很多父母将孩子送到戒网瘾学校,让他们接受心理测验和军事化训练。"另,洑晴雨全身照还出现在第二十一张照片中,该图片中洑晴雨身穿便装,在沙发上与另外两名身着迷彩服的同龄女生交谈。洑晴雨手托下巴,头朝向另外两名女生。该照片配有说明:"5月22日,北京启德励志教育中心,一名刚到中心的女孩子正与其他学生交谈,在父母的要求下,这名女孩到这里戒瘾。"网易公司提交路透社媒体服务订单证明《探访北京戒网瘾学校》一文有合法转载来源,非网易公司编造和首发,其作为转载方已尽到合理审查义务。网易公司提交路透社与启德教育中心邮件往来和新闻《新华社指定机构与路透社签订图片代理合作协议》及路透社介绍,证明路透社采访经过了启德教育中心的同意,且涉案图集不构成侮辱或诽谤,并未侵害洑晴雨名誉权、隐私权。启德教育中心称其同意路透社进行采访,但未同意其发布相关新闻报道;该教育中心提交了经洑晴雨家长张淑梅签字的入学登记表复印件,该登记表"学生入学前的行为"一栏,"沉迷网络游戏"一栏中未打钩。洑晴雨认为入学登记表提到的只有早恋、厌学等问题,并没有沉迷网络游戏问题。

【审理结果】

北京市海淀区人民法院于2017年5月19日作出(2015)海少民初字第134号民事判决:一、自本判决生效后七日内,广州网易计算机系统有限公司在其网易网站上发布向洑晴雨赔礼道歉声明(道歉声明内容由法院审定)。二、自本判决生效后七日内,广州网易计算机系统有限公司赔偿洑晴雨精神损害抚慰金一万元、公证费二千五百元、律师费三万元。三、驳回洑晴雨的其他诉讼请求。宣判后,广州网易计算机系统有限公司向北京市第一中级人民法院提起上诉。北京市第一中级人民法院于2017年10月25日作出(2017)京01民终6555号民事判决:驳回上诉,维持原判。

【裁判理由】

法院生效裁判认为:本案中,上诉人网易公司提出两个主要上诉理由,一是网易公司与路透社签有新闻转载协议,对新闻内容的审查义务主体是路透社,网易公司仅为转载主体且已尽到合理审查义务;二是洑晴雨及其代理人知晓并许可新闻报道。

公民、法人享有名誉权,公民的人格尊严受法律保护,禁止用诽谤、侮辱等方式损害公民、法人的名誉。转载单位在转载其他媒介发表报道文章时,应该预见所转载的报道文章可能存在失实之处给他人造成损害,故对转载报道文章进行必要审查,该审查义务不因网站转载其他媒介文章而免除侵权责任。网易公司旗下的网易探索网站作为网络服务提供者,转载《探访北京戒网瘾学校》相关内容的照片及文章中,未经同意使用未成年人洑晴雨的正面全身照且未对其面部图像予以模糊处理,照片均可清晰辨认出是洑晴雨本人,并配有:"一名上网成瘾的女孩""这名女孩到这里戒瘾"等文字。在洑晴雨法定代理人张淑梅填写的《北京启德励志教育中心学生入学登记表》"学生入学前行为表现"一栏中"1.厌烦与父母沟通"等五项被勾选,并未反映出洑晴雨存在网瘾的事实,对网易公司提出洑晴雨存在网瘾的理由不予采纳。故,可以认定网易公司转载路透社的该条新闻具有虚假性,因网易公司在国内的影响力,该组照片和文章被大量点击和转载,造成人们对洑晴雨的社会评价降低,对其名誉造成了损害,因而网易公司转载涉案照片、文章与洑晴雨社会评价降低的损害后果间存在因果关系。故网易公司的行为构成对洑晴雨名誉权的侵权,应对此承担责任。

网易公司提出洑晴雨及其法定代理人知道路透社进行拍摄报道,但并未提交充分证据予以证明,仅以涉案照片中洑晴雨表情动作自然、拍摄场景、构图以及启德教育中心同意路透社采访,而推测"启德势必会提前与该学员之法定代理人联系确认,获得其法定代理人许可",该事实难以认定。启德教育中心作为学校一方,没有证据证明其存在传播相关文章、照片的主观过错和实际行为,故启德教育中心不应成为赔偿义务主体。所以,网易公司在未经洑晴雨及其法定代理人同意的条件下,将洑晴雨在启德教育中心接受培训的个人信息予以公开,侵犯了洑晴雨的隐私权。

综上,广州网易计算机系统有限公司的上诉请求不能成立,应予驳回。

【裁判解析】

本案涉及名誉权、隐私权侵权的认定和相互区分,以及网易公司作为网络服务提供者转载新闻的自由边界问题。

(一)名誉权侵权的认定

我国《民法通则》第一百零一条规定:"公民、法人享有名誉权,公民的人格尊严受法律保护,禁止用侮辱、诽谤等方式损害公民、法人的名誉。"这对名誉权侵权方式做了具体陈述。结合最高人民法院《关于审理名誉权案件若干问题的解答》第七条规定,名誉权侵权责任的认定从以下几方面考量:

1. 存在侵害名誉权的行为

名誉权通常无法被积极地加以行使,只有在受到他人不法侵害时,才会显现出来。侵害名誉权的行为,是指行为主体通过各种途径,如在报纸、杂志、网络、广播等刊载播出虚假性内容以侵害他人名誉权的行为。如公然在大庭广众面前辱骂、羞辱他人;故意散布虚假事实,诽谤贬损他人名誉;通过文学作品、评论文章等丑化他人的形象,以达到降低公众对受害人评价的目的;这些侵害名誉权的行为具有虚假性,即所陈述、宣扬的内容缺乏事实根据。

2. 侵害了特定主体的名誉

即不特定人对特定人的人品、声望、信誉、才干、能力等方面评价的降低,只有导致这种评价降低,才构成侵害名誉权。如果仅仅是使人们对某种事实产生单纯的错误认识,并未因此导致社会评价降低,亦不构成侵害名誉权。证明特定主体社会评价降低可采用推定的方法,即只要能够证明侵害人的陈述是虚假事实,其评论也是否定性的且无事实依据,并且这些事实和评论已经公开或可能为公众所知,就可以推定该特定主体的名誉权因此而遭受损害。

3. 行为人主观上存在过错

此种过错可能是故意的,也可能是过失的。如在受害者工作单位陈述虚假事实进行否定性评价、肆意谩骂侵害他人名誉者,其主观上是故意的。因没有尽到审查义务刊登或报道了侵害他人名誉权作品的报刊、网站,主观上则为过失。

本案中,网易公司在其探索网站上刊出《探访北京戒网瘾学校》相关内容的照片及文章,使用了洑晴雨正面全身照,配有说明:"北京启德励志教育中心是一所戒网瘾学校,学校通过军事化管理帮助青少年戒除网瘾。目前,类似这样的戒网瘾学校在中国已经多达250所。为了帮助孩子戒除网瘾,很多父母将孩子送到戒网瘾学校,让他们接受心理测验和军事化训练。""5月22日,北京启德励志教育中心,一名刚到中心的女孩子正与其他学生交谈,在父母的要求下,这名女孩到这里戒瘾。"从本案证据来看,根据洑晴雨家长张淑梅签字的入学登记表复印件,该登记表"学生入学前的行为"一栏,"沉迷网络游戏"一栏中未打钩。故洑晴雨并非有网瘾,即网易公司转载的新闻内容基本不属实,且该文章图片在网上已被大量点击查看,网易公司事实上做了虚假报道并被社会公众所知,其主观上因未尽到必要审查义务而存在过失,最终造成对洑晴雨名誉权侵权的事实。

(二)隐私权侵权的认定

隐私权,是指仅与特定人的利益或人身发生联系,且权利人不愿为他人所知的私人生活、信息及个人生活安宁。根据司法实践,侵害隐私权的行为有以下两大类:

1. 侵害私生活的安宁

为维护每个自然人的个性化存在,应允许私生活的安宁不被公开或遭受侵扰。侵入他人住宅;窥视他人,如窥视他人在住宅中的活动、未经许可进入浴室窥视他人身体等;偷录、偷拍或设置监视器、摄像机等行为都是侵害隐私权。

2. 未经许可公布个人信息

要维护私生活的安宁不受妨害,就必须保护个人信息不被随意公开或滥用。因此,保护个人信息成为现代隐私权核心内容。个人信息的范围广泛,包括性别、党派、职业、学历、电话号码、个人嗜好、性取向、日记、私人信件、病历资料以及其他个人不愿公开的信息。任何知悉或收集、获得了这些个人信息的民事主体,都依法负有保密义务,不得泄露。否则,就构成对他人隐私权的侵害。

隐私权保护的内容并不一定都是高尚的、道德所允许的,也包括那些受道德谴责的、为人所不耻的内容。因此,只要不涉及公序良俗、不违反法律的强制性规定,隐私权都应受到保护,他人不得随意的侵扰或公开,否则,构成侵害隐私权。本案中,网易公司在其探索网站上刊出《探访北京戒网瘾学校》相关内容的照片及文章,未经本人同意使用洑晴雨正面全身照且图片未打马赛克或者其他模糊处理,同时配有洑晴雨在该校接受培训的相关文字说明,即运用照片和文字说明共同作用,使洑晴雨在启德教育中心接受培训的个人信息被公开,故网易公司已经侵害洑晴雨的隐私权。

《民法通则》第一百条规定:“公民享有肖像权,未经本人同意,不得以营利为目的使用公民的肖像”。以营利为目的是指对他人肖像进行具有商业性质的使用,以谋取经济利益,进而给其人格带来商业化的负面影响。如未经公民同意利用其肖像做广告、商标、装饰橱窗等。“以营利为目的”是侵害肖像权的责任构成要件。本案中,网易公司转发新闻时虽运用了洑晴雨的照片,但仅仅是一种新闻传播行为,并非以获得营利为目的,故不宜认定为侵害了肖像权。

(三)网络服务提供者转载新闻自由的边界

根据最高人民法院《关于审理名誉权案件若干问题的解答》第七条的规定,“因新闻报道严重失实,致他人名誉受到损害的,应按照侵害他人名誉权处理”。在多元、法治社会的今天,新闻自由具有无可替代的作用,它能够监督权力、维护社会的公平正义、促进科学研究等。但这种自由并非毫无边界,新闻媒体在报道新闻时,不能断章取义、捏造事实侵害到其他权利。然而,新闻报道并非如同科学研究那样精确,不能有一丝一毫的差距,所以不能对报道新闻过于苛责,新闻主体只要进行了合理查证,新闻内容介绍或情况陈述基本符合事实,就应认为新闻报道主体尽到了善良管理人的必要注意审查义务。另外,新闻报道遵循真实原则,需要保障所陈述的内容是真实的,那么在报道新闻时难免会涉及个体的相关信息,此时则需要在新闻自由与个体隐私之间做出选择。新闻是反映社会面貌的喉咙,更多地体现社会性和真实性,只要达到一定的社会目地即可,没必要将个人信息也予以报道,所以在报道新闻时应将个人信息等隐私模糊处理,以求保护隐私权。如果在报道新闻时,将个体隐私公开,特别是关涉未成年人的隐私时,则构成隐私权侵权。

本案中,网易公司作为网络服务提供者合法转载新闻是否有审查义务?转载新闻,转载的是其他新闻从业机构的新闻成果,并非亲自采访所得,此时新闻转载者也要对新闻内容进行合理审查,确保真实性。因网易公司具有较大的市场影响力和占有率,虽然与路透社签订有转载新闻的协议,具有合法转载路透社新闻的权利,但这不能免除其对新闻内容进行合理审查的义务,转载新闻时仍不能对新闻内容不做任何审查就予以扩散传播。网易公司没有尽到善良管理人必要的注意审查义务,所转载的新闻存在基本事实错误,同时还将未成年人洑晴雨在启德教育中心接受培训的个人隐私予以公开,不仅侵害了未成年人的名誉权,也侵害了其隐私权,给未成年人成长带来不利影响。

【案例点评】

本案系网络服务提供者转载新闻侵权致害纠纷,具有一定的典型性。不仅新闻报道主体要确保新闻内容的真实性,承担对新闻内容进行合理审查的义务,网络媒体转载新闻时亦有义务对新闻的真实性、合法性进行合理审查。新闻主体在报道、转载的新闻涉及公民特别是未成年人的名誉、隐私时,要对保护名誉权、隐私权保持敏感性。此外,名誉权、隐私权相互独立,具有不同的侵权形态。本案通过对网络服务者转载新闻自由的边界进行界定,对指导实践有一定意义。

【裁判心得】

随着互联网科技的快速发展,一些传统的侵权领域也出现了新的行为方式,这就要求对未成年人合法权益的保护也应与时俱进。本案中,围绕网络服务者转载新闻是否负有审查义务、网上名誉权侵权与隐私权侵权如何认定等问题,合议庭本着以事实为根据,以法律为准绳,依法保护未成年人合法权益的原则,在事实认定和责任承担方面作出了严谨合理的逻辑分析,依法维护了未成年人的合法权益。本案的审理过程,同样也是一个很好的学习机会,新的时代要求法官不断的更新知识,创新思维,通过实现个案正义,更好地完善规范互联网秩序,让当事人感受到法律对公民合法权益的尊重。

李春芳诉李红艳解除收养关系纠纷案

杨　磊*

关键词

养父母　成年养子女　收养关系解除　保护老年人权益

裁判要旨

养父母与成年养子女之间关系恶化、无法共同生活的，可以协议解除收养关系或者向法院起诉要求解除收养关系。法院应当通过对于证据和案件事实的审查，准确认定双方关系是否达到应予解除的标准。在此过程中，法院还应当全面贯彻保护老年人合法权益的理念，区分主张解除的主体是成年养子女还是养父母，对于成年养子女主张解除的，审查的标准应当非常严格，避免成年养子女以此逃避履行法定义务；而对于养父母主张解除的，审查的标准应相对宽松，在探寻是养父母真实意思表示的基础上，如果双方确实存在矛盾，继续维持收养关系确无益处，一般可以解除。

相关法条

《中华人民共和国收养法》第二十七条。

【当事人基本情况】

上诉人(一审原告)：李春芳。

被上诉人(一审被告)：李红艳。

【基本案情】

李红艳出生后不久即被李春芳与前妻成乃花抱回家中抚养，共同在北京市海

* 杨磊，北京市第一中级人民法院团河法庭法官。

淀区上庄镇永泰庄村生活。案件一审审理过程中,李春芳提交上庄派出所证明信一份,内容为:李春芳之妻成乃花,之女李红艳,1976年5月24日出生;提交海淀区上庄镇永泰庄村村民委员会出具的证明一份,内容为:兹证明我村村民李春芳与成乃花二人为我村村民李红艳的养父和养母。李春芳据此主张1976年5月在李红艳刚出生两天时在医院抱养了她,李红艳父母均同意送养,双方未签订书面收养协议;2000年9月23日成乃花因病去世,2012年其再婚;李红艳婚后一年半与其共同居住于海淀区,后双方关系不好,李红艳搬至昌平区居住至今;李春芳主张李红艳搬走后未尽到日常照顾义务,对其再婚及再婚妻子落户有意见,双方关系恶化。李红艳主张搬走后每年均看望李春芳,给李春芳钱,送李春芳去医院看病,没有阻止过李春芳再婚,亦同意配合落户,不同意解除双方的收养关系,愿意继续赡养李春芳,如李春芳愿意,可以与其共同生活。

二审审理过程中,本院就李春芳、李红艳之间的关系问题前往北京市海淀区上庄镇永泰庄村进行调查。北京市海淀区上庄镇永泰庄村村委会主任周强称知晓李春芳、李红艳之间的收养关系,但对他们之间是否存在矛盾不清楚。李春芳的邻居王秀英称知晓李春芳、李红艳之间的收养关系,李红艳很小就被收养,没听说过李春芳、李红艳之间有矛盾,春节、清明李红艳还回李春芳这里。李春芳的街坊杨福忠称知晓李春芳、李红艳之间的收养关系,李春芳、李红艳之间的关系不好,因为李红艳不来看李春芳。

经本院二审多次询问并做调解工作,李春芳称因自己再婚事宜与李红艳产生矛盾,坚决要求解除收养关系,自己今后的生活有保障。李红艳不同意解除收养关系,称没有不同意李春芳再婚,但李春芳再婚没有经过自己的同意。二者无法达成一致意见。

【审理结果】

北京市海淀区人民法院于2017年7月13日作出(2017)京0108民初26407号民事判决:驳回李春芳全部诉讼请求。宣判后,李春芳向北京市第一中级人民法院提起上诉。北京市第一中级人民法院于2017年12月25日作出(2017)京01民终7669号民事判决:一、撤销北京市海淀区人民法院(2017)京0108民初26407号民事判决;二、解除李春芳与李红艳的收养关系。

【裁判理由】

法院生效裁判认为:根据李春芳在一审中提交的证明信、村委会证明以及二审法院对于李春芳、李红艳曾经共同居住地的走访调查,结合双方当事人的陈述,本案中可以确认李春芳、李红艳之间形成了收养关系。现本案的争议焦点在于李春芳、李红艳之间的收养关系是否应当解除。根据法律规定，养父母与成年养子女关系恶化、无法共同生活的，可以协议解除收养关系，不能达成协议的，可以向人民法院起诉。本案中，李春芳与前妻收养李红艳后，进行了照顾、教育，尽到了作为养父母的抚养义务。现李红艳已经成年，理应对李春芳进行赡养。但根据查明的事实，李春芳、李红艳已经多年未在一起共同生活，双方因李春芳再婚事宜确实发生过矛盾，关系较为紧张。现李春芳坚决要求解除收养关系，考虑李春芳年事已高，需要平和的心态和安定的生活环境，勉强维持双方的收养关系不利于李春芳安度晚年，对于双方的生活亦无益处。综合考虑上述因素，本院认定李春芳、李红艳的收养关系应当解除。对于李春芳上诉主张解除李春芳与李红艳养父女关系的请求，本院予以支持。

【裁判解析】

本案是一起解除收养关系纠纷案件，当事人诉争的焦点在于养父母与成年养子女之间的收养关系是否应当解除。

在我国，收养关系作为一种法律拟制的亲属关系，既可以通过法律行为依法设立，也可以经由一定的法律程序予以解除。我国《收养法》第二十七条规定："养父母与成年养子女关系恶化、无法共同生活的，可以协议解除收养关系。不能达成协议的，可以向人民法院起诉。"也就是说，目前我国《收养法》上规定的解除收养关系的程序有两种，一种是协议解除，另一种是诉讼解除。因此，当事人在无法就解除收养关系达成一致意见时，有权诉至法院请求予以裁判。法院需要界定的是双方关系是否恶化到需要解除的程度。对此，因现行法律规定上并无一个明确的标准，法院需要根据个案情况予以具体审查。我们认为，审理此类案件时应当重点把握以下三点：

一是要查明案件基础事实。主要包括双方收养关系的形成过程、共同生活情况、产生矛盾的原因、矛盾持续的时间、矛盾能否消除化解等。其中，对于养父母与成年养子女之间矛盾的审查应当是重中之重。审判实践中，导致养父母与成年养子女关系恶化的原因可能有多种，如养父母与成年养子女生活习惯差异较大、儿媳与公婆无法和睦相处、成年养子女不赡养养父母、对养父母有遗弃、虐待的情形、双方因房产等财产分割问题引发冲突等。对于双方矛盾的细致审查有助于辨别主张解除收养关系一方是一时冲动还是已经过深思熟虑，进而有助于判断双方关系能否修复，为做调和工作打下基础。

二是要区分情形确定标准。具体来说,应当区分主张解除的主体是成年养子女还是养父母,进而适用有差异的审查标准。对于成年养子女主张解除的,审查予以解除的标准应当非常严格,因为此时一般是成年养子女应当尽赡养义务的时候,如果随意解除收养关系,可能导致老年人利益受到损害,易发生成年养子女借此逃避赡养义务等有悖道德与法律规定的事情发生。当然,此时也应当注意成年养子女对养父母是否有虐待、遗弃等情形,准确判断维持双方的收养关系是否对养父母权益保护反而更加不利,如果确实不利,则也应当判决解除收养关系,同时根据《收养法》第三十条的规定确定是否需要成年养子女支付给养父母生活费并补偿相关费用。而如果是养父母主张解除与成年养子女的收养关系的,审查解除的标准则应相对宽松,如果确认是养父母真实意思表示,养父母与成年养子女确实存在矛盾且不可调和,养父母并非一时冲动作出解除决定,之后的生活亦有相应保障,继续维持收养关系会直接影响到养父母的合法权益,实无益处,则可以予以解除。

三是要注重老人利益保护。法院在此类案件审理过程中,在保护双方当事人的合法权利基础上应更加注重老年人的利益保护,从而使得作出的裁决更加符合立法本意,亦为社会公众提供正确的行为指引。因在此类案件中,养父母一般都已经是老年人,而我国现行《收养法》中虽然没有明确将老年人权益保护作为一项基本原则进行规定,但从成年养子女在解除收养关系后还应当对没有劳动能力和收入来源的养父母进行补偿、支付生活费等具体条款规定来看,这一原则是应有之义,也符合我国《老年人权益保障法》的精神。因此,在此类案件审查标准及案件处理结果确定过程中,都应当将老年人权益保护原则贯穿始终。

具体到本案中,李春芳与前妻收养李红艳后,对李红艳进行了照顾、教育,尽到了作为养父母的抚养义务。现在李春芳与李红艳之间确实因李春芳再婚等事宜发生矛盾,双方已经多年未共同生活。这一事实在一、二审法院审理中均查明属实。但一、二审法院裁判结果却不同,原因在于一审法院在认定双方存在矛盾的基础上,简单判断双方仍有关系改善的机会,而二审法院在案件审理过程中,经反复询问调和并多次单独找李春芳谈话,李春芳作为年近八十的老人,仍坚持要求解除收养关系,意愿非常坚定,且对自己今后的生活有安排并认为有可靠保障,二审法院确认双方关系无法调和,继续维持收养关系对双方、特别是李春芳的正常生活确无益处,反而成为李春芳今后生活中的一种负担,特别是对其有较大精神上的压力,因此判决解除双方收养关系,有事实和法律依据,也贯彻了保护老年人合法权益的原则。对于养女李红艳来说,其现实利益并没有因此受损,如果双方今后的关系缓和，其也愿意通过适当方式来表达自己对李春芳的感激之意，这并无障碍。因此，二审法院改判有利于平衡双方当事人的利益，也切实保护了李春芳作为老年人的合法权益，是正确的。

【案例点评】

法院在判断养父母与成年养子女是否应当解除收养关系时，既要考虑个案案情的特殊性，同时也要有明确统一的裁判标准。目前审判实务中在处理此类案件时，体现更多的是法官自由裁量权的行使，裁判标准的统一性并没有有效落实。本案二审审理中，裁判思路非常明确：一是坚持查清案件基础事实，找准当事人矛盾焦点；二是将保护养父母作为老年人的合法权益原则贯穿始终。二审在一审判决未予解除收养关系的情况下，在确认双方关系确实存在矛盾，关系无法调和，继续维持收养关系对双方特别是养父母的正常生活无益处的情况下，判决解除双方收养关系，符合法律规定，也贯彻了保护老年人合法权益的原则，减少了当事人今后再次起诉的诉累。该案确立的裁判标准对于同类型案件处理具有一定的指导借鉴意义。

【裁判心得】

养父母与成年养子女解除收养关系案件在婚姻家事案件中占比并不高，也没有直接体现出较大的财产争议，实务中往往被认定为“非典型性”的家事案件。但通过审查每一个此类案件案情后我们发现，案件的处理结果实际对于双方、特别是作为老年人的养父母一方今后的生活影响非常大。法官在处理此类案件时，必须本着对当事人高度负责的态度，严谨细致审查案件事实，必要时要进行走访调查，从而确定双方真实意愿、矛盾根源、有无化解可能，为准确评估是否解除双方关系打下坚实基础。在此过程中，还应当注重老年人合法权益的保护，发挥好司法裁判的社会价值引导作用，为社会公众提供正确行为指引。

商 事 篇

北京西化达商贸有限公司诉李双河股东知情权纠纷案

李　利[*]　郭　帅[**]

关键词

股东知情权　股东资格　形式审查

裁判要旨

在股东知情权纠纷中,公司对股东资格提出质疑的,需要提供证据予以证明。在尚无充分证据否定股东资格的情况下,应当确认工商登记、股东名册的证明效力。只有当公司提出的证据足以导致当事人股东身份动摇的情况下,法院才应进一步审查当事人股东身份之真伪。同时,股东知情权纠纷与股东资格确认纠纷、股东出资纠纷均非同一法律关系,就股东资格是否存在,或股东对公司是否存在出资瑕疵的情形,均可通过其他纠纷解决方式予以救济,但该类争议并不必然影响法院依据现有证据对股东知情权纠纷进行审理。

相关法条

1.《中华人民共和国公司法》第三十三条。

2. 最高人民法院《关于适用〈中华人民共和国公司法〉若干问题的规定(四)》第七条。

【当事人基本情况】

上诉人(一审被告):北京西化达商贸有限公司。

* 李利,北京市第一中级人民法院民三庭副庭长。

** 郭帅,北京市第一中级人民法院民三庭法官助理。

被上诉人(一审原告):李双河。

【基本案情】

2000 年 8 月 1 日,北京西化达商贸有限公司(以下简称西化达公司)成立,注册资本 30 万元;公司股权结构为:李仁里出资 10 万元,占 33.34% 股份;李双河出资 10 万元,占 33.33% 股份;李秀勤出资 10 万元,占 33.33% 股份。李秀勤与李双河系姐弟关系,李秀勤与李仁里系夫妻关系。

西化达公司章程规定,公司设执行董事一人,设监事一人。公司未设立董事会和监事会,不存在董事会会议决议和监事会会议决议。

庭审中,西化达公司对李双河的股东身份提出异议,认为公司章程并非李双河本人签字,且李双河未履行出资义务。对此,李双河认可公司章程并非其本人签字,而是由他人代办,但其履行了出资义务,以现金的方式出资 10 万元,并一直参与公司经营。

庭审中,李双河认可其未就要求西化达公司提供会计账簿以供其查阅、复制提出书面申请,但其曾以向公司股东李秀勤发送短信的方式提出了申请。

李双河向一审法院起诉请求:1. 判令西化达公司向李双河提供自 2000 年 8 月 1 日起至判决生效之日止的财务会计报告(包括资产负债表、损益表、现金流量表、财务情况说明书和利润分配表)、股东会会议记录、董事会会议决议、监事会会议决议以供原告李双河查阅、复制;2. 判令西化达公司向李双河提供自 2000 年 8 月 1 日起至判决生效之日止的会计账簿以供李双河查阅、复制;3. 本案诉讼费用由西化达公司承担。

西化达公司辩称,不同意李双河的诉讼请求,公司章程上李双河的签名不是本人签字,李双河没有设立公司的意思表示,也没有出资行为,西化达公司不认可李双河的股东身份。

【审理结果】

北京市海淀区人民法院于 2017 年 9 月 27 日作出(2017)京 0108 民初 455 号民事判决:一、西化达公司于判决生效之日起十日内将本公司自二〇〇〇年八月一日起至判决生效之日止期间的本公司的全部财务会计报告、股东会会议记录备于本公司住所地内,供李双河查阅、复制;二、驳回李双河的其他诉讼请求。宣判后,北京西化达商贸有限公司向北京市第一中级人民法院提起上诉,北京市第一中级人民法院于 2017 年 12 月 20 日作出(2017)京 01 民终 9358 号民事判决:驳回上诉,维持原判。

【裁判理由】

法院生效裁判认为:股东知情权是股东权的一项重要权利,是法律赋予公司股东了解公司信息的权利,包括股东了解公司的经营状况、财务状况以及其他与股东利益存在密切关系的公司情况的权利。股东知情权依附于股东身份而存在,当事人诉请行使股东知情权的,应对其具有股东身份承担举证责任。本案中,李双河提交的西化达公司章程、股东名录等证据,能够证明李双河的股东身份,故李双河依法享有股东知情权。

在股东知情权诉讼中,法院对当事人股东资格的审查应以形式审查为一般标准,只有在对方提出的相反证据足以导致当事人股东身份动摇的状态下,法院才应进一步实体审查当事人股东身份的真伪。本案中,西化达公司以李双河没有设立公司的意思表示、没有实际出资为理由否认李双河的股东身份,但没有提出确切证据,并不足以导致否认李双河在本案股东知情权诉讼中的股东身份。同时,股东知情权纠纷与股东资格确认纠纷、股东出资纠纷均非同一法律关系,就股东资格是否存在,或股东对公司是否存在出资瑕疵的情形,均可通过其他的纠纷解决方式予以救济,但该类争议并不必然影响法院在现有证据的情况下对股东知情权进行审理,即在股东未丧失公司股东身份之前仍可按照公司法或章程的规定行使相应的股东权,除非章程或股东与公司之间另有约定。

对于股东行使知情权进行查阅、复制的起止时间问题,因为该期限的长短与公司经营、财务等状况有关,不能一概而论,故一审法院仅判决起始时间,而未判决终止时间,并无不当。当然,判决的具体执行,双方当事人应遵循既充分保证股东知情的权利,也不影响公司正常运营的原则,在合理时间内履行完毕。综上所述,一审判决认定事实清楚,适用法律正确,应予维持。

【裁判解析】

本案涉及股东知情权纠纷中,股东资格的审查和认定问题。股东知情权,是股东的法定、基础性权利,《公司法》通过第三十三条、第九十七条两个条文对此予以明确规定。针对司法实践中原告起诉资格的争议,《公司法解释(四)》第七条规定:“股东依据公司法第三十三条、第九十七条或者公司章程的规定,起诉请求查阅或者复制公司特定文件材料的,人民法院应当依法予以受理。公司有证据证明前款规定的原告在起诉时不具有公司股东资格的,人民法院应当驳回起诉,但原告有初步证据证明在持股期间其合法权益受到损害,请求依法查阅或者复制其持股期间的公司特定文件材料的除外。”质言之,股东知情权具有身份属性,股东身份丧失,其知情权随之丧失,也不再具有诉权,但特殊情况下法律对原股东的知情权、诉权予以有限度的救济[①]。上述法律规定和司法解释对"股东"具有"知情权"进行了明确。但在股东知情权纠纷中如何审查股东资格,未提供具体指引,需要司法实践探索、总结。

关于股东资格的认定,学术界将证明股东资格的证据总结归纳为三个不同的层次:源泉证据、效力证据和对抗证据。源泉证据是证明股东取得股权的基础法律关系的证据,如因出资行为而原始取得股权的证据,因受让或其他形式继受股权的证据。效力证据是对股东资格的确认具有推定效力的证据,如股东名册、股东会会议记录等。对抗证据是公司登记机关登记在案的证据,具有公示公信效力[②]。司法实践普遍采取"内外有别"的裁判思路,即对于公司内部法律关系中的股东资格认定,着重寻求各方的真实意思表示,如是否有合意,是否出资,是否行使权利履行义务等;对于外部法律关系,则重点考虑权利外观及商事登记的公示作用,如工商登记是否记载为股东[③]。在股东知情权纠纷中,股东资格的审查应当分两步走:第一,对股东资格进行形式审查,即以工商登记、股东名册为准。《公司法》第三十二条规定,有限责任公司应当置备股东名册,记载于股东名册的股东,可以依股东名册主张行使股东权利。公司应当将股东的姓名或者名称向公司登记机关登记;登记事项发生变更的,应当办理变更登记。未经登记或者变更登记的,不得对抗第三人。根据上述规定,股东与公司之间的证明股东身份的文件应当是股东名册。同时,公司登记机关的股东登记是公司登记的必备条款,具有公示效力。因此,股东只要提交股东名册或工商登记,原则上应当认定为具有股东资格。第二,当公司对股东名册或工商登记的记载提出异议,但未能提供有效证据佐证时,对公司的抗辩不予采信,原则上认定原告具有股东资格。但当公司提供足以动摇原告股东身份的证据时,法院则需要进一步实质审查当事人股东身份的真伪。需要明确的是,此时"足以动摇原告股东身份的证据"并非指形式上的不是本人签字,未履行出资义务等证据,而是足以证明缺乏成立公司合意、登记错误等足以根本否定股东资格的重大瑕疵。因股东知情权纠纷与股东资格确认纠纷等并非同一法律关系,一些复杂的案件可能无法在股东知情权诉讼中彻底解决股东资格的认定问题,此时,应当向双方

---

① 参见杜万华主编:《最高人民法院公司法司法解释(四)理解与适用》,人民法院出版社 2017 年版,第 170 页。

② 参见刘俊海:《现代公司法》(第三版),法律出版社 2015 年版,第 348 ~ 353 页。

③ 参见胡田野:《公司法律裁判》,法律出版社 2012 年版,第 198 ~ 218 页。

释明，先解决股东资格问题，在股东身份没有争议的情况下再行使股东知情权。

本案中，西化达公司对李双河的股东身份提出质疑，认为公司章程上李双河的签名不是本人签字，亦没有出资行为，因此不具有股东资格，不享有股东知情权，但没有提出确切证据予以证明，未达到足以动摇李双河股东资格的标准，因此不足以导致否认李双河在本案股东知情权诉讼中的股东身份。如西化达公司及其股东事后有其他证据足以否认李双河的股东资格，可以另行提起股东资格确认纠纷等予以解决，但并不影响法院在现有证据的情况下对股东知情权进行审理。如另案生效判决对李双河的股东身份进行了否定，公司可以出现新证据、新事实寻求救济。

【案例点评】

本案典型意义在于探索确立了股东知情权纠纷中股东资格的审查尺度，即法院对当事人股东资格的审查应以形式审查为一般标准，只有在对方提出的相反证据足以导致当事人股东身份动摇的情况下，法院才应进一步实体审查当事人股东身份之真伪。同时，鉴于股东知情权纠纷与股东资格确认纠纷、股东出资纠纷等均非同一法律关系，就股东资格是否存在，或股东对公司是否存在出资瑕疵的情形，均可通过另行诉讼予以救济，但该类争议并不必然影响法院依据现有证据对股东知情权纠纷进行审理。本案对于解决司法实践中不同案由下股东资格审查尺度之困惑，具有典型意义，树立了可供借鉴的裁判思路。

【裁判心得】

公司类诉讼之所以复杂，一个重要原因在于其具有的综合性，“剪不断，理还乱”，与特定案由之纠纷类型化存在固有张力。本案系股东知情权纠纷，本不复杂，但难在双方对股东资格产生争议，而对此争议的解决，已经超越了典型股东知情权纠纷所能处理的范畴。本案深入浅出，探索确立了股东知情权纠纷中股东资格的审查尺度，为解决类似困惑提供了一种可供参考、借鉴的思路。

刘胜振诉曾培、晶国（北京）投资有限公司、刘品孝合同纠纷案

刘海云*

关键词

出资加速到期　认缴资本制　股东连带责任　债权人利益保护

裁判要旨

股东因出资期限未届满而未缴纳出资属合法行为，并不违反法律、行政法规的规定，不能当然适用最高人民法院《关于适用〈中华人民共和国公司法〉若干问题的规定（三）》（以下简称《公司法解释（三）》）第十八条关于虚假出资时补缴出资的规定。若债权人认为公司财产不足以清偿其债务，请求股东提前履行出资义务，则应当从保障全体债权人的利益角度出发，通知债权人依照《企业破产法》第二条规定申请债务人破产，进入破产程序后再按照《企业破产法》第三十五条规定要求股东出资义务加速到期。同时，在债权人诉请公司股东加速出资的案件中，人民法院应当向债务人释明，如债务人公司不能通过融资或其股东自行提前交纳出资以清偿债务，债权人有权启动破产程序。

相关法条

1. 最高人民法院《关于适用〈中华人民共和国公司法〉若干问题的规定（三）》第十三条第二款、第二十二条。

2.《中华人民共和国企业破产法》第三十五条。

---

* 刘海云，北京市第一中级人民法院民三庭法官。

【当事人基本情况】

上诉人(一审被告):刘胜振。

被上诉人(一审原告):曾培。

一审被告:晶国(北京)投资有限公司(以下简称晶国公司)。

一审被告:刘品孝。

【基本案情】

2014年9月19日,晶国公司与曾培签订《〈金马甲典藏品〉形象代言人合同》。协议约定,曾培作为《金马甲典藏品》的形象代言人,在合同签署有效期内(即2014年9月19日至2015年9月18日),为晶国公司拍摄平面广告、电视广告或宣传片12次,每次不超过1日,不包括在途时间;为晶国公司拍摄平面(静态)照片、视频、直播采访等资料,拍摄日期由双方协商决定,并允许晶国公司在公共场所、电视、平面媒体、户外媒体、楼宇媒体、互联网、自媒体、论坛等任何合法场所进行宣传使用;参加晶国组织的新闻发布会、订货会、经销商大会、公共促销关系等商业活动共12次。根据代言合同所制作的代言广告、宣传片、图片、影像等视听资料及根据本合同所拍摄的照片,使用期为2014年9月19日至2015年9月18日,期满后晶国公司或其授权方无权再以任何方式使用本合同项下的含有曾培肖像及署名的视听资料。形象代言酬金(税后)为人民币64万元。代言费用支付方式为2015年5月1日前一次性到账。如晶国公司未按时支付曾培酬金,晶国公司须每日按合同总金额的3%对曾培进行违约赔付,即每日甲方需赔付乙方(税后)人民币壹万玖仟贰佰元整。协议另对使用区域及方式、拍摄条件、双方权利及义务等条款作出了相关约定。

协议签订后,曾培依约履行合同义务。此后,晶国公司未按期支付代言酬金,晶国公司及担保人刘品孝向曾培出具担保函,记载:晶国公司与曾培于2014年9月19日签订了《金马甲典藏品》的代言合同,合同期为1年,该合同约定1年代言费用(税后)64万元,应于2015年5月1日前一次性付清。晶国公司已于2015年6月13日履行20万元,由于公司内部调整等一系列原因造成资金不足,尚欠代言费用44万元。晶国公司保证于2015年11月30日之前将剩余款项一次性付清,如仍然不能支付完毕,将按照2014年9月19日签订的合同(第九条违约责任)之内容执行违约赔偿,违约赔偿起始日为2015年5月1日,且由刘品孝对该合同及本保证书约定内容承担连带偿还责任。但晶国公司仍未按担保函约定履行付款义务,刘品孝亦未承担担保责任。曾培提起本案诉讼,请求:1.晶国公司支付曾培代言费44万元及违约金44万元;2.刘品孝对上述债务承担连带清偿责任;3.刘品孝及刘胜振对上述1、2债务在各自未出资范围内承担补充赔偿责任;4.案件受理费及公告费由晶国公司、刘品孝、刘胜振负担。

另查,晶国公司于2014年8月20日成立,注册资本1000万元,公司资本采取认缴制,股东为刘品孝及刘胜振,刘胜振为公司法定代表人。公司实缴出资时间为2034年8月19日。

【审理结果】

北京市石景山区人民法院于2016年9月30日作出(2016)京0107民初201号民事判决:一、晶国公司于判决生效后10日内支付曾培代言酬金44万元及违约金44万元;二、刘品孝对判决主文第1项确定的晶国公司债务承担连带清偿责任;三、刘品孝在承担判决主文第2项连带清偿责任后,有权在其承担的保证范围内向债务人晶国公司进行追偿;四、刘品孝、刘胜振对判决主文第1项确定的债务在其未出资本息范围内对债务不能清偿的部分承担补充赔偿责任。宣判后,刘胜振向北京市第一中级人民法院提起上诉,北京市第一中级人民法院于2017年5月11日作出(2017)京01民终3562号民事判决:一、维持(2016)京0107民初201号民事判决第1、2、3项;二、撤销(2016)京0107民初201号民事判决第4项;三、驳回曾培的其他诉讼请求。

【裁判理由】

法院生效裁判认为:晶国公司与曾培签订的《〈金马甲典藏品〉形象代言人合同》系双方当事人真实意思表示,不违反法律、行政法规强制性规定,合法有效,双方均应依合同约定享有权利并履行义务。曾培提供了其履行上述代言合同的光盘、照片以及由晶国公司、刘品孝出具的担保函,均显示曾培已依约履行合同义务,晶国公司未按期足额支付代言酬金,曾培有权依约向债务人晶国公司及保证人刘品孝主张权利。

关于曾培依据《公司法解释(三)》第十三条第二款规定,即"公司债权人请求未履行或者未全面履行出资义务的股东在未出资本息范围内对公司债务不能清偿的部分承担补充赔偿责任的,人民法院应予支持;未履行或者未全面履行出资义务的股东已经承担上述责任,其他债权人提出相同请求的,人民法院不予支持",要求刘胜振在未出资范围内对晶国公司债务承担补充赔偿责任的问题,本院认为,其一,股东出资认缴制系现行公司法的明文规定,股东依法获得分期缴纳出资的期限利益应当予以保护,且股东认缴的金额、实缴期限等都可通过企业信用信息系统查询，作为一种公示信息，债权人对此应当知晓，对于交易过程中的风险也可以并且应当预见，在无证据显示股东存在欺诈或者其他恶意损害债权人利益的情形下，直接要求股东放弃期限利益对公司债务承担赔偿责任，并不符合认缴制度的设立初衷；其二，《公司法解释(三)》第十三条第二款的上述规定系针对“未履行或者未全面履行出资义务的股东”等出资不实的股东，并责令其对公司债务不能清偿的部分承担补充赔偿责任，但在认缴制下，因未到期而未出资的股东，并不属于“未履行或者未全面履行出资义务的股东”情形，故不能依据该条款判决其对公司债务不能清偿的部分承担补充赔偿责任；其三，曾培并无证据证明晶国公司“不能清偿债务”，且对于能否清偿债务的事实的认定应通过执行等相关程序来解决，而不宜在诉讼过程中直接判定。综上，本院认为，在相关规范性法律文件未对股东出资加速到期进行明确规定的情况下，不应以诉讼方式随意突破股东实缴出资期限，以认缴时间判定股东是否履行出资义务，并对股东个人科以责任。此外，债权人亦并不是只有通过诉讼判定出资加速到期才能对其利益予以救济，如债务人公司不能通过融资或其股东自行提前交纳出资以清偿债务，债权人有权启动破产程序等方式保护其财产权益。一审法院判决刘胜振、刘品孝在实缴出资期限届满前以未出资金额对晶国公司债务承担补充赔偿责任，系适用法律错误，本院予以纠正。

另，最高人民法院《关于适用〈中华人民共和国民事诉讼法〉的解释》（以下简称《民诉法解释》）第三百二十三条规定：“第二审人民法院应当围绕当事人的上诉请求进行审理。当事人没有提出请求的，不予审理，但一审判决违反法律禁止性规定，或者损害国家利益、社会公共利益、他人合法权益的除外。”本院认为，虽然刘品孝并未对一审判决提出上诉，但在晶国公司尚未进入破产程序的情况下，一审法院判决错误认定股东出资加速到期，可能导致债权的个别清偿，影响其他债权人就晶国公司股东未出资部分进行概括清偿的权利，存在损害晶国公司其他破产债权人的利益的可能。故本院依据《民诉法解释》第三百二十三条第二款的规定，对于曾培要求刘品孝加速履行出资义务部分亦进行了审理，并作出认定。

【裁判解析】

问题的提出：2013 年 12 月，第十二届全国人大常委会第六次会议就公司法有关公司资本制度的规定作出修订，从立法层面确立了认缴资本制度，包括取消公司最低注册资本的限制，不再限制股东的首次出资比例以及货币出资比例，取消股东两年内缴足出资、投资公司五年内缴足出资、一人公司股东应一次足额缴纳出资的规定，允许股东自主约定认缴出资额、出资方式、出资期限等。这次公司法修改对现行公司法制度和规则形成了强烈的冲击和震动,也由此对公司法的理论和实务提出了一系列尖锐的问题,其中,本案涉及的问题是:认缴资本制度下未届出资履行期限的股东是否因公司债务未清偿而需要加速到期、补足出资?债权人能否一并诉股东承担连带责任或者补充清偿责任?

针对该问题,理论和实务界存在两种针锋相对的观点。

一种观点认为:认缴出资加速到期是法律变化的客观需要,2013 年公司法修订之前,实行加速到期的意义也许不大,但修订之后,由于没有了最低资本、法定缴资比例与最长缴资期限的限制,不诚信的天价出资及事实上的无期出资开始盛行,为了医治实践中认缴 100 年等乱象,产生了加速到期的必要;此外,《公司法》第三条、第二十条的规定,以及合同履行上的损害第三人利益的串通履行行为,可作为论证股东出资加速到期的法律依据。股东所约定的出资期限,隐含了不影响公司正常经营的前提,当公司出现偿债困难,这一前提已不存在,加速到期修正出资义务期限,在股东合理预期范围之内 。一审法院即持有该观点。

另一种观点则认为:分期认缴出资仅是股东依法所作的正当交易安排,且设立过程中已经公示,如无其他证据,不能认为是欺诈或者违反诚实信用原则,不具有道德上的可非难性;认缴制度确实加大了债权不能即期实现的风险,但这是制度设计使然,不能归咎于股东个人,且因事先已有公示,如债权人甘愿冒险或怠于注意,应风险自担;为防止股东借认缴制开出事实上的空头支票,法律已设计了破产程序中的加速到期制度,其制度合理性在于保障全体债权人的公平受偿,概括清结与债务人的一切债权债务关系,这与保障个别债权人的受偿而采取加速到期,在价值取向上完全不同。保障个别自甘冒险或未尽必要注意义务的债权人受偿,剥夺股东合法出资期限利益,合法性、合理性令人质疑。二审法院赞同该观点。

笔者认为,厘清上述问题,应从立法初衷、出资加速到期的请求权基础及债权人利益保护三方面予以讨论:

(一)修法对资本制度改革所反映和体现的指导思想及立法宗旨

2013 年公司法修订资本制度的改革力度是相当大的,公司法从资本信用转向了资产信用,不再把资本作为公司的主要信用基础,而更重视资产信用对交易安全和债权人保护的作用。与之配套,公司登记制度首先进行改革,国家企业信用信息查询系统对公司包括资本信息在内的所有信息实时更新,包括公司拥有的土地、房产、股权、知识产权等资产结构信息,资产的查封、冻结、抵押、质押、担保等状态信息等,以及公司涉诉信息、执行信息等,均可通过企业信用信息查询系统了解到。

而且，查询系统也处于日臻完善之中。在此背景之下，反映公司的静态信用资本信用，已经不能真实反映公司整体信用，而反映公司动态信用的资产信用，成为了解公司现实信用的窗口。所以，此次公司法修订价值取向在于鼓励投资创业，开拓投资资源，推动公司设立与发展，并以此带动劳动就业，促进经济发展；同时，放松管制，强化自治，使资本运营更加便利迅捷，适应投资者对公司资本规模的设计和资金筹措安排的需要；与此相对应，行政管理从事前控制转向事中和事后的监管，将监管模式调整为“宽进严出”的监管模式。

在这样的指导思想和立法宗旨之下，如果不加区分，概以债权人利益保护为出发点，只要出现公司未依约履行还款义务，即要求股东出资加速到期，则“认缴资本制度”无异于“实缴资本制度”，徒有形式而已。而对于债权人而言，企业信用信息查询系统的数据发挥不了应有的作用，债权人对合同相对方信用进行事前评估、合理规划商业风险的谨慎义务亦没有了现实的必要性。如此，改革的价值和意义，将大打折扣，落入了“新瓶装旧酒”的窠臼。

（二）关于股东出资加速到期的请求权基础

请求缴纳期限尚未届至的认缴出资加速到期，必须有相应的请求权基础。根据企业信用信息公示，对于股东认缴资本期限尚未届至的事实，债权人是明知的，谈不上股东对其欺诈的问题，故侵权相关法律不能作为请求权基础。债权到期是债权人行使代位权的构成要件，而尚未到期的认缴资本不能成为行使代位权直接追索股东的理由。《公司法解释三》第十三条第二款关于“公司债权人请求未履行或者未全面履行出资义务的股东在未出资本息范围内对公司债务不能清偿的部分承担补充赔偿责任的，人民法院应予支持；未履行或者未全面履行出资义务的股东已经承担上述责任，其他债权人提出相同请求的，人民法院不予支持”的规定，系针对“未履行或者未全面履行出资义务的股东”等出资不实的股东，并责令其对公司债务不能清偿的部分承担补充赔偿责任，但在认缴制下，因未到期而未出资的股东，并不属于“未履行或者未全面履行出资义务的股东”情形，不能依据该条款判决其对公司债务不能清偿的部分承担补充赔偿责任。现有法律关于股东出资加速到期的规定，只有《公司法解释（二）》第二十二条及《企业破产法》第三十五条规定。前者规定：“公司解散时，股东尚未缴纳的出资均应作为清算财产。股东尚未缴纳的出资，包括到期应缴未缴的出资，以及依照公司法第二十六条和第八十条的规定分期缴纳尚未届满缴纳期限的出资。公司财产不足以清偿债务时，债权人主张未缴出资股东，以及公司设立时的其他股东或者发起人在未缴出资范围内对公司债务承担连带清偿责任的,人民法院应依法予以支持。”后者规定:“人民法院受理破产申请后,债务人的出资人尚未完全履行出资义务的,管理人应当要求该出资人缴纳所认缴的出资,而不受出资期限的限制。”可见,股东出资加速到期的请求权基础,目前仅能依据公司解散、破产等特殊情形的法律规定,并不具有普遍适用性。且从公司法修法目的以及现行法律规定看,是明确肯定认缴制度下股东享有的期限利益,如果认为此种规定不妥,应通过立法加以改变,不宜通过司法在个案中予以剥夺,否则有司法擅断之嫌。

(三)关于债权人利益保护问题

持股东出资加速到期观点者的主要主张在于债务人公司的道德风险,即不诚信的天价出资及事实上的无期出资损害债权人的合法利益。但市场主体自主决定企业和自己的命运更符合市场的本质。至于出资加速到期所对应的“债权人利益保护”,此“债权人”不应当限定为某一交易中的某一特定的债权人,而是与目标公司发生交易的所有债权人,如果股东借认缴制开出事实上的空头支票,则由某一债权人抢先适用出资加速到期,实际上剥夺了其他债权人公平受偿的机会。更为重要的是,如果允许任意适用股东出资加速到期,在示范效应的影响下,债权人为保护自身权益、减少诉累,会将认缴制度下的股东拖进所有与公司交易有关的诉讼,股东只能疲于应诉,确有过度保护债权人之嫌。

综合上述考量,二审法院并未支持债权人曾培要求股东出资加速到期的请求。并同时在裁判论理部分对债权人救济渠道进行了说明。

【案例点评】

2013年公司法修订,从立法层面确立了认缴资本制度,取消公司最低注册资本的限制和有限责任股东两年内缴足出资的规定,允许股东自主约定认缴出资额、出资方式、出资期限。这次公司法修改,使我国公司法律制度在更大程度上与世界接轨,但也由此对公司法的理论和实务提出了一系列尖锐的问题。认缴资本制度下未届出资履行期限的股东是否因公司债务未清偿而需要加速到期、补足出资?债权人能否一并诉股东承担连带责任或者补充清偿责任?成为司法审判首当其冲要面临的问题,在实务界和理论界都存在较大的争议。本案从公司法修改的立法本意以及对债权人公平保护的角度出发,对上述问题做出了较为清晰的论证,对解决审判实践中的相关问题进行了有益的探索,具有指导意义。

【裁判心得】

由于2013年公司法的修订确立了认缴资本制度，对现行公司法制度和规则形成了强烈的冲击。针对认缴资本制度下未届出资履行期限的股东是否因公司债务未清偿而需要加速到期、补足出资？债权人能否一并诉股东承担连带责任或者补充清偿责任？理论界和实务界存在两种针锋相对的观点，每一种观点都极具理论和现实依据。为厘清该问题，笔者遵循立法初衷，对出资加速到期的请求权基础及债权人利益保护等进行实证分析，从两种观点的价值取向和利益相关人的权利平衡、保护进行论述，对上述问题做出认定，以期对相关问题的界定有所裨益。

李军诉陈红委托合同纠纷案

刘 婷*

关键词

离婚授予一方公司经营权　股权　委托合同任意解除权　约定“不可撤销”委托

裁判要旨

夫妻双方在离婚之际签订《股权转让协议书》，对相关公司的股份进行了分割，并特别约定了将公司经营管理权等股东权利“不能单方撤销”地授予一方。现授权方主张解除这一特别约定，可予支持。因为股东权利并非财产权，将股东权利与股东持有的股份分割开来不符合我国公司法股权平等、同股同权的基本原则。双方依据“不能单方撤销”地授权所形成的法律关系仍为委托合同法律关系。双方所约定的“不能单方撤销”的条款，不能限制委托合同一方行使《合同法》第四百一十条规定的单方解除权。

相关法条

《中华人民共和国合同法》第九十四条第五项、第九十六条第一款、第三百九十六条、第四百一十条。

【当事人基本情况】

上诉人（一审被告）：陈红。

被上诉人（一审原告）：李军。

---

* 刘婷，北京市第一中级人民法院民三庭法官。

【基本案情】

李军与陈红2001年9月19日登记结婚。2013年11月6日,陈红曾以离婚纠纷为由将李军诉至一审法院,请求法院判令二人离婚,并将亚之杰广告公司、亚之杰投资公司等多家公司的部分股权判归陈红所有。2014年2月26日,陈红撤回离婚纠纷案的起诉。2014年3月3日,李军(甲方)与陈红(乙方)签订《股权转让协议书》,主要内容包括:鉴于:1. 甲方为北京亚之杰广告有限公司股东并持有该公司99.9%股权、北京亚之杰投资有限公司股东并持有该公司49%股权……并实际控制北京星徽旗舰汽车销售服务中心有限公司……北京亚之杰伯乐旧机动车经纪有限公司;2. 甲方同意将其持有上述公司股权按照本协议约定转让给乙方;3. 乙方同意受让甲方持有上述公司的股权……1.1:甲方和乙方依照本协议规定的条件和方式由甲方向乙方转让北京亚之杰广告有限公司50%股权、北京亚之杰投资有限公司50%股权……1.2:甲方向乙方转让股权的同时,其拥有的及根据有关法律、法规、公司章程规定的附属于股权的其他权益将一并转让。第二条转让对价:该股权均为甲乙双方夫妻共同财产,双方同意离婚,该股权归属乙方所有……第八条特别约定,甲方同意上述公司的其享有的股东权及经营、管理权全部授权交给乙方,且不得单方撤销,包括但不限于股东表决权、选举权、经营权、管理权等,甲方对乙方的行为均予以认可并自愿承担由此产生的法律后果。甲方仅保留上述公司的股权财产权及收益权。2014年3月5日,李军与陈红签订《离婚协议书》并于当日在婚姻登记机关领取离婚证。

2016年3月29日,李军提起本案诉讼,称因其对陈红丧失信任,根据《合同法》第四百一十条的规定,请求法院依法解除双方订立的委托合同关系,即解除《股权转让协议书》中的第8条第5款。陈红辩称,第8条第5款的法律性质为民事授权的法律行为,该授权并非李军将属于自己的完全的权利授权给陈红,而是将李军、陈红共有的权利由李军授权给陈红行使,不适用于合同法关于委托合同的规定。

一审法院判决支持了李军主张的解除合同第8条第5款的诉讼请求,陈红上诉称:《股权转让协议书》的实质内容属于夫妻双方对其共同共有的包括9家公司的股权份额和经营管理权在内的夫妻共同财产的分割协议,陈红所享有亚之杰9家公司50%股权份额及公司完整独立的经营管理权,是依据夫妻离婚财产分割协议约定及实际履行分得的,夫妻财产分割协议具有确定的法律效力,任何一方不得擅自变更或解除,李军并不享有一般委托合同中的任意解除权。综上,请求撤销一审判决,改判驳回李军的全部诉讼请求。

【审理结果】

北京市海淀区人民法院 2017 年 3 月 20 日作出(2016)京 0108 民初 10191 号民事判决,判决:确认李军解除合同的行为有效,李军与陈红之间的委托合同关系,即 2014 年 3 月 3 日双方签订的《股权转让协议书》中的第 8 条第 5 款于 2016 年 4 月 8 日解除。宣判后,陈红向北京市第一中级人民法院提起上诉。北京市第一中级人民法院 2017 年 12 月 28 日作出(2017)京 01 民终 4548 号民事判决,判决:驳回上诉,维持原判。

【裁判理由】

法院生效裁判认为:本案争议焦点为《股权转让协议书》第 8 条第 5 款的性质认定及能否解除的问题。

(一)关于《股权转让协议书》第 8 条第 5 款的性质认定问题

本院认为,《股权转让协议书》系李军与陈红订立于离婚之际,李军、陈红均认可《股权转让协议书》并非一般意义所言之股权转让,而是离婚分割财产的协议,旨在分割夫妻共同所有的公司股份。在双方基本按照各 50% 比例分割相关公司股份的基础上,又进一步通过《股权转让协议书》第 8 条第 5 款约定,将李军所享有的股东权及对相关公司的经营管理权(需指出,《公司法》中并无经营管理权概念,股东经营管理公司的权利一般通过行使表决权等股东权利实现)予以处理,并约定"不可单方撤销"地"全部授权交给"陈红,可以体现双方在离婚之时有意将李军所分得股份对应的公司经营管理权等股东权利交予陈红行使,由陈红经营管理公司。

即使第 8 条第 5 款体现出双方上述合意,亦不能确认该条款为财产分割性质的条款,双方当事人依据《股权转让协议书》第 8 条第 5 款所形成的法律关系仍为委托合同法律关系。理由如下:第一,股权即股东权利,是股东基于股东资格,依据公司法和公司章程规定而享有的从公司获得财产利益并参与公司治理的权利,包括表决权、利润分配请求权、知情权、股东代表诉讼提起权、新股认购优先权等,股东权利的内容具有综合性,既有财产权的一面,又有非财产权的一面。陈红依据第 8 条第 5 款行使经营管理公司等股东权利,并不能与固定的财产价值相对应,并不能达到直接取得李军某种财产的法律效果。第二,按照《婚姻法》第十七条、最高人民法院《关于适用〈中华人民共和国婚姻法〉若干问题的解释(二)》第十一条、第十五条、第十六条的规定可知,可以作为夫妻双方共同财产分割的是有限责任公司的"股份"或"出资额"。日常生活中常有不区分"股权"与"股份"概念的情况,离婚时，夫妻双方以“股权”作为“股份”或“出资额”的替代概念实际分割公司的股份或出资额，具有法律依据。而本案中，陈红主张，《股权转让协议书》不仅分割了股权份额，还通过第8条第5款的约定将李军分得股份所对应的经营管理权等股东权利作为夫妻共同财产实际分割给陈红，对此本院认为，通观《股权转让协议书》，所包含的内容并非将全部股份分割给陈红，而是李军仍保留相关公司的相应股份，陈红主张将李军的股东权利与其股东资格分割所有，不符合《公司法》的基本原则。《公司法》关于股东权利行使的基本原则即是股权平等，同股同权，各股东依其所持股份的性质、内容和数额享受平等待遇。建立在股份基础上的股东权利与股东所持有的股份无法分割所有，李军依《股权转让协议书》分得股份所对应的股东权利，其应当然的享有。第三，股东的权利虽不能与股东资格分割所有，亦不能作为财产性权利进行分割，但可授权他人代为行使。从本案协议的具体约定来看，第8条第5款约定中即使用了“授权”的表述，双方据此形成的法律关系系典型的委托合同关系。

（二）关于《股权转让协议书》第8条第5款能否解除的问题

就“不得单方撤销”的约定能否限制当事人行使法定的解除委托合同的权利，本院认为，“不可撤销”确为双方当事人对不得解除委托所做的特别约定，但在委托合同关系中，并不因当事人预先对权利行使作出限制而随即产生丧失单方解除权的法律后果。一方面，委托合同关系主要基于人身信赖关系订立，受托人是否忠实、有能力完成委托事务，对委托人利益关系极大。而委托合同双方在订立合同时难以对此后双方的信任关系作出预判，在委托方与受托方信任基础动摇或丧失信任的情形下，双方所做的不可解除委托的约定显然有悖于委托合同的基本性质。另一方面，李军作为授权陈红行使该部分股份相关股东权利的股份持有人，享有该部分股份所对应的股东权利系法律赋予的权利，其可以随时撤销委托。李军违反“不得单方撤销”委托的约定，应当承担的是相应违约责任，而基于委托合同严格的人身属性，“不得单方撤销”委托的约定亦不适于强制履行。

综上，李军诉请解除与陈红的委托合同关系（即《股权转让协议书》第8条第5款）的诉讼请求具有法律依据，应予支持，陈红的上诉请求不能成立，应予驳回；一审判决认定事实清楚，适用法律正确，应予维持。

【裁判解析】

本案所体现的两个方面的法律问题值得注意，一是离婚时能否“分割”公司经营管理权，二是“不可撤销授权”的法律约束力认定问题。

(一)公司经营管理权能否作为夫妻共同财产分割

按照我国《婚姻法》及司法解释,对于非上市的有限责任公司来说,在离婚时可以分割公司的"股份"或"出资额"。日常生活中常有不区分"股权"与"股份"概念的情况,夫妻双方离婚时,往往会以"股权"作为"股份"或"出资额"的替代概念实际分割公司的股份或出资额。

而对于经营公司的夫妻双方,在离婚分割相关公司的股份、出资额时对公司"经营管理权"一并作出特别约定也不鲜见,毕竟,公司的"经营管理权"由谁控制,将会决定公司的经营业态、发展方向等,并可能影响股东可在公司获得的收益。

那么,本案诉争的这种"不可撤销授权"的约定模式能否实现分割"经营管理权"的效果呢?

需要说明的是,我国《公司法》中并无"经营管理权"的概念,股东经营管理公司的权利一般通过行使表决权等股东权利实现。故此,前述问题即是在探讨离婚时,能否通过诉争条款将一方所分得股份所对应的股东权利"分割"给另一方。对此,应从以下几方面分析:

第一,股东权利,也就是《公司法》意义上讲的"股权",是股东基于股东资格,依据《公司法》和公司章程规定而享有的从公司获得财产利益并参与公司治理的权利,包括表决权、利润分配请求权、知情权、股东代表诉讼提起权、新股认购优先权等。股东权利的内容具有综合性,无法直接以金钱计算价值,并非财产权的一种。学者将股东权利归为"社员权",即社员对社团法人享有的独特的民事权利,权利以资格为基础,资格以权利为表现,二者不可分割,既不同于物权,也不同于债权。①股东权利可以授权他人行使,但不能将其作为某类财产权与股东所持有的股份分割所有。

第二,对股东权利进行"分割"并"分得"部分股东权利的主张,也不符合我国《公司法》股权平等、同股同权的基本原则②,这一基本原则的内涵就是各股东依其所持股份的性质、内容和数额享受平等待遇。③ 本案中,正如陈红可对其所分得股份享有股东权利一样,李军对其分得股份所对应的股东权利,也应当然的享有。

故此,虽然本案中,陈红有意在分割共同财产的时候取得公司经营管理权,并

---

① 刘俊海:《现代公司法》(第三版),法律出版社2015年版,第273~274页。

② 我国《公司法》总则虽未明确规定股权平等原则,但分则中的规定,如第三十四条规定中的"股东按照实缴的出资比例分取红利"、第一百二十六条规定中的"同种类的每一股份应当具有同等权利"、第一百零三条规定中的"股东……所持每一股份有一表决权"等,均体现了股权平等原则。

③ 刘俊海:《现代公司法》(第三版),法律出版社2015年版,第312页。

认为已通过"不可撤销授权"的条款实际获取了李军股份的股东权利，而事实上，其依李军"授权"行使李军持有股份所对应的股权，双方之间的法律关系仍为典型的委托合同关系。除了离婚，在公司经营的某些特殊时期（比如公司进行某项重大决策之际），股东之间也有对如何行使表决权作出与本案类似的"不可撤销授权"的特别约定的情况，此情形下相关股东之间的关系亦是委托合同关系。

（二）"不可撤销授权"具有何种法律约束力

一方面，对于能否通过"不可撤销授权"条款限制委托合同单方解除权行使的问题，我们认为，委托合同关系基本属性是基于人身信赖关系订立，双方在订立合同时难以对此后双方的信任关系作出预判，在委托方与受托方信任基础动摇或丧失信任的情形下，哪怕这种情形仅是委托方或受托方单方的主观感受，要求双方继续保持委托关系都有悖于委托合同的基本性质，因此"不可撤销授权"的约定不能限制任意解除权的行使。

另一方面，委托合同的任意解除权与违约责任的承担是硬币的两面。在公司经营中，授权委托他人行使股东表决权的做法日渐成为被广泛采用的处理股权权能的方式之一，股东自然有权将其所持股份的部分权能授权他人行使。授权股东与行权股东之间就委托事项达成的书面协议，不违反法律、行政法规规定的（应指出，"不可撤销授权"的约定在双方尚具有合意的前提下并不违反合同法的相关规定），应具有有效的合同约束力，双方应依协议履行。如前所述，尽管"不可撤销授权"的约定不能限制委托合同法律关系中法定任意解除权的行使，但双方一旦约定"不可撤销授权"，即表明双方明确地认识到该委托关系旨在使受托人可以确定、持续地行使权利，在此情况下，如果委托方仍执意行使法定任意解除权解除授权，明显违反合同约定，应承担相应法律责任。但这种责任应为违约责任、赔偿损失等民事责任，而不适宜强制继续履行委托条款[①]。

【案例点评】

本案二审裁判文书在夫妻分割财产的背景下，厘清了"授予经营权"条款的法律性质，阐释了股权的含义，特别是对日常生活中容易混淆的"股权"与"股份"的概念加以区分，树立了股权不能与股东资格相分离、不能作为一项独立财产权利分割给他人的基本观点，也对"不可撤销"委托条款的约束力作出了司法认定。无论

---

① 关于委托合同不适宜强制执行的论述参见李国光主编：《合同法释解与适用》，新华出版社 1999 年版，第 438 页。

是对离婚财产纠纷中涉及“股权”处理的问题,还是对经营公司过程中因“不可撤销”授权而产生的纠纷,本案裁判文书均具有一定的指导意义。

【裁判心得】

本案二审诉讼中,当事人提出了与其一审诉讼主张不尽相同的新观点,即诉争合同条款是夫妻双方在离婚背景下所作的财产分割协议,故诉争条款并不能使双方形成委托合同关系,授权一方无权解除。为此,合议庭充分调研、评议,并同主审婚姻家庭类案件的法官进行了会商。不可回避的问题集中于:即使在离婚背景下,股权的部分权能能否与股东资格(或说股东所持有的股份)分离,分割给一方,以及“不可撤销授权”的约定具有何种法律约束力。最终,裁判文书对前述问题做出了界定。尽管分割股东权利于法无据,但法律并不禁止和限制当事人在离婚分割财产之时对所投资的公司做出更长久的经营安排,公司股东按照《公司法》的规定、公司章程议事程序的约定,可通过回购另一方的股份、实现多数表决权(2/3 以上表决权)等多种方式实现初衷,当然,通过取得其他股东代为行使股东权的“不可撤销授权”也是一种方法,只不过这种方法对于长期有效控制公司的想法而言存在风险,当事人应对所存在的风险有所预判。

北京神州泰岳软件股份有限公司诉北京泛亚太信息技术研究所(普通合伙)股权转让纠纷案

王　晴*

关键词

股权调整型对赌协议　非典型性担保　以物抵债　资本公积金转增股本　股权回购

裁判要旨

本案属新类型案件。对赌协议,又称估值调整机制,属于新类型的无名合同,投资者与股东之间的对赌协议,一般应认定有效。作为股权调整型的对赌协议,目前并无对赌条件成就后,股票直接过户的禁止性规定。在对赌标的股票数量因资本公积金转增股本发生变化时,应根据资本公积金转增股本的特殊性和该部分股票用于估值调整的根本属性出发,确定合理的标的股票数量。上市公司获得自身股票,涉及股权回购问题,应在执行中进行信息披露并按规定期间进行注销登记。

相关法条

1.《中华人民共和国合同法》第八条、第一百零七条。

2.《中华人民共和国公司法》第一百四十二条。

* 王晴,北京市第一中级人民法院民三庭法官。

【当事人基本情况】

上诉人(一审被告):北京泛亚太信息技术研究所(普通合伙)。

被上诉人(一审原告):北京神州泰岳软件股份有限公司。

【基本案情】

2013 年 8 月 14 日,北京神州泰岳软件股份有限公司(以下简称神州泰岳公司)(甲方)与包括北京泛亚太信息技术研究所(普通合伙)(以下简称泛亚太研究所)在内的北京广通神州网络技术有限公司(以下简称广通神州公司)的五位股东(乙方)签署了《股权转让协议》,约定:神州泰岳公司受让以上五位股东持有的广通神州公司 100% 股权,股权转让款按如下方式及条件进行支付:第一笔款项及支付,本协议生效后 10 个工作日内,甲方分别向乙方支付转让款的 50%,合计支付 2750 万元(含税);第二笔款项及支付……泛亚太研究所完成本协议约定的足额购买神州泰岳股票并锁定后的 5 个工作日,甲方支付其剩余价款的剩余部分,即人民币 1100 万元……六、特别约定……(二)本次股权转让完成后,五位原股东应保证广州神州核心团队与广通神州公司签订符合甲方规定条件的不短于 5 年期限的聘用合同,并不得在神州泰岳公司及神州泰岳控股子公司之外的公司或企业中担任执行职务(包括但不限于管理、技术、营销、采购等职务),在广通神州公司服务期间及离开广通神州公司后 2 年内不得从事与广通神州公司相同或竞争的业务。(三)泛亚太研究所应在甲方指定的证券营业部开立证券账户,并在收到第一笔股权转让价款后的 2 个月内合计使用不少于人民币 700 万元用于从二级市场购买神州泰岳股票。泛亚太研究所若未在二级市场足额购买股票,视为泛亚太研究所违约,甲方有权无偿收回相应的股权转让款,但不影响其他股东股权转让及股权转让款的支付。泛亚太研究所购买的此等神州泰岳股票自购买完成之日起 12 个月全部锁定,12 个月锁定期届满后,分二个年度进行解锁,每个年度解锁二分之一。

2013 年 12 月 13 日,上述各方又签订《〈股权转让协议〉之补充协议》,约定:截至 2013 年 11 月 28 日,甲方已支付转让价款的 50%,尚余款项 2750 万元。泛亚太研究所已按照主协议约定,通过深圳证券交易所证券交易系统购买了神州泰岳股票 247 000 股(下称"担保股份"),并办理了锁定……三、本补充协议剩余款项以及乙方之泛亚太研究所持有的担保股份,将根据广通神州公司业绩实现情况进行支付与处理。四、乙方承诺广通神州公司 2014、2015、2016 年度实现的归属于广通神州母公司股东的合并净利润分别不得低于 900 万元、1000 万元、1100 万元……

五、本补充协议剩余款项待全部业绩承诺期满后根据实现情况予以支付。具体如下:1. 其中任一年度低于所对应的利润承诺数,则相应扣减本协议剩余款项的三分之一,且担保股份的三分之一将归属于甲方所有并由甲方进行处理。2. 承诺期满后,若广通神州公司2014、2015及2016年度实现的归属于广通神州母公司股东的累计合并净利润不足3000万元的,则支付款项为扣减前述"五、1"后的余额,担保股份按前述"五、1"规定的方式处理。3. 承诺期满后,若广通神州公司完成"前述四"所述的2014、2015及2016年度利润承诺数,则甲方向乙方支付本补充协议剩余款项,担保股份归属于乙方之泛亚太研究所……六、乙方之泛亚太研究所依据本协议约定所购买的全部神州泰岳股票在上述业绩承诺期间不予解锁,待业绩承诺期满后根据实现情况进行处理。

之后,泛亚太研究所通过深圳证券交易所证券交易系统购买了神州泰岳公司股票266 300股,其中的247 900股作为"担保股份",并办理了锁定。

2014年4月,神州泰岳公司发布2013年年度权益分配实施公告,以资本公积金向全体股东每10股转增10股,所送(转)股于2014年4月17日直接计入股东证券账户。此时泛亚太研究所持有的247 900股担保股份总额由247 900股增加至495 800股。

2015年5月,神州泰岳公司发布2014年年度权益分派实施公告,以资本公积金向全体股东每10股转增5股,所送(转)股于2015年6月8日直接计入股东证券账户。此时泛亚太研究所持有的247 900股担保股份总额由495 800股增加至743 700股。

神州泰岳公司提供广通神州公司合并利润表、审计报告、年度报告及财务报表等,显示2014年、2015年、2016年该公司未能达到承诺的900万元、1000万元、1100万元。神州泰岳公司以此证明在业绩承诺期间,广通神州公司的业绩出现下滑,在2014年、2015年、2016年均未达到相应的承诺利润,按照合同约定,担保股票应归其所有,并提供2016年广通神州公司审计报告及财务报表出具时神州泰岳公司股票股价截图,主张此时神州泰岳公司股票的收盘价为9.52元,如不能全额归还其所主张份额的股票,则应按照此价格计算损害赔偿数额。神州泰岳公司还提供其他上市公司公告,意图证明上市公司收购目标公司时,要求转让方作出业绩承诺是业界常见的;上市公司收购标的公司时,如标的公司达不到承诺业绩,上市公司回购转让方持有的自身股票也是业界常见的。

神州泰岳公司提供泛亚太研究所的资金合并对账单等,主张泛亚太公司违约卖出了神州泰岳相关股票,目前仅持股 591 600 股,实际持有的担保股份低于两次转增之后的 743 700 股,构成违约。泛亚太研究所主张其并未违约,仍然保有合同约定冻结的 247 900 股神州泰岳股票,转增的股票数额不应包括在担保股票数额之中。

神州泰岳公司提供 2014 年 4 月 16 日、4 月 17 日、2015 年 6 月 5 日、6 月 8 日神州泰岳公司股票股价截图,证明 2014 年、2015 年两次以资本公积金转增股本的方式按照 10 转 10、10 转 5 的比例送股后,泛亚太研究所应锁定的股份从 247 900 股变为 495 800 股,后变为 743 700 股,由于转增股后股份总价值不变,股份数量与股票股价的增减比例基本相同。

神州泰岳公司起诉请求:1. 判令泛亚太研究所按《股权转让协议》第六条第三款及《〈股权转让协议〉之补充协议》第六条的约定,以购买 152 100 股神州泰岳公司股票的方式恢复其应持有的担保股份数额,担保股份数额暂计至 2015 年 8 月 10 日;2. 判令泛亚太研究所将 743 700 股“神州泰岳”(股票代码:300002)过户给神州泰岳公司;3. 如泛亚太研究所不能将上述 743 700 股神州泰岳股票如数过户给神州泰岳公司,则神州泰岳公司请求泛亚太研究所按照每股 9.52 元价格(依据 2017 年 2 月 24 日收盘价计算)向神州泰岳公司赔偿损失,总计 7 080 024 元。

泛亚太研究所辩称:不同意神州泰岳公司的诉讼主张。泛亚太公司不存在违约行为,系神州泰岳公司的原因导致净利润未达标,“担保股份”应为 247 900 股,而非 743 700 股,泛亚太公司仅同意返还 247 900 股“担保股份”。

【审理结果】

北京市海淀区人民法院于 2017 年 5 月 5 日作出(2015)海民(商)初字第 31706 号民事判决:一、自判决生效之日起十日内,泛亚太研究所以购买 152 100 股“神州泰岳”股票(股票代码:300002)的方式,恢复其应持有的 743 700 股担保股份数额;二、自判决生效之日起三十日内,泛亚太研究所将上述 743 700 股“神州泰岳”(股票代码:300002)过户给神州泰岳公司;三、如泛亚太研究所不能将上述 743 700 股神州泰岳股票全部如数过户给神州泰岳公司,则泛亚太研究所应按照每股 9.52 元的价格,向神州泰岳公司支付不能过户股票份额所对应的损失数额,损失计算公式为:[9.52 元/股 ×(743 700 - 可以办理过户的神州泰岳股票数额)]。宣判后,泛亚太研究所向北京市第一中级人民法院提起上诉。北京市第一中级人民法院于 2017 年 9 月 15 日作出(2017)京 01 民终 6090 号民事判决,判决驳回上诉,维持原判。

【裁判理由】

法院生效裁判认为:本案的争议焦点为,在《〈股权转让协议〉之补充协议》约定的条件成就后,泛亚太研究所应向神州泰岳公司过户的"神州泰岳"股票,是最初的 247 000 股,还是转增后的 743 700 股。根据事实与证据,本院认定泛亚太研究所应向神州泰岳公司过户的"神州泰岳"股票的数量应为 743 700 股。

针对该争议焦点问题的分析,不能脱离资本公积金转增股本的实质及《股权转让协议》《〈股权转让协议〉之补充协议》中约定"担保股份"的本意。首先,资本公积金转增股本,是上市公司使用资本公积金向股东转送股票。与股票分红不同,资本公积金转增股本,并没有改变上市公司的股东权益,也没有影响公司的资产和负债,股东持有的股票数量虽然增加,但每股拥有的权益同比例下降,故股东所持股份占公司总股本的比例不会发生变化,股东的股东权益也没有发生变化,不会产生所谓的获得孳息的问题。从上述资本公积金转增股本的实质来看,"神州泰岳"股票转增前的 247 000 股与两次转增后的 743 700 股的股票权益是一致的,虽然转增导致数量增加,但股价相应下跌,应认定转增前的 247 000 股与转增后的 743 700 实际具有同一性。其次,从双方的合同约定内容来看,双方设立所谓的"担保股份",实际是为了对神州泰岳公司所支付的股权转让款进行附条件的调整,将目标公司的未来业绩作为股权转让款的一种考量,此时"担保股份"以其体现的价值来对股权转让价款进行调整,而非泛亚太研究所主张的以其固定的数量对股权转让价款进行调整,故资本公积金转增股本后,743 700 股的"神州泰岳"股票才是最初双方约定的"担保股份"。

【裁判解析】

本案涉及目前公司对外投资中常见的"对赌条款"的具体适用问题,上市公司收购目标公司时,可采用要求转让方购买上市公司股票的对赌方式,一方面保证转让方与上市公司"同呼吸共命运",为上市公司业绩共同努力;另一方面在出现约定条件时,以"担保股份"对收购价格进行调整。上述对赌条款进入到司法实践中,引发了针对该类型对赌协议的多方面思考。

(一)关于对赌协议的效力、类型及性质的认定问题

本案的"担保股份",产生于双方当事人约定的"对赌协议"中。对赌协议,又称估值调整机制,作为一种设计性的交易模式,用以保证交易双方对交易价值无法达成一致时继续交易的可能性。在股权转让中,股权价值的核心判断因素在于目标公司的未来营利性,但由于未来盈利具有不确定性,交易双方对此难以达成一

致，此时，对赌协议将公司未来盈利情况设定为转让价格的调整因素，并针对上述情况是否实现采取股权、现金等多种方式的价格调整手段，上述交易机制目前已成为投资界的常见投资方式。

关于对赌协议的效力方面，目前主要形成法院判决对除外投资者和公司之间对赌协议的肯定性评价及仲裁裁决对所有对赌协议效力的肯定性评价两种方式。投资者与公司对赌，因涉及损害其他债权人的利益，法院在司法实践中一般认定无效，其他类型的对赌协议一般均认定有效。本案中，对赌的双方系投资公司神州泰岳公司和原股东泛亚太研究所，此两类主体签订的对赌协议应认定有效。

关于对赌条款的具体类型，根据调整标的不同，可区分为股权调整型、现金补偿型、股权稀释型、股权回购型、股权激励型、股权优先型等多种不同的调整类型。本案的对赌协议，约定若目标公司广通神州公司2014、2015、2016年度实现的归属于广通神州母公司股东的合并净利润分别低于900万元、1000万元、1100万元时，既要扣除剩余股权转让款，又要将相应比例的担保股份过户给投资人，上述约定，属于股权调整型和现金补偿型的复合模式。

关于对赌协议的性质问题，对赌协议属于何种类型的合同，在理论界，出现了附条件合同说、担保合同说、股票期权说、射幸合同说、综合说等多种学说意见，其中综合说和涉幸合同说占主流地位。笔者认为，对赌协议作为金融创新产品，在司法实践中应淡化性质分类，而将其认定为一种无名合同，按照合同约定的具体内容，确定各方的权利义务关系，并据此进行司法裁量。

（二）关于“担保股份”的性质及是否可以直接判决股票过户的问题

具体到本案的“担保股份”的性质问题，双方约定，将泛亚太研究所出资购买的“神州泰岳”股票，作为股权转让价格的一种调整方式，在目标公司预期利润达到约定条件时，担保股份继续为泛亚太研究所所有，若预期利润达不到约定条件，泛亚太公司应将担保股份转让给神州泰岳公司。按照上述约定内容，“担保股份”的性质更接近于一审判决所认定的“非典型性担保”或目前常见的“以物抵债”两种法律关系。但首先，担保股份与上述两种法律关系的差别是主债务是否成立处于不确定的状态，非典型性担保与以物抵债均以已经生效的债务存在为前提。其次，上述两种法律性质下均存在对于流质的结果司法不予支持的问题，即在司法实践中，非典型性担保不可直接要求判令担保物过户，未得到实际履行的以物抵债，亦无法实现直接以物抵债的判定结论。本案针对股权调整型的对赌协议，最终直接判令“担保股权”予以过户。最后，“非典型性担保”和“以物抵债”在效力上存在分歧性认识，而对赌协议目前的司法实践一般均认定有效。综合以上情况，笔者认为，不应将“担保股权”认定为“非典型性担保”或“以物抵债”，上述认定将导致股权直接过户缺乏法律依据，有违支持金融创新的审理思路。故本案二审中，并未就“担保股份”的法律性质做出明确认定，而是将泛亚太公司特定条件下给付股票的义务简单认定为合同之债，并予以支持。

（三）对资本公积金转增股本的认定问题

本案中，双方当事人就泛亚太研究所应过户给神州泰岳公司的股票数量产生了极大争议。2014 年 4 月，神州泰岳公司以资本公积金向全体股东每 10 股转增 10 股，2015 年 5 月，神州泰岳公司以资本公积金向全体股东每 10 股转增 5 股，泛亚太研究所最初持有的 247 900 股担保股份数额在两次转增后，必然会发生变化，此时泛亚太研究所坚持认为“担保股份”就是最初购买的 247 900 股，神州泰岳公司则主张股票数量应按照转增股本的结果进行相应的变化。针对该焦点问题，在明确约定担保股份的目的是对股权转让款进行估值调整的前提下，资本公积金转增股本的性质成为解决上述问题的关键。

资本公积金转增股本，即用资本公积金向股东转送股票。资本公积金，是在公司的生产经营之外，由资本、资产本身及其他原因形成的股东权益收入。资本公积金主要来源于股票发行的溢价收入、接受的赠与、资产增值、因合并而接受其他公司资产净额等。其中，股票发行溢价是上市公司最常见也是最主要的资本公积金来源。由于资本公积金原本即属于公司资产的一部分，故资本公积金转增股本没有改变上市公司的股东权益，也没有影响公司的资产和负债，股东持有的股票数量虽然增加，但每股拥有的权益同比例下降，股东所持股份占公司总股本的比例不会发生变化，股东的股东权益也没有发生变化。

需要注意的是，资本公积金转增股本与红股的区别，红利股票是上市公司采用股票股利形式进行的利润分配，它的来源是上市公司的留存收益；而公积金转增资本是在股东权益内部，把公积金转到“实收资本”或者“股本”账户，并按照投资者所持有公司的股份份额比例的大小分到各个投资者的账户中。资本公积金转增的股份并非一审判决所认定的原有股份的孳息，因为上述转增并不会产生股票持有者资产增加的问题，转增前后的股票实际具有同一性。

根据上述两点分析，无论是从担保股份的设立主旨出发，还是从资本公积金的性质考虑，最初的 247 900 股在经过两次转增后，已经变成了 743 700 股，作为双方约定的估值调整的标的股票的数量，应为转增后的 743 700 股。

(四)判决实际执行中涉及的股权回购的问题

关于对赌协议,司法实践中已有较多判例,但对于直接以上市公司股票过户作为对赌义务的形式,目前还缺少判决先例。在经过对对赌条件是否成就、对赌标的数量及能否直接判决过户股票的思考后,本案还应注意判决执行中的特殊问题。

神州泰岳公司作为上市公司,获得股票过户意味着该公司进行了股权回购,根据《公司法》第一百四十二条的规定,股份有限公司可以进行股权回购,证监会亦颁发了《上市公司回购社会公众股份管理办法(试行)》,故应认定本案的股权回购是可行的。

股权回购后,因公司本身不能持有自身的股票,故应按照《公司法》及《上市公司回购社会公众股份管理办法(试行)》的规定,进行必要的信息披露,并在规定时间内进行该部分股权的注销登记,上述操作问题在执行中应予以重视。

【案例点评】

本案属于新类型案件。对赌协议,是目前投资领域的常见协议,司法实践中,以股权回购型和现金补偿型对赌协议较为常见。本案的主要焦点问题涉及股权调整型对赌协议,在目前司法实践中较为少见,亦缺乏相关的判例支持。本案例在该类型对赌协议的效力、性质,对赌标的的性质及相应股权能否在对赌双方之间过户问题上,进行了分析认定。同时,本案亦涉及资本公积金转增股本及公司股权回购两方面问题,对后续同类型案件具有一定的指导意义。

【裁判心得】

经济生活的发展带来经济模式创新,新的模式代表了全新的权利义务关系的设定,当经济创新进入司法领域时,司法应兼顾鼓励创新和效力底线两点要求,在不触及法律禁止性规定的情况下,以当事人的约定内容作为认定标准。同时,经济创新也要求法官对审理案件中涉及的专业领域知识理解消化,使判决结果更符合客观事实。通过司法的介入,一方面肯定合法性创新,另一方面调整创新经济的权利义务关系,使其更趋于合法合理化,达到服务经济和定分止争的双重司法职能。

北京禾佳源农业科技股份有限公司诉陕西盛通达投资管理有限公司合同纠纷案

杨　力*

关键词

商事合同　效力判定　合法性审查　合理性审查　非法目的

裁判要旨

在商事案件中，裁判者要尊重各市场主体通过合同形式体现的商业决策和商业安排，对商事主体之间的合同关系主要进行合法性审查，而非合理性审查。《合同法》第五十二条中"以合法形式掩盖非法目的"的判定，重点在于考查合同签订过程中当事人的真实意图，不能仅依据投融资方商业博弈导致的一方损失的结果倒推出合同签订时的目的非法。

相关法条

《中华人民共和国合同法》第五十二条、第一百条。

【当事人基本情况】

上诉人（一审被告）：北京禾佳源农业科技股份有限公司。

被上诉人（一审原告）：陕西盛通达投资管理有限公司。

【基本案情】

原告陕西盛通达投资管理有限公司（以下简称盛通达公司）诉称：其与北京禾佳源农业科技股份有限公司（以下简称禾佳源公司）签订了《公司并购意向协议》，

---

* 杨力，北京市第一中级人民法院民三庭法官。

确定其通过股权受让及增资入股的形式介入禾佳源公司,随后,盛通达公司支付了300 万元股权转让款。对方并未依约完成股权收购事宜,双方未能签订《股权转让协议》。故请求判令禾佳源公司返还股权转让款 300 万元及资金占用期间的利息。

被告禾佳源公司辩称:双方签订的《备忘录》约定,原双方商定的盛通达公司出资 3800 万元收购禾佳源公司 51% 股份,变更为盛通达公司出资 1300 万元(含此前盛通达公司支付的 300 万元)收购禾佳源公司相应的股份。该款盛通达公司应于2015 年 7 月 1 日前全部支付,否则盛通达公司将承担 300 万元的违约责任。其后,盛通达公司确实违约,违约金应从盛通达公司已支付 300 万元中抵扣,故不存在返还股权转让款的说法。

2014 年 9 月 17 日,禾佳源公司(协议内以下简称甲方)与盛通达公司(协议内以下简称乙方)签订《意向协议》,主要内容为:……3. 甲方拟通过股权转让的方式,将禾佳源公司的部分股份转让给乙方(或者乙方指定的自然人及法人),乙方同意受让。4. 乙方拟通过股权受让及增资入股的方式,介入禾佳源公司,甲方同意出让股权并进行增资。(五)协议终止条款,如果合作双方在 2014 年 10 月 15 日之前无法签订股权转让及增资协议,则本协议自动失效;但经双方书面确认,可对该期限予以延长。(六)并购的内容,①乙方受让甲方 10% 的股权。②在乙方受让甲方 10% 股权后,乙方再对甲方进行增资,最终使乙方持有甲方 51% 的股份。(七)对价条款,乙方为并购所付出的对价为股权转让款及增资款。其中股权转让款为 300 万元,对应甲方增资前 10% 的股权;对甲方的增资款为 3500 万元。双方还就其他事项进行了约定。

盛通达公司于同年 9 月 22 日,将股权转让款 300 万元给付禾佳源公司。此后盛通达公司出现了资金困难,股权转让事宜停滞,禾佳源公司未将 300 万元股权转让款退还盛通达公司。

北京市工商行政管理局的公示信息显示:2015 年 2 月 4 日,禾佳源公司的注册资本由此前的 1180 万元变更为 3500 万元。

同年 4 月 16 日,禾佳源公司与盛通达公司签订一份《备忘录》,主要内容为:一、双方确认,原双方商定的乙方出资 3800 万元收购甲方 51% 股份。因乙方原因,不能按约履行,现变更为乙方出资 1300 万元(含此前乙方支付 300 万元)收购甲方股份(乙方占甲方股份额以上述 3800 万元占 51% 股份的标准推算)。该款乙方于2015 年 7 月 1 日前全部支付甲方。否则乙方违约,自愿承担 300 万元的违约责任。双方签订的《意向协议》终止。该违约金从乙方已支付的 300 万元中抵扣……

四、本备忘录为原甲乙双方于2014年9月17日签订的《意向协议》的补充协议，具有同等法律效力，若与原协议不一致，以本补充协议为准。

同年4月20日，禾佳源公司（补充协议内简称甲方）又与盛通达公司（补充协议内简称乙方）、杨楠（补充协议内丙方）签订一份《补充协议》，主要约定：一、甲乙丙一致确认，2014年9月22日通过丙方汇给甲方法定代表人张怀300万元，属于甲乙双方2014年9月17日签订的《意向协议》中乙方应支付甲方的股权款项……备忘录还对其他事项进行了约定。

《备忘录》和《补充协议》签订后，盛通达公司再未向禾佳源公司支付款项，禾佳源公司亦未将300万元退还盛通达公司。

二审补充查明：2014年9月17日，禾佳源公司与盛通达公司签订的《意向协议》同时约定：（九）盛通达公司的义务与承诺……4.在增资协议签订后，盛通达公司在5个工作日内完成增资事宜。最终目的：通过盛通达公司对禾佳源公司增资3500万元，使禾佳源公司的注册资本达到6863万元，其中禾佳源公司出资3363万元，占比49%，以公司现有资产出资；盛通达公司出资3500万元，占比51%，以现金进行出资。

2015年4月14日，禾佳源公司与盛通达公司签订《备忘录》。关于《备忘录》的磋商方式是双方以邮件往来形式进行，盛通达公司主张《备忘录》是由禾佳源公司起草，同年4月3日由刘牧风发送给杨楠，4月8日杨楠发送给张怀，其通过电子邮件签字盖章。禾佳源公司陈述，4月20日盛通达公司一行来到北京，于是其当面补签了《备忘录》的签字盖章，双方亦签订了《补充协议》。盛通达公司对此陈述予以认可。盛通达公司还主张：禾佳源公司利用其资金紧张，在不平等的情况下迫使其签订了《备忘录》，所以，《备忘录》前言部分是不真实的；当时在年关，公司资金链出现问题，急着用钱，即使《备忘录》有风险也没有办法。

【审理结果】

北京市海淀区人民法院于2016年11月4日作出（2016）京0108民初31959号民事判决：一、盛通达公司与禾佳源公司签订的《备忘录》、《补充协议》无效，自始没有法律约束力；二、禾佳源公司于该判决生效之日起十日内，返还盛通达公司股权转让款三百万元；三、禾佳源公司于该判决生效之日起十日内，赔偿盛通达公司上述第一项本金占用期间的利息损失（以本金三百万元为基数，自二〇一四年十月二十一日起至欠款付清之日止，按照中国人民银行同期同类贷款基准利率标准计算）；四、驳回盛通达公司的其他诉讼请求。宣判后，禾佳源公司向北京市第一中级人民法院提起上诉。北京市第一中级人民法院于2017年4月12日作出(2017)京01民终1377号民事判决,判决:一、撤销北京市海淀区人民法院(2016)京0108民初31959号民事判决;二、驳回盛通达公司的全部诉讼请求。

【裁判理由】

法院生效裁判认为:本案的争议焦点为禾佳源公司是否可以依据《备忘录》中的约定抵销条款,主张300万元股权转让款与300万元违约金相互抵销。

(一)涉案《备忘录》《补充协议》的效力判定

第一,本案是否存在因为欺诈、胁迫、乘人之危而导致合同无效的情形。本院认为,结合《合同法》第五十四条第二款以及《合同法》第五十二条第一项的规定可知,当事人如果主张在签订合同时存在欺诈、胁迫的事实,受损害方可以请求人民法院变更或者撤销合同;如果该合同损害了国家利益,则合同无效。具体到本案,盛通达公司主张合同无效,则应当举证证明存在欺诈、胁迫的事实,并且说明相关事实损害国家利益,现盛通达公司并未对相应的事实举证证明,故本院对其该项主张不予支持。

第二,本案是否存在以合法形式掩盖非法目的无效情形。关于禾佳源公司是否故意隐瞒增资扩股事实一节,本院认为,根据已经查明的事实可知,禾佳源公司已于2015年2月4日在北京市工商行政管理局将公司注册资本由此前的1180万元变更为3500万元,此举意味着,公众可以随时通过企业信用信息公示平台或向工商管理部门查询的方式,掌握禾佳源公司注册资本的变化情况,因此,盛通达公司在2015年4月14日签订《备忘录》之前,完全有条件知晓上述情况。故,本院认为,在无其他证据表明禾佳源公司存在故意隐瞒注册资本金变更行为的前提下,一审法院认定的相关事实存在错误,本院予以纠正。

关于合同目的是否能够实现一节,本院认为,首先,根据双方签订的《意向协议》的内容可知,双方认可禾佳源公司最终目的系通过一系列增资转股行为将公司注册资本金增加到6863万元,即是说,即使在签订《备忘录》时禾佳源公司注册资本金已经达到3500万元,但离双方约定的6863万元仍然存在合作空间。其次,根据《备忘录》的内容可知,双方将此前约定的盛通达公司入资3800万元收购禾佳源公司51%股份的内容变更为入资1300万元,其所占公司股份比例按照此前3800万元占51%股份的标准计算。亦即,盛通达公司计划出资金额及收购股权比例在禾佳源公司尚可合作的份额以内。因此,一审法院基于禾佳源公司注册资本金变化而认定《备忘录》合同目的不能实现的结论不当,本院予以纠正。需要说明的是,盛通达公司主张，鉴于《意向协议》约定为入资3800万元收购禾佳源公司51%股权，从而盛通达公司可以取得该公司的实际控制权，但《备忘录》将相关内容变更为入资1300万元后，持股比例亦发生相应变化，从而无法获得公司实际控制权，因此，合同目的不能实现。对此，本院认为，依据双方签订的《备忘录》第四点内容“与《意向协议》内容不一致的，以《备忘录》为准”可知，双方当事人在签订《备忘录》时，已经商议将合同的标的及对价进行了修改，在此情形下，盛通达公司用签订在前的合同标的来解释签订在后的合同目的，存在不当，本院对其相应主张不予支持。故，一审法院适用《合同法》第五十二条第三项判定《备忘录》及《补充协议》无效，属于适用法律错误，本院予以纠正。

（二）300万元股权转让款是否存在约定抵销的情形

本院认为：首先，禾佳源公司与盛通达公司从2014年至2015年进行了公司入资转股合作事宜的磋商，并签订了《意向协议》《备忘录》《补充协议》三份合同。在此过程中，双方以邮件往来的方式对合同内容进行审阅与协商，并以法定代表人签字、公司盖章的方式予以确认，因此，上述三份合同系当事人的真实意思表示，未违反法律法规的强制性规定，应属合法有效。其次，从合同的约定内容来看，双方当事人在第一次合作未如期履行的前提下，又以《备忘录》的形式再次调整了双方的合同内容。再次，《备忘录》中明确指出，《意向协议》签订后，因盛通达公司原因不能按约履行，故现将盛通达公司出资款由3800万元减至1300万元，该款应于2015年7月1日前全部支付给禾佳源公司，否则盛通达公司违约。鉴于《备忘录》签订后，盛通达公司并未按照约定支付上述款项，所以，盛通达公司系《备忘录》的违约方。最后，依据《合同法》第一百条“当事人互负债务，标的物种类、品质不相同的，经双方协商一致，也可以抵销”的规定，以及双方当事人在《备忘录》第一点中“否则盛通达公司违约，自愿承担人民币300万元的违约责任。该违约金禾佳源公司从盛通达公司已支付的300万元中抵扣”的约定，本院认为，双方当事人已经出现可以以300万元股权转让款与300万元违约金相互抵销的情形，禾佳源公司不必单独返还已经收到的相应款项。

【裁判解析】

本案的争议焦点为禾佳源公司与盛通达公司签订的《备忘录》是否存在“非法目的”而无效的情形。《合同法》第五十二条第三项规定，以合法形式掩盖非法目的，合同无效。以合法形式掩盖非法目的，是指当事人实施的行为在形式上是合法的，但在内容上和目的上是非法的。依据王利明教授的观点，“这种违法是指违反了法律的强制性规定。应当指出的是,如果当事人所掩盖的目的并不是违法的,而是合法的,则应按照行为人的真实意图处理”。[①] 司法实践中,通常存在两种情况,一种情况是当事人主张商事交易违反部门规章的规定,属于违法行为。对此,我们认为,部门规章的效力层级低于法律及行政法规,不属于合同法中“非法目的”判定时的法律依据,不能当然导致合同的无效。另一种情况是,商事交易中出现了一方损失的结果,损失方由此主张对方在合同签订时有故意造成其损害的结果,从而推定相关合同的签订带有非法占有他人财物的目的。本案例中的原告及一审法院即持有该种观点。对此,我们认为,裁判者应当尊重各市场主体通过合同形式体现的商业决策和商业安排,对商事主体之间的合同关系主要进行合法性审查,而非合理性审查。具体而言:

(一)商事合同性质之辨析

商事活动中,交易主体为了达到交易目的,往往在不同合作阶段进行多次磋商,并根据合同执行情况与交易环境的变化,制定一系列的合同。以本案为例,禾佳源公司为了在新三板上市进行融资,于 2014 年 9 月 17 日与盛通达公司签订《意向协议》,约定以股权转让、增资入股的方式,由盛通达公司向其增资 3500 万元。在盛通达公司支付 300 万元股权转让款后,双方并未向前推进意向协议。2015 年 4 月 16 日,双方再次签订《备忘录》《补充协议》,明确:1.《意向协议》未予履行的责任在于盛通达公司未按期支付约定价款;2. 原双方商定的盛通达公司出资 3800 万元收购 51% 股份,现变更为其出资 1300 万元(含此前已支付的 300 万元)收购对方股份(所占股份额以上述 3800 万元占 51% 股份的标准推算);3. 盛通达公司于 2015 年 7 月 1 日前将约定款项支付完毕,否则自愿承担 300 万元的违约责任。并且,该违约金可以从其已支付 300 万元中抵扣。

从上述合同签订主体来看,双方当事人均系平等的民事主体。从合同内容上看,正是体现了双方合作洽谈、合作受阻以及明确合作受阻原因并调整合作内容的整个过程。从作用上来看,签订在后的《备忘录》通过权责明晰、调整合同对价、制定违约金条款的方式修正了双方的合作内容,有利于高效率促成交易,对企业的经营管理起到一定的良性引导。其中的违约金条款建立起来的惩罚机制,往往有利于引导合作双方尽职尽责,对双方交易具有一定的担保功能。综合上述分析可知,本案当事人之间订立的《意向协议》《备忘录》《补充协议》等多个合同,包含了股权

---

① 王利明:《合同法研究》(第一卷),中国人民大学出版社 2002 年版,第 651 页。

转让、融资、借贷等多个法律关系，属于一系列的无名合同。

（二）商事合同中法律原则之适用

在商事合同的审查时，我们需要重点考虑鼓励交易、当事人意思自治原则。一方面，既然合同有利于商事活动中的投融资双方加快合作步伐，提高交易效率，我们就不能因为合同违约的可能性较高，也即守约方获得违约赔偿的可能性较高，而否认合同的效力、阻碍商事交易。另一方面，在民事行为尤其是商事合同行为中，“个人应享有相对于法律可能性和事实可能性的最高程度的自由来做他愿意做的任何事情”①，即我国《民法总则》中规定的当事人意思自治原则。但凡商事交易不存在《合同法》第五十二条规定的欺诈、胁迫、恶意串通等情形，均系各方真实意思表示，我们就应当尊重当事人自己在商事活动中的商业判断和决策安排。

（三）商事合同中法律价值之体现

有观点认为，在违约可能性较高时订立的违约金条款违背了商事活动等价有偿、风险共担的基本原则，从而损害了正常的经济秩序与公共利益，也就是说，本案《备忘录》的非正义性决定了其无效性。从双方合作的结果来看，盛通达公司的确未在约定期间支付股权转让款，故而承担违约赔偿责任。但是，我们需要看到的是，禾佳源公司为了促成双方的合作，投入了谈判的人力、费用以及大量的时间成本，况且，倘若盛通达公司如期履行合同、支付增资款，则不必承担违约责任。因此，我们不能从交易的结果倒推交易行为的非正义。

在当今社会，正义有着一张普罗透斯似的脸，变幻无常，随时可呈不同形状，并具有极不相同的面貌。② 经济竞赛的基本原理认为：在经济竞赛中，正义者只可能是参与者的行为而不可能是竞赛结果。③ 交易本身是一种商业博弈，有亏有盈，法律并不能保证一项特定的交易中，各方可以等同受益。④ 也就是说，商事活动中的正义体现为过程正义，而非结果正义。我们在案件审查中应该更多去关注《意向协议》《备忘录》等合同签订过程中当事人的主观正义，而非投融资方商业博弈的结果。综上所述，本案并无适用《合同法》第五十二条第三项“以合法形式掩盖非法

① Robert Alexy, Theorie der Grundrechte, S. 317, Baden - Baden, 1985. 转引自王轶：《民法原理与民法学方法》，法律出版社2009年版，第48页。

② 参见［美］E. 博登海默：《法理学：法律哲学与法律方法》，邓正来、姬敬武译，华夏出版社1987年版，第238页。

③ 参见［美］弗里德利希·冯·哈耶克著：《法律、立法与自由》（第二、三卷），邓正来等译，中国大百科全书出版社2000年版，第129页。

④ 参见蒋大兴：《公司法的观念与解释Ⅱ——裁判思维 & 解释伦理》，法律出版社2009年版，第34页。

目的”的空间。

【案例点评】

本案的审理过程,很好地诠释了不同法律价值项下的法律适用方法与规则,也向我们提出了一个更有意义的问题:商事审判法官应当在不断创新的商事领域学什么以及怎么学?此外,本案的事实查明全面,证据论证充分,裁判文书说理部分抽丝剥茧、层层深入,体现出司法应有的智慧与水平。

【裁判心得】

奥修说:“永远都不要压抑自己,压抑是发生在人类身上的最大不幸,事情之所以这样发生,是因为一些非常美丽的理由。”这些年的商事审判工作,让我看到了一个最具创造力与想象力的主体,那就是企业家。企业家建立企业,都希望完成预定的事业,因此,他们甘愿冒极大的风险,为自己的想法工作,期待将梦想照进现实。正是这种创新精神与冒险精神,一步步成就企业的同时,也使得整个商业领域源源不断地产生着新的激励机制、新的合作模式甚至新的制度。因此,作为一名主审商事案件的法官,应当具备契合商业精神的审判理念,切忌代入个人生活经验低头办案。

中国投融资担保股份有限公司诉中经信投资有限公司等股东损害债权人利益责任纠纷案

甄洁莹*

关键词

瑕疵出资　发起人　受让股东　责任承担

裁判要旨

最高人民法院《关于适用〈中华人民共和国公司法〉若干问题的规定(三)》(以下简称《公司法解释(三)》)第十三条规定,股东在公司设立时未履行或未全面履行出资义务的,债权人可以要求公司的发起人和该股东在未出资的本息范围内对公司债务不能清偿的部分一并承担连带责任。该条款体现了发起人的资本充实责任,是发起人的法定责任,性质上属于无过错责任,只要存在资本不足的事实即可构成,公司发起人是否尽到合理注意义务,是否存在过错在所不问。而该司法解释第十八条关于债权人要求瑕疵股权的受让股东一并承担责任的规定,受让股东主张免责的,需要证明已经尽到合理注意义务,否则要在转让股东未履行或未全面履行出资的本息范围内对公司债务不能清偿的部分一并承担责任。

相关法条

1. 最高人民法院《关于适用〈中华人民共和国公司法〉若干问题的规定(一)》第一条、第二条。

---

* 甄洁莹,北京市第一中级人民法院民三庭法官。

2. 最高人民法院《关于适用〈中华人民共和国公司法〉若干问题的规定(三)》第十三条、第十八条。

【当事人基本情况】

上诉人(一审被告):中国投融资担保股份有限公司。

被上诉人(一审原告):中经信投资有限公司。

被上诉人(一审被告):无锡国联实业投资集团有限公司。

【基本案情】

2009年3月18日,北京市第二中级人民法院(以下简称北京二中院)就中国东方资产管理公司北京办事处(以下简称东方资产北办)诉中经资产管理有限公司(以下简称中经公司)、中机电投资有限公司(以下简称中机电公司)金融借款合同纠纷一案,作出(2009)二中民初字第4429号民事判决书,判令中经公司于判决生效后十日内向东方资产北办偿还借款本金4000万元及相应利息,中机电公司对上述确定的债务向东方资产北办承担连带保证责任。判决生效后,东方资产北办向北京二中院申请强制执行。

2009年12月10日,东方资产北办与中国信达资产管理股份有限公司北京分公司(以下简称信达北分)签订了《债权转让协议》。2010年10月18日,北京二中院依法作出(2010)二中执异字第1622号执行裁定书,裁定(2009)二中民初字第4429号民事判决书中确认的债权由信达北分承受。随后,信达北分以中国技术创新有限公司(以下简称中创公司)与北京北辰创新高科技发展有限公司(以下简称北辰公司)作为创始股东,在设立中经公司时投入注册资金不实为由,申请追加中创公司和北辰公司为该执行案件的被执行人。经听证和复议程序,2013年6月19日北京市高级人民法院依法作出了(2013)高执复字第3号、第4号执行裁定书,确认追加中创公司和北辰公司为该执行案件的被执行人,其应各自在对中经公司出资不实的人民币500万元范围内向信达北分承担清偿责任。

2013年12月3日,中经信公司与信达北分签订了编号为BF20130910号《债权转让协议》,信达北分将(2009)二中民初字第4429号民事判决书中确认的全部债权转让给了中经信公司。中经信公司2015年11月10日向北京二中院申请将该案的执行人变更为该公司,北京二中院将申请执行人变更为中经信公司。

另查,中经公司成立于1995年11月27日,注册资本5000万元人民币,创始股东(即发起人)共8个法人。中投保公司(原名中国投融资担保有限公司,后改名为中投保公司)及中创公司、北辰公司系其中的三个发起人。中投保公司作为中经公司的主要创始大股东和发起人,占股30%。

1997年4月18日,中创公司与无锡国联公司的前身无锡国有资产投资开发总公司签订《出资转让协议》,将其对中经公司的出资500万元,转让给无锡国联公司。同年,北辰公司与无锡国联公司的前身无锡国有资产投资开发总公司签订《出资转让协议》,将其对中经公司的出资500万元,转让给无锡国联公司。此后,无锡国联公司在中经公司占股20%。

中经信公司认为,中投保公司作为中经公司的主要创始大股东和发起人占股30%,依据《公司法解释(三)》第十三条第二款、第三款的规定,应对中创公司和北辰公司未出资数额共计1000万元本息范围内向中经信公司承担连带补充赔偿责任。中创公司和北辰公司早在1997年4月就将自己持有的中经资产全部瑕疵股权(未实际出资)转让给了无锡国联公司,无锡国联公司应当知道其受让的股权存在出资不实的瑕疵。依据《公司法解释(三)》第十八条的规定,无锡国联公司应在中创公司和北辰公司未出资数额共计1000万元本息范围内向中经信公司承担连带补充赔偿责任。故诉至法院,请求判令中投保公司、无锡国联公司在中创公司未出资数额500万元本息范围内、北辰公司未出资数额500万元本息范围内,对中经公司、中机电公司在(2009)二中民初字第4429号民事判决书中判决项下不能清偿部分的债务,向中经信公司承担连带补充赔偿责任。其中本金部分共1000万元,涉讼利息按照中国人民银行同期贷款利率标准自1995年11月27日起计算至实际给付之日止,暂计至诉前为9 596 038.8元。

【审理结果】

北京市海淀区人民法院于2017年6月14日作出(2015)海民(商)初字第24501号民事判决:一、自判决生效之日起七日内,中投保公司在中创公司未出资500万元本息范围内、北辰公司未出资500万元本息范围内,对中经公司、中机电公司在(2009)二中民初字第4429号民事判决书判决项下不能清偿部分的债务,向中经信公司承担连带补充赔偿责任(本金共计1000万元,利息按照中国人民银行同期贷款利率标准自1995年11月27日起计算至实际给付之日止);二、驳回中经信公司的其他诉讼请求。宣判后,中投保公司向北京市第一中级人民法院提起上诉。北京市第一中级人民法院于2017年11月7日作出(2017)京01民终6776号民事判决:一、撤销北京市海淀区人民法院(2015)海民(商)初字第24501号民事判决;二、自判决生效之日起七日内,中投保公司在中创公司未出资500万元本息范围内、北辰公司未出资500万元本息范围内,对中经公司在(2009)二中民初字第

4429 号民事判决项下不能清偿部分的债务,向中经信公司承担补充赔偿责任(本金共计 1000 万元,利息按照中国人民银行同期贷款利率标准自 1995 年 11 月 27 日起计算至实际给付之日止);三、自判决生效之日起七日内,无锡国联公司在受让中创公司出资 500 万元本息范围内、北辰公司未出资 500 万元本息范围内,对中经公司在(2009)二中民初字第 4429 号民事判决项下不能清偿部分的债务,向中经信公司承担补充赔偿责任(本金共计 1000 万元,利息按照中国人民银行同期贷款利率标准自 1995 年 11 月 27 日起计算至实际给付之日止);四、驳回中经信公司其他诉讼请求。

【裁判理由】

法院生效裁判认为:中创公司、北辰公司作为中经公司的创始股东,因在中经公司设立时投入注册资本不实,经听证和复议程序,2013 年 6 月 19 日,北京市高级人民法院依法作出(2013)高执复字第 3 号、第 4 号执行裁定书,确认追加中创公司和北辰公司为(2009)二中民初字第 4429 号案件的被执行人,其应各自在对中经公司出资不实的人民币 500 万元范围内承担清偿责任。中经信公司通过债权转让方式取得(2009)二中民初字第 4429 号民事判决中的全部债权,故其作为债权人有权对中经公司的发起人中投保公司和中创公司、北辰公司的股权受让人无锡国联公司提起诉讼。

针对本案的法律适用问题,本院认为,《公司法解释(一)》第一条规定:"公司法实施后,人民法院尚未审结的和新受理的民事案件,其民事行为或事件发生在公司法实施以前的,适用当时的法律法规和司法解释",根据查明事实可知,中创公司和北辰公司对中经公司出资不实的行为确实发生于现行公司法实施之前,当时的公司法并未对发起人股东应否对其他发起人股东出资不实承担法律责任作出明确规定,但本院认为,中创公司和北辰公司出资不实的情形自中经公司设立之时至今持续存在,即贯穿于我国公司法修订前后至今的整个期间范围,公司债权人的权益被侵害的状态属持续状态。《公司法解释(一)》第二条规定:"因公司法实施前有关民事行为或者事件发生纠纷起诉到人民法院的,如当时的法律法规和司法解释没有明确规定时,可参照适用公司法的有关规定。"

关于中投保公司是否已尽到自身的合理义务问题,本院认为,《公司法解释(三)》中对公司发起人对公司设立时未履行或者未全面履行出资义务的股东承担补充赔偿责任的内容作出了明确约定,体现了发起人的资本充实责任,是由公司设立者共同承担的相互担保出资义务履行的民事责任,是发起人的法定责任,也属无过错责任，只要存在资本不足的事实即可构成，公司设立者的全部或部分是否有过错在所不问，因此，中投保公司作为中经公司的发起人应当对另外发起人中创公司、北辰公司出资不实的法律责任承担补充赔偿责任，故中投保公司关于其已尽到自身合理的注意义务的主张不能免除其应当承担的法律责任。本院认为，中投保公司向中经信公司承担补充赔偿责任应当限于中经公司在（2009）二中民初字第4429号民事判决项下不能清偿部分的债务，与中机电公司在该判决项下的债务并无关联，故一审判决中投保公司对中经公司和中机电公司在上述判决项下不能清偿部分的债务向中投保公司承担补充赔偿责任有误，本院予以纠正。

关于无锡国联公司是否应当承担相应的法律责任，无锡国联公司则认为一审法院未判决其承担责任的前提下，债权人中经信公司并未提出上诉，故中投保公司对此不具有上诉利益。对此本院认为，中经信公司起诉中投保公司和无锡国联公司的法律依据虽不相同，但均是基于中创公司和北辰公司出资不实的基本事实，因此无锡国联公司与中投保公司对债权人中经信公司来说应为债务人，故无锡国联公司是否承担本案债务对中投保公司承担债务的范围或产生实际影响，故中投保公司对无锡国联公司不承担赔偿责任的判决结果具有上诉利益。本院认为，《公司法解释（三）》第十八条第一款规定："有限责任公司的股东未履行或者未全面履行出资义务即转让股权，受让人对此知道或者应当知道，公司请求该股东履行出资义务、受让人对此承担连带责任的，人民法院应予支持；公司债权人依照本规定第十三条第二款向该股东提起诉讼，同时请求前述受让人对此承担连带责任的，人民法院应予支持。"本条是关于瑕疵出资股权转让后出资责任承担的规定。本案中，中创公司和北辰公司在未实际出资的情况下分别将其持有的中经公司股权转让给无锡国联公司，现无锡国联公司已成为中经公司章程及工商登记中记载的现存股东，根据商事外观主义原则，在交易过程中具有公示公信力，对中经公司外部债权人形成了权利上的外观，相对第三人也有理由相信工商登记中的股东即为现实中的股东，从而基于信赖而为法律行为，其权利应受法律保护，虽然无锡国联公司否认其受让股权时知道中创公司和北辰公司出资不实的事实，但其未能举证证明其在受让股权之时尽到合理的审慎注意义务，故无锡国联公司应当在分别受让中创公司和北辰公司出资500万元本息范围内对中经公司在（2009）二中民初字第4429号民事判决项下不能清偿部分的债务，向中经信公司承担补充赔偿责任，一审法院未判决无锡国联公司承担补充赔偿责任有误，本院予以纠正。综上，一审判决认定事实不清，适用法律有误，处理结果亦有误，本院予以纠正。

【裁判解析】

本案涉及两个具有典型意义的法律问题需要予以厘定,一是《公司法解释(三)》第十三条第三款规定的发起股东承担责任的性质是什么,是否具有特殊免责情形;二是《公司法解释(三)》第十八条举证责任的分配为何,即谁要对“受让股东知道或应当知道”承担举证证明责任。

(一)发起股东承担的是无过错责任,不具有特殊免责情形

《公司法解释(三)》第十三条第三款规定,股东在公司设立时未履行或者未全面履行出资义务,公司债权人等请求公司的发起人与该股东在未出资本息范围内对公司债务不能清偿的部分一并承担连带责任的,人民法院应予支持;公司的发起人承担责任后,可以向被告股东追偿。上述条款确立了发起人的资本充实责任,但该责任属于何种性质,是否具有特殊免责情形需要结合法学理论予以厘定。《公司法解释(三)》第十三条第三款规定的资本充实责任,是指为贯彻资本充实原则,由公司设立者共同承担的相互担保出资义务的民事责任,是公司法上的法定责任,因公司设立行为而产生,责任的承担限于公司设立者。既然是法定责任,结合我国公司法理论认为发起人之间为设立公司而形成的协议为合伙协议,各发起股东之间为合伙关系,均要对外部债务承担连带责任,则可以得出资本充实责任是无过错责任之结论。易言之,只要存在发起人出资不实,各发起人就需要对此承担连带缴足之义务,而发起人是否有过错则在所不问。当然,其他发起人承担相应责任后,可以向该股东追偿。因此,本案中中投保公司抗辩其已尽到自身的合理注意义务,无任何过错,并非免责事由,对其是否有过错也在所不问。中投保公司作为中经公司的发起人应当对另外发起人出资不实的法律责任一并承担赔偿责任。

(二)受让股东须对尽到合理注意义务承担举证证明责任

《公司法解释(三)》第十八条第一款规定:“有限责任公司的股东未履行或者未全面履行出资义务即转让股权,受让人对此知道或者应当知道,公司请求该股东履行出资义务、受让人对此承担连带责任的,人民法院应予支持;公司债权人依照本规定第十三条第二款向该股东提起诉讼,同时请求前述受让人对此承担连带责任的,人民法院应予支持。”本条是关于瑕疵出资股权转让后出资责任承担的规定。其中对于“受让人对此知道或者应当知道”举证责任之承担具有不同的理解。一种观点认为,债权人应当对受让股东“知道或应当知道”原股东未履行或者未全面履行出资义务即转让股权承担举证责任,具体理由有二,一是符合“谁主张,谁举证”

的基本原则，二是不存在的事实无法举证，受让股东无法对自己"不知道"进行举证。另一种观点认为，受让股东应当对自己"不知道"原股东未履行或者未全面履行出资义务即转让股权承担举证责任，即应当对自己尽到了合理注意义务承担举证证明责任。举证之所在，胜负之所系。笔者认为，瑕疵股权转让的，受让人不能以自身不知道或不应当知道出资瑕疵为由对抗公司债权人，除非能够证明自己尽到了合理注意义务。其一，该种举证证明责任的分配，实质上遵循了商事外观主义原则的需要。具体而言，工商登记具有公示公信效力，对公司外部债权人形成了权利上的外观，"相对第三人有理由相信工商登记中的股东即为现实中的真实股东，从而，其在交易过程中给予这种信赖而为的法律行为，应当受到法律保护"。其二，受让股东相对于债权人来讲，对原股东的出资行为更应尽到合理的注意义务，且一般商事交易中，受让股东都会对公司进行严格的尽职调查，包括各股东的出资情况。因此，将举证责任分配给受让股东更具有合理性。其三，该种举证责任并非典型的对不存在事实的举证责任，而是可以转换为对已经尽到合理注意义务的存在事实的举证责任，具有证明的可能性。本案中，一审法院将举证责任分配给债权人，认为债权人并未就受让股东对出资不实属于明知或应知状态提供充分有效的证据，系举证责任分配错误，二审予以纠正。

综上，本案厘定了原股东未履行或未全面履行出资义务的情况下，公司发起股东及股权受让股东应承担的责任性质及具体举证责任的分配，对于统一同类案件裁判尺度具有借鉴意义。

【案例点评】

本案例的典型意义在于厘定了原股东未履行或未全面履行出资义务的情况下，公司发起股东及股权受让股东应承担的责任性质及具体举证责任的分配，明确提出发起股东承担的是无过错责任，是否尽到合理注意义务在所不问，而受让股东主张免责的，需要就其已经尽到合理注意义务承担举证证明责任。本案是对《公司法解释(三)》第十八条的精准理解和适用，其中关于举证责任分配的裁判，更是坚持了商事外观主义原则，最大限度地保护了公司债权人的利益，符合商法的精神。

【裁判心得】

公司类诉讼多围绕公司、股东、债权人展开，如何妥善平衡三方之利益是理论界和司法实务界的热点、难点课题。本案系股东损害债权人利益责任纠纷案，涉及债权人与发起股东、受让股东之间的利益裁判,《公司法解释(三)》第十三条及第十八条对此作出了规定。值得注意的是,二审纠正了一审对《公司法解释(三)》第十八条“受让人对此知道或者应当知道”举证责任的分配,认为受让股东主张免责的,需要证明已经尽到合理注意义务。

郭登强与中国人民财产保险股份有限公司北京市直属支公司财产保险合同纠纷案

张家华[*]　曹明哲[**]

关键词

单方鉴定　鉴定意见　交通事故认定书　举证责任

裁判要旨

公安机关交通管理部门制作的交通事故认定书可作为当事人证明其主张的初步证据,但属于可以推翻的证据;一方当事人自行委托鉴定机构作出的鉴定意见属于书证的一种,并非不可采信;对于最高人民法院《关于民事诉讼证据的若干规定》第二十八条中的"有证据足以反驳",人民法院可依照《司法鉴定程序通则》中对司法鉴定的程序性要求,从鉴定程序的形式合法性角度进行审查。

相关法条

1. 最高人民法院《关于审理道路交通事故损害赔偿案件适用法律若干问题的解释》第二十七条。

2. 最高人民法院《关于民事诉讼证据的若干规定》第二十七条、第二十八条。

【当事人基本情况】

上诉人(原审原告):郭登强。

被上诉人(原审被告):中国人民财产保险股份有限公司北京市直属支公司。

[*] 张家华,北京市第一中级人民法院民四庭庭长。

[**] 曹明哲,北京市第一中级人民法院民四庭法官助理。

【基本案情】

2016 年 2 月 3 日 14 时 35 分,郭登强驾驶奔驰小轿车(车牌号:苏 LQM317)由南向北行驶时,在北京市昌平区京新高速出京 28 公里 +150 米处撞上护栏,苏 LQM317 小客车右前部与右侧护栏相撞后起火。北京市公安局交通管理局昌平交通支队高速路大队出具了交通事故认定书。昌平区公安消防支队永安中队于 2016 年 2 月 3 日 14 时 35 分 08 秒接到报警电话并出警进行火灾补救。郭登强支付北京市供交清障服务中心托运费 1500 元。

中国人民财产股份有限公司北京市分公司昌平理赔分部于 2016 年 2 月 4 日在停车场对事故车辆进行了勘查,并出具了机动车保险车辆损失情况确认书,确认车辆损失赔偿金 225 651.21 元,郭登强未在该确认书上签字确认。

2016 年 2 月 5 日,因中国人民财产股份有限公司北京市分公司昌平理赔分部怀疑郭登强存在故意行为嫌疑,委托中达信公司核实保险责任。2016 年 2 月 7 日中达信公司的查勘员与郭登强在事故现场进行了查验。2016 年 2 月 25 日查验员前往北京市昌平区交通队涉案停车场查看标的车,认为标的车右前部损伤严重、下肢臂折断、半轴变形,右前纵梁无损伤,标的车碰撞损伤未涉及易燃部位。2016 年 2 月 26 日,中达信公司的现场勘验公估师代表保险公司告知郭登强将对车辆起火原因进行鉴定,制作了询问笔录并进行了录音。2016 年 3 月 4 日,中达信公司委托邯郸燕赵司法鉴定中心对苏 LQM317 奔驰轿车火灾事故原因进行鉴定。该鉴定中心出具鉴定意见为:苏 LQM317 奔驰轿车火灾事故原因排除发生碰撞事故引发车辆本身起火的可能。起火点检测到石油类助燃剂。中达信公司根据该鉴定意见得出调查结论:本次碰撞事故不足以造成标的车起火,故建议保险公司仅对本次事故直接碰撞损伤进行赔付。中达信公司出具机动车车辆定损单确定的车辆损失金额为 266 923 元。在一审诉讼过程中,一审法院向郭登强释明,是否申请对事故与车辆起火之间是否存在因果关系进行司法鉴定,郭登强表示不申请鉴定,其提交的交警队出具的事故认定书和消防部门的出警记录足以证明。

一审法院另查,苏 LQM317 奔驰轿车首次注册日期是 2009 年 7 月 7 日,郭登强于 2015 年 9 月 9 日将该车辆过户至其名下。郭登强提交的二手车销售发票记载车款为 240 万元,但郭登强未能陈述其实际支付的车款金额及付款方式。郭登强为苏 LQM317 奔驰轿车投保了机动车损失保险(保险金额为 239 万元),机动车保险单记载新车购置价 239 万元;第三者责任保险、车上人员责任险、发动机特别损失险、不计免赔率,保险期间自 2015 年 9 月 21 日 0 时至 2016 年 9 月 20 日 24 时止,事故发生在保险期间。

一审法院再查,中国人民财产保险股份有限公司机动车保险单所附的家庭自用汽车损失保险条款(以下简称保险条款),该条款包含以下与该案争议有关的内容:1. 保险条款总则第三条约定本保险合同为不定值保险合同。第三十七条对不定值保险合同的解释为:双方当事人在订立保险合同时不预先确定保险标的的保险价值,而是按照保险事故发生时保险标的的实际价值确定保险价值的保险合同。碰撞的解释为:被保险机动车与外界物体直接接触并发生意外撞击、产生撞击痕迹的现象。火灾的解释为:被保险机动车本身以外的火源引起的,在时间或空间上失去控制的燃烧(即有热、有光、有火焰的剧烈的氧化反应)所造成的灾害。2. 保险条款的责任免除部分第六条约定下列情况下,不论任何原因造成被保险机动车损失,保险人均不负责赔偿:……(五)自燃以及不明原因火灾造成的损失。3. 保险条款第十条约定保险金额由投保人和保险人从下列三种方式选择确定,保险人根据确定保险金额的不同方式承担相应的赔偿责任:(一)按投保时被保险机动车的新车购置价确定;(二)按投保时被保险机动车的实际价值确定;(三)在投保时被保险机动车的新车购置价内协商确定。

【审理结果】

北京市昌平区人民法院于2017年7月31日作出(2016)京0114民初5683号民事判决:一、保险公司支付郭登强保险金268 423元,于判决生效后7日内付清;二、驳回郭登强的诉讼请求。宣判后,郭登强向北京市第一中级人民法院提起上诉。北京市第一中级人民法院于2017年12月27日作出(2017)京01民终7527号民事判决,依法判决驳回上诉,维持原判。

【裁判理由】

法院生效裁判认为:本案的争议焦点为,本案审理认定事实的依据为北京市公安局交通管理局昌平交通支队高速路大队出具的交通事故认定书还是保险公司单方委托鉴定机构作出的鉴定意见。

郭登强认为北京市公安局交通管理局昌平交通支队高速路大队出具的交通事故认定书以及北京市昌平区公安消防支队永安中队的调派出动单已经证明碰撞与起火之间存在因果关系,应以此作为定案依据。保险公司认为其委托邯郸燕赵司法鉴定中心出具的鉴定意见书证明碰撞与起火之间不具有因果关系。

对此,本院认为,北京市公安局交通管理局昌平交通支队高速路大队出具的交通事故认定书只是作为郭登强请求保险公司支付保险金的初步证据,且交通事故认定书中的记载“A 车右前部与右侧护栏相撞后起火”只是一种客观描述,并未明确认定碰撞与起火之间具有因果关系。

关于保险公司提交的邯郸燕赵司法鉴定中心出具的鉴定意见书,保险公司认为该鉴定意见证明碰撞与起火之间不具备因果关系。最高人民法院《关于民事诉讼证据的若干规定》第二十八条规定:“一方当事人自行委托有关部门作出的鉴定结论,另一方当事人有证据足以反驳并申请重新鉴定的,人民法院应予准许”。在此情形下,如果郭登强对于保险公司单方委托鉴定机构作出的鉴定结论有异议,应提出足以反驳的证据并申请重新鉴定。

针对保险公司提交的邯郸燕赵司法鉴定中心出具的鉴定意见书,郭登强在本案上诉中提出了质疑和反驳。首先,郭登强认为鉴定人沈炳振没有到场参与鉴定,违法签名。对此,本院认为,《司法鉴定程序通则》[①](中华人民共和国司法部令第107 号)第二十四条第四款规定,“对需要到现场提取检材的,应当由不少于二名司法鉴定人提取,并通知委托人到场见证”。具体至本案,本案的现场取材由骆孟波、刘雪松二名鉴定人完成,符合《司法鉴定程序通则》的要求,故郭登强的该项理由不能成立,不属于“有证据足以反驳”。其次,关于郭登强提出的保险公司非鉴定委托主体、司法鉴定协议书中委托人没有签名盖章、鉴定机构没有收费就做鉴定系违反程序的主张,本院认为,委托的相关事项属于委托人与受托人之间的事务,本案中保险公司对于中达信公司的转委托明确认可,受托人邯郸燕赵司法鉴定中心亦对委托事项不持异议,故郭登强的前述理由不属于“有证据足以反驳”。再次,关于郭登强提出的邯郸燕赵司法鉴定中心超范围、无资质鉴定,本院认为,根据河北省司法厅向邯郸燕赵司法鉴定中心颁发的《司法鉴定许可证》,邯郸燕赵司法鉴定中心的鉴定业务范围包括“道路交通事故车辆技术鉴定、道路交通事故车辆痕迹物证鉴定、道路交通事故车辆损失鉴定”,同时亦未限定其执业范围仅应在河北邯郸,故郭登强的上述理由亦不属于“有证据足以反驳”。最后,关于郭登强提出的中国人民财产保险股份有限公司与邯郸燕赵司法鉴定中心关系密切的理由和相关证据,本院认为,郭登强提交的证据不能证明二者存在恶意串通损害郭登强利益的行为,因此该项理由亦不属于“有证据足以反驳”。据此,郭登强向本院提交的证据一、证据

---

① 本案鉴定意见作出的时间是 2016 年 3 月 4 日,《司法鉴定程序通则》于 2016 年 3 月 2 日修改,2016 年 5 月 1 日起正式实施,因此本案鉴定意见作出时,新规定尚未实施,故对本案司法鉴定意见的审查依据是旧规定。新规定第四十条“在诉讼程序之外,司法鉴定机构和司法鉴定人依法开展相关鉴定业务的,参照本通则规定执行”更佐证本案思路的正确。

二,因无法证明其主张,本院对此不予采信。

综上,在保险公司提交了邯郸燕赵司法鉴定中心出具的鉴定意见书后,郭登强无证据足以反驳且在一审审理中未提出重新鉴定申请,故保险公司提交的邯郸燕赵司法鉴定中心的鉴定意见书中“排除发生碰撞事故引发车辆本身起火的可能”的结论,本院予以采信,一审法院对此认定正确。

关于郭登强应获得的保险金赔偿数额。根据保险公司提交的其委托中达信公司作出公估报告,本案车辆因碰撞造成的损失为266 923元,但郭登强上诉认为中达信公司的公估报告没有公信力和公正性。对此,本院认为,关于车辆因碰撞造成的损失数额系保险公司委托中达信公司进行勘验与评估后确定,郭登强向本院提交的证据不能证明公估报告的定损存在不合理之处,故郭登强认为公估报告不具有公信力和公正性的上诉理由不能成立,本院不予采信。

【裁判解析】

本案涉及的焦点问题:本案审理认定车辆碰撞与起火之间是否具有因果关系的依据,是北京市公安局交通管理局昌平交通支队高速路大队出具的交通事故认定书还是保险公司单方委托鉴定机构作出的鉴定意见。该焦点问题可进一步分解为两个次焦点问题:第一,公安机关交通管理部门制作的交通事故认定书的证明力如何;第二,如何认定和使用一方当事人自行委托的鉴定结论,最高人民法院《关于民事诉讼证据的若干规定》第二十八条规定:“一方当事人自行委托有关部门作出的鉴定结论,另一方当事人有证据足以反驳并申请重新鉴定的,人民法院应予准许”,其中“一方当事人有证据足以反驳”具体指什么。

首先,关于公安机关交通管理部门制作的交通事故认定书的证明力如何。我们认为,交通事故认定书能够作为证明碰撞与起火之间具有因果关系的初始证据。理由有二:

第一,从碰撞与起火之间发生的前后看,碰撞与起火在初始逻辑上应认定二者为具有当然因果关系的前后事件,若强行要求郭登强精确的证明碰撞与起火之间具有因果关系,证明要求过高,对当事人不公,因此交通事故认定书的描述能够作为其证明主张的初步证据;

第二,最高人民法院《关于审理道路交通事故损害赔偿案件适用法律若干问题的解释》第二十七条规定:“公安机关交通管理部门制作的交通事故认定书,人民法院应依法审查并确认其相应的证明力,但有相反证据推翻的除外。”根据该条规定,人民法院应认定交通事故认定书的证明力,但是,对方当事人有相反证据可以推翻。交通事故认定书中的记载“A车右前部与右侧护栏相撞后起火”只是一种客观描述,并未明确认定碰撞与起火之间具有因果关系。所以交通事故认定书是一种证明主张的初步证据。

在此种情况下,郭登强完成其诉讼请求的初步证明,对方当事人若要主张碰撞与起火之间不具有因果关系,应负有举证责任。

其次,关于如何认定和使用一方当事人自行委托的鉴定结论,最高人民法院《关于民事诉讼证据的若干规定》第二十八条规定:“一方当事人自行委托有关部门作出的鉴定结论,另一方当事人有证据足以反驳并申请重新鉴定的,人民法院应予准许”,其中“一方当事人有证据足以反驳”具体指什么。

如前所述,因郭登强完成其诉讼请求的初步证明,保险公司负有举证责任来证明碰撞与起火之间不具有因果关系,对此,其提交了自行委托的鉴定结论。依据最高人民法院《关于民事诉讼证据的若干规定》第二十八条的规定,当事人自行委托有关部门作出的鉴定结论可以作为一种证明形式,属于书证的一种,应当适用《民事诉讼法》关于适用书证的规定进行质证认证,并非一律不能采信。但是,对于该条中“一方当事人有证据足以反驳”究竟为何,该条并未明确规定。

对此,我们认为,“一方当事人有证据足以反驳”的类型较多,其中一个重要的角度是从鉴定程序的形式合法性入手。若当事人能够提供从鉴定程序的形式合法性找出的自行委托的鉴定结论的瑕疵,人民法院便可不采纳自行委托的鉴定结论。此种角度,无论对于人民法院还是当事人均具有便利性和可行性,理由有二:

第一,对于人民法院而言,由于鉴定问题常常涉及专业问题,审判人员因专业知识的缺乏无法从专业层面对鉴定结论进行判断,而鉴定程序的形式合法性是一种可行的角度。《司法鉴定程序通则》第四十九条规定,“在诉讼活动之外,司法鉴定机构和司法鉴定人依法开展相关鉴定业务的,参照本通则执行。”故《司法鉴定程序通则》中所有关于司法鉴定程序的程序要求均可成为人民法院判断一方当事人自行委托的鉴定结论是否合法的依据。

第二,最高人民法院《关于民事诉讼证据的若干规定》第二十七条第一款规定:“当事人对人民法院委托的鉴定部门作出的鉴定结论有异议申请重新鉴定,提出证据证明存在下列情形之一的,人民法院应予准许:(一)鉴定机构或者鉴定人员不具备相关的鉴定资格的;(二)鉴定程序严重违法的;(三)鉴定结论明显依据不足的;(四)经过质证认定不能作为证据使用的其他情形。”一方面,鉴于鉴定意见是自行委托,对于一方当事人自行委托的鉴定意见的反驳,在证明程度和要求上应低于上述规定;另一方面,当事人的反驳也可参照上述规定。因此,当事人依据《司法鉴定程序通则》中关于司法鉴定程序的程序要求对自行委托的结论进行反驳。

具体到本案中,郭登强对鉴定程序提出了质疑和反驳,但郭登强所提出的理由均不属于"有证据足以反驳"。因此,在郭登强未再提出其他反驳证据的情况下,人民法院采纳了保险公司自行委托的鉴定意见。

【案例点评】

当事人自行委托鉴定机构作出的鉴定意见如何审查并采信是司法实践中的难点,最高人民法院《关于民事诉讼证据的若干规定》第二十八条对于一方当事人自行委托鉴定机构作出的鉴定意见在何种情形下对方可以要求启动重新鉴定作出了规定,但是,对于该条中"有证据足以反驳"的确切含义和类型该条并未明确,司法实践中也存在争议。本案通过参照《司法鉴定程序通则》中对司法鉴定的程序性要求,从鉴定程序的形式合法性角度对单方鉴定意见进行了审查,对于司法实践中如何适用该条的"有证据足以反驳"做出了示范,可供司法实践参考。

【裁判心得】

对于当事人自行委托鉴定机构作出的鉴定意见,属于书证的一种,不能仅仅因其属于自行鉴定就不予采信,同时也应严格审查,给予对方当事人充分抗辩的权利。最高人民法院《关于民事诉讼证据的若干规定》第二十八条对于一方当事人自行委托鉴定机构作出的鉴定意见在何种情形下对方可以要求启动重新鉴定作出了规定,但是对于没有明确"有证据足以反驳"的含义和程度,此时需要法官结合案件具体情况,并结合参照《司法鉴定程序通则》对于司法鉴定的相关要求,对于当事人自行委托鉴定机构作出的鉴定意见进行审查,并充分贯彻裁判文书说理的要求,对于采信与否的理由进行充分的阐释。

北京永安铝兴旺不锈钢制品销售中心诉北京中玻羽佳玻璃有限公司票据追索权案

邵　普*

关键词

支票　追索权　绝对必要记载事项　补记

裁判要旨

依据票据法相关规定，结合票据法原理，关于支票效力认定应遵循如下标准：第一，确定的金额虽为支票绝对必要记载事项，但金额允许空白，空白支票的交付即可推定为附带有补充记载权的授予，经过补记，金额空白支票为有效支票。第二，出票日期虽为支票绝对必要记载事项，但持票人正当、善意持有支票，且已经填写出票日期的，为有效支票。第三，收款人名称非绝对必要记载事项，可以授权补记，不影响支票效力。

相关法条

1.《中华人民共和国票据法》第八十四条、第八十五条、第八十六条第一款。

2.最高人民法院《关于审理票据纠纷案件若干问题的规定》第九条第二款、第十九条。

【当事人基本情况】

上诉人（一审被告）：北京永安铝兴旺不锈钢制品销售中心。

被上诉人（一审原告）：北京中玻羽佳玻璃有限公司。

---

* 邵普，北京市第一中级人民法院民四庭法官。

【基本案情】

北京中玻羽佳玻璃有限公司(以下简称中玻公司)提交一份出票人处加盖北京永安铝兴旺不锈钢制品销售中心(以下简称销售中心)财务专用章的北京农商银行转账支票,支票号为11500794,该支票载明内容为:出票日期2015年7月6日,收款人为中玻公司,金额为99 920元,并填写了密码。中玻公司持该支票向银行提示付款时,因印章不符被退票。遂中玻公司向该院起诉销售中心,追索该支票的票据金额。

一审庭审中,销售中心称该张支票确系其从银行领取的,并加盖了销售中心的印章,但内容为空白的。中玻公司称其与高坊振之间有买卖合同关系,系高坊振将该支票交付给中玻公司,在收取转账支票时,支票上填写了金额及密码,出票日期与收款人名称系中玻公司填写。

二审庭审中,中玻公司称涉案支票大写金额系其填写、小写金额由销售中心填写,密码是销售中心告诉中玻公司后由中玻公司填写;销售中心则称大写金额与小写金额均由中玻公司填写。销售中心还称涉案支票签发后未流通便丢失,丢失后其未报案、也未采取失票救济措施;至于中玻公司如何取得涉案支票其不清楚。

【审理结果】

北京市昌平区人民法院于2017年6月19日作出(2015)昌民(商)初字第12433号民事判决:一、销售中心于判决生效后七日内支付中玻公司支票票面金额99 920元;二、销售中心于判决生效后七日内支付中玻公司利息3348.69元;三、驳回中玻公司的其他诉讼请求。宣判后,销售中心向北京市第一中级人民法院提起上诉。北京市第一中级人民法院于2017年8月24日作出(2017)京01民终5884号民事判决:驳回上诉,维持原判。

【裁判理由】

法院生效裁判认为:综合中玻公司、销售中心一、二审诉辩意见,结合查明的事实,本案争议的焦点有二:一是涉案支票是否有效,二是中玻公司是否有权对销售中心行使追索权。

关于涉案支票是否有效。销售中心称涉案支票未记载金额、出票日期和收款人名称,欠缺绝对必要记载事项,且其也未授权中玻公司补记金额和收款人名称,应为无效支票。对此,本院认为,第一,《中华人民共和国票据法》(以下简称《票据法》)第八十五条规定:“支票上的金额可以由出票人授权补记,未补记前的支票,不得使用。”依据该条规定,结合相关票据原理,支票金额事项虽为绝对必要记载事项,但支票金额事项允许空白,若没有补记,则金额空白支票因缺少绝对必要记载事项而无效;若经过补记,则金额空白支票和一般有效支票无异,为有效支票。至于出票人授权方式,我国法律既未明确规定,也未进行限制,书面方式、口头方式、默示授权均无不可。实践中,一般认为,空白支票的交付即可推定为附带有补充记载权的授予。本案中,涉案支票签发时未记载金额,为空白支票,且附带有补记金额权利的授予,现中玻公司所持涉案支票金额已经补记,无论金额为何人记载均不影响出票时金额空白的涉案支票为有效支票。第二,依据《票据法》第八十四条的规定,出票日期为支票绝对必要记载事项之一,出票人出票时未填写出票日期的,一般应当认定支票无效,但在持票人正当、善意持有支票的前提下,已经填写出票日期的,应当适用票据文义性原则,以票面记载内容为准,认定支票有效,不考虑出票人是否填写出票日期以及不填写出票日期的原因。本案中,涉案支票签发时虽未记载出票日期,但现中玻公司正当、善意持有涉案支票,且已填写出票日期,故涉案支票不因销售中心出票时未填写出票日期而无效。第三,依据《票据法》第八十四条的规定,收款人名称并非支票绝对必要记载事项,持票人出票时未记载收款人名称并不导致支票无效;且根据《票据法》第八十六条第一款关于"支票上未记载收款人名称的,经出票人授权,可以补记"的规定,可知我国承认无记名支票,出票人签发支票是否填写收款人名称,以及是否补记收款人名称均不影响支票的效力。基于以上论述,涉案支票签发时虽为空白支票,但现已记载完全,为有效支票,故销售中心关于涉案支票为无效支票的上诉理由缺乏依据,本院不予采信。

关于中玻公司是否有权对销售中心行使追索权。销售中心称涉案支票签发后未流通便丢失,中玻公司非合法持票人,且中玻公司未提交向付款银行提示付款被拒绝的证据,中玻公司无权向销售中心行使追索权。对此,本院认为,第一,最高人民法院《关于审理票据纠纷案件若干问题的规定》(以下简称《票据若干规定》)第九条第二款规定:"依照票据法第四条第二款、第十条、第十二条、第二十一条的规定,向人民法院提起诉讼的持票人有责任提供诉争票据。该票据的出票、承兑、交付、背书转让涉嫌欺诈、偷盗、胁迫、恐吓、暴力等非法行为的,持票人对持票的合法性应当负责举证。"依据该条规定,结合相关票据原理,向人民法院提起诉讼的持票人负有提供诉争票据的责任,在持票人提供诉争票据的情况下,若票据债务人认为持票人取得票据存在偷盗、胁迫等非法行为并提出合理怀疑的,则持票人对持票的合法性负有举证责任。本案中,中玻公司向本院提交了涉案支票,销售中心虽称涉案支票签发后未流通便丢失,但支票具有无因性,关系出票人所承担票据责任,尤其是空白支票对出票人影响更甚,故销售中心所称的在票据丧失后未采取任何失票救济措施不符合常理;且销售中心也不清楚中玻公司如何取得涉案支票,亦未对中玻公司取得涉案支票的合法性提出合理怀疑,在中玻公司已就如何取得涉案支票作出详细、合理说明的情况下,不应分配中玻公司更重的举证责任,结合案件庭审情况,本院确认中玻公司持有涉案支票系合法取得。第二,《票据若干规定》第十九条规定:"票据法第四十条第二款和第六十五条规定的持票人丧失对其前手的追索权,不包括对票据出票人的追索权。"依据该条规定,结合相关票据原理,支票出票人一经签发支票,便应承担担保支票付款的责任,即便持票人不能出示拒绝证明、退票理由书等拒绝证书,其对出票人的追索权仍不丧失。本案中,中玻公司向付款银行提示付款时,因印章不符被退票,中玻公司虽不能出示拒绝证书,但并不影响其向出票人销售中心行使追偿权。基于以上论述,中玻公司取得涉案支票合法,在提示付款被退票后有权向销售中心行使追索权,故销售中心关于中玻公司无权向其行使追索权的上诉理由缺乏依据,本院不予采信。

依据《票据法》第七十条、第九十三条第一款的规定,持票人行使追索权,可以请求被追索人支付支票金额自到期日或者提示付款日起至清偿日止,按照中国人民银行规定的利率计算的利息,故中玻公司有权要求销售中心支付利息,一审法院根据中玻公司诉讼请求判决支持自 2015 年 7 月 16 日起至 2017 年 6 月 13 日止的利息并无不当,本院对此不持异议。

【裁判解析】

票据追索权,是指持票人在票据到期不获付款或期前不获承兑或有其他法定原因时,在依法行使或保全了票据权利后,向其前手请求偿还票据金额、利息及其他法定款项的一种票据权利。

票据追索权具有以下基本特征:(1)追索权是一种期待权,是为了补充票据上第一次权利即付款请求权而设立的第二次票据权利,它以付款请求权不获实现为行使前提。(2)追索权是持票人履行了保全手续后才能行使的权利。(3)追索权的请求范围较付款请求权更广泛,票据上的债务人都可以成为行使追索权的对象。(4)持票人可以自由选择追索对象行使追索权。(5)追索权可以多次行使。

具体到本案,持票人在向付款银行提示付款被拒后,向出票人行使追索权,出票人则以支票无效及持票人非合法持票人进行抗辩,结合诉辩主张,本案涉及以下两个争议焦点:一是涉案支票是否有效;二是持票人中玻公司是否有权对出票人销售中心行使追索权。

(一)涉案支票是否为有效支票

绝对必要记载事项是指出票人必须在支票上作记载,否则支票无效的事项。依据《票据法》第八十四条的规定,支票绝对必要记载事项包括表明“支票”的字样、无条件支付的委托、确定的金额、付款人名称、出票日期、出票人签章,支票上未记载签署事项之一的,支票无效。

具体到本案,持票人销售中心称涉案支票未记载金额、出票日期和收款人名称,欠缺绝对必要记载事项,为无效支票。下面将从金额、出票日期和收款人名称三个方面进行阐述。

1. 出票人未在支票上记载金额是否导致支票无效

《票据法》虽规定确定的金额为支票绝对必要记载事项,但《票据法》第八十五条亦明确规定支票上的金额可以由出票人授权补记,未补记前的支票,不得使用。可见,支票金额事项允许空白,若没有补记,则金额空白支票因缺少绝对必要记载事项而无效;若经过补记,则金额空白支票和一般有效支票无异,为有效支票。

出票人如何授权补记呢?目前,我国法律未明确规定,但同时也未进行限制,可通过书面方式、口头方式、默示方式进行授权。何为默示方式?司法实践中,一般认为空白支票的交付即可推定为附带有补充记载权的授予,即为默示方式的一种。

具体到本案,涉案支票签发时虽未记载金额,为空白支票,但附带有补记金额权利的授予,现持票人中玻公司已经补记,故无论金额为何人记载均不影响出票时金额空白的涉案支票为有效支票。

2. 出票人未在支票上记载出票日期是否导致支票无效

依据《票据法》第八十四条的规定,出票日期为支票绝对必要记载事项之一,出票人出票时未记载出票日期的,一般应当认定支票无效。因支票自出票至提示付款日期较短,不利于充分发挥支票的作用。实践中,出票人出票时多不填写出票日期,而由持票人根据需要填写。在一般情况下,在持票人正当、善意持有支票的前提下,已经填写出票日期的,应当适用票据文义性原则,以票面记载内容为准,认定支票有效,不考虑出票人是否填写出票日期以及不填写出票日期的原因。

具体到本案,涉案支票签发时虽未记载出票日期,但现持票人中玻公司正当、善意持有涉案支票,且已填写出票日期,故涉案支票不因持票人销售中心出票时未填写出票日期而无效。

3. 出票人未在支票上记载收款人名称是否导致支票无效

依据《票据法》第八十四条、第八十六条第一款的规定，收款人名称并非支票绝对必要记载事项，且我国承认无记名支票，出票人签发支票是否填写收款人名称，以及是否补记收款人名称均不影响支票的效力，涉案支票亦不因出票人销售中心出票时未填写收款人名称而无效。

除了金额、出票日期、收款人名称之外，若出票人在出票时未记载表明“支票”的字样、无条件支付的委托或出票人未签章的，则支票无效。

（二）持票人中玻公司是否有权对出票人销售中心行使追索权

在涉案支票有效的前提下，持票人行使追索权还需满足其为合法持票人、在一定期限内行使或者保全票据权利等条件。

1. 持票人中玻公司是否为合法持票人

持票人行使追索权的前提需其为合法持票人，而持票人取得支票的方式有背书方式和其他方式。实践中，以背书转让的汇票，应当审查背书是否连续，背书连续的，则持票人为合法持票人；以其他合法方式取得汇票的，依据票据法，持票人依法举证，证明其为合法持票人。但《票据若干规定》第九条第二款规定：“依照票据法第四条第二款、第十条、第十二条、第二十一条的规定，向人民法院提起诉讼的持票人有责任提供诉争票据。该票据的出票、承兑、交付、背书转让涉嫌欺诈、偷盗、胁迫、恐吓、暴力等非法行为的，持票人对持票的合法性应当负责举证。”依据该条规定，结合相关票据原理，我们认为，持票人行使追索权首先应向人民法院提供诉争票据，在持票人提供诉争票据的情况下，若票据债务人认为持票人取得票据存在偷盗、胁迫等非法行为并提供初步证据的，则持票人对持票的合法性负有举证责任。

具体到本案，持票人中玻公司向本院提交了涉案支票，履行了提供诉争票据的责任；销售中心虽称涉案支票签发后未流通便丢失，但销售中心支票在票据丧失后未采取任何失票救济措施不符合常理，也未对中玻公司取得涉案支票的合法性提出合理怀疑，故在中玻公司已就如何取得涉案支票作出详细、合理说明的情况下，本院确认中玻公司持有涉案支票系合法取得。

2. 持票人中玻公司未出示拒绝证书是否丧失追索权

依据《票据法》第六十五条的规定，持票人不能出示拒绝证明、退票理由书或者未按照规定期限提供其他合法证明的，丧失对其前手的追索权。一般情况下，持票人行使追偿权应出示拒绝证书，否则，将丧失对前手的追索权。但结合票据法理论,出票人一经签发支票,便应承担担保支票付款的责任,即便持票人不能出示拒绝证明、退票理由书等拒绝证书,其对出票人的追索权仍不丧失,《票据若干规定》第十九条对此予以明确。

具体到本案,中玻公司向付款银行提示付款时,因印章不符被退票,中玻公司虽不能出示拒绝证书,但并不影响其向出票人销售中心行使追偿权。

【案例点评】

票据是商品经济中的一种重要商事工具,具有支付、汇兑、结算、流通、信用、融资六种重要功能。支票作为一种便利的支付工具,在市场经济中发挥着重要作用;但支票效力的认定是审判实践中的难点问题,争议比较大。该案例依据票据法相关规定,结合票据法原理,针对确定的金额、出票日期、收款人名称等审判实践中常见争议问题进行论述,明确认定标准,对以后审判实践中支票效力的认定具有一定借鉴意义。

【裁判心得】

支票记载事项包括绝对必要记载事项和相对必要记载事项,未记载绝对必要记载事项中任何一项的,支票无效。审判实践中,当事人对支票的效力产生争议,法院应根据当事人所主张的无效理由进行审查。一般情况下,金额允许空白,空白支票的交付即可推定为附带有补充记载权的授予,经过补记,金额空白支票为有效支票。出票人未填写出票日期,但持票人正当、善意持有支票,且已经填写出票日期的,为有效支票。收款人名称可以授权补记,不影响支票效力。

北京虹石投资管理有限公司申请北京理工中兴科技股份有限公司破产重整案

邹明宇* 樊 星**

关键词

破产重整 预重整 “两网”公司通过重整计划

裁判要旨

1. 预重整有利于及早开展企业拯救，缩短重整程序时间，也有利于压缩重整成本、提高重整质量。虽然法律对预重整没有进行规定，在实践中对于企业情况复杂需要前期清理，或需要招募投资人与各方开展多轮谈判等情况的重整案件，适宜采用预重整模式，在案件正式受理前预先选任管理人开展各项工作，以最大程度提高重整成功率，避免企业在法定期限届满后被迫转入清算程序。

2. 重整计划草案涉及出资人权益调整事项的，应当设出资人组，对该事项进行表决。出资人人数众多的，可以采用现场和网络投票相结合的方式，在会议公告中说明相应事项。在批准重整计划时，法律并未规定出资人权益调整事项表决的通过方式，实践中可以适用《公司法》对于股份公司重大事项议事规则的规定，以超过参与表决股东所持表决权的三分之二以上通过出资人权益调整事项。

相关法条

1.《中华人民共和国企业破产法》第二条、第七条第二款、第七十条第一款、第

* 邹明宇，北京市第一中级人民法院清算与破产庭副庭长。

** 樊星，北京市第一中级人民法院清算与破产庭法官助理。

七十一条、第八十四条、第八十五条、第八十六条。

2.《中华人民共和国公司法》第一百零三条。

【当事人基本情况】

申请人:北京虹石投资管理有限公司。

被申请人:北京理工中兴科技股份有限公司。

【基本案情】

北京理工中兴科技股份有限公司(以下简称京中兴公司)成立于1992年12月1日,注册资本为人民币2.5亿余元。该公司于1993年4月经海南省证券管理办公室批准,定向募集12 000万股在中国证券交易系统("NET系统")上市交易,目前是在全国中小企业股转系统登记代办转让的非上市公众公司(即"两网"公司),股份总数25 672万股,已上市流通股17 090万股,股东总数达1.4万余名。

2017年3月14日,北京虹石投资管理有限公司(以下简称虹石公司)分别与京中兴公司债权人曹玉海、中恒公司签订《债权转让协议》,约定虹石公司收购曹玉海及中恒公司持有的对京中兴公司的债权。后虹石公司致函京中兴公司告知债权转让事宜,并催促还款。京中兴公司回函称,认可曹玉海及中恒公司将债权转让给虹石公司,虹石公司对其享有已到期债权共计586.85万元及利息,但鉴于京中兴公司处于持续亏损、资不抵债的状态,无法清偿到期债权。

2017年7月10日,债权人虹石公司以不能清偿到期债务为由,向本院申请对债务人京中兴公司破产重整。同时,本案的意向投资方向法院提交了重整承诺书,承诺将投入评估值不低于8亿元的优质资产和(或)现金,推进京中兴公司的重整工作。2017年8月21日,北京市高级人民法院作出(2017)京民辖55号民事裁定书,裁定本案由本院审理。本院采用预重整方式,在本案正式受理前选任管理人进驻债务人公司并主持债务人、部分债权人签署了《预重整工作备忘录》。2017年9月15日,本院作出(2017)京01破申22号民事裁定:受理北京虹石投资管理有限公司对北京理工中兴科技股份有限公司的重整申请。2017年11月24日,本院裁定确认18位债权人的无争议债权共计96 539 169.34元。2017年12月8日,本院召开债权人会议和出资人组会议,普通债权人组与出资人组分别表决通过重整计划草案,重整计划通过。

【审理结果】

北京市第一中级人民法院于2017年9月15日作出(2017)京01破申22号民事裁定:受理北京虹石投资管理有限公司对北京理工中兴科技股份有限公司的重

整申请；于2017年12月21日裁定批准北京理工中兴科技股份有限公司重整计划、终止北京理工中兴科技股份有限公司重整程序。

【裁判理由】

法院生效裁定认为：根据《企业破产法》第二条的规定，企业法人不能清偿到期债务，并且资产不足以清偿全部债务或者明显缺乏清偿能力的，或者有明显丧失清偿能力可能的，可以依照破产法的规定进行重整。本案中，在管辖权方面，根据北京市高级人民法院（2017）京民辖55号民事裁定书，本院对本案享有管辖权。在主体方面，被申请人京中兴公司为依法设立的股份有限公司，具有破产能力，属于适格的重整主体；申请人虹石公司通过受让的方式取得对京中兴公司的债权，京中兴公司对此亦予以确认且不能清偿到期债务，故虹石公司属于适格的申请主体，有权提出破产重整申请。在重整原因方面，京中兴公司虽然已不能清偿到期债务，且具有明显缺乏清偿能力的情形，但意向投资方已出具了重整承诺书，承诺注入优质资产推进重整工作，并已与债务人、部分债权人签署了《预重整工作备忘录》，债务人亦同意进入重整程序，在此情况下，债务人京中兴公司具备重整价值和重建希望。本案符合《企业破产法》规定的破产重整受理条件，本院依法予以受理。

关于重整计划的批准，法院生效裁定认为：《企业破产法》第八十四条第二款规定，出席会议的同一表决组的债权人过半数同意重整计划草案，并且其所代表的债权额占该组债权总额的三分之二以上的，即为该组通过重整计划草案。第八十五条第二款规定，重整计划草案涉及出资人权益调整事项的，应当设出资人组，对该事项进行表决。本案中，债权人申报的均为普通债权，且无设立小额债权组的必要，但因重整计划草案涉及出资人权益调整事项，故在2017年12月8日召开的第二次债权人会议中设普通债权人组、出资人组分别对重整计划草案和出资人权益调整事项进行了表决。其中，普通债权人组申报债权的18名债权人均出席了会议并全部同意重整计划草案，普通债权人组表决通过；出资人组参与表决的股东持股共计29 733 055股，同意出资人权益调整事项的股东持股共计26 080 055股，超过参与表决股东所持表决权的三分之二以上，出资人组亦表决通过。经审查，重整计划草案的表决程序合法，重整计划通过，且重整计划内容符合法律规定，故京中兴公司的申请符合法律规定，重整计划应予批准。

【裁判解析】

本案为本院首次采用预重整方式审理的破产重整案件。预重整制度在我国企业破产相关法律规范中尚无规定，结合本案，合议庭认为可以采用预重整方式审

理,主要考虑了以下两个方面的因素:

第一,及早查明企业情况和重整希望。本案中,债务人京中兴公司历史沿革十分复杂,债台高筑且经营停滞多年,股东众多、股权分散,停牌前股价持续低迷。同时,京中兴公司具有新三板挂牌交易甚至主板上市的潜在可能,采用引进战略投资、调整股权结构的重整方式,如重整成功,企业的主营业务也将彻底改变。此种重整方式涉及债务人、债权人和众多股东的未来重大权益,法院在作出是否受理重整申请的法律判断时,需要依赖较多的商业判断。及时引入独立、专业的中介机构作为管理人在这种情况下有相当的必要性。

第二,降低谈判成本、提高成功概率。鉴于本案的实际情况,在重整程序正式进入法院后,各方主体的利益期待会产生较大变动:某些债权人可能由于京中兴公司"非生即死"的尴尬法律地位而选择故意看低股权价格,某些原股东则可能鉴于京中兴公司的后市前景,借手中的表决权实现额外的商业利益,正式受理后的斡旋谈判有可能因此陷入困境,甚至导致丧失战略投资人。通过预重整方式提前引入管理人,可以有效控制各方期待、降低谈判成本,在案件未受理时充分协调各方利益、达成框架协议,在相当程度上避免上述弊端;即使磋商失败,债务人没有破产清算的时间压力,管理人、债务人仍有机会再次招商,从而大大提高企业复生的希望。

本案中,在决定采用预重整方式审理后,鉴于债务人对自身的重整时间计划十分紧凑,审判庭及时与高院、本院司法辅助部门沟通,第一时间随机产生管理人并主持管理人与债务人、投资人了解案件情况。指导管理人在最短时间内派驻工作组入驻债务人企业,以账册查阅、人员访谈等形式先期开展财产调查、权利审核等各项工作,对投资方出具的重整承诺书提出修改完善的法律意见,并在案件受理前与债务人、部分债权人签署了《预重整工作备忘录》,明确了重整工作方向。案件受理后,本院指导管理人继续进行债权审核工作,就存在争议和潜在诉讼可能性的债权安排询问谈话,使重整程序不因衍生诉讼而拖延进度。管理人就债务人自行管理财产和营业事务的申请提出书面法律意见,本院予以批准。管理人对债务人行使监督职责,并向本院和债权人会议报告监督情况。重整程序实现了受理前后各项工作的无缝衔接。

本案也是全国首例"两网"公司破产重整案件,债务人股东多达 1.4 万余名。根据《企业破产法》第八十五条第二款的规定,重整计划草案涉及出资人权益调整事项的,应当设出资人组,对该事项进行表决。为充分保护京中兴公司万余名股东的权益,同时保障重整程序稳妥顺利推进,合议庭决定采用现场和网络投票相结合的方式召开出资人组会议,公告相应会议事项,并在全国中小企业股份转让系统中向出资人充分说明重整计划草案的内容,保障出资人的知情权、参与权与表决权。

关于出资人权益调整事项表决的通过方式,《企业破产法》和相关司法解释并未作出规定。北京市高级人民法院《企业破产案件审理规程》第二百一十七条第二款规定:"出资人组对重整计划草案中涉及出资人权益调整事项进行表决,同意重整计划草案的出资人的出资额占债务人注册资本三分之二以上的,即为该组通过重整计划草案。"同时,对此实务中还有其他观点,一是认为出资人组应当参照债权人组的"两重标准"作为表决机制,二是认为出资人组应当按照《公司法》关于股东表决权的规定进行表决,以《公司法》和公司章程的规定确认表决机制。对此,合议庭认为,对于股份有限公司,公司章程就公司重大事项议事规则没有比《公司法》有更高规定的,应当适用《公司法》第一百零三条的规定,股东所持每一股份有一表决权,出资人权益调整事项须经出席会议的股东所持表决权的三分之二以上通过。理由有以下三点:

第一,《企业破产法》中关于债权人组表决机制的规定不能直接参照适用。《企业破产法》中关于债权人组和出资人组的表决规则分别规定于第八十四条、第八十五条,且表决对象并不相同,亦无参照适用的条款。直接参照适用债权人组的"两重标准"表决规则缺乏法律依据。破产程序中,在《企业破产法》没有直接规定的情况下,《公司法》作为主体法和程序法对于股份公司应当普遍适用。

第二,股份公司不适用《公司法》中关于有限公司议事规则的规定。区别于有限公司,股份公司具有更强的资合性而非人合性,股东人数众多而股份任意流转,公司所有权与经营权在很大程度上分离,绝大多数社会公众股东并不参与公司经营决策。适用《公司法》中关于有限公司议事规则的规定,以"出资额占债务人注册资本三分之二以上"作为出资人权益调整事项的表决机制,不符合股份公司本身的性质与特点,在本案中也可能导致任何方案都难以取得通过。

第三,本案应当适用《公司法》对于股份公司重大事项议事规则的规定。根据《公司法》第一百零三条的规定,股东大会作出修改公司章程、增加或者减少注册资本的决议,以及公司合并、分立、解散或者变更公司形式的决议,必须经出席会议的股东所持表决权的三分之二以上通过。根据本案京中兴公司的《出资人权益调整方案》,投资人注入的资产将计入资本公积,并以资本公积转增股份,转增的股份将全部分派给投资人和债权人而不分派给原股东。该方案涉及京中兴公司增加注册资本,并将导致公司章程的修改,属于《公司法》规定的重大事项;京中兴公司章程没有就重大事项议事规则作出高于《公司法》的规定,因此对于《出资人权益调整方案》的通过,应当适用《公司法》的规定,以参与表决股东所持表决权的三分之二以上通过。在2017年12月8日召开的出资人组会议上,出资人组参与表决的股东持股共计29 733 055股,同意出资人权益调整事项的股东持股共计26 080 055股,超过参与表决股东所持表决权的三分之二以上,出资人组表决通过。

【案例点评】

该案在几个层面都具有指导和示范意义。首先该案是我院在现行《企业破产法》颁行以来受理的第二例重整案件,在管辖、受理标准以及债权人会议表决通过等方面的法律适用上具有示范意义。同时该案也是全国首例"两网"公司重整案件,为类似企业日后的拯救和盘活提供了司法蓝本。另外,该案系我院首次采用预重整方式审理重整案件,可以为日后其他重整案件积累相关经验。

【裁判心得】

诉讼案件的双方往往想要分出胜负,重整案件的各方却可以实现共赢多赢。现行《企业破产法》施行的十年间,我国经济社会持续发生重大变化,法律施行过程中也遇到这样或那样的问题,最高法院一再要求各地破产审判切实发挥创新精神。重整案件中,面对法律具体规定不完备的情况,裁判者务必以重整参与各方的共同利益实现为最大价值追求,不断探索重整机制创新和法律适用创新。这是人民法院为实施市场化破产重整创造条件的应有之义,也是充分发挥化解企业危机、优化资源配置等破产重整制度功能的必由之路。

四川华威信息产业有限公司申请中铁光通信息技术发展有限公司破产清算案

高春乾*

关键词

债务人财产　破产费用　终结破产　再次申请

裁判要旨

债务人财产不足以清偿破产费用的，管理人应当提请人民法院终结破产程序。人民法院裁定宣告破产并终结破产程序后，债权人再次申请对债务人进行破产清算的，人民法院不予受理。

相关法条

《中华人民共和国企业破产法》第十二条第一款、第四十三条第四款、第一百二十一条。

【当事人基本情况】

申请人：四川华威信息产业有限公司。

被申请人：中铁光通信息技术发展有限公司。

【基本案情】

中铁光通信息技术发展有限公司（以下简称中铁光通公司）为2000年9月5日成立的中外合作经营企业，登记机关为北京市工商行政管理局，注册资本为2950万美元；中方中铁通信中心以人力资源、市场营销和相关技术作为合作条件，外方

* 高春乾，北京市第一中级人民法院清算与破产庭法官。

美国国际电信电报有限公司以 2950 万美元货币出资作为合作条件;合作期限 30 年;合营公司的经营范围是研究、开发和生产计算机软件及网络产品,开发和建设信息网络系统,承接计算机通信工程系统集成,提供自产产品的技术服务、技术咨询、技术转让和技术培训,销售和出租自产产品(未经专项审批的项目除外);合营公司章程约定,中方提供给合营公司的工程项目所得利润按中方 50%、外方 50% 分配,其他项目所得利润按中方 20%、外方 80% 分配;根据中关村科技园区海淀园管理委员会的批复,外方的出资期限为 2003 年 9 月 5 日。至合营公司 2004 年 12 月 16 日被吊销企业法人营业执照,外方实缴出资 50 万美元,尚有 2900 万美元出资未到位。

2003 年 4 月 17 日,北京仲裁委员会受理申请人上海红灯通信设备厂(以下简称红灯厂)与被申请人中铁光通公司合同争议仲裁案。2003 年 10 月 17 日,北京仲裁委员会作出(2003)京仲裁字第 0312 号裁决书,裁决中铁光通公司向红灯厂支付款项共计人民币 5 215 859 元。后红灯厂向北京市海淀区人民法院(以下简称海淀法院)申请执行上述仲裁裁决。海淀法院于 2005 年 12 月 16 日作出(2004)海民执字第 871 号民事裁定,确认已执行人民币 339 430 元,并以被查封的中铁光通公司的财产因评估要素不成熟而无法评估,不具备继续执行的条件,及红灯厂亦不能提供中铁光通公司可供执行的财产或财产线索为由,裁定该次执行程序终结。此后,中铁光通公司始终未向红灯厂支付未执行款项。

2004 年 12 月 16 日中铁光通公司被吊销企业法人营业执照。(2004)一中民初字第 876 号民事判决书判令中铁光通公司于判决生效之日起十日内给付四川华威信息产业有限公司(以下简称华威公司)货款 6 723 500 元,退还华威公司 76 台故障话机,并负担案件受理费 43 151 元。因中铁光通公司未履行生效判决,华威公司向本院申请强制执行。本院于 2006 年 6 月 15 日以中铁光通公司无财产可供执行为由,裁定终结本次执行程序。

2010 年 3 月 1 日,红灯厂以中铁光通公司不能清偿到期债务且明显缺乏清偿能力为由,向本院申请对中铁光通公司破产清算。本院按照中铁光通公司工商注册登记的地址,以司法专邮的方式向中铁光通公司送达红灯厂对该公司的破产申请,被以该地址查无此单位为由退回。2010 年 3 月 15 日,本院裁定受理红灯厂对中铁光通公司的破产清算申请,同时指定中天运会计师事务所为中铁光通公司管理人。2010 年 3 月 30 日,本院就受理情况、债权申报、第一次债权人会议等事项发布公告。共有两名债权人申报债权,分别是红灯厂和上海飞乐联亚电子有限公司。

经债权人会议核查,无异议债权总额为人民币 21 671 533.66 元。管理人接受法院指定后,未能从中铁光通公司接管到财务账册、债权清册、债务清册、职工工资及社会保险费用缴纳情况等资料。2010 年 10 月 20 日,海淀法院向管理人移交了被其查封的中铁光通公司的公章、财务章、账簿和实物财产,其中实物财产为几台办公用品,经债权人会议确认已无价值;账簿包括 2001 年银行日记账、现金日记账各一本,以及截至 2003 年 4 月 30 日的总账、明细账。上述账簿资料显示,截至 2003 年 4 月 30 日,中铁光通公司资产总额 15 722 055.27 元,负债 21 750 371.22 元,所有者权益 -6 028 315.95 元。经管理人查找,截至 2010 年 11 月 5 日,中铁光通公司的财产为账户资金 983 美元、人民币 1239.04 元。经债权人会议确认,截至 2010 年 10 月 15 日,管理人共垫付清算费用 63 486 元。关于外方出资人未完全履行出资义务的问题,管理人在《破产财产管理方案》中载明:管理人打算进行追缴,但追缴过程中需要借助第三方或进行诉讼程序,需要高额的诉讼费、律师费、文书翻译费、公告费和其他办案费用,鉴于目前债务人财产已严重不足以支付已经发生的清算费用,追缴所需的高额费用更是无从支付,管理人将提请债权人先行垫付追缴费用,若债权人不同意垫付,管理人将依照《企业破产法》第四十三条规定申请终结破产程序。2010 年 11 月 16 日,第二次债权人会议通过了上述《破产财产管理方案》,会上两债权人均表示不同意垫付清算费用。2010 年 11 月 19 日,管理人以债务人财产不足以清偿破产费用为由,提请法院终结中铁光通公司破产程序。2010 年 11 月 30 日,本院作出(2010)一中民破字第 6706 号民事裁定书,认定中铁光通公司不能清偿到期债务,并且资产不足以清偿全部债务,裁定宣告中铁光通公司破产。2010 年 12 月 3 日,本院以破产财产不足以清偿破产费用为由,裁定终结中铁光通公司的破产清算程序。2013 年 5 月 29 日,管理人就无法完成中铁光通公司注销手续作出说明,内容是:"办理注销需要提供企业连续三年的《清算报告》、连续三年的《清税报告》、完整的纳税申报资料及记账凭证等资料。中铁光通公司已于 2004 年处于停业状态,清算过程中所需资料均无法提供。另截至 2010 年 11 月 15 日中铁光通公司破产财产总额为人民币 1239.04 元、美元 983 元,也无法支付各项破产费用,故无法完成后续清算注销手续。"

【审理结果】

北京市第一中级人民法院于 2017 年 6 月 28 日作出(2017)京 01 破申 20 号民事裁定:裁定不予受理四川华威信息产业有限公司对中铁光通信息技术发展有限公司的破产清算申请。四川华威信息产业有限公司提起上诉,北京市高级人民法院于 2017 年 9 月 14 日作出(2017)京破终 1 号民事裁定:裁定驳回上诉,维持原裁定。

【裁判理由】

法院生效裁定认为:(2010)一中民破字第 6706 号中铁光通公司破产清算一案的审理程序正当,未损害债权人合法权利;该案以破产财产不足以清偿破产费用为由终结破产程序符合中铁光通公司的实际情况,符合企业破产法的规定。虽然中铁光通公司尚未办理注销登记手续,但法人主体资格消灭是破产清算程序终结的法律后果,现华威公司在本案中再次申请中铁光通公司破产清算,与上述已终结的破产清算程序相矛盾,其申请应不予受理。综上,华威公司的上诉理由均不成立,其上诉请求法院不予支持。

【裁判解析】

本案涉及的法律问题与一般的破产受理审查案件不同,审查的重点不在于申请人、被申请人的主体资格、是否具有破产原因等方面,而是债务人的破产程序已因财产不足以清偿破产费用终结后,债权人能否再次申请对其进行破产清算。从本院破产案件审理情况来看,此类案件尚无先例。解决此问题涉及《企业破产法》第四十三条的理解问题,存在较多争议问题,初步分析如下。

(一)与《企业破产法》第四十三条第四款相关的争议问题

1. 适用该款规定终结破产程序与因无法清算而终结破产程序之间的关系

《企业破产法》第四十三条第四款规定:"债务人财产不足以清偿破产费用的,管理人应当提请人民法院终结破产程序。人民法院应当自收到请求之日起十五日内裁定终结破产程序,并予以公告。"该款是关于破产程序提前终结的规定。依照最高人民法院《关于债权人对人员下落不明或者财产状况不清的债务人申请破产清算案件如何处理的批复》(法释〔2008〕10 号)的规定,对于债务人人员下落不明或者财产状况不清的破产案件,如债务人不能或拒不向人民法院提交有关材料,导致无法清算的,人民法院可以裁定终结破产清算程序。上述规定在适用上是否存在竞合,如法院指定管理人后,管理人无法查到债务人的人员、财产、账册,财产状况不清,此种情形是否也属于债务人财产不足以清偿破产费用?

本文认为,上述规定适用于不同的情形,不能混淆。《企业破产法》第四十三条第四款适用于能够依法清算,但债务人财产不足清偿破产费用的情形,而债务人人员下落不明或者财产状况不清,没有账册的,属于无法清算的情形,不能适用该款规定。所谓依法清算,是指在全面掌握债务人财产和负债情况基础上,对所有既有法律关系的彻底、概括的清理。因破产费用不足终结破产程序的前提是能够依法清算，在法律后果上，原则上会产生清算义务人、债务人免责的效力。[①] 而无法清算则是无法判断债务人的资产、负债状况，不能依法清算，也就不能产生清算义务人免责的后果。既存在无法清算的情形，债务人的财产也不足以清偿清算费用的，本文认为应以无法清算终结程序，清算义务人不能免除责任。

2. 该款规定与《企业破产法》第一百二十条第一款的关系

《企业破产法》第一百二十条第一款规定："破产人无财产可供分配的，管理人应当请求人民法院裁定终结破产程序。"有观点认为，该款规定与《企业破产法》第四十三条第四款是相同的，"它(指第一百二十条第一款规定)是破产人财产不足以清偿破产费用的终结形式"。[②] 此种观点有待商榷。理由如下:(1)从文义解释来看，两款规定存在明显差异。第四十三条第四款规定的是财产不足清偿破产费用的情形，而第一百二十条规定的是无财产可供分配的情形，分配在破产法中特指破产人财产向债权人发放而清偿债务，与支付破产费用无关。(2)从体系解释来看，《企业破产法》第四十三条规定于《企业破产法》第五章，位于"债务人财产"和"债权申报"之间，适用于破产清算、重整和和解程序，而第一百二十条则规定于《企业破产法》第十章第三节"破产程序的终结"，属于破产清算程序中的特别规定，如两款规定内容相同，没有必要重复规定。

基于以上考虑，本文认为《企业破产法》第一百二十条第一款的规定主要适用的情形是破产人财产支付破产费用后没有剩余财产可供分配的情形，或者破产人无财产，债权人或者利害关系人同意垫付破产费用，破产程序虽然可以进行，但最终无财产可供分配的情形，与第四十三条第四款规定的情形不同。

3. 适用该款规定的时间点

债务人财产不足以清偿破产费用时，管理人何时申请法院终结破产程序，法律并未明确规定。与此相关的程序问题是，债务人财产不足以清偿破产费用时，是否需要通知债权人，是否必须在债权申报期限届满之后，以及是否要召开债权人会议等。本文认为，管理人何时申请法院终结破产程序，关键在于何时可以确定债务人财产范围和数额，与债权申报并无直接关系。但在债务人财产不足清偿破产费用时，债权人、债务人的出资人或者其他利害关系人愿意垫付破产费用的，破产程序

---

① 例外情形，如果在债务人出现吊销企业法人营业执照等解散原因的情况下，清算义务人没有依法组成清算组进行清算，导致企业财产毁损、贬值、灭失等的，依法应当承担民事责任。

② 沈志先主编:《破产案件审理实务》，法律出版社 2015 年版，第 388 页。

可以继续进行,因此通知已知债权人并予以公告是应当进行的程序。至于债权申报期限是否必须届满,则无直接关系。北京市高级人民法院《企业破产案件审理规程》第一百四十七条规定,“债务人财产不足以清偿破产费用的,管理人应当提请人民法院宣告债务人破产并终结破产程序。即使债权申报期未届满,亦可申请。债权人、管理人、债务人的出资人或者其他利害关系人愿意垫付破产费用的,破产程序可以继续进行。垫付款项作为破产费用,从债务人财产中向垫付人随时清偿。”

适用该款规定的时间点还与管理人如何履行职责有关。在有的案件中,管理人仅以无法接收债务人的财产、印章和账簿、文书等资料为由,认为债务人财产不足以清偿破产费用,不再开展其他工作,即向法院申请终结破产程序。此种做法与《企业破产法》第二十五条规定的管理人的法定职责不相符。该条第一款第二项规定,管理人应当调查债务人财产状况,制作财产状况报告,这是判断债务人财产是否能够清偿破产费用的基础,管理人未经调查,仅作形式审查的,不符合《企业破产法》的规定,而且会导致程序草率终结后产生其他纠纷。至于债务人没有财产时,管理人因开展调查工作垫付的破产费用如何解决问题,属于破产法实施的配套问题,应通过完善相关机制解决,不能成为管理人怠于履行职责的理由。

4. 适用该款规定终结的案件是否需要宣告债务人破产

《企业破产法》第四十三条第四款规定,人民法院应当自收到请求之日起十五日内裁定终结破产程序,并予以公告。在适用该条时存在的争议问题是,法院在裁定终结破产程序前,是否需要宣告债务人破产?一种观点认为,破产宣告的法律后果,除了导致债务人、债务人财产等称谓上发生变化外,主要是宣告破产后破产人进行清算程序,而不能再进行重整、和解程序。在债务人财产不足以清偿破产费用时,重整、和解的可能性几乎没有,因此也就没有宣告破产的必要。另一种观点则认为债务人财产不足以清偿破产费用时符合破产宣告的条件,应当宣告破产。

对此,本文认为,在依法清算的前提下,债务人财产不足以清偿破产费用,已经符合破产宣告的条件,应当宣告破产。虽然《企业破产法》第四十三条第四款并未明确规定是否由法院宣告债务人破产,但从司法实践来看,法院认为债务人财产不足清偿破产费用时,法院应当宣告债务人破产,并同时终结破产程序。[①] 北京市高级人民法院《企业破产案件审理规程》第二百四十八条第二款也规定,破产申请受理后,债务人财产不足以清偿破产费用,且无人代为清偿或予以垫付的,经管理人

① 参见《人民法院破产程序法律文书样式(试行)》文书样式 37。

申请,人民法院应当宣告债务人破产,并裁定终结破产程序。

5. 终结裁定的法律后果

人民法院依据《企业破产法》第四十三条第四款裁定终结破产程序后,会产生何种法律后果,如债务人是否需要注销、对债权人权利有何影响等,目前还存在不同认识,导致司法适用上的差异。从比较法角度来看,德国破产法理论中将破产程序启动后,发现财团不足以支付程序费用的情形,称为废止,即程序的提前结束。关于废止裁定的效力,"和终结时相同,裁定的结果是:破产管理人和债权人委员会成员的职务结束;债务人重新获得对破产财团的处分权;债权人又能够向债务人主张债权。"[①]换言之,在破产程序废止后,通过破产程序进行的债权概括清偿重新回复到个别清偿程序。日本破产法中对于因费用不足导致破产程序废止的情形,分为同时破产程序废止和不同时破产程序废止,前者是指裁定破产程序的同时作出废止破产程序的裁定,通常不会同时选任破产管理人、决定债权申报期间和债权调查期间或期日的同时处分;后者是指法院裁定破产程序开始后,程序进行途中,因破产财团不能再支付破产程序费用,法院依破产管理人的申请或依职权,在听取破产债权人意见后,裁定破产程序废止。破产程序废止裁定生效后,破产程序即终了,除特别事项外,破产程序废止与因分配而终结破产程序的法律效果一致,对破产债权人而言,在确定具有破产债权时,若没有从破产程序中获得清偿,可以破产债权人表为债务名义进行强制执行。[②]

我国《企业破产法》中并未明确规定破产程序向个别执行程序的回复,因此在因费用不足导致破产程序终止的法律后果上,与德国、日本不同。综上所述,司法实务中的通行做法是,在债务人财产不足清偿破产费用时,管理人申请宣告债务人破产并提请终结破产清算程序后,法院裁定宣告债务人破产并同时终结破产清算程序。《企业破产法》对于宣告破产后的程序作了规定,按照第一百二十一条,管理人应当自破产程序终结之日起十日内,持人民法院终结破产程序的裁定,向破产人的原登记机关办理注销登记。管理人职务的终止时间也不是作出终结裁定之时,而是办理注销登记完毕的次日。正因有此法律后果(办理注销登记),在破产程序终结后,原则上不会再出现概括清偿程序再向个别清偿程序的回复问题。

---

① [德]莱因哈德·波克:《德国破产法导论》,王艳柯译,北京大学出版社 2014 年版,第 168 页。

② 参见谷口安平主编:《日本倒产法概述》,中国政法大学出版社 2017 年版,第 226~230 页。

至于债权人权利的救济,则按照《企业破产法》第一百二十三条的规定①在破产程序终结后追加分配,还可向破产人的保证人和其他连带债务人主张清偿责任。此外,如债权人认为管理人在破产案件中未尽忠实、勤勉义务的,可以依据《企业破产法》第一百三十条的规定向管理人主张赔偿责任。

(二)本案能否受理的问题

基于上述分析,在本院已于 2010 年 11 月 30 日裁定宣告中铁光通公司破产,并于 2010 年 12 月 3 日裁定终结中铁光通公司的破产清算程序的情形下,②应按照《企业破产法》第一百二十一条的规定办理中铁光通公司的注销登记,华威公司再次申请对中铁光通公司进行破产清算,与已经终结的破产程序相矛盾,不应受理。至于中铁光通公司未能办理注销登记的问题,属于工商登记条例与破产法实施的协调问题,不因中铁光通公司未注销而准许对其再次破产清算,否则将会导致破产程序的混乱。《企业破产法》第一百二十三条即是对依照该法第四十三条第四款终结破产程序后遗留事务如何处理的规定,债权人应按此规定主张权利,而不应再次申请启动破产程序。即使债权人在破产程序终结之日起二年后才发现有债务人财产,"如符合对无效行为追回财产的情况或者符合民事撤销权行使的条件等法律规定可以追回财产的情况,债权人仍可以追收,但追回的财产不必再按照破产财产分配方案对全体债权人进行追加分配,而是直接用来清偿自己的债权。"③不予受理债权人的破产申请,对其权利救济并无实质影响。

【案例点评】

与丰富的破产案例和审判实践相比,破产法理论研究和立法还是比较滞后的,这就需要法官在审理破产案件的过程中,运用多种法律解释方法对相关法条进行解析,对法律漏洞予以弥补。本案表面来看是破产案件受理审查,实际争议焦点在于《企业破产法》第四十三条第四款的整体把握问题。案例解析中从多个角度比较系统地阐述了该款的相关争议,对于类似案件的处理有借鉴和参考意义。

---

① 该条规定:自破产程序依照本法第四十三条第四款或者第一百二十条的规定终结之日起二年内,有下列情形之一的,债权人可以请求人民法院按照破产财产分配方案进行追加分配:(一)发现有依照本法第三十一条、第三十二条、第三十三条、第三十六条规定应当追回的财产的;(二)发现破产人有应当供分配的其他财产的。有前款规定情形,但财产数量不足以支付分配费用的,不再进行追加分配,由人民法院将其上交国库。

② 需说明的是,最高人民法院《人民法院破产程序法律文书样式(试行)》于 2011 年 10 月 13 日下发,该案在此之前,故未同时宣告破产并终结破产程序。

③ 王欣新:《破产法》(第三版),中国人民大学出版社 2011 年版,第 309 页。

【裁判心得】

破产法兼具程序法和实体法特点,但主要是程序法。由于破产程序比较复杂,程序规则难以有效涵盖所有情形,实务中就需要不断解释完善相关规定,丰富破产法的内容。个案涉及的法条,并非孤立的存在,与破产法的其他规定之间有密切关系,理解与适用某条规定也离不开对破产法的体系解释和整体把握。

行政篇

于艳茹诉北京大学撤销博士学位决定案

赵　锋*

关键词

正当程序　公正　陈述申辩　授权组织

裁判要旨

正当程序原则是最基本的公正程序规则,其要义在于,作出任何使他人遭受不利影响的行使权力的决定前,应当听取当事人的陈述申辩。即使法律未对正当程序原则设定具体的程序性规定,行政机关也应当自觉遵守,只不过可就履行正当程序的具体方式作出选择。大学在作出授予或撤销学位决定时,属于法律、法规授权的组织,其在行使授权时亦应遵循正当程序。对于违反正当程序的行政行为,法院可以程序违法为由予以撤销。

相关法条

《中华人民共和国行政诉讼法》第七十条第三项。

【当事人基本情况】

上诉人(一审被告):北京大学。

被上诉人(一审原告):于艳茹。

【基本案情】

于艳茹系北京大学历史学系2008级博士研究生,于2013年7月5日取得历史学博士学位。2013年1月,于艳茹将其撰写的论文《1775年法国大众新闻业的"投石党运动"》(以下简称《运动》)向《国际新闻界》杂志社投稿。同年5月31

* 赵锋,北京市第一中级人民法院行政庭法官。

日,于艳茹向北京大学提交博士学位论文答辩申请书及科研统计表。于艳茹将该论文作为科研成果列入博士学位论文答辩申请书,注明"《国际新闻界》,2013 年待发"。于艳茹亦将该论文作为科研论文列入研究生科研统计表,注明"《国际新闻界》于 2013 年 3 月 18 日接收"。同年 7 月 23 日,《国际新闻界》(2013 年第 7 期)刊登《运动》一文。2014 年 8 月 17 日,《国际新闻界》发布《关于于艳茹论文抄袭的公告》,认为于艳茹在《运动》一文中大段翻译原作者的论文,直接采用原作者引用的文献作为注释,其行为已构成严重抄袭。随后,北京大学成立专家调查小组对于艳茹涉嫌抄袭一事进行调查。同年 9 月 1 日,北京大学专家调查小组召开第一次会议,决定聘请法国史及法语专家对于艳茹的博士学位论文、《运动》一文及在校期间发表的其他论文进行审查。同年 9 月 9 日,于艳茹参加了专家调查小组第二次会议,于艳茹就涉案论文是否存在抄袭情况进行了陈述。其间,外聘专家对涉案论文发表了评审意见,认为《运动》一文"属于严重抄袭"。同年 10 月 8 日,专家调查小组作出调查报告,该报告提到审查小组第三次会议中,审查小组成员认为《运动》一文"基本翻译外国学者的作品,因而可以视为严重抄袭,应给予严肃处理"。同年 11 月 12 日,北京大学学位评定委员会召开第 117 次会议,对于艳茹涉嫌抄袭事件进行审议,决定请法律专家对现有管理文件的法律效力进行审查。2015 年 1 月 9 日,北京大学学位评定委员会召开第 118 次会议,全票通过决定撤销于艳茹博士学位。同日,北京大学作出校学位(2015)1 号《关于撤销于艳茹博士学位的决定》(以下简称《撤销决定》)。该决定载明:"于艳茹系我校历史系 2008 级博士研究生,2013 年 7 月获得博士学位,证书号为(1000122013000732)。经查实,其在校期间发表的学术论文《1775 年法国大众新闻业的"投石党运动"》存在严重抄袭。依据《中华人民共和国学位条例》、《国务院学位委员会关于在学位授予工作中加强学术道德和学术规范建设的意见》、《北京大学研究生基本学术规范》等规定,经 2015 年 1 月 9 日第 118 次校学位评定委员会审议批准,决定撤销于艳茹博士学位,收回学位证书。"该决定于同年 1 月 14 日送达于艳茹。于艳茹不服,于同年 1 月 20 日向北京大学学生申诉处理委员会提出申诉。同年 3 月 16 日,北京大学学生申诉处理委员会作出 2015(3)号《北京大学学生申诉复查决定书》,决定维持《撤销决定》。同年 3 月 18 日,于艳茹向北京市教育委员会(以下简称市教委)提出申诉,请求撤销上述《撤销决定》。同年 5 月 18 日,市教委作出京教法申字(2015)6 号《学生申诉答复意见书》,对于艳茹的申诉请求不予支持。于艳茹亦不服,于同年 7 月 17 日向一审法院提起行政诉讼,请求撤销北京大学作出的《撤销决定》,并判令恢复于艳茹博士学位证书的法律效力。

【审理结果】

北京市海淀区人民法院于 2017 年 1 月 17 日作出(2015)海行初字第 1064 号行政判决:一、撤销被告北京大学于二〇一五年一月九日作出的校学位(2015)1 号《关于撤销于艳茹博士学位的决定》;二、驳回原告于艳茹的其他诉讼请求。判决后,北京大学向北京市第一中级人民法院提出上诉。北京市第一中级人民法院于 2017 年 6 月 6 日作出的(2017)京 01 行终 277 号行政判决书,判决驳回上诉,维持原判。

【裁判理由】

法院生效裁判认为:结合双方当事人的诉辩主张,本案的争议焦点在于:一、北京大学作出《撤销决定》时是否应当适用正当程序原则;二、北京大学作出《撤销决定》的程序是否符合正当程序原则;三、北京大学作出《撤销决定》时适用法律是否准确。

关于焦点一,正当程序原则的要义在于,作出任何使他人遭受不利影响的行使权力的决定前,应当听取当事人的意见。正当程序原则是裁决争端的基本原则及最低的公正标准,其在我国行政处罚法、行政许可法等基本行政法律规范中均有体现。作为最基本的公正程序规则,只要成文法没有排除或另有特殊情形,行政机关都要遵守。即使法律中没有明确的程序规定,行政机关也不能认为自己不受程序限制,甚至连最基本的正当程序原则都可以不遵守。应该说,对于正当程序原则的适用,行政机关没有自由裁量权。只是在法律未对正当程序原则设定具体的程序性规定时,行政机关可以就履行正当程序的具体方式作出选择。本案中,北京大学作为法律、法规授权的组织,其在行使学位授予或撤销权时,亦应当遵守正当程序原则。即便相关法律、法规未对撤销学位的具体程序作出规定,其也应自觉采取适当的方式来践行上述原则,以保证其决定程序的公正性。

关于焦点二,正当程序原则保障的是相对人的程序参与权,通过相对人的陈述与申辩,使行政机关能够更加全面把握案件事实、准确适用法律,防止偏听偏信,确保程序与结果的公正。而相对人只有在充分了解案件事实、法律规定以及可能面临的不利后果之情形下,才能够有针对性地进行陈述与申辩,发表有价值的意见,从而保证其真正地参与执法程序,而不是流于形式。譬如,行政处罚法在设定处罚听证程序时就明确规定,举行听证时,调查人员提出当事人违法的事实、证据和行政处罚建议,当事人进行申辩和质证。本案中,北京大学在作出《撤销决定》前,仅由调查小组约谈过一次于艳茹,约谈的内容也仅涉及《运动》一文是否涉嫌抄袭的问题。至于该问题是否足以导致于艳茹的学位被撤销,北京大学并没有进行相应的提示,于艳茹在未意识到其学位可能因此被撤销这一风险的情形下,也难以进行充分的陈述与申辩。因此,北京大学在作出《撤销决定》前由调查小组进行的约谈,不足以认定其已经履行正当程序。北京大学对此程序问题提出的异议理由不能成立,本院不予支持。

关于焦点三,作为一个对外发生法律效力的行政行为,其所依据的法律规定必须是明确的,具体法律条款的指向是不存争议的。唯有如此,相对人才能确定行政机关的确切意思表示,进而有针对性地进行权利救济。公众也能据此了解行政机关适用法律的逻辑,进而增进对于相关法律条款含义的理解,自觉调整自己的行为,从而实现法律规范的指引、教育功能。本案中,北京大学作出的《撤销决定》虽载明了相关法律规范的名称,但未能明确其所适用的具体条款,而上述法律规范的条款众多,相对人难以确定北京大学援引的具体法律条款,一审法院据此认定北京大学作出的《撤销决定》没有明确的法律依据并无不当,本院应予支持。

综上,上诉人北京大学提出的要求撤销一审判决等上诉主张缺乏事实及法律依据,本院不予支持。

【裁判解析】

(一)关于正当程序的理解

1. 陈述权与申辩权是正当程序保护的核心权利

正当程序原则起源于英国古老的自然公正原则,20 世纪初逐步被适用于行政机关,其最为核心的要素是避免偏私和听取意见。避免偏私要求行政行为必须由没有利益牵连的人作出①。听取意见至少包括三项具体内容:公民有在合理时间以前得到通知的权利;了解行政机关论点的根据的权利;为自己辩护的权利②。正当程序原则的要义在于,作出任何使他人遭受不利影响的行使权力的决定前,应当听取当事人的意见。正当程序原则是裁决争端的基本原则及最低的公正标准。目前,我国尚未制定统一的行政程序法典,该原则主要体现在我国行政处罚法、行政许可法等基本行政法律规范中。比如,《行政处罚法》第四十一条规定:"行政机关及其执法人员在作出行政处罚决定之前,不依照本法第三十一条、第三十二条的规定向当事人告知给予行政处罚的事实、理由和依据,或者拒绝听取当事人的陈述、

① 周佑勇:《行政法的正当程序原则》,载《中国社会科学》2004 年第 4 期。

② 王名扬:《英国行政法》,北京大学出版社 2007 年版,第 118 页。

申辩,行政处罚决定不能成立;当事人放弃陈述或者申辩权利的除外。"应该说,作为最基本的公正程序规则,只要成文法没有排除或另有特殊情形,行政机关都要遵守。即使法律中没有明确的程序规定,行政机关也不能认为自己不受程序限制,甚至连最基本的正当程序原则都可以不遵守。对于正当程序原则的适用,行政机关没有自由裁量权。只是在法律未对正当程序原则设定具体的程序性规定时,行政机关可以就履行正当程序的具体方式作出选择。本案中,北京大学作为法律、法规授权的组织,其在行使学位授予或撤销权时,亦应当遵守正当程序原则。即便相关法律、法规未对撤销学位的具体程序作出规定,其也应自觉采取适当的方式来践行上述原则,以保证其决定程序的公正性。

2. 知情权是正当程序的必然要求

正当程序原则保障的是相对人的程序参与权,通过相对人的陈述与申辩,使行政机关能够更加全面把握案件事实、准确适用法律,防止偏听偏信,确保程序与结果的公正。相对人只有在充分了解案件事实、法律规定以及可能面临的不利后果之情形下,才能够有针对性地进行陈述与申辩,发表有价值的意见,从而保证其真正地参与执法程序,而不是流于形式。譬如,行政处罚法在设定处罚听证程序时就明确规定,举行听证时,调查人员提出当事人违法的事实、证据和行政处罚建议,当事人进行申辩和质证。

唯有"知",方能"言",这是一个自然的逻辑规则。这一逻辑规则在信息公开制度的发展史上也能得以印证。顾名思义,信息公开制度保障的是公民的知情权,但信息公开原则最早却确立于瑞典 1766 年的《出版自由条例》之中。一个是信息公开(知情权),另一个是出版自由(表达权),两者之间是何种逻辑联系呢?从该条例第十条至第十二条的规定可知,为了"出版",法律规定任何人可以自由获取档案。由此可知,信息公开原则最初的目的与出版联系在一起,即为了能够充分的表达,必须保证自由的获取信息。就正当程序而言,为了能够真正实现陈述权和申辩权,就必须充分保障知情权,可以说知情权是正当程序的必然要求和应有之义。这一点也可以与上文所引的"了解行政机关论点的根据的权利"相对应。本案中,北京大学在作出《撤销决定》前,仅由调查小组约谈过一次于艳茹,约谈的内容也仅涉及《运动》一文是否涉嫌抄袭的问题。至于该问题是否足以导致于艳茹的学位被撤销,北京大学并没有进行相应的提示,于艳茹在未意识到其学位可能因此被撤销这一风险的情形下,也难以进行充分的陈述与申辩,其未能享有"了解行政机关论点的根据的权利"。因此,北京大学在作出《撤销决定》前由调查小组进行的约谈,不足以认定其已经履行正当程序。北京大学对此程序问题提出的异议理由不能成立,本院不予支持。

(二)正当程序背后的价值冲突及路径选择

1. 正当程序背后的价值冲突

"重实体、轻程序"是我国执法领域长期以来存在的顽疾,在法治国家和法治政府推进过程中,程序合法不断得以强调,程序的独立价值也逐渐得以认可,强化行政程序监督成为行政法的新趋势。但同时也出现了不同的声音,认为过分强调程序会导致程序空转,难以实质性化解争议,浪费行政资源和司法资源。正当程序作为一种严格的程序规制制度,不可避免地受到这种声音的质疑。概括而言,正当程序背后存在两种价值冲突。

一是程序独立与工具主义的冲突。20 世纪以来,人们虽然认识到了行政程序的价值,但仍带有程序工具主义色彩。这是经济逻辑影响人们处世观念的结果①。按照经济逻辑,功利是评判价值的主要标准,结果是评判行为价值的依据。这种结果至上的思想投影到法学领域,便导致了法律程序工具主义的盛行。在程序工具主义者看来,"程序法的唯一目的,或者其力所能及的范围,就是最大限度地执行实体法"②。与此同时,人们也认识到程序所具有的独立价值。这些价值包括人格尊严的维护、参与权的实现等。比如,听证的价值不仅在于帮助查清事实,还在于给当事人参与、陈诉意见之机会。秉持程序工具主义价值观,就会对程序违法现象较为宽容。反之,秉持程序独立价值观,则会对程序合法性有着十分严格的要求。

二是程序合法与程序经济原则的冲突。"在国家支出日益庞大、财政日益困难的时代,行政行为之效率与效能的提升,已经成为主要的潮流"。③ 因此,在行政程序的设计上,不得不给程序经济原则留下足够重要的位置。立法者一方面要坚持程序合法性原则,另一方面还要对程序违法采取较为灵活的态度。实际上,这种冲突本质上仍可追溯到公正和效率这一对永恒的矛盾上。

2. 价值冲突之间的路径选择

对于不同价值之间的冲突,比较理智的选择是根据现实需求加以平衡,而不是绝对地择一而立。从世界各国的立法和司法实践来看,这种平衡的手法得到广泛

---

① See Morris R. Cohen, Law and the Social Order: Essays in Legal Philosophy, NewYork: Harcount, Brace, 1993, p. 128.

② J. Bentham, The Principle of Judicial Procedure, p. 6. See Gerald J. Posterna, The Principle of Utility and the law of procedure: Bentham' Theory of Adjudication, 11 Georgia Law Review 1422, 1422(1977).

③ 林滕鹤:《行政法总论》,台北三民书局 1999 年版,第 83 页。

的应用。比如,德国和我国台湾地区采取了程序补正制度。对程序或形式违法行政行为采取补救措施后,该行政行为可转化为自始合法的行政行为,任何人不得再以程序违法为由撤销该行政行为。日本则采用程序治愈制度,但这一制度并未规定在行政程序法典中,而是体现在判例上。而且,判例对程序治愈的态度也不一致。日本学界对治愈则持谨慎的赞同意见。比如,室井力认为:"无限制地对它做出承认则有可能违反法治主义的要求,所以,只有在瑕疵轻微,不侵害相对人的利益,而且尽管符合法治主义的要求,但同一行为的反复被认为不合理,在这种例外的情形才可予以承认。"①在英国和美国,对程序违法的态度更为灵活,均认可事后听证,即如果法律没有规定,单就宪法上正当法律程序的听证而言,只要不损害当事人的权利,完全可以事后进行。在美国,听证不仅可以事后进行,甚至在对当事人的权利不产生重大不利影响时,可由法院的审查代替。

由上可知,各个国家和地区对于程序违法的态度不尽一致,这与各国的法律传统、法治状况、法治观念等因素密切相关。从我国行政诉讼法的规定来看,对程序违法亦采取了区分处理的态度。我国《行政诉讼法》第七十条第三项明确规定,行政行为违反法定程序的,法院应判决撤销,并可判决行政机关重新作出行政行为。同时,该法第七十四条第一款第二项规定,行政行为程序轻微违法,但对原告权利不产生实际影响的,人民法院判决确认违法,但不撤销行政行为。由此可知,出于行政成本和诉讼经济的考虑,对于程序轻微违法的行政行为法院仅判决确认违法而保留其效力,并不予以撤销。而对于违反听证程序等情形,则应判决撤销。"对于什么是轻微程序违法,各国有不同认识,如应当经过听证而未听证的程序违法,日本认为不属于程序轻微违法,而德国则规定为可以补正的程序轻微违法。我国立法和司法判例中将告知申辩权、听证等作为重要程序,一旦违反,属于重大程序违法应予撤销行政行为。"②由此,在我国现行法律框架下,对于违反正当程序的行政行为,法院应当判决予以撤销。

就本案而言,北京大学作出撤销博士学位决定时,其属于法律、法规授权的组织,而该决定系属于其行使行政权力的行政行为,亦应当遵循正当程序。在其违反正当程序的情形下,法院只适宜判决予以撤销,理由在于:

第一,被诉决定违反正当程序,剥夺了相对人享有的陈述权和申辩权,不属于

① 参见[日]室井力主编:《日本现代行政法》,吴微译,中国政法大学出版社 1995 年版,第 110 页。

② 全国人大常委会法制工作委员会行政法室编著:《中华人民共和国行政诉讼法解读》,中国法制出版社 2014 年版,第 205 页。

《行政诉讼法》第七十四条第一款第二项所指的轻微程序违法,无从适用确认违法判决。即便是能动司法,实质性化解行政争议,法官也必须在法律的框架下进行,而不能随意突破法律的明确规定。

第二,从学位撤销程序的设定来看,本案无法适用事后听证和法院替代审查程序。对于学位的撤销,需由大学的学位评定委员会通过会议决议的方式作出决定,大学的诉讼代理人无权作出决定,自然也不能由合议庭在查明事实的基础上,替代学位评定委员会作出认定。此外,学位评定委员会的每一位成员在表决前均要充分了解案件的相关情况。但在庭审中,仅有诉讼代理人可以代表大学发言,如何能够保证每一位成员对其关心的问题发问,以及在彼此之间展开讨论,这些问题在庭审程序中都难以解决。

第三,撤销判决不一定会导致循环诉讼。在撤销被诉决定后,如果北京大学能够切实履行正当程序,给予于艳茹以充分的陈述申辩机会,双方就是否存在论文抄袭这一问题进行充分交流。双方均能回归理性,事情的处理也更有回旋余地。无论结果是撤销学位还是不予撤销,双方均有可能达成一致意见,并不一定导致新的纷争。

第四,结合我国目前的法治状况,特别是大学依法治校的水平,对于程序独立价值的宣扬显得尤为必要。可以说,撤销学位属于小概率事件,并不会耗费大学过多的资源从而干扰其正常的教学管理秩序。对于学生而言,撤销学位无异于灭顶之灾。在这种不利结果的悬殊对比之下,天平更应当倾向于学生一边,案件的处理也应更多地追求程序独立价值,从而充分保障学生的合法权利。从另一个层面看,本案判决具有重要的宣示意义,其必将督促大学更加自觉地遵守正当程序,并将其融入到教书育人的过程之中,从而培育出具有高度法治意识的一代人。

【案例点评】

本案判决最大的意义在于重申和明确了正当程序原则的含义及其具体应用。判决说理通俗易懂,说理透彻,将抽象的法律原则以判例的形式具体化、形象化,有助于增进全社会对于正当程序原则的理解,强化行政机关的程序合法意识以及社会公众的程序权利意识,对于推进行政机关依法行政和当事人通过行政诉讼维护自身合法权益具有强烈的启示意义。

【裁判心得】

在本案之前,不乏适用正当程序原则进行裁判的经典案例。本案是向经典致敌,是对正当程序原则适用的传承与发展。本案判决最大的意义在于重申和明确了正当程序原则的含义及其具体应用,旗帜鲜明地指出:"对于正当程序原则的适用,行政机关没有自由裁量权。"在此基础上,进一步对如何正确适用正当程序原则进行了阐释,明确指出:"相对人只有在充分了解案件事实、法律规定以及可能面临的不利后果之情形下,才能够有针对性地进行陈述与申辩,发表有价值的意见,从而保证其真正地参与执法程序,而不是流于形式。"希望能够通过本案的努力,让正当程序原则深入人心,从而不断提升全社会的法治理念。

张允志等人诉财政部驳回行政复议申请决定案

龙　非[*]　张婷婷[**]

关键词

政府非税收入　缴款人　退付请求权

裁判要旨

1. 对于政府非税收入的退付法律关系性质及程序,在没有全国统一规定的情况下,需要考察各个地方的具体规定。罚没收入属于政府非税收入。罚没收入的缴款人能否直接以财政部门作为义务对象请求退付,取决于各地关于退付程序的具体规定。如果相关规定没有排除缴款人向财政部门的退付请求权,则应认定财政部门系缴款人退付请求权的直接义务对象。

2. 退付的申请是否经由执收单位提出、款项是否经由执收单位退付等属于退付的具体流程问题,不影响缴款人与财政部门之间退付法律关系性质的认定。

3. 缴款人请求财政部门退库,其性质属于公民、法人或者其他组织直接请求行政机关履行给付义务,属于行政复议的受理范围。

相关法条

1.《政府非税收入管理办法》第三十一条。

2. 广西壮族自治区《政府非税收入管理条例》第十二条第二款。

* 龙非,北京市第一中级人民法院行政庭副庭长。

** 张婷婷,北京市第一中级人民法院行政庭法官助理。

【当事人基本情况】

原告:张允志。

原告:柳州市聚龙医药有限责任公司。

原告:广西聚龙大药房有限公司。

原告:忻城县医药有限责任公司。

被告:中华人民共和国财政部。

【基本案情】

2016年11月18日,被告中华人民共和国财政部(以下简称财政部)作出《行政复议决定书》[财复议(2016)170号,以下简称170号复议决定],认为:根据申请人(即本案四原告)的行政复议申请书及法院认定,四原告的复议请求为要求广西壮族自治区财政厅(以下简称广西财政厅)退还其合法财产并进行赔偿。虽然在案证据不足以证明四原告曾直接向广西财政厅提出过上述请求,为了及时便民的处理行政争议,根据《中华人民共和国行政复议法》第四条及《广西壮族自治区政府非税收入管理条例》(以下简称《广西非税收入条例》)第十二条第二款等规定,广西财政厅应当对四原告要求退库等请求依法进行处理,故决定广西财政厅对四原告退库等请求依法进行处理。2017年1月22日,广西财政厅根据170号复议决定作出《政府信息公开告知书》(以下简称涉案告知书),告知张允志:一、关于罚没收入的退库问题,已于2017年1月22日将涉及张允志的323.49万元缉毒罚没收入作退库处理,此笔款项已退还至广西壮族自治区公安厅(以下简称广西公安厅)账户,由广西公安厅依法进行处理。二、鉴于最高人民法院赔偿委员会已于2016年11月17日派出法官专程到来宾市中级人民法院调查张允志涉案被处罚的相关事宜,目前正在调查此案,最后的处理以最高人民法院的裁定为准。四原告不服涉案告知书,于2017年2月向被告提出行政复议申请,请求:依法确认广西财政厅违法,撤销广西财政厅作出的涉案告知书,并退回517.7965万元(包括查封的股票、车桂芹的取保候审款323.49万元);广西财政厅依法赔偿给原告造成的各种经济损失600万元人民币。被告于2017年2月27日收到申请后,于同年3月1日作出《行政复议答复通知书》,要求广西财政厅进行答辩并提交证据和依据。同年3月15日,广西财政厅作出《被申请人答复书》。同年4月21日,被告作出《驳回行政复议申请决定书》[财复议(2017)72号,以下简称被诉复议决定],并于同年4月28日向四原告邮寄送达。

被诉复议决定认为:一、根据在案证据,广西公安厅依法确认来宾市公安局对张允志作出的《没收涉案财物决定书》[来公禁没字(2011)11 号,以下简称 11 号没收决定]违法后,向广西财政厅提出退回涉及张允志的罚没款项(323.49 万元)的申请,并说明用于来宾市公安局退回给张允志。广西财政厅依照相关规定,按原缴款渠道将该笔款项退回至广西公安厅的做法并无不当。二、作为政府非税收入的省级主管部门,广西财政厅对公安机关汇缴的缉毒罚没收入进行征收管理是依法履行职责,根据广西公安厅的申请履行退库、退付程序亦符合相关规定,并且广西财政厅并非对张允志作出行政处罚的机关,四原告认为广西财政厅违法并要求赔偿没有事实和法律依据。三、广西财政厅向张允志作出的涉案告知书系将涉及张允志的罚没收入作出了退库处理并已退还至广西公安厅账户由其依法进行处理的客观情况,以及广西财政厅从广西公安厅了解到的最高人民法院正在调查该案的相关情况对张允志进行告知说明,相关告知说明并未侵犯四原告的合法权益。因此,四原告的行政复议申请不属于行政复议范围。被告根据《中华人民共和国行政复议法实施条例》第四十八条第一款第二项的规定,决定驳回四原告的行政复议申请。四原告不服被诉复议决定,向本院提起行政诉讼,请求撤销被诉复议决定,责令被告受理其行政复议申请。

【审理结果】

北京市第一中级人民法院于 2017 年 11 月 3 日作出(2017)京 01 行初 501 号行政判决:一、撤销被诉复议决定;二、被告财政部应当于法定期限内针对四原告的行政复议申请及一并提出的行政赔偿请求重新作出行政复议决定。宣判后,双方当事人均未提起上诉。

【裁判理由】

法院生效裁判认为:本案的核心问题在于四原告的行政复议申请是否属于行政复议范围。

1. 关于本案四原告行政复议申请的内容。虽然广西财政厅根据 170 号复议决定的要求作出的行为,名称为《政府信息公开告知书》,但在诉讼中四原告及被告均认可,四原告的行政复议申请实际上是要求广西财政厅处理其退库请求,而涉案告知书也是针对上述事项向张允志作出的答复。因此,本案四原告行政复议申请的实质,是认为广西财政厅未依法履行处理四原告退库请求的法定职责,向被告提出行政复议申请,同时一并提出行政赔偿请求。

2. 四原告的行政复议申请是否属于行政复议的受理范围,取决于政府非税收入的缴款人,能否直接以财政部门作为义务对象请求退付。

关于政府非税收入的退付程序,《政府非税收入管理办法》(财税〔2016〕33号)第三十一条规定,“已上缴中央和地方财政的非税收入依照有关规定需要退付的,分别按照财政部和省级财政部门的规定执行”。由于财政部目前对于政府非税收入的退付程序没有更具体的规定,因此各省级财政部门的退付程序需要进一步考察各地的具体规定。从目前各地的规定和实际操作情况来看,虽然具体流程各有差别,但从权利义务关系的角度分析,可以分为两种模式:第一种模式,缴款人退付请求权的直接义务对象是执收单位,财政部门并不直接对外作为缴款人退付请求权的义务对象。第二种模式,缴款人退付请求权的直接义务对象就是财政部门。这种模式之下,虽然退付申请的提出和退还的实际路线均有可能经过执收单位,但从法律上仍然是直接在缴款人与财政部门之间产生退付的权利义务关系。在此模式下,缴款人请求财政部门退库,其性质属于公民、法人或者其他组织直接请求行政机关履行给付义务,即应属于行政复议的受理范围。

3.《广西非税收入条例》第十二条第二款规定,“对因调整政府非税收入征收标准需要退还已收款项的,以及经依法确认属于误缴误征、多缴多征的政府非税收入,财政部门应当及时退还缴款义务人”。就上述规定中“财政部门应当及时退还缴款义务人”的表述来看,在缴款人与财政部门之间就政府非税收入的退付存在直接产生权利义务关系的可能性。被告又未能向本院提供任何规定,说明广西壮族自治区关于政府非税收入的退付程序采取的是前述第一种模式而非第二种模式。因此,应当认定缴款人具有直接向广西财政厅要求退付的请求权,至于退付的申请是否经由执收单位提出,或者退付的路线是否还需要经过执收单位等,均属于退付的具体流程问题,并不影响法律关系性质的认定。至于《广西壮族自治区本级非税收入收缴管理制度改革试点办法》(以下简称《试点办法》)第三十五条规定非税收入退付由“由区直主管部门统一报自治区财政厅审批”,由于《广西非税收入条例》晚于《试点办法》,且《试点办法》也只适用于其中列明的试点单位和部门,没有相应的规定表明本案涉及的退付事项适用上述《试点办法》,因此上述《试点办法》的规定不影响本案的认定结论。

本案中四原告要求广西财政厅处理其退库请求,应当属于行政复议的受理范围,至于广西财政厅目前的处理是否合法则属于行政复议案件的实体问题。被告认定四原告的行政复议申请不属于复议范围,主要证据不足、适用法律错误。

4.《中华人民共和国国家金库条例实施细则》(以下简称《金库条例实施细则》)第二十三条第一款规定,单位和个人申请退库,应向财政、征收机关填具退库申请书。虽然四原告认可其并未向广西财政厅直接提出过请求退库的申请,但由于被告之前的170号复议决定已经明确要求广西财政厅对四原告退库等请求依法处理,因此四原告请求退库的事项已经系属于广西财政厅,广西财政厅应当直接就其退库请求予以处理。

综上,四原告请求撤销被诉复议决定的诉讼请求成立,被告应当在法定期限内对原告的行政复议申请及一并提出的行政赔偿请求重新予以审查处理。

【裁判解析】

根据《政府非税收入管理办法》第三条第一款的规定,罚没收入属于政府非税收入。本案是全国首例涉及政府非税收入退缴国库的行政诉讼案件,在此案之前,政府非税收入的退库程序以及缴款人与财政部门之间的法律关系性质,均无相关案例,财政部作为主管机关对此亦无明确的界定。判断四原告的行政复议申请是否属于行政复议范围,实质是要判断四原告是否具有向财政部门提出退还罚没收入的请求权,进一步讲,需要对政府非税收入退付程序中缴款人与财政部门之间的权利义务关系予以厘清。

(一)政府非税收入退付的两种模式

根据《金库条例实施细则》第三章第四节"预算收入的退付"的相关规定,退付的申请人为缴款人,接受退付申请的行政机关为财政部门及征收机关,预算收入退付的具体管理办法,由财政部和中国人民银行总行另行制定。《政府非税收入管理办法》第三十一条则规定,已上缴中央和地方财政的非税收入依照有关规定需要退付的,分别按照财政部和省级财政部门的规定执行。因此,《金库条例实施细则》和《政府非税收入管理办法》均未对预算收入的退付权利义务关系进行具体明确,需要区分预算层级,对于上缴中央财政的非税收入,按照财政部的具体规定执行;对于上缴地方财政的非税收入,需要具体考察各个地方的管理制度。总体上,目前全国各地对于非税收入的退付,有两种不同的模式:一种是以执收单位为退付义务机关,另一种是以财政部门为退付义务机关。

1. 执收单位退付模式

上海、海南、青海等地方采取由执收单位退付的模式。这种模式下,缴款人向执收单位提出退付申请;执收单位是退付义务机关,与缴款人之间直接产生退付权利义务关系。财政部门与缴款人之间不产生直接的法律关系。财政部门基于对非税收入的监督管理职责,对执收单位呈报的退付事项的审核处理,属于非税收入退付程序的内部环节,不对缴款人直接发生效力,而是财政部门与执收单位之间的非税收入内部管理关系。针对退付过程中引发的诸如退付数额、办理程序期限等争议,缴款人应以执收单位为履责主体,提起行政复议或行政诉讼。

2. 财政部门退付模式

由财政部门退付模式的具体规定上,有两种不同的立法模式,一种是明确规定由财政部门直接退还缴款人,如吉林、湖北;另一种是规定由财政部门退还缴款人,未明确“直接”二字。对这两种立法模式,有观点认为,既然立法上有所区分,就说明,只有规定“直接”二字的情形下,才能认为财政部门与缴款人之间产生退付权利义务关系,对于后一种立法模式,不宜认为财政部门是退付义务主体。这种观点实际是对法律规定的片面理解。姑且不论不同地方在立法技术上是否存在差异,仅从后一种模式下的具体规定表述看,在缴款人与财政部门之间就政府非税收入的退付存在直接产生权利义务关系的可能性。除非还有其他规定能够证明具体制度设计和执行上排除了这一可能性。

(二)涉案罚没收入退付法律关系的具体分析

本案四原告所主张的退付事项,系依据广西公安机关作出的没收决定而上缴国库的罚没收入。故涉案罚没收入的退付,应按照广西非税收入的退付规定处理。

本案中,《广西非税收入条例》第十二条第二款规定,“对因调整政府非税收入征收标准需要退还已收款项的,以及经依法确认属于误缴误征、多缴多征的政府非税收入,财政部门应当及时退还缴款义务人”。就上述规定中“财政部门应当及时退还缴款义务人”的表述来看,并未排除缴款人与财政部门之间发生退付权利义务关系的可能性。而除此规定外,广西壮族自治区并没有其他规定能够说明政府非税收入的退付程序采取的是执收单位退付模式。此种情形下,应当认定缴款人具有直接向广西财政厅要求退付的请求权。至于在退付过程中,财政部门与执收单位之间的程序流转事项,则属于财政部门与执收单位之间国库管理的内部事项,不影响财政部门与缴款人之间退付法律关系性质的认定。

(三)政府非税收入退付程序的规范和完善

作为首例涉及个人要求返还政府非税收入的行政诉讼案件,通过本案的审理,在全国范围内首次全面梳理了缴款人与财政部门在国库管理关系中的权利义务。同时也发现目前全国政府非税收入的退付程序规定不完善、不统一的问题比较突出。一方面,中央财政一级缺乏具体的程序规定,财政部作为主管机关对此问题尚未形成明确的意见;另一方面,一些地方也缺乏省一级的程序规定,甚至还有一些地方尚未就政府非税收入的退付作出制度安排。总体来看,在当前的政府非税收入分级分类管理体系下,缴款人、财政部门、执收单位之间的权利义务关系,也需要从制度上作出明确的规定。

政府非税收入,尤其是罚没收入,往往存在执收单位与财政部门分离的情况,财政部门同时是执收单位的情形较为少见。因此,如果由财政部门承担退付义务,对于是否符合退付条件等事项,存在审查上的客观困难,需要将执收单位纳入到审查程序中,以查明该项收入收缴和退付的相关事实,客观上势必增加执法成本、降低执法效率,不利于对缴款人合法权益提供及时有效的保障。

考察域外的成熟做法,往往采执收单位退付模式。比如我国台湾地区,通过制定实施"国库收入退还支出收回处理办法",对退付条件、具体退付程序等进行了统一和明确,其中,"执收单位发现有错"或"依据法令规定"系启动退付程序的前提条件,是否退付的审查职责在执收单位,财政部门依据执收单位出具的收入退还书,将款项退至执收单位或者经执收单位确认的缴款人指定账户。整个退付法律关系,只发生在执收单位与缴款人之间,有效解决执法成本与效率问题,且对于提高退付审查的准确性和及时性也多有裨益。我国台湾地区的这一制度设计,对于当前规范和完善政府非税收入退付程序,颇具借鉴意义。

【案例点评】

通过裁判明确法律规则是司法审判的重要功能之一。本案涉及的是首件非税收入退库的案件,关于非税收入退库的法律程序和权利义务关系,在此之前并无相关案例可供参考,相关制度和规定均很不完善。而且,由于非税收入的管理方式并非纯粹的法理问题,更重要的是涉及该领域行政管理的政策选择,对于法官而言裁判的难度也就更大。面对这样的首案,法官需要有超越个案的视野、全面把握争议的能力。本案兼顾了个案争议的解决和法律规则的确立,在明确非税收入退库法律关系的基础上,对于当事人的合法权益提供了明确的救济路径,较好地实现了法律效果与社会效果的统一。

【裁判心得】

在面对新类型案件时,大量搜集相关文献资料对于准确理解案件的争议十分重要。搜集的范围不仅包括法律理论的文献,也包括相关规定和实务操作方面的资料。本案最大的挑战在于没有先例可循,主管机关对于非税收入退库的基本程序也缺乏明确统一的规定和政策口径。因此,法官需要尽可能全面地了解这一制度的规定和实际操作情况,对于此类带有政策选择性的法律问题,单纯的法理分析是不够的,应当就相关问题充分听取主管机关的意见,以避免出现主观臆断或者先入为主的问题。

刘志清诉中国证券监督管理委员会政府信息公开案

龙　非*

关键词

政府信息　依申请公开　证券监管　证券信息披露

裁判要旨

1. 证券法上信息公开的核心在于公开的平等性，即或者不公开，或者应同时向不特定投资者平等公开，而不得仅向个别投资者公开。《政府信息公开条例》所规定的依申请公开制度并不考虑社会公众是否平等获取信息的问题，因此与《证券法》上的信息公开在制度旨趣上存在实质性差别。

2. 基于《证券法》的立法目的，证券监管机关在履行监管职责过程中制作或者获取的与上市公司相关的信息的公开范围、方式、途径和程序等，均应当适用《证券法》关于证券信息披露的相关规定，不属于《政府信息公开条例》依申请公开制度的调整范畴。

相关法条

1.《中华人民共和国政府信息公开条例》第十三条。

2.《中华人民共和国证券法》第三条。

【当事人基本情况】

原告：刘志清。

* 龙非，北京市第一中级人民法院行政庭副庭长。

被告:中国证券监督管理委员会。

【基本案情】

原告刘志清于 2016 年 8 月 23 日向被告中国证券监督管理委员会(以下简称中国证监会)提交 2 份信息公开申请,申请公开:1. 康美药业股份有限公司(以下简称康美药业)2015 年度及 2016 年至今累计新增借款的公告;2. 康美药业收到上海证券交易所问询函查询经过。被告中国证监会于 2016 年 9 月 7 日作出《监管信息告知书》[证监信息公开(2016)364 号,以下简称被诉告知书],主要答复内容为:关于第 1 项申请,已由康美药业在中国证监会指定信息披露网站巨潮资讯网(www.cninfo.com.cn)公开披露,可自行登录该网站查询康美药业的公告。关于第 2 项申请,上海证券交易所对康美药业发出问询函,属于交易所自律监管行为,其"经过"不属于《中华人民共和国政府信息公开条例》(以下简称《政府信息公开条例》)规定的"行政机关在履行职责过程中制作或者获取的,以一定形式记录、保存的信息"。原告刘志清不服被诉告知书,向本院提起行政诉讼。原告刘志清请求本院确认被诉告知书违法并予以撤销,判令被告中国证监会重新作出答复。

【审理结果】

北京市第一中级人民法院于 2017 年 6 月 13 日作出(2016)京 01 行初 1322 号行政裁定,驳回原告刘志清的起诉。

【裁判理由】

原告刘志清所提申请,不属于《政府信息公开条例》依申请公开制度所调整的范畴。

1.《中华人民共和国证券法》(以下简称《证券法》)第三条规定:"证券的发行、交易活动,必须实行公开、公平、公正的原则。"如果个人可以通过政府信息依申请公开的途径独立于其他投资者获取与上市公司有关的信息,就会破坏证券市场的信息公平,进而可能扰乱证券市场的正常秩序。由此,个人依据《政府信息公开条例》申请获取相关信息的请求权基础已不存在,无论相关信息是否已经通过信息披露或者其他法律途径向社会公开,均不涉及个人再行依申请公开的问题。

虽然《证券法》中信息披露的直接义务主体是上市公司,但证券监管机关在对上市公司履行监管职责过程中制作、获取的证券监管信息,不可避免地包含与上市公司相关的内容,证券监管机关仅应将上述信息用于履行监管职责,其无权向个别公民、法人或者其他组织予以公开,否则同样会破坏《证券法》所维护的公开、公平、公正的证券市场秩序。因此,基于《证券法》的立法目的,证券监管机关在履行监管职责过程中制作或者获取的与上市公司相关的信息的公开范围、方式、途径和程序等，均应当符合《证券法》关于证券信息公开的基本原则和要求，不应属于《政府信息公开条例》依申请公开制度的调整范畴。

2. 本案中，原告所申请的信息均是与上市公司相关的信息，无论上述信息是否为证券监管机关制作或者获取，也无论是否客观上已经通过其他法律途径向社会公众公开，均不属于《政府信息公开条例》中依申请公开制度的调整范畴。被告针对原告的申请作出的被诉告知行为应属于便民答复，对原告的权利义务不产生实际影响。原告提起的本案诉讼不符合法定起诉条件，依法应予驳回。

【裁判解析】

本案对于厘清政府信息公开制度与证券信息披露制度之间的关系，廓清政府信息依申请公开制度的适用边界具有重要的探索价值，也是通过司法裁判弥补法律制度漏洞的一个典型案件。

（一）政府信息公开与其他信息公开制度的关系

政府信息公开制度适用于各个行政管理领域，但在许多行政管理领域也有各自的特殊信息公开制度，比如不动产登记领域的查询制度，工商行政管理领域的企业信息查询制度，以及行政处罚、行政许可领域的卷宗查询制度等。政府信息公开制度与这些特殊领域的信息公开制度之间的关系，一直是信息公开理论中的一个疑难问题。理论上认为二者存在两种关系：第一种是平行关系，即政府信息公开与特殊领域的信息公开各自平行适用。对于同一信息，无论是否属于其中某一个制度的调整范畴，均不能以此排斥同时还可以适用其他的信息公开制度。第二种是排他关系，即同一信息或者适用一般政府信息公开制度，或者适用特殊领域的信息公开制度。如果某一信息属于其中一个制度的调整范畴，无论基于该制度这一信息能否公开，均排斥适用其他的信息公开制度。在这种关系之下，政府信息公开制度与其他领域的特别规定构成一般法与特别法的关系，基于特别法优于一般法的原则，对于这些特殊的政府信息不再适用一般的政府信息公开制度。

在不同的行政管理领域，信息公开制度与一般政府信息公开制度的关系，需要结合该领域信息的具体特点以及该领域信息公开制度的目的等予以综合分析判断。目前在司法解释和国务院办公厅的一些答复中，已经涉及了这一问题。比如，在最高人民法院《关于审理政府信息公开行政案件若干问题的规定》第二条第四项规定，公民、法人或者其他组织对下列行为不服提起行政诉讼的，人民法院不予受理：……（四）行政程序中的当事人、利害关系人以政府信息公开名义申请查阅案卷材料,行政机关告知其应当按照相关法律、法规的规定办理的。该规定实际上将行政程序中的案卷材料查阅制度作为信息公开制度的特别制度,从而排斥了特定主体另行通过政府信息公开途径查阅相关信息。2016 年,在国务院办公厅政府信息与政务公开办公室对国土资源部办公厅作出的国办公开办函〔2016〕206 号回函中,国务院办公厅认为,“不动产登记资料查询,以及户籍信息查询、工商登记资料查询等,属于特定行政管理领域的业务查询事项,其法律依据、办理程序、法律后果等,与《政府信息公开条例》所调整的政府信息公开行为存在根本性差别。当事人依据《政府信息公开条例》申请这类业务查询的,告知其依据相应的法律法规规定办理”。这一回函就将“不动产登记资料”、“户籍信息”以及“工商登记资料”的查询,与一般的政府信息公开制度区分开,并且明确认为二者是排他的关系,即上述信息适用特殊的查询制度,不再适用政府信息公开制度。

(二)证券监管信息的公开途径

证券监管信息是指证券监管机关在履行监管职责过程中制作或者获取的直接与被监管对象相关的信息。从域外的政府信息公开制度来看,如在美国、英国、德国等主要西方国家的政府信息公开法律规定中,包括证券监管信息在内的金融监管信息均予以豁免公开。比如,《美国法典》第 5 章第 552 条(5 U. S. Code § 552,又称《信息自由法》)(b)款第 8 项规定,“本章规定不适用于以下信息:(8)负有规制或监督金融机构的行政机关制作的,或以其名义制作的,或为其使用的各种核查、经营或者情况报告等,相关信息包含于上述材料或者与上述材料相关”。上述规定将金融监管机关在履行对监管对象的监管职责的过程中所形成的所有信息,均排除于信息公开的范围之外。并且,这一豁免的趋势还在不断扩大,在 2010 年的“弗兰克法案”第 929I 条款[①]中,美国国会曾经一度试图将美国证券委员会(SEC)制作或者获取的监管信息排除于信息自由法的适用范围。后来因为考虑一律豁免争议较大,于是美国国会又重新制定了第 3717 条款,一方面废除了第 929I 条款,但同时也将第 552 条款中金融监管信息的范围进一步作了扩大,以满足金融监管的需要。在德国《信息自由法》中也有类似的规定,该法第 3 条第 1 款 d 项明确规定,金融监管机关履行其监管职责而形成的信息,不予公开。

---

① 该条规定:(对于证券委员会)从证券登记主体处获取的信息——(1)一般情况下,除非(1934 年证券交易法第 24 条)第 f 款有特别规定,否则对于根据(1934 年证券交易法)第 17(b)条规定所获取的信息,或者以此类信息为基础或者产生于此类信息的其他信息,如果证券委员会获取此类信息是为了进一步实现本规定的目的,包括市场监督、风险评估或者其他监管活动等,则证券委员会不负有公开此类信息的义务。

金融监管信息豁免公开的理由有几个方面,第一,金融监管机关为了监管的需要,必须要从监管对象处获取大量信息,这些信息大部分都不能达到"商业秘密"的标准,但是如果监管机关对于这些信息都按照信息公开制度予以公开,可能会导致对监管对象的经营活动产生损害,或者监管对象就不愿意再向监管机关如实、全面地提供信息了。因此,无论是证券监管、银行业监管还是保险业监管,其监管信息原则上都予以豁免。第二,在证券领域还有一定特殊性,就是证券信息的披露制度,这一制度要求与上市公司相关的信息必须同时向市场公开,即确保信息公开的平等性。这一要求,恰恰是政府信息依申请公开制度所不能满足的,因此对于证券监管信息按照政府信息依申请公开制度来公开,可能会对《证券法》中的信息披露制度造成破坏。因此,二者在制度目的上存在明显的冲突,因此政府信息依申请公开制度与证券信息披露制度无法平行适用,而只能是采取特别法优于一般法的原则,适用《证券法》中关于信息披露的特别规定。

(三)本案裁判标准适用的界限

首先,本案的裁判标准目前只能适用于证券监管类信息,而不能直接适用于银行、保险等其他金融监管领域。从域外信息公开豁免的通行规定来看,一般都会对金融监管信息豁免公开。但是,对于金融监管信息的一般性豁免需要有明确的法律依据。本案是从证券信息披露和政府信息依申请公开之间的制度区别角度,认为证券信息不能直接适用政府信息依申请公开规定予以公开,尚不涉及其他金融监管信息。对于银行、保险等其他金融监管信息的公开途径以及与政府信息依申请公开制度的关系等,尚无充分的法律依据,因此这些问题都还有待进一步研究。

其次,本案裁判认定的证券监管信息不适用政府信息依申请公开制度,但不影响证券监管机关按照政府信息主动公开的规定公开相关信息。政府信息的主动公开,并不违反证券信息公开的平等性,因此政府信息主动公开与证券信息披露是可以并行的,从这个角度,不能认为证券信息披露与整个政府信息公开制度都不具有交叉关系,而只是与其中的依申请公开存在制度冲突。在实践中,证监会经常将大量的证券监管信息通过其指定的网站或者媒体向社会公开,既是证券信息披露的一种途径,也是政府信息主动公开的一种方式。只是从行政审判的权限范围而言,证券监管机关是否主动公开证券监管信息不属于行政诉讼的审查范围。

最后,证券监管信息主要是指证券监管机关对监管对象履行职责过程中形成的信息,不包括证券监管机关自己的一般工作信息,比如证券监管机关制定的规范性文件的公开,证券监管机关法定职责、机构设置的公开等。这些证券监管机关自己的工作类信息,并不涉及被监管对象的情况,并不会与证券信息披露制度产生冲突。当然,并非所有的证券监管工作类信息都应当予以公开,但其是否免于公开仍然应当按照政府信息公开条例的规定予以分析,不属于证券信息披露制度的调整范畴。

【案例点评】

法官对于法律规定的解释,不能仅仅停留于孤立的法律条文,而是要结合整个法律制度的功能进行体系化的理解,本案是对法律规范进行体系性解释的典型案例。承办法官从制度目的的角度,对于政府信息公开和证券信息披露两种法律制度的差异进行了比较,由此得出的裁判结果,在法理上具有难以推翻的说服力,从而让具有开创性的法律规则能够得到广泛认可。本案既体现了司法审判在弥补法律制度漏洞方面所能够发挥的巨大作用,也展示了法官较强的体系性思维能力,对于法官如何通过司法裁判树立法律适用标准具有较好的示范作用。

【裁判心得】

对于法官而言,维护法秩序的安定性比创设新的法律规则更加重要。但是,如果在审理案件的过程中,发现既往的裁判标准对于某个特定领域不适用,或者会带来明显不当的法律后果,法官就有义务去探索新的裁判标准。任何法律规范都不是孤立的,对于整个法律制度的研究,常常能够为法律条文的解释提供新的视角,进而推动法律制度得以进一步发展和完善。当案件的裁判可能影响一个领域的执法标准时,法官必须足够谨慎和细致。裁判的勇气和自信应当来自于对相关法律及法理问题的深入研究,以及对于案件处理结果适当性的充分评估。

刘建利诉北京市门头沟区残疾人联合会行政给付案

王 阳*

关键词

行政给付 残疾人生活补助 拒绝性答复 行政争议实质性解决

裁判要旨

公民、法人或者其他组织认为行政机关没有依法支付抚恤金、最低生活保障待遇或者社会保险待遇的，可以依据《中华人民共和国行政诉讼法》第十二条的规定向人民法院提起行政诉讼，要求行政机关履行行政给付职责。人民法院应对行政机关是否具有给付义务以及行政机关应给付的数额作出具体认定。若人民法院在审理中发现行政机关曾对于原告的给付申请作出过拒绝性答复，不得以该拒绝性答复未经诉讼为由，裁定驳回原告起诉或判决驳回原告的诉讼请求，而应在本诉讼中对该拒绝性答复的合法性进行审查，以此作为最终裁决的依据。

相关法条

《中华人民共和国行政诉讼法》第十二条、第七十三条。

【当事人基本情况】

上诉人（一审原告）：刘建利。

被上诉人（一审被告）：北京市门头沟区残疾人联合会。

【基本案情】

刘建利自 2012 年 5 月起，从民政部门领取“北京市城市居民生活困难补助

* 王阳，北京市第一中级人民法院行政庭法官。

金”。2012 年 4 月,刘建利向北京市门头沟区残疾人联合会(以下简称门头沟残联)申请领取“北京市残疾人生活补助金”,并于同年 5 月开始领取“北京市残疾人生活补助金”。2013 年 9 月,门头沟残联作出关于将刘建利北京市残疾人生活补助金由每月 580 元变更为每月 100 元的决定。刘建利不服该决定,于 2014 年 3 月 7 日提起诉讼。北京市门头沟区人民法院作出(2014)门行初字第 19 号行政判决书,因门头沟残联未依法调取刘建利的“北京市城市居民生活困难补助金领取证”作为证据加以固定,而是在诉讼过程中才取得该证据,最终以主要证据不足为由撤销该决定。门头沟残联不服提起上诉,北京市第一中级人民法院作出(2014)一中行终字第 7211 号行政判决书,判决驳回上诉,维持原判。2014 年 8 月 8 日,门头沟残联作出《残疾人生活补助发放告知单》,载明刘建利“符合残疾人生活补助 100 元每月的标准,应以此标准发放”。2014 年 10 月,北京市门头沟区民政局停发刘建利“北京市城市居民生活困难补助金”。2014 年 11 月,刘建利开始享受城市特困人员分散供养待遇。2014 年 12 月 29 日,门头沟残联作出《残疾人生活补助停发告知单》,载明刘建利“已经不符合享受生活补助政策条件,拟于 2015 年 1 月停发其生活补助”。2016 年 6 月 20 日,刘建利起诉要求判决门头沟残联从 2013 年 11 月恢复其当年低保标准的残疾人生活补助金。北京市门头沟区人民法院以该案系起诉门头沟残联不履行法定职责的案件,刘建利应当提供其向门头沟残联提出申请的证据,因刘建利未就其曾向门头沟残联申请履行该案诉讼请求中的法定职责向法院提供有效的证据且门头沟残联亦不予认可为由,裁定驳回了刘建利的起诉。刘建利不服提起上诉,北京市第一中级人民法院作出(2016)京 01 行终 1059 号行政裁定书,载明“综合上述告知单等在案证据,无法认定不存在相关生活补助发放申请。又根据《中华人民共和国行政诉讼法》(以下简称《行政诉讼法》)第七十三条,人民法院经过审理,查明被告依法负有给付义务的,判决被告履行给付义务。而不同的给付标准或条件属于给付案件实体审查内容,并不构成起诉条件的审查内容。因此,该案中,刘建利请求判令门头沟残联按照低保标准支付其残疾人生活补助金,法院应对其诉讼请求是否符合法律规定、是否成立进行审查”。最终北京市第一中级人民法院撤销一审裁定,指令一审法院继续审理。

庭审中,门头沟残联向法院提交北京市门头沟区东辛房街道办事处残疾人联合会的情况说明,证明刘建利从 2012 年 5 月起已享受民政部门发放的城市重残人生活补助;提交《残疾人生活补助发放告知单》和《残疾人生活补助停发告知单》,证明门头沟残联就政策依据与发放标准都已告知刘建利,刘建利就上述告知单没有提起相关行政诉讼;提交执行表七张,证明刘建利领取了 2013 年 11 月至 2014 年 7 月的残疾人生活补助。

【审理结果】

北京市门头沟区人民法院于 2017 年 7 月 31 日作出(2017)京 0109 行 19 号行政判决:驳回刘建利的诉讼请求。宣判后,刘建利向北京市第一中级人民法院提起上诉。北京市第一中级人民法院于 2017 年 11 月 27 日作出(2017)京 01 行终 724 号行政判决,判决驳回上诉,维持原判。

【裁判理由】

法院生效裁判认为:本案中,刘建利申请门头沟残联履行法定职责的请求事项为"从 2013 年 11 月支付刘建利当年低保标准的残疾人生活补助金",门头沟残联对此未予支持,刘建利继而对此提起本案诉讼。该申请所涉争议焦点主要有以下四点:1. 门头沟残联于 2014 年 8 月 8 日作出《残疾人生活补助发放告知单》,将刘建利残疾人生活补助标准改为每月 100 元是否违法,即该《残疾人生活补助发放告知单》的合法性问题,亦即门头沟残联于 2013 年 11 月至 2014 年 7 月期间,按照每月 100 元标准向刘建利发放残疾人生活补助金,是否违法的问题;2. 门头沟残联于 2014 年 8 月至 2014 年 12 月期间,未向刘建利发放残疾人生活补助金,是否违法的问题;3. 门头沟残联于 2014 年 12 月 29 日作出《残疾人生活补助停发告知单》,于 2015 年 1 月起停发刘建利残疾人生活补助是否违法,即该《残疾人生活补助停发告知单》的合法性问题;4. 门头沟残联在停发刘建利残疾人生活补助金后,是否应当重新向刘建利发放残疾人生活补助金的问题。法院对此分别评述如下:

(一)关于门头沟残联于 2013 年 11 月至 2014 年 7 月期间,按照每月 100 元标准向刘建利发放残疾人生活补助金,是否违法的问题

法院认为,北京市民政局《〈关于完善城市居民最低生活保障制度若干意见〉实施细则(试行)》第十三条规定,具有本市非农业户口,年满 16 周岁,持有《中华人民共和国残疾人证》、生活不能自理的重残人,经户籍所在地区县残联审核确认,并向同级民政部门提供名单,经审核符合条件的,参照本市当年城市低保标准享受生活补助待遇。《北京市残疾人生活补助办法》①第二条规定,对享受低保待遇的残疾人,按照每月 100 元的标准给予生活补助。本案中,依据法院查明的事实,刘建利于 2012 年 5 月起从民政部门领取"北京市城市居民生活困难补助金",享受低

---

① 该法规已被《北京市困难残疾人生活补贴和重度残疾人护理补贴制度实施办法》(京民福发〔2016〕434 号)废止,下同。

保待遇,门头沟残联在取得北京市门头沟区东辛房街道办事处残疾人联合会出具的情况说明后,作出《残疾人生活补助发放告知单》,将刘建利残疾人生活补助标准改为每月 100 元,符合《北京市残疾人生活补助办法》的规定,门头沟残联于 2014 年 8 月 8 日作出的《残疾人生活补助发放告知单》不存在违法的情形。刘建利主张其未享受低保待遇,与事实不符,对其该项主张,法院不予采信。故此,门头沟残联于 2013 年 11 月至 2014 年 7 月期间按照每月 100 元的标准向刘建利发放残疾人生活补助金,并无不当。

(二)关于门头沟残联于 2014 年 8 月至 2014 年 12 月期间,未向刘建利发放残疾人生活补助金,是否违法的问题

法院认为,《北京市残疾人生活补助办法》第八条规定,残疾人生活补助金实行半年度审核制度,享受生活补助的残疾人,应在每年 1 月 1 日至 20 日和 7 月 1 日至 20 日,持相关材料到街道、乡镇残联办理享受生活补助的审核手续,未经年审或年审不合格的,从审核的次月起停发生活补助金。依据上述规定,刘建利应于 2014 年 7 月 1 日至 20 日期间持相关材料到街道残联办理审核手续,并经年审合格,方才具备从次月起领取残疾人生活补助金的资格。虽然门头沟残联认可刘建利自 2014 年 8 月至 12 月的实际情况符合《北京市残疾人生活补助办法》第二条规定的 100 元的生活补助标准,法院对此亦不持异议,但现有证据不足以证明刘建利曾于 2014 年 7 月 1 日至 20 日期间持相关材料到街道残联办理过审核手续,并向门头沟残联积极主张过自 2014 年 8 月至 12 月期间的 100 元标准的残疾人生活补助金。故门头沟残联于 2014 年 8 月至 2014 年 12 月期间,未向刘建利发放残疾人生活补助金,并无不当。

(三)关于门头沟残联于 2015 年 1 月起停发刘建利残疾人生活补助是否违法

法院认为,刘建利于 2014 年 11 月开始享受城市特困人员分散供养待遇,依据《北京市残疾人生活补助办法》第一条,补助范围不含政府集中供养的城市"三无"人员,门头沟残联据此于 2014 年 12 月 29 日作出《残疾人生活补助停发告知单》,于 2015 年 1 月停发刘建利残疾人生活补助,并无不当。虽然刘建利主张,其享受分散供养待遇不属于上述规定中的"政府集中供养的城市'三无'人员"。但是,依据《北京市城市特困人员供养办法》第十一条的规定,城市特困人员供养可以在当地供养服务机构集中供养,也可以在家分散供养,特困人员可以自行选择供养方式,且该办法中对于两种供养方式的供养内容、供养标准均未作区分,《北京市残疾人生活补助办法》亦未出现"分散供养"的表述。因此可以认定,在《北京市残疾人

生活补助办法》与《北京市城市特困人员供养办法》这两部不同政府部门制定的规范性文件中，“集中供养”这一表述的内涵与外延并不完全一致，是否属于《北京市城市特困人员供养办法》所称的“集中供养”范围，并不影响根据《北京市残疾人生活补助办法》对于残疾人生活补助标准的确定。虽然刘建利选择了“分散供养”的方式，但其享受的供养内容、供养标准与《北京城市特困人员供养办法》中的“集中供养”方式并无本质区别，刘建利提出的上述主张缺乏事实与法律依据，法院不予采信。

（四）关于门头沟残联在停发刘建利残疾人生活补助金后，是否应当重新向刘建利发放残疾人生活补助金的问题

法院认为，刘建利在申请门头沟残联履行法定职责及本案诉讼过程中，未举证证明在门头沟残联对其停止发放残疾人生活补助金后，刘建利的情况发生新的变化，从而再次符合《北京市残疾人生活补助办法》规定的享受残疾人生活补助金的情形，现有证据不足以证明门头沟残联在对刘建利停发残疾人生活补助金后，应当重新向其发放残疾人生活补助金。

综上，刘建利所提本案诉讼请求，无事实与法律依据，法院不予支持。

【裁判解析】

本案涉及人民法院应当如何审理行政给付案件，以及审理程度的问题。《行政诉讼法》第十二条以列举加兜底的方式，对行政诉讼受案范围进行了规定，其中第十项为“认为行政机关没有依法支付抚恤金、最低生活保障待遇或者社会保险待遇的”，此为行政给付诉讼的受理依据。行政给付诉讼从本质上来说，应属特殊的行政履责诉讼，其诉讼目的在于要求行政机关履行法定职责，但行政给付诉讼又不同于一般行政履责诉讼，二者在人民法院的审理范围与裁决方式上均有所区别，诉讼中不仅当事人、代理人对此难以区分，人民法院也存在将二者混淆的情形，既不利于保障当事人合法权益，又对司法公信力造成了一定程度的损害。在司法实践中，对于此类案件应主要考虑以下几个方面：

（一）行政给付诉讼的审理范围

行政给付诉讼在司法实务中被赋予了更多重要意义，如《中华人民共和国宪法》第四十五条赋予我国公民在特定条件下享有物质帮助权，行政给付诉讼正是物质帮助权的司法保障。由于物质帮助权既涉及特定公民是否有获得物质帮助的权利，又涉及其获得物质帮助的标准及期限等具体数额问题。故此人民法院在审理行政给付诉讼时，除对行政机关是否应当履行法定职责进行裁决外，还应当对行政

机关应当履行给付职责的具体数额进行认定,就这个层面而言,行政给付诉讼的审理思路更类似于民间借贷等传统民事诉讼,二者的区别在于传统民事诉讼中债务人的给付义务以双方当事人的合意为基础,而行政给付诉讼中行政机关的给付义务以其法定职责为基础。进一步来说,《行政诉讼法》在第七十三条增加了行政给付的判决方式,这也是行政给付诉讼特质及其审理范围的体现。

在本案中,刘建利起诉所主张的权利即是如此,其以自身存在伤残为由,要求法院判令门头沟残联按照低保标准向其给付残疾人生活补助,是典型的行政给付诉讼,案件争议不仅涉及门头沟残联是否具有向刘建利发放残疾人生活补助的法定职责,还包括门头沟残联应给付刘建利残疾人生活补助的具体数额。

(二)对行政机关拒绝性答复的处理方式

行政履责诉讼、行政给付诉讼中,多见行政机关对于当事人的履行职责或行政给付申请已作拒绝性答复的情形,此时当事人直接向人民法院起诉请求行政机关履行法定职责或行政给付义务的,即使行政机关已就此申请作出拒绝性答复,也不能成为行政机关拒绝履行法定职责或行政给付义务的依据。拒绝性答复本身确有可诉性,但当事人请求撤销拒绝性答复的诉讼目标明显系为了请求行政机关履行职责的,即便当事人对该拒绝性答复单独提起撤销之诉,得到人民法院的支持,亦不能实质解决争议,最终原告还是需要通过行政给付诉讼的形式寻求救济,如此只是徒增了当事人的诉累而已,故将上述拒绝性答复的合法性审查包含于行政给付诉讼中是更为妥当的做法。此外,需要注意的是拒绝性答复的起诉期限问题,若原告提起行政给付诉讼时,已经超过了拒绝性答复的起诉期限,就不应再对拒绝性答复的合法性进行审查,否则就会产生以行政给付诉讼规避拒绝性答复起诉期限的风险。

本案中,门头沟残联向刘建利发出的《残疾人生活补助发放告知单》和《残疾人生活补助停发告知单》即为拒绝性答复,但刘建利起诉时,上述告知单均在其起诉期限内,一审法院认为刘建利对上述告知单未起诉,也未申请复议,故不存在要求门头沟残联履行法定职责的事实基础,据此驳回了刘建利的诉讼请求,确有不当。故此,二审法院并未沿用一审判决的判理,而是以实质化解争议为原则,在查清事实的基础上,对刘建利的实体权利进行审理。

(三)"以法律为依据,以事实为准绳"准确裁决

行政给付具有一定政策性,作为请求给付依据的法律法规本身经常发生变化,加之申请人自身客观情况亦存在变数,当事人提出的一个行政给付诉讼可能包括

其不同事实状态及多种法律适用的情况,人民法院在审理过程中要充分考量各种变化,对当事人的实体权利作出准确的裁判。

本案中,由于门头沟残联向刘建利实际发放的残疾人生活补助金额发生过变化,且在刘建利提起本案诉讼前,门头沟残联实际上已经停止向刘建利发放补助,门头沟残联对此向刘建利发出了相应告知书,案件涉及实际发放的补助期限、标准等是否符合法律法规的规定,以及是否应当重新发放补助等诸多问题。故此,二审法院以涉案残疾人生活补助的金额变化、实际停发、告知停发三个时间节点,区分不同时间段的特定事实基础,将案件争议划分为四个部分,并对四个不同时间段行政机关的给付职责分别进行了论述,最终认定截止诉讼时门头沟残联不具有向刘建利继续支付残疾人生活补助的职责。

而该案更现实的意义在于将行政争议进行了实质性化解,刘建利与门头沟残联关于残疾人生活补助历经数年的争议,在本案中画上了句号。

【案例点评】

本案是典型的行政给付案件,相对于以拒绝性答复否定当事人诉权或仅探讨行政机关是否有相应职权的处理方式,本案判决显然更为妥当。微观而言,案件审理思路清晰,论证充分,并减少了当事人诉累,实现了行政诉讼实质性化解争议的目标;宏观而言,为行政给付诉讼的审理方式和范围确立了标准,对今后同类案件的处理具有较强的指导和借鉴意义。

【裁判心得】

行政给付诉讼是一类特殊的行政履责诉讼,具有保障公民物质帮助权的特殊价值。一方面,行政机关的拒绝性答复不能成为不履行给付职责的理由,防止行政机关借此推诿,以所谓的"程序正义"损害当事人的实体权益;另一方面,人民法院在司法实践中对于行政给付诉讼的审理应当区别于一般行政履责诉讼,结合具体案情及相关法律法规,对当事人实体权利进行裁决,认定行政机关是否应当对特定公民履行行政给付的职责,以及行政给付的标准或数额,从而实质性化解纠纷,最终实现案结事了。

周继和诉中国证监会内幕交易行政处罚案

魏浩锋*

关键词

行刑衔接　“一事不二罚”　内幕交易　知悉

裁判要旨

在行刑衔接的情况下，公安机关以“证据不足”对行为人所作终结侦查决定不能成为行政机关作出行政处罚的阻却事由。反向移送过程中刑事司法机关获取的证据经过审查可以作为行政处罚的证据使用。知悉内幕信息的认定是对交易时点与内幕信息发展时点吻合度、原告交易行为的合理性等因素进行分析基础上的综合认定，尤其是应当将原告的交易行为置于作为一个整体的内幕信息发展过程中进行分析。

相关法条

1.《中华人民共和国证券法》第七十六条第一款。

2.《公安机关办理刑事案件程序规定》第一百八十三条第二款。

【当事人基本情况】

原告：周继和。

被告：中国证券监督管理委员会。

【基本案情】

2015年7月15日，四川省公安厅对周继和作出川公直（经）终侦字〔2015〕01号《终止侦查决定书》，查明周继和涉嫌内幕交易证据不足，根据《公安机关办理刑

---

* 魏浩锋，北京市第一中级人民法院行政庭法官。

事案件程序规定》第一百八十三条第二款之规定,决定终止对周继和的侦查。2015年7月28日,公安部将周继和交易“江泉实业”案移送证监会依法处理,并将有关证据材料移送证监会。2016年1月4日,证监会向周继和作出《行政处罚事先告知书》,告知拟对其作出行政处罚的事实、理由、依据,并告知其相关权利。1月25日,周继和收到该告知书并申请举行听证会。3月4日,证监会举行听证,听取周继和陈述申辩意见。8月16日,证监会作出(2016)101号《行政处罚决定书》(以下简称被诉处罚决定),作出如下认定:一、山东江泉实业股份有限公司与唯美度科技(北京)有限公司所进行的重大资产重组事项属于《证券法》规定的重大事件,相关信息属于内幕信息。张某某作为中间介绍人参与本次重大资产重组筹划,是内幕信息知情人。二、周继和从张某某处获悉内幕信息,并于涉案期间内控制“周继和”、“赖某某”、“李某某”账户买入“江泉实业”,并于2014年5月12日至10月8日期间卖出获利。周继和的行为违反了《证券法》第七十三条和第七十六条第一款的规定,构成《证券法》第二百零二条所述内幕交易行为,违法所得为12 640 120.03元。证监会根据周继和违法行为的事实、性质、情节与社会危害程度,依据《证券法》第二百零二条的规定,决定对周继和没收违法所得12 640 120.03元,并处以12 640 120.03元罚款。周某某不服,诉至北京市第一中级人民法院。

2016年3月4日,四川省成都市中级人民法院作出一审刑事判决认定:张某某犯内幕交易罪,判处有期徒刑三年,缓刑四年,罚金人民币200万元,对其违法所得2 007 606元予以追缴。

【审理结果】

北京市第一中级人民法院于2017年3月20日作出(2016)京01行初1076号行政判决:驳回原告周继和的诉讼请求。宣判后,周继和向北京市高级人民法院提起上诉。北京市高级人民法院于2017年8月18日作出(2017)京行终2804号行政判决:驳回上诉,维持一审判决。

【裁判理由】

法院生效裁判认为:1. 公安机关以“证据不足”对原告作出终止侦查决定并不构成被告对其进行行政处罚的阻却事由。根据《公安机关办理刑事案件程序规定》第一百八十三条第二款的规定,对于经过侦查发现共同犯罪案件中部分犯罪嫌疑人不够刑事处罚的,应当对有关犯罪嫌疑人终止侦查,并对该案件继续侦查。四川省公安厅经侦部门根据上述规定作出川公直(经)终侦字(2015)01号终止侦查决定书,以“证据不足”决定终止对原告的侦查程序,系刑事侦查机关对犯罪嫌疑人是否符合刑事追诉标准作出的独立判断，并不影响之后行政处罚程序的进行，不能成为被告作出被诉决定的程序阻却事由。被告有权在接受公安机关移送案件后，对刑事侦查程序中所获取的证据进行审查，并依据《证券法》有关规定进行行政处罚。原告有关该问题的主张缺乏法律依据，不予支持。原告称大额罚款的行政处罚应当适用排除合理怀疑证明标准的相关主张，亦缺乏法律依据，不予支持。2. 证券监管实践中，对行为人主观明知状态的认定往往存在直接证据缺失的困难，故需结合其外在行为进行特征分析。本案中，被告在综合分析原告交易行为特征基础上，认定原告知悉内幕信息并利用内幕信息实施内幕交易行为并无不当。

【裁判解析】

本案的焦点问题为：原告内幕交易行为经刑事司法机关终结侦查后能否再由证监会进行行政处罚；原告内幕交易行为能否成立。

（一）关于焦点问题一

原告的内幕交易行为经过刑事司法程序被公安机关作终止侦查处理后，再由证券监管部门依据行政法律规范追究行政责任。对原告而言，实际上对其同一违法行为分别由不同国家机关依据不同法律规范进行了两次评价，这是否属于"重复评价"？是否有违"一事不二罚"原则？单独基于刑事追诉证明标准与行政处罚证明标准实践层面的差异导致的对同一行为不同法律评价的结果是否会侵害民众对公权力的信赖？进而导致明显不公平的社会心理体验？在行刑衔接的语境下，"一事二罚"是否具有正当性基础？

对此，我们认为，刑事司法程序和行政处罚程序是两个独立的程序，两者在证明标准、法律适用方面均存在区别。但在行刑衔接的情况下，公安机关以"证据不足"对行为人所作终结侦查决定不能成为行政机关作出行政处罚的阻却事由。反向移送过程中刑事司法机关获取的证据经过审查可以作为行政处罚的证据使用。

行刑衔接语境下对同一违法行为进行"一事二罚"具有其正当性基础：

1. 国家权力分工的精细化

随着社会生活的发展以及社会分工的精细化，国家权力从最初的行政与司法不分演化为行政权与司法权的日渐剥离。行政权自身也应社会管理的需要，不断地细化。以致国家与市民社会的分离状态不断被打破，行政权日益侵入到社会生活的各个角落。行政权的权能涵盖了各种管理领域，并且成为垄断性的权力。比如，行政许可权就是专属于行政机关的权力，对违反行政许可管理的行为进行的部分资格罚、行为罚天然地由行政机关垄断。与此相反，司法权的权能日渐局限于裁判领域,其对社会关系的调整乃是通过终局性的裁判权来实现。对于司法权保留的涉及公民人身自由与财产权事项均属基本权利范畴,司法权具有初次的调整权。而对于由行政权专属的事项范畴,司法权仅具有二次的判断权,其只能通过司法审查的方式监督行政权以间接达到对此类权利义务关系调整的效果。在这种情况下,由不同的权力机关分别对公民个人行为进行适法性评价便具有权力来源的正当性。尤其是在涉及不同质的处罚类别时,分别由行政机关行使专属其享有的权力及刑事司法机关行使刑事追诉权,即对"一事"分别进行"二罚"并不违反"一事不二罚"原则。在这种情况下,行政法上"一事不二罚"中的"二罚"可以包含刑罚,广义上刑事强制措施亦应当包含在内。因为刑事强制措施亦是对当事人行为进行违法性评价的后果。

2. 法律责任的体系化

现代国家尤其是大陆法系的法律责任可明确区分为四种:民事责任、行政责任、刑事责任及违宪责任。民法责任是私法责任,行政责任、刑事责任及违宪责任均为公法责任。四种责任共同构成了法律责任体系。而法律责任体系化的重要目的在于对不法行为进行全面无漏洞的追究。对此,国内多数刑法学者亦持肯定态度。行刑衔接过程中行政处罚与刑罚竞合的情境下,作为承担行政责任重要方式的行政处罚与承担刑事责任重要方式的刑罚,其适用目的、证明标准、构成要件均不相同,且各成独立的责任体系。由于行政犯具有双重违法性,在适用刑法责任进行评价后,仍旧可以进行行政责任评价,这并不违反"一事不二罚"原则。在涉及同质处罚竞合的情况下,尤其是刑事司法程序因证明标准的严格未进行刑事责任追究时,行政监管机关在接受移送后应当以行政处罚的证明标准、构成要件对违法行为进行评价,亦不违反"禁止重复评价"原则,因为其对违法行为进行评价所依据的法律规范不同。

3. 制度正当性——行政犯的特殊立法模式

行政犯是与刑事犯相对的概念,指违反以达到特定的行政目的而制定的法规的行为,即违反派生性生活秩序的行为就是行政犯。行政犯的特殊性在于其是对基于特定行政性目的或政策需要而制定的禁止或命令性规定的违反。我国刑法中存在大量规定某类违反行政法律规范的行为,情节达到一定的严重程度,构成犯罪的条文。在行政法的各部门法中,上述类型的规定也并不鲜见。上述刑法或其他行政法规的规定是行刑衔接问题产生的立法原因,也是我们探讨处罚竞合时"一事二罚"正当性的制度基础。

上述行政犯的立法模式可以称为定性与定量相结合的立法模式。刑法作为惩治犯罪的法律,具有对其他部门法的补充性。一行为构成犯罪既需要在行为类型上符合构成要件,亦需要在社会危害性上达到刑事制裁的程度。因为刑法是社会关系调整的最后一道屏障。定性规定指的就是对行为类型的规定,定量规定指的是关于社会危害性程度的规定。我国刑法对行政犯采取定性与定量相结合的立法模式。这不可避免会产生同一违法行为仅因社会危害程度的不同,有的构成行政违法,有的构成刑事犯罪。尤其在构成刑事犯罪的场合,违法行为已然是行政违法,只不过在社会危害性程度上达到了犯罪标准,在处罚上选择了刑事制裁而已。实质上仍是对同一行为的行为性质已经进行了两次评价。可见,上述立法模式必然会导致行政法评价与刑事司法评价的竞合,即行政犯具有双重违法性。

在处罚上,行刑衔接情境下同质罚相互折抵的立法现状仍旧说明我国立法在考虑违法行为人所负责任上,采取的是"一事不二罚"原则,避免对违法行为人进行二次追责。但笔者认为这种"一事不二罚"实际上并非纯粹意义上"一事不二罚"原则所要禁止的"二罚",只不过是行政机关在进行行政处罚时基于比例原则的要求进行行政自由裁量的结果,行政机关本身是有职权进行处罚的。在这种情形下,"二罚"涵盖了刑事制裁,即要求行政机关在进行行政处罚时,应考虑违法行为人所受刑事制裁的情况。即在启动行政权对违法行为人进行追责时,必须将违法行为人是否受到刑事制裁以及受到何种刑事制裁的情况均考虑在裁量范围之内,并且要与违法行为人的主观恶意、社会危害性相适应。笔者认为,这种考虑是必须的。行政机关进行行政处罚时必须受到行政法上比例原则的约束,如果不考虑行为人所受刑事制裁情况,则可能会导致对比例原则的违反。可见,在行刑衔接同质罚相互折抵的立法现状并不能当然得出"一事"不能"二罚"的结论,并不能否认行政机关与刑事司法机关均具有各自作出相应处罚的职权。这与纯粹意义上行政处罚领域的"一事不二罚"原则及刑事司法程序中的"一事不再理"原则并不相同,因为这两个原则在各自领域中均构成对职权来源正当性的限制。而在行刑衔接语境下讨论行政处罚领域的"一事不二罚"原则涉及的主要是行政自由裁量权行使的问题。

如果我们将"二罚"理解为行政自由裁量权问题,即将刑事制裁作为行政裁量的因素进行考虑,而不是以"一事不二罚"原则去否定行政机关行使处罚权的合理性,则行刑衔接语境下经刑事司法程序未做刑事制裁后,行政机关再进行行政处罚的正当性问题便容易理解。只不过我国行政处罚法并未将比例原则作为处罚的原则性条款加以规定,在此情况下,如何以比例原则指导具体的行政处罚实践,则是需要理论界与实务界共同关注的问题。

(二)关于焦点问题二

对于内幕信息的知悉是内幕交易行为人的主观状态,是构成内幕交易行为的要件之一。通常表现为行为人对内幕信息的性质、内容、可获益性等的明知状态。证券监管实践中,对行为人主观明知状态的认定往往存在直接证据缺失的困难,故需结合其外在行为进行特征分析。本案中,被告在综合分析原告交易行为特征基础上,认定原告知悉内幕信息并利用内幕信息实施内幕交易行为并无不当。首先,原告与内幕信息知情人张某某关系密切,在内幕信息公开前与张某某联络频繁。其次,原告交易"江泉实业"行为明显异常,表现在:突击转入资金于内幕信息公开前买入"江泉实业";集中交易"江泉实业",买入意愿坚决;交易时点与联系时点、张健业交易时点高度趋同。结合原告的交易行为分析,其交易"江泉实业"的行为已经符合内幕交易行为认定的典型模型。在此情况下,原告需要对其交易行为的正当性进行解释。本案中,原告对其交易行为解释的核心理由在于其重仓操作的交易习惯以及基于股吧等公开消息面的信息结合自身判断后作出的交易选择。对此,我们认为,原告的解释并不足以合理说明其交易品种、交易时点的选择,并不能切断其与内幕信息的联系,不能否定其对本案内幕信息的主观知悉状态。

【案例点评】

本案系行为人从证券中介人员处获取内幕信息进行内幕交易的典型案例。本案首先明确了证券处罚行刑衔接过程中刑事司法机关所获取的证据及有关认定意见对证券行政处罚的适用效力。认为刑事司法程序和行政处罚程序是两个独立的程序,两者在证明标准、法律适用方面均存在区别。但在行刑衔接的情况下,公安机关以"证据不足"对行为人所作终结侦查决定不能成为行政机关作出行政处罚的阻却事由。反向移送过程中刑事司法机关获取的证据经过审查可以作为行政处罚的证据使用。其次,本案对内幕信息行为人主观知悉状态的认定标准进行了探索。知悉内幕信息的认定是对交易时点与内幕信息发展时点吻合度、原告交易行为的合理性等因素进行分析基础上的综合认定,尤其是应当将原告的交易行为置于作为一个整体的内幕信息发展过程中进行分析。

【裁判心得】

证券处罚行刑衔接过程中,经由刑事司法机关评价后的同一违法行为再由行政机关进行行政违法的评价并不违反"禁止重复评价"原则,这种形式上"二罚"的理论基础在于国家权力分支的精细化、法律责任的体系化以及行政犯的特殊立法模式。故本案中公安机关的“证据不足”终结侦查决定不能成为行政机关作出行政处罚的阻却事由。行政机关作出的行政处罚是以其调查的事实为基础进行的行政违法性的评价,行政诉讼需要对行政处罚的事实认定、法律适用及行政程序进行全面审查。对内幕交易行为人主观知悉状态的认定是行政法官运用经验法则分析案件事实形成心证的过程,在这个过程中,行政法官可以“将心比心”,将自己视为内幕交易行为人,分析交易行为的合理。

常州市唯竺智能科技有限公司诉江苏质监局、国家质检总局回复及行政复议决定案

范术伟*

关键词

行政行为　程序责任原则　法律拘束力

裁判要旨

行政机关为协助司法程序而出具的意见，并非基于行政机关自行主导的行政程序，仅是基于司法机关提供的相关材料出具专业意见，对于事实依据是否充分或者法律适用是否正确，行政机关并不承担法律责任，对该意见提起的行政诉讼不属于行政诉讼的受案范围。

相关法条

《中华人民共和国行政诉讼法》第二条第一款。

【当事人基本情况】

上诉人（一审原告）：常州市唯竺智能科技有限公司。

被上诉人（一审被告）：江苏省质量技术监督局。

被上诉人（一审被告）：中华人民共和国国家质量监督检验检疫总局。

【基本案情】

2016年4月26日，江苏省常州市中级人民法院（以下简称常州中院）向江苏省质量技术监督局（以下简称江苏质监局）发出《函》，大致内容为：该院审理的常

* 范术伟，北京市第一中级人民法院行政庭法官。

州市唯竺智能科技有限公司(以下简称唯竺公司)与河津市炬华铝业有限公司买卖合同纠纷一案中,需要查明唯竺公司生产的"称重包装生产线"是否需要办理计量器具许可证;如需办理,唯竺公司是否已领取了计量器具许可证。随函附件:河津市炬华铝业有限公司铝粉项目称重包装线操作、维护说明书。2016 年 5 月 20 日,江苏质监局作出苏质监行函(2016)9 号《关于对常州市唯竺科技有限公司生产的"称重包装生产线"是否需要办理制造计量器具许可证函的回复》(以下简称《回复》),内容为:"结合贵院提供的《河津市炬华铝业有限公司铝粉项目称重包装生产线操作、维护说明书》中对产品的描述,根据国家 JJF1181 - 2007《衡器计量器具术语及定义》相关条款,'重力式自动装料衡器是把散装物料分成预定的且实际上恒定质量的装料,并将此装料装入容器的自动衡器。它基本上由与称重单元相关联的自动给料装置及相应的控制和卸料装置组成','定量包装秤是具有包装功能的重力式自动装料衡器'。认定该产品是具有包装功能的重力式自动装料衡器系统,属于国家依法管理计量器具目录(型式批准部分)自动衡器类中重力式自动装料衡器,应当办理《制造计量器具许可证》。截至目前,该企业尚未提交过相关的许可申请材料。"唯竺公司对该《回复》不服,向中华人民共和国国家质量监督检验检疫总局(以下简称国家质检总局)提起行政复议,国家质检总局于 2016 年 8 月 23 日作出(国)质检复决字(2016)85 号《行政复议决定书》(以下简称被诉复议决定),维持了江苏质监局作出的《回复》。唯竺公司于 2016 年 9 月 2 日向海淀法院提起行政诉讼,海淀法院判决驳回唯竺公司的诉讼请求,唯竺公司不服,向本院提起上诉。

【审理结果】

北京市海淀区人民法院于 2017 年 2 月 17 日作出(2016)京 0108 行初 811 号行政判决:驳回原告唯竺公司的全部诉讼请求。宣判后,唯竺公司向北京市第一中级人民法院提起上诉。北京市第一中级人民法院于 2017 年 7 月 5 日作出(2017)京 01 行终 383 号行政裁定:一、撤销北京市海淀区人民法院(2016)京 0108 行初 811 号行政判决;二、驳回上诉人唯竺公司的起诉。

【裁判理由】

法院生效裁判认为:《中华人民共和国行政诉讼法》第二条第一款规定,公民、法人或者其他组织认为行政机关和行政机关工作人员的行政行为侵犯其合法权益,有权依照本法向人民法院提起诉讼。所谓行政行为,是指行政机关在履行行政职责的过程中,对外作出的设立、变更或者终止行政法律关系的意思表示,而被诉

《回复》是否属于上述规定所指的可诉行政行为，取决于其是否具有对外设立、变更或者终止行政法律关系的法律效果。

当案件系属于司法程序时，除非法律法规另有规定，否则主导该司法程序的司法机关对该程序的最终决定的合法性对外独立承担法律责任，对于该决定所依据的事实是否充分以及法律适用是否正确，既有自行认定的权力，亦应对此承担法律后果，此即所谓"程序责任原则"。司法机关固然可以为了审理案件的需要，就相关事实或者法律问题征询有关行政主管机关的意见。行政机关是为协助司法程序而出具意见，并非基于行政机关自行主导的行政程序，且仅是基于司法机关提供的相关材料出具专业意见，对于事实依据是否充分或者法律适用是否正确，行政机关并不承担法律责任。因此，行政机关的回复意见只能作为司法机关审理案件的参考，并不具有法律上的拘束力。如果认为此种意见具有对外法律拘束力，则将导致司法机关将其部分司法审判权实际上让渡给行政机关，有悖基本的法治原则。如果进一步在行政诉讼程序中，人民法院对行政机关意见进行实体审查并予以确认，即从行政审判的角度确认了行政机关意见的法律拘束力，同样构成对正在进行的其他司法程序的不当干预。

本案中，常州中院在审理相关民事案件的过程中，就案件的相关问题征询江苏质监局的意见，江苏质监局基于上述要求而作出《回复》，即是行政机关在司法程序中应司法机关的要求而出具的意见，并非基于江苏质监局主导的行政程序而作出的行政行为，其仅能作为法院民事审判的参考，并不具有法律拘束力。一审法院对该《回复》进行实体审查并确认其合法性，将导致该意见的结论基于行政生效判决的既判力而具有法律拘束力，从而成为民事司法程序中法院认定案件事实和适用法律的障碍。

综上，被诉《回复》并非行政诉讼法所指的行政行为，唯竺公司针对《回复》提起的本案诉讼不属于行政诉讼的受案范围。依据最高人民法院《关于适用〈中华人民共和国行政诉讼法〉若干问题的解释》①第三条第一款第一项的规定，唯竺公司提起的本案诉讼应当予以驳回，其针对被诉复议决定提起的诉讼亦应一并驳回。一审法院对唯竺公司的起诉进行实体审理错误，本院依法予以纠正。

【裁判解析】

根据《中华人民共和国行政诉讼法》第二条第一款的规定，所谓行政行为，是指

---

① 该解释已被法释〔2018〕1 号修改。

行政机关在履行行政职责的过程中,对外作出的设立、变更或者终止行政法律关系的意思表示,具有对外性、具体性和法律效力性。

司法机关为了审理案件的需要,就相关事实或者法律问题征询有关行政主管机关的意见,行政机关为协助司法程序而出具意见,但法律并未明确规定行政机关出具的上述意见是否属于行政诉讼的受案范围。该意见是否属于行政诉讼的受案范围,取决于其是否具有对外设立、变更或者终止行政法律关系的法律效果。本案运用"程序责任原则"对此类案件确定了一个裁判尺度。所谓"程序责任原则",是指当案件系属于司法程序时,除非法律法规另有规定,否则主导该司法程序的司法机关对该程序的最终决定的合法性对外独立承担法律责任,对于该决定所依据的事实是否充分以及法律适用是否正确,既有自行认定的权力,亦应对此承担法律后果。"程序责任原则"具有四个构成要件:程序自主、程序法定、程序外化以及处理决定的法律拘束力。程序自主指司法机关自主启动一个独立的程序,并且完全控制该程序,具有最终的决定权;程序法定指司法机关是依据法律的明确规定启动的相应的程序;程序外化指这一程序中有相对人的参与,作出的处理决定也是直接针对该相对人的;处理决定的法律拘束力指处理决定对于相对人和其他公权力机关均具有拘束力。

行政机关为协助司法程序而出具的意见,并非基于行政机关自行主导的行政程序,仅是基于司法机关提供的相关材料出具专业意见,不具有对外性和法律效力性,对于事实依据是否充分或者法律适用是否正确,行政机关并不承担法律责任。因此,行政机关的回复意见只能作为司法机关审理案件的参考,并不具有法律上的拘束力。如果认为此种意见具有对外法律拘束力,则将导致司法机关将其部分司法审判权实际上让渡给行政机关,有悖基本的法治原则。如果进一步在行政诉讼程序中,人民法院对行政机关意见进行实体审查并予以确认,即从行政审判的角度确认了行政机关意见的法律拘束力,同样构成对正在进行的其他司法程序的不当干预。因此,行政机关为协助司法程序而出具的意见不属于行政诉讼的受案范围,针对该意见提起的行政诉讼应予裁定驳回起诉。

【案例点评】

当事人对行政机关在民事诉讼中出具的认定意见提起行政诉讼,涉及民行交叉的法律问题,相关民事案件的审理是否需要中止,等待行政机关的认定意见通过行政诉讼得出司法审查的最终结论?本案引入"程序责任原则",对判定行政机关在民事诉讼中出具的认定意见是否属于行政诉讼受案范围确定了裁判尺度，对该类案件的审理具有指导意义。

【裁判心得】

行政二审案件不仅需要对上诉人提出的上诉理由进行审理，还需要再次对被诉行政行为的可诉性进行判断。本案一审法院对行政机关在民事诉讼中出具的认定意见进行了实体审理，二审如不对被诉行政行为的可诉性进行分析，则会对行政机关出具的上述意见进行实体处理，构成对正在进行的其他司法程序的不当干预。本案运用“程序责任原则”，对行政机关在民事诉讼中出具的认定意见的可诉性作出判断，明确了此类案件的审理思路。

北京科诺锅炉有限公司诉国家质检总局行政处罚案

杨晓琼[*]　王素南[**]

关键词

行政处罚　过罚相当　部分撤销

裁判要旨

《中华人民共和国行政许可法》(以下简称《行政许可法》)第七十八条规定的“申请人在一年内不得再次申请该行政许可”在性质上属于行政处罚,相较于《中华人民共和国行政处罚法》(以下简称《行政处罚法》)而言,该条款应属于特别法的范畴。在特别法未给行政机关预留裁量范围,没有规定处罚幅度、情节严重或轻微等情况下,行政机关在对行政相对人作出行政处罚时应适用行政处罚法的过罚相当原则。

相关法条

1.《中华人民共和国行政许可法》第七十八条。

2.《中华人民共和国行政处罚法》第四条第二款、第二十七条、第三十一条。

3.《中华人民共和国行政诉讼法》第七十条。

【当事人基本情况】

原告:北京科诺锅炉有限公司。

被告:中华人民共和国国家质量监督检验检疫总局。

---

* 杨晓琼,北京市第一中级人民法院行政庭法官。

** 王素南,北京市第一中级人民法院行政庭法官助理。

【基本案情】

北京科诺锅炉有限公司(以下简称科诺公司)系一家锅炉制造企业,已经取得了中华人民共和国国家质量监督检验检疫总局(以下简称国家质检总局)颁发的相关锅炉制造许可。许可证即将到期,科诺公司于2017年2月21日向国家质检总局提交包括该公司许可证书扫描件在内的申请材料,申请锅炉制造换证许可。后国家质检总局发现,科诺公司提供的许可证扫描件与原许可证有三处不同的地方。一是扫描件使用的字体与原许可证使用的字体不一致。二是扫描件将原许可证载明的制造地址"北京市大兴区采育经济开发区育政街十四号"的大写"十四"改为阿拉伯数字"14"。三是扫描件把原许可证的有效期至"2017年7月7日"改为有效期至"2017年9月27日"。2017年3月9日,国家质检总局对原告提供虚假许可证扫描件的行为进行了立案,并于同年3月28日作出特种设备行政处罚告知书,告知科诺公司,根据《行政许可法》第七十八条的规定,对科诺公司作出不予受理本次锅炉制造换证申请,一年内不得再次申请该行政许可的行政处罚;并告知科诺公司有陈述、申辩和要求听证的权利,且应在收到行政处罚告知书之日起3日内向国家质检总局提出听证的要求,逾期未提出的,视为放弃权利。科诺公司于2017年3月31日收到该行政处罚告知书,未提出陈述、申辩和要求听证。2017年5月10日,国家质检总局对科诺公司作出(国)质检特罚决字(2017)第002号《质量监督检验检疫行政处罚决定书》(以下简称被诉处罚决定),认为科诺公司在提交锅炉制造换证申请中,网上提交公司证书扫描件与国家质检总局核发的原证书相比,证书有效日期及地址表述发生了变化,属于在申请时制作假证提供虚假材料的行为。依据《行政许可法》第七十八条的规定,给予科诺公司以下行政处罚:不予受理本次锅炉制造换证申请,科诺公司一年内不得再次申请锅炉制造许可。科诺公司请于收到本决定书之日起十日内,将原资质证书正本、副本全部交回国家质检总局特种设备安全监察局,逾期未收到,国家质检总局将予以公告。如对本决定不服,可于收到本决定书之日起六十日内,依法向国家质检总局申请行政复议,也可以于三个月内依法向本院提起行政诉讼。国家质检总局于2017年5月25日通过EMS向科诺公司寄送被诉处罚决定,科诺公司于同年5月26日签收。科诺公司收到被诉处罚决定后不服,提起行政诉讼,请求法院判决撤销被诉处罚决定。

【审理结果】

北京市第一中级人民法院于2017年7月13日作出(2017)京01行初680号行政判决:判决撤销被告中华人民共和国国家质量监督检验检疫总局2017年5月

10 日作出的(国)质检特罚决字(2017)第 002 号《质量监督检验检疫行政处罚决定书》中"北京科诺锅炉有限公司一年内不得再次申请锅炉制造许可"部分。国家质检总局及科诺公司收到判决后,均未提起上诉。

【裁判理由】

法院生效裁判认为:《行政许可法》第七十八条规定,行政许可申请人隐瞒有关情况或者提供虚假材料申请行政许可的,行政机关不予受理或者不予行政许可,并给予警告;行政许可申请属于直接关系公共安全、人身健康、生命财产安全事项的,申请人在一年内不得再次申请该行政许可。本案中,科诺公司提供的材料确实存在虚假,国家质检总局基于对该事实的认定不予受理许可,并无不当。

《行政处罚法》第四条第二款规定:"设定和实施行政处罚必须以事实为依据,与违法行为的事实、性质、情节以及社会危害程度相当。"该法第二十七条规定:"当事人有下列情形之一的,应当依法从轻或者减轻行政处罚:(一)主动消除或者减轻违法行为危害后果的;(二)受他人胁迫有违法行为的;(三)配合行政机关查处违法行为有立功表现的;(四)其他依法从轻或者减轻行政处罚的。违法行为轻微并及时纠正,没有造成危害后果的,不予行政处罚。"过罚相当作为《行政处罚法》的基本原则,要求对行政相对人的违法行为进行处罚时,应分别按照其违法情节的轻重,适用不同的处罚。对于未预留裁量范围的情形,除非法律明确禁止,否则仍应根据具体情况作出适当调整。行政机关应综合考虑违法行为的情节轻重、当事人违法故意的主观恶性程度及社会危害性等因素,在裁量行政处罚幅度时做到过罚相适应。《行政许可法》第七十八条所规定的对于行政许可申请人提交虚假材料的行为进行处罚,其立法本意在于申请人提供虚假材料,可能扰乱行政机关正常的审查活动,甚至会导致行政机关作出错误的许可决定,并进而危害社会利益和公共利益。本案中,科诺公司对于涉案许可证所作两处变造之情节,对其申请本次行政许可延期产生的影响,是国家质检总局作出行政处罚决定时确定处罚幅度应予考虑的因素。科诺公司变造证件行为本身是否构成违法以及是否使用变造证件从事其他活动,不应作为国家质检总局作出本案行政处罚时应予考量的因素。根据过罚相当的原则,国家质检总局在作出被诉处罚决定时并未全面考量科诺公司的违法行为情节,其作出的被诉处罚决定属于认定事实不清,适用法律错误。国家质检总局在未对科诺公司是否存在从轻、减轻或免于处罚的情节作出认定的情况下,未对科诺公司作出警告处罚,违反了《行政许可法》第七十八条并给予警告的规定,亦属于适用法律错误。且,上述法律所规定的行政机关不予受理或者不予行政许可不属于行政处罚事项，科诺公司将该事项在被诉行政处罚决定中予以列明亦属不当。

关于被诉处罚决定程序的合法性。《质量技术监督行政处罚程序规定》第十二条第一款规定，质量技术监督部门对依据监督检查职权或者通过举报、投诉、其他部门移送、上级部门交办等途径发现的违法行为线索，应当自发现之日起15日内组织核查，并决定是否立案。本案国家质检总局发现违法行为线索并非通过该条规定之途径，且国家质检总局并非于收到科诺公司申请材料当日即应进行审查。故科诺公司认为应当从其提交申请材料的2017年2月21日认定为国家质检总局发现违法行为线索之日无事实依据。《行政处罚法》第三十一条规定，行政机关在作出行政处罚决定之前，应当告知当事人作出行政处罚决定的事实、理由及依据，并告知当事人依法享有的权利。本案中，国家质检总局仅向科诺公司告知了拟作出处罚决定的法律依据、结论和当事人享有的权利，未明确告知拟作出处罚决定的事实及理由，不符合上述规定。《行政处罚法》第四十条规定，行政处罚决定书应当在宣告后当场交付当事人；当事人不在场的，行政机关应当在七日内依照民事诉讼法的有关规定，将行政处罚决定书送达当事人。被诉处罚决定作出后既未当场交付，亦未提供证据证明七日内依法送达当事人，构成处罚决定送达程序违法。科诺公司认为被诉处罚决定必须当面送达并制作送达回证的诉讼主张，与《行政处罚法》第四十条规定不符，不予支持。

《行政诉讼法》第四十六条第一款规定，公民、法人或者其他组织直接向人民法院提起诉讼的，应当自知道或者应当知道作出行政行为之日起六个月内提出。法律另有规定的除外。被诉处罚决定告知的起诉期限为三个月与前述法律规定不符。法院在此予以指正。

【裁判解析】

本案中，被诉处罚决定中列明："不予受理本次锅炉制造换证申请，科诺公司一年内不得再次申请锅炉制造许可。"然而该决定实际包含两个不同的行政行为。一是不予受理本次锅炉制造换证申请，二是科诺公司一年内不得再次申请锅炉制造许可。至于第一部分，不予受理行政许可实际上不属于行政处罚事项，属于行政许可行为，国家质检总局将该事项列明在被诉处罚决定中，实属不当。且双方当事人对该部分并未争议，争议的内容为行政处罚事项，即科诺公司一年内不得再次申请锅炉制造许可。双方当事人争议的内容主要涉及行为的性质及处罚是否适当两个方面。

(一)被诉行为的性质

被诉行为中决定科诺公司“在一年内不得再次申请锅炉制造许可”是什么性质的行为?该行为的定性直接决定法院对该行为合法性审查标准的确定。

《行政许可法》第七十八条规定的“申请人在一年内不得再次申请该行政许可”指的是,行政许可申请人因为在申请行政许可过程中存在隐瞒有关情况或提供虚假材料的不诚信行为,其申请行政许可的资格将在一定期限内被剥夺。对行政许可申请人申请资格的剥夺属于什么性质的行为?一种观点认为,对行政许可申请人在一定期限内申请资格的剥夺不属于行政处罚法规定的行政处罚的种类,不属于行政处罚。由于《行政许可法》第七十八条的规定在“法律责任”这一章中,而法律责任并不能等同于行政处罚,一年内不得再次申请许可只是对申请人资格的一种限制,限制并不等于就是行政处罚。另一种观点认为,一年内不得再次申请许可作为行政许可中的资格罚,与警告、罚款等一样,属于行政处罚的一种,虽然行政处罚法中没有具体列明行政许可申请资格罚,但它属于《行政处罚法》第八条第七项规定的“法律、行政法规规定的其他行政处罚”。

我们倾向于认同第二种观点。行政处罚与其他行政行为相比不同的是,它具有对违法者的制裁性,对相对人权利义务的处分性和不利性,以及必须依法设定和依法实施的法定性。而一年内不得再次申请许可体现了对资格的剥夺,体现为对授意行政处分之废止,性质上应当属于行政处罚。该处罚实际上剥夺了科诺公司在一年内再次申请锅炉制造换证许可申请的资格。

(二)过罚相当原则的适用

如前所述,科诺公司在一年内不得再次申请锅炉制造换证许可申请的性质属于行政处罚,就要考虑科诺公司是否具有从轻、减轻或免于处罚的情节。国家质检总局作出被诉处罚决定依据的是《行政许可法》第七十八条的规定,该条仅规定了一年内不得再次申请行政许可这一具有行政处罚性质的内容,并没有规定幅度、情节严重或轻微的情况。也就是说,《行政许可法》第七十八条的规定未给行政机关预留裁量的范围。在这种情况下我们认为,相较于《行政处罚法》而言,《行政许可法》第七十八条的规定应属于特别法的范畴。在特别法没有规定幅度、情节严重或轻微的情况下,应当适用《行政处罚法》一般的规定予以考量,做到过罚相当。

过罚相当作为行政处罚法的基本原则,要求对行政相对人的违法行为进行处罚时,应分别按照其违法情节的轻重,适用不同的处罚。对于未预留裁量范围的情形,除非法律明确禁止,否则仍应根据具体情况作出适当调整。行政机关应综合考虑违法行为的情节轻重、当事人违法故意的主观恶性程度及社会危害性等因素，在裁量行政处罚幅度时做到过罚相适应。《行政处罚法》第四条第二款规定："设定和实施行政处罚必须以事实为依据，与违法行为的事实、性质、情节以及社会危害程度相当。"该法第二十七条规定："当事人有下列情形之一的，应当依法从轻或者减轻行政处罚：（一）主动消除或者减轻违法行为危害后果的；（二）受他人胁迫有违法行为的；（三）配合行政机关查处违法行为有立功表现的；（四）其他依法从轻或者减轻行政处罚的。违法行为轻微并及时纠正，没有造成危害后果的，不予行政处罚。"而《行政许可法》第七十八条所规定的对于行政许可申请人提交虚假材料的行为进行处罚，其立法本意在于申请人提供虚假材料，可能扰乱行政机关正常的审查活动，甚至会导致行政机关作出错误的许可决定，并进而危害社会利益和公共利益。本案中，在国家质检总局颁发原许可证有效期内，科诺公司具备相应的许可条件，而科诺公司对原有许可证的三处变造并未对本次申请延期许可产生实质性的影响，提供虚假申请材料的主观目的并非是在不具备申请许可条件下获取许可。国家质检总局应当区分科诺公司提供虚假申请材料的目的与《行政许可法》第七十八条规定的提供虚假申请材料应承担法律责任的目的是否一致，以及该行为是否造成了危害结果。同时，从法律后果上讲，对科诺公司处以一年内不得再次申请锅炉制造换证许可申请的处罚，科诺公司在一年内便失去了再次申请锅炉制造换证许可申请的资格，面临着不再具备生产相关产品资质的困境。在竞争激烈的市场经济条件下，这可能会导致公司损失众多订单，承担较重的违约责任，甚至会导致公司破产，多人失业的后果。综合上述因素考量，法院认为行政机关在作出相应的处罚决定时，并未考虑前文提到的原告是否存在减轻、从轻或免于处罚的情节，所以最终撤销了被诉处罚决定。而法院作出该判决，可以使企业申请许可的权利恢复到申请换证时的状态，避免因此可能导致企业破产、大量职工失业等情形，最大限度降低处罚对企业正常生产经营活动的不利影响，实质化解了行政争议，依法保护了非公有制企业的产权，实现了法律效果与社会效果的统一。

【案例点评】

本案承办法官准确把握行政许可法中"申请人在一年内不得再次申请该行政许可"的性质，作出的本案判决对行政机关提高监管质量与水平、坚持适用过罚相当原则具有重要的引导作用。本案还入选了国家法官学院、最高人民法院司法案例研究院《典型案例评述——保护企业家权益、弘扬企业家精神》，对同类案件的审理具有较强的指导意义。另外,本案实质化解了行政争议,双方当事人在当庭宣判后均未上诉,体现了对法院判决的认可与尊重。

【裁判心得】

该案认定《行政许可法》第七十八条规定的"申请人在一年内不得再次申请该行政许可"在性质上属于行政处罚,属于行政处罚法特别法的范畴。在特别法未给行政机关预留裁量范围,没有规定处罚幅度、情节严重或轻微等情况下,行政机关应当适用过罚相当原则对违法行为人进行处罚。该判决既可以引导行政机关在实施行政处罚时全面考量相关因素,自觉依法行政,又可以最大限度降低处罚对企业正常生产经营活动的不利影响,避免企业因此可能导致破产、大量职工失业等情形,实质化解了行政争议,依法保护了非公有制企业的产权,实现了法律效果与社会效果的统一。

综 合 篇

北京大成律师事务所诉何震追偿权纠纷裁驳案

田晓宇*

关键词

律师违法执业　追偿权　劳动争议　驳回起诉

裁判要旨

律师违法执业或者因过错给当事人造成损失，其所在的律师事务所依法承担赔偿责任后向该律师追偿产生的纠纷不属于劳动争议纠纷，律师事务所可以直接向法院提起追偿权之诉，而不应依据《中华人民共和国劳动争议调解仲裁法》先行向具有管辖权的劳动争议仲裁委员会申请仲裁。

相关法条

1.《中华人民共和国律师法》第五十四条。

2.《中华人民共和国劳动争议调解仲裁法》第二条。

【当事人基本情况】

上诉人（原审被告）：北京大成律师事务所。

被上诉人（原审原告）：何震。

【基本案情】

北京大成律师事务所（以下简称大成律所）向一审法院起诉请求：判令何震向大成律所支付 2 662 357 元。事实和理由：何震为大成律所的律师，2009 年 11 月大成律所与淮南市鑫诚房地产开发公司（以下简称鑫诚公司）订立《法律服务合同》，约定由何震为鑫诚公司相关人员提供移民加拿大的法律服务，服务费用总额为

---

* 田晓宇，北京市第一中级人民法院立案庭法官助理。

7 000 加元。何震在履行合同过程中,以工作项目变更、工作量增加为由向鑫诚公司另行收取了 75 000 加元及 200 万元人民币,总计收取了 2 514 357.5 元人民币,但未再签订新的法律服务协议或者补充协议,而其承办的法律服务事项至今未完成。鑫诚公司向北京仲裁委员会提起仲裁,要求大成律所退还其全部款项并按照同期贷款利率的四倍支付利息。最终大成律所与鑫诚公司达成和解协议,根据仲裁调解书,大成律所向鑫诚公司退还移民费用 514 357.5 元、保证金 200 万元、利息 10 万元并支付仲裁费 47 999.5 元。大成律所认为,何震未能为委托人鑫诚公司解决相关法律问题并造成鑫诚公司经济损失,且未在签署新的法律服务协议或补充协议的情况下向鑫诚公司收取合同以外费用,使大成律所作为国际化大型律师事务所陷入"合同外乱收费,不合理收费"的巨大风险中,其行为应被认定为在执业过程中存在重大过失行为。根据律师法相关规定,律师违法执业或者因过错给当事人造成损失的,由其所在的律师事务所承担赔偿责任。律师事务所赔偿后,可以向有故意或者重大过失行为的律师追偿。故大成律所诉至法院。

【审理结果】

北京市海淀区人民法院于 2017 年 4 月 18 日作出(2016)京 0108 民初 12977 号民事裁定:驳回大成律所的起诉。北京大成律师事务所不服向北京市第一中级人民法院提出上诉。北京市第一中级人民法院于 2017 年 11 月 22 日作出(2017)京 01 民终 9061 号民事裁定:一、撤销北京市海淀区人民法院(2016)京 0108 民初 12977 号民事裁定;二、本案指令北京市海淀区人民法院审理。

【裁判理由】

法院生效裁判认为:《中华人民共和国劳动争议调解仲裁法》(以下简称《劳动争议调解仲裁法》)第二条规定:"中华人民共和国境内的用人单位与劳动者发生的下列劳动争议,适用本法:(一)因确认劳动关系发生的争议;(二)因订立、履行、变更、解除和终止劳动合同发生的争议;(三)因除名、辞退和辞职、离职发生的争议;(四)因工作时间、休息休假、社会保险、福利、培训以及劳动保护发生的争议;(五)因劳动报酬、工伤医疗费、经济补偿或者赔偿金等发生的争议;(六)法律、法规规定的其他劳动争议。"在本案中,大成律所以追偿权纠纷为由,向何震主张权利。依据在案的证据,双方当事人之间因本案引发的纠纷不属于上述法律规定的劳动争议的范畴。故一审裁定认为大成律所主张何震在执行职务过程中给大成律所造成损失,要求赔偿,属双方在履行劳动合同过程中发生的争议,在未能协商解决的情况下,大成律所应先行向具有管辖权的劳动争议仲裁委员会申请仲裁,缺乏事实及法律依据,本院应予以纠正。依据《律师法》第五十四条的规定,律师违法执业或者因过错给当事人造成损失的,由其所在的律师事务所承担赔偿责任。律师事务所赔偿后,可以向有故意或者重大过失行为的律师追偿。故大成律所依法享有向何震主张追偿权的诉讼权利。

【裁判解析】

《劳动争议调解仲裁法》规定,对于劳动争议纠纷,双方不愿调解、调解不成或者达成调解协议后不履行的,可向劳动争议仲裁委员会申请仲裁;对仲裁裁决不服的,除法律另有规定的外,可以向人民法院提起诉讼。因此,对于一般的劳动争议纠纷,现行法律规定的是仲裁程序前置制度。而律师事务所与律师之间的关系是否属于劳动关系,双方发生的纠纷是否属于劳动争议纠纷,尤其是律师违法执业或者因过错给当事人造成损失,其所在的律师事务所依法承担赔偿责任后向该律师追偿产生的纠纷能否界定为劳动争议纠纷?实践中在处理上存在诸多争议。本案的核心问题是,法院能否直接受理大成律所对何震提起的追偿权之诉。更由此延伸出的问题在于,用人单位在对劳动者的职务侵权行为对外承担赔偿责任后,向劳动者追偿的,法院是作为一般民事案件审理,还是按照劳动争议案件处理。

(一)律师事务所与律师的法律关系

《中华人民共和国劳动合同法实施条例》第三条规定:"依法成立的会计师事务所、律师事务所等合伙组织和基金会,属于劳动合同法规定的用人单位。"而根据律师在律师事务所承担的职务和地位划分,律师又分为合伙人律师、主任律师、提成律师、授薪律师及实习律师等,称谓差异的背后是其与律师事务所之间截然不同的法律关系。因此,在认定律师与律师事务所之间纠纷性质上,不能一概而论,需要首先关注双方之间的法律关系。

《律师法》第十五条规定,合伙人按照合伙形式对该律师事务所的债务依法承担责任。在律师事务所内部,合伙人律师又分为不同的等级,有些合伙人律师是作为律师事务所的投资人,与律师事务所共担风险、共享收益、共负盈亏;有些合伙人律师只是名义上的"合伙人",为了便于分级管理,实质上与提成律师或授薪律师一样,均为独立执业律师,其提供的劳动是律师事务所业务的组成部分,因此,律师事务所内部既有劳动关系又有合伙关系。在律师事务所中专职从事法律事务并领取固定工资或底薪的律师与律师事务所之间实际上属于劳务关系,双方就劳动报酬产生的纠纷,显然属于劳动争议,应当按照劳动争议的有关规定处理。其他涉及律师事务所与律师之间因合伙利益的分配方式及具体利益分配等问题产生的争议,实际属于平等主体之间的纠纷,应当按照普通民事纠纷来处理。

(二)劳动争议纠纷的界定

界定劳动争议纠纷的目的在于确定不同的纠纷解决路径,凡属于法律规定范围内的劳动争议纠纷,一般都要先申请仲裁,对仲裁裁决结果不服的,才可以向人民法院提起诉讼。未经仲裁而径行起诉的,法院应当裁定不予受理或者驳回起诉。《劳动争议调解仲裁法》第二条对劳动争议纠纷以列举的方式作出明确规定。该条规定:"中华人民共和国境内的用人单位与劳动者发生的下列劳动争议,适用本法:(一)因确认劳动关系发生的争议;(二)因订立、履行、变更、解除和终止劳动合同发生的争议;(三)因除名、辞退和辞职、离职发生的争议;(四)因工作时间、休息休假、社会保险、福利、培训以及劳动保护发生的争议;(五)因劳动报酬、工伤医疗费、经济补偿或者赔偿金等发生的争议;(六)法律、法规规定的其他劳动争议。"从该规定内容看,劳动争议纠纷一般具有两个特征,一是该纠纷仅限于劳动者与用人单位之间,不涉及其他第三方。二是该纠纷与劳动者的劳动合同、劳动保障、劳动报酬等存在密切关系。

对于未签署劳动合同情况下,如何认定劳动者与用人单位之间存在劳动关系,劳动和社会保障部(现已撤销)在《关于确立劳动关系有关事项的通知》(劳社部发(2005)12号)中作出了界定。该通知对用人单位未与劳动者签订书面劳动合同时,劳动关系如何认定规定了三个要件:"(一)用人单位和劳动者符合法律、法规规定的主体资格;(二)用人单位依法制定的各项劳动规章制度适用于劳动者,劳动者受用人单位的劳动管理,从事用人单位安排的有报酬的劳动;(三)劳动者提供的劳动是用人单位业务的组成部分。"

因此,在用人单位与劳动者未签订劳动合同的情况下,双方是否存在劳动关系,需要严格按照上述要件进行审查。具体到本案,大成律所与何震之间因何震涉嫌故意或者重大过失执业导致的追偿纠纷是否属于《劳动争议调解仲裁法》第二条规定的劳动争议纠纷范围,需要考虑如下因素:第一,在形式上,大成律所与何震之间并未签订书面劳动合同。第二,在管理上,何震可自行决定工作时间、工作内容及休息休假,从未从大成律所处领取固定工资或底薪,其承办业务不受大成律所委托。涉案业务并非大成律所委派何震完成,实系何震自行联系且所签合同并未有大成律所印章确认。第三,本案并非大成律所与何震之间因劳动关系、劳动报酬、劳动保护等产生的内部争议,该争议在具体处理中具有一定的外溢性,必然涉及对下述问题的认定,如何震是否存在违法执业或者过错执业?客户的损失具体数额有多大？何震的行为与客户损失之间是否存在因果关系？大成律师是否应当先行赔偿？大成律所赔偿的数额是否应当全部向何震追偿等。综上，何震与大成律所之间无论是形式上还是内容上的管理关系都非常松散，双方之间类似于一种挂靠关系，而非劳动法规定的（用人单位）管理与（劳动者）被管理的关系，因此双方之间所产生的纠纷不属于《劳动争议调解仲裁法》第二条规定的范围。

（三）法院受理律师事务所追偿权之诉的合理性

对于用人单位因劳动者的职务侵权行为承担赔偿责任后，向劳动者追偿的纠纷是否属于劳动争议，并适用劳动仲裁前置程序，在理论上存在不同的观点，法院之间的裁判结果也大相径庭。

《侵权责任法》第三十四条第一款规定："用人单位的工作人员因执行工作任务造成他人损害的，由用人单位承担侵权责任。"虽然该条并未明确用人单位是否可以向劳动者追偿及如何追偿，但并不意味着用人单位没有向劳动者追偿的权利。最高人民法院《关于审理人身损害赔偿案件适用法律若干问题的解释》第九条第一款规定：雇员在从事雇佣活动中致人损害的，雇主应当承担赔偿责任；雇员因故意或者重大过失致人损害的，应当与雇主承担连带赔偿责任。雇主承担连带赔偿责任的，可以向雇员追偿。实际上，在《侵权责任法》草案审议报告中曾有建议增加用人单位的追偿权，但法律委员会最后还是未予通过，其认为不同行业、不同工种和不同劳动安全条件，其追偿条件应有所不同，在什么情况下可以追偿，情况比较复杂，本法难以作出一般规定。用人单位或雇主的追偿权问题，宜由人民法院在审判实践中根据具体情况处理。[①] 随后，最高人民法院侵权责任法研究小组在《〈中华人民共和国侵权责任法〉条文理解与适用》一书中对用人单位是否享有追偿权的问题做了说明，在审判实践中如果用人单位能够举证证明侵权行为是由于其工作人员故意或者重大过失造成的，且该行为超出了法律赋予的职权或单位的授权范围，用人单位可以向该工作人员行使追偿权。既然追偿权属于侵权责任法中的规定，那么用人单位据此提起的诉讼当然属于一般民事纠纷，而非劳动争议，不需要仲裁前置。

《律师法》第五十四条规定："律师违法执业或者因过错给当事人造成损失的，由其所在的律师事务所承担赔偿责任。律师事务所赔偿后，可以向有故意或者重大过失行为的律师追偿。"由此可见，律师法中的规定与侵权责任法司法解释的说

① 何瑶：《职务侵权案件中用人单位追偿权研究》，载《广西政法管理干部学院学报》2015年第1期。

明高度契合,律师事务所对律师的追偿权显然应当认定为民事案件予以受理。就本案而言,大成律所因何震违法执业在依法承担赔偿责任后,向法院提起的追偿权之诉,法院不应当认为属于劳动争议纠纷而驳回起诉,而应当直接受理并作出实体判决。

(四)司法裁判的价值导向

在法律没有明确规定情况下,法院行使自由裁量权时需要考虑司法裁判的价值导向,将社会公众引向真善美,倡导公正、文明、效率。本案的基本情况是,何震违规执业,主观上存在故意或重大过错,其职务侵权行为导致大成律所代为赔偿二百余万元。在此情况下,该案如界定为劳动争议案件,则意味着法院将驳回大成律所的起诉,随后大成律所将申请劳动仲裁,对仲裁裁决不服再迂回到法院起诉。程序上曲折回转,不利于纠纷解决。劳动法的基本理念在于对劳动者给予倾斜性的保护,如果本案被认定为劳动争议,则何震将可能因其故意违法行为获得实体利益。更为重要的是,如果本案被界定为劳动争议案件,则本案裁判文书将可能成为何震对大成律所提起劳动争议之诉的证据材料。在此情况下,我院直接将本案认定为追偿权纠纷,并要求一审法院依据律师法直接作出实体判决,体现了法院裁判对不法行为的及时制裁和禁止违法者从诉讼程序中获利的价值导向。

【案例点评】

司法实践中,律师违法执业或者因过错给当事人造成损失,其所在的律师事务所依法承担赔偿责任后向律师追偿,此类案件是劳动争议纠纷还是追偿权纠纷争议较大。纠纷性质界定的差异直接导致纠纷解决路径、当事人诉讼成本及司法裁判价值导向的迥异。本案例明确了此类纠纷不属于劳动争议纠纷,律师事务所可以直接向法院提起追偿权之诉,而无须依据《劳动争议调解仲裁法》的规定先行提起劳动争议仲裁,不仅对同类型案件的审理具有参考意义,而且鲜明地体现了法院对不法行为的及时制裁和禁止违法者从诉讼程序中获利的价值导向。

【裁判心得】

本案的核心问题有两个:一是律师与律师事务所之间的法律关系是否为劳动关系;二是用人单位向劳动者追偿是否应当按照劳动争议案件处理。由于法律规定不明确,理论认识不一致,实践情形较复杂,导致审判中法律适用极不统一。此时,法官需要在严格依法的基础上,充分考虑司法裁判价值导向,充分行使法律赋予的自由裁量权,敢于作出关键性裁判,以确立正确的行为规则。

鄂尔多斯市西北电缆有限公司诉北京恒阳电缆厂加工合同纠纷反诉管辖权异议案

郭　勇[*]　田晓宇[**]

关键词

反诉　管辖权异议　审查处理方式

裁判要旨

在被告针对本诉提起反诉后，原告针对反诉提出管辖权异议的，法院应根据该异议是否涉及专属管辖来区分具体审查方式及裁判方式，且将该异议直接纳入到反诉成立要件的审查中，并据此判断反诉应否受理，而不单独就管辖权异议作出裁判。

相关法条

1.《中华人民共和国民事诉讼法》第一百四十条。

2. 最高人民法院《关于适用〈中华人民共和国民事诉讼法〉的解释》第三十九条、第二百三十三条。

【当事人基本情况】

上诉人（一审原告）：鄂尔多斯市西北电缆有限公司。

被上诉人（一审被告）：北京恒阳电缆厂。

【基本案情】

鄂尔多斯市西北电缆有限公司（以下简称西北电缆公司）向一审法院对北京恒

---

* 郭勇，北京市第一中级人民法院立案庭法官。

** 田晓宇，北京市第一中级人民法院立案庭法官助理。

阳电缆厂(以下简称恒阳电缆厂)提起诉讼,请求一审法院判令:恒阳电缆厂支付贷款及保证金 1300 万元。事实理由是,双方长期存在钢芯铝绞线的加工业务。经对账双方形成《关于 2014 年度内蒙电网销售合同执行的情况》书面文件,恒阳电缆厂尚欠西北电缆公司货款及保证金 1300 万元未支付。

在审理期间,恒阳电缆厂对西北电缆公司提起反诉,请求一审法院判令西北电缆公司偿还拖欠恒阳电缆厂已发生的货款。其事实理由是,恒阳电缆厂 2014 年 7 月 30 日与西北电缆公司签订《供货合同》,于 2015 年 8 月 31 日又签署了《联合生产销售协议书》和《账户共管协议》,西北电缆厂至今一直拖欠货款。

在一审法院受理恒阳电缆厂提起的反诉后,西北电缆公司就此提出管辖权异议:第一,恒阳电缆厂提起反诉所依据的事实与本诉不是同一法律关系,相互之间没有因果关系和关联关系,一审法院不应当受理其反诉;第二,双方在《联合生产销售协议书》和《委托加工协议》中约定了由鄂尔多斯市法院管辖,依据协议管辖原则,一审法院没有管辖权。

【审理结果】

北京市延庆区人民法院于 2017 年 9 月 4 日作出(2017)京 0119 民初 2971 号民事裁定:驳回鄂尔多斯市西北电缆有限公司对本案反诉的管辖权异议。鄂尔多斯市西北电缆有限公司不服向北京市第一中级人民法院提出上诉。北京市第一中级人民法院于 2017 年 11 月 10 日作出(2017)京 01 民辖终 730 号民事裁定:一、撤销北京市延庆区人民法院(2017)京 0119 民初 2971 号民事裁定;二、对鄂尔多斯市西北电缆有限公司以管辖权异议形式提出的申请不予受理。

【裁判理由】

法院生效裁定认为:由于一审法院已经受理了恒阳电缆厂的反诉,西北电缆公司虽然持有异议,但是该异议不属于管辖权异议程序审查范围,一审法院对此进行审查,且作出裁定予以驳回,缺乏法律依据。另外,反诉是在本诉进行中提出的,且要利用本案的诉讼程序一并进行审理,因此反诉只能向受理本诉的法院提出。审理本诉的法院对反诉的管辖权,是基于牵连管辖而获得,除非反诉属于另一法院专属管辖。因此,一审法院对于恒阳电缆厂提出反诉享有管辖权。西北电缆公司对此提出的异议亦不属于管辖权异议程序审查的范围。

【裁判解析】

审判实践中,原告在获知被告提起反诉后,往往首先针对反诉的受理向法院提出异议,具体理由往往集中在反诉与本诉的牵连性及管辖权方面。对于以受诉法院对反诉没有管辖权为由提出的异议,法院如何处理,实践中存在争议。就本案而言,一、二审法院裁判的分歧其实并不在于西北电缆公司提出管辖异议的具体理由能否成立,而在于西北电缆公司作为原告,能否对被告提起的反诉提出管辖异议,以及在西北电缆公司提出管辖异议后,法院如何处理。此外,本案中两级法院裁判理由及结果的分歧还延伸出一个与反诉处理有关的程序问题,即对于反诉,除了"与本诉的诉讼标的及诉讼请求所依据的事实、理由无关联的"情形之外,如存在级别管辖、专属管辖、约定管辖、约定仲裁等情形时,法院如何处理。

(一)原告针对反诉提出异议的常见类型

1. 反诉的受理要件

民事诉讼中的反诉,一般是指在已经开始的诉讼程序中,被告针对原告提出的与本诉有牵连的诉讼请求,其目的在于通过反诉抵销或者吞并本诉的诉讼请求,或者使本诉的请求失去意义。根据《民诉法解释》第二百三十三条的规定,法院受理反诉一般须满足几个条件:(1)反诉主体限于本诉的当事人,即反诉的原告必须是本诉的被告,反诉的被告必须是本诉的原告;(2)反诉与本诉之间具有牵连关系,即反诉的标的及请求与本诉的标的及请求有牵连,这种牵连一般表现在,诉讼请求基于相同法律关系,诉讼请求之间具有因果关系,诉讼请求建立在相同事实基础上;(3)反诉必须符合起诉条件,即反诉应当符合《民事诉讼法》第一百一十九之规定;(4)受诉法院对反诉具有管辖权,即反诉只能向受理本诉的法院提出且不能违反法律对专属管辖的规定;(5)反诉需在本诉审理过程中提出,即应在本诉的法庭辩论终结前提出。

2. 原告针对反诉提出异议的常见类型

审判实践中,在被告向法院提出反诉时,原告往往提出各种异议,目的都在于阻却受诉法院将反诉与本诉合并审理。理论上,原告可以围绕前述反诉成立要件提出异议,但实践中的异议理由集中在两种类型。

(1)针对反诉成立的实质要件提出异议。原告向法院提出,被告提出的反诉与本诉之间在法律上或者事实上不存在牵连关系,应该由同一法院分案而不应并案审理,或者应当由其他法院审理。此种情形在实践中最为常见。

(2)针对反诉成立的管辖要件提出异议。原告向法院提出,受诉法院对反诉没有管辖权,具体情形可能包括级别管辖、地域管辖、约定管辖、专属管辖等。此外,还有部分案件中,原告提出被告的反诉涉及约定仲裁,该反诉不属于法院民事诉讼的受理范围。

(二)法院就原告对反诉提出管辖异议的类型化处理

《民诉法解释》第二百三十三条第三款规定:反诉应由其他人民法院专属管辖,或者与本诉的诉讼标的及诉讼请求所依据的事实、理由无关联的,裁定不予受理,告知另行起诉。该解释第三十九条第一款规定:人民法院对管辖异议审查后确定有管辖权的,不因当事人提起反诉、增加或者变更诉讼请求等改变管辖,但违反级别管辖、专属管辖规定的除外。结合上述两个司法解释条文,在原告针对反诉提出的有关管辖权的异议中,应当按照该异议是否关系到专属管辖和级别管辖区别处理。

1. 关于涉专属管辖异议的处理

《民事诉讼法》第三十三条规定了三类专属管辖,即因不动产纠纷提起的诉讼,由不动产所在地人民法院管辖;因港口作业中发生纠纷提起的诉讼,由港口所在地人民法院管辖;因继承遗产纠纷提起的诉讼,由被继承人死亡时住所地或者主要遗产所在地人民法院管辖。《民诉法解释》第二十八条在对"不动产纠纷"予以限制解释的同时,将该类纠纷的适用范围扩大到农村土地承包经营合同纠纷、房屋租赁合同纠纷、建设工程施工合同纠纷及政策性房屋买卖合同纠纷。

上述有关专属管辖的规定,系法律的强制性规定,不允许随意变更,具有不可改变性和排他性。对于专属法院管辖的案件,其他任何法院均无管辖权。对此,原告有权提出异议,即便在原告没有提出时,受诉法院亦应依职权审查。如果反诉确属专属管辖的情形,则该反诉属于另一法院专属管辖,受理本诉法院无权管辖,本诉被告应当向有专属管辖权的法院另行起诉。

2. 关于涉级别管辖异议的处理

民事诉讼法根据案件的社会影响、诉讼标的额大小及其他情况,将不同案件分配到不同级别法院审理。根据《民事诉讼法》第三十八条第一款规定:上级人民法院有权审理下级人民法院管辖的第一审民事案件;确有必要将本院管辖的第一审民事案件交下级人民法院审理的,应当报请其上级人民法院批准。据此,级别管辖在强制性和排他性上要弱于专属管辖,在符合程序条件的情形下允许法院内部进行调整。

就原告针对反诉提出有关级别管辖的异议而言,根据《民诉法解释》第三十九条第一款之规定,人民法院对管辖异议审查后确定有管辖权的,不因当事人提起反诉、增加或者变更诉讼请求等改变管辖,但违反级别管辖、专属管辖规定的除外。该条是《民诉法解释》中新增加的条文,是关于管辖恒定原则的法条规定。如原告增加或减少诉讼请求，其诉讼标的额超过或达不到受诉法院的管辖标准，应调整级别管辖法院，以防止当事人采取这种途径规避级别管辖，损害对方当事人的管辖利益。至于当事人提起反诉，不管其标的有多大，已表明其愿意接受受诉法院管辖，将本诉与反诉合并审理有利于及时解决纠纷，防止裁判冲突。①

最高人民法院在 2016 年 12 月 26 日作出《关于第一审民商事案件中反诉超出受诉法院级别管辖如何处理的复函》，其主要内容是，反诉是在诉讼开始后，本诉被告基于相同事实以本诉原告为被告提起的诉讼，反诉以本诉存在为前提，不经过起诉程序，不单独依据其诉讼标的额确定管辖法院，只要一经提出，除《民诉法解释》第二百三十三条第三款规定的反诉应由其他人民法院专属管辖，或者与本诉的诉讼标的及诉讼请求所依据的事实、理由无关联的，需要另行起诉情形外，应当由本诉法院合并审理。由此可知，最高人民法院的该复函也认为，反诉超出受诉法院级别管辖的，并不影响反诉法院的管辖权。

3. 关于其他类型管辖异议的处理

（1）关于地域管辖的异议处理。现行民事诉讼法并未就原告针对反诉提出管辖权异议作出明文规定，从法理角度看，一般认为原告向受诉法院对被告提起诉讼，是原告在法律规定的范围内自愿选择的结果。该自愿选择行为的法律意义包括：一是原告不得在诉讼中对本诉提出管辖异议，二是原告自愿接受由该受诉法院一并审理被告提出的反诉。只有在被告提出的反诉不符合反诉要件，或者受诉法院受理反诉违反法律强行性规定的情况下，受诉法院才能不将反诉与本诉合并审理。因此，对于有关地域管辖的异议，原告无权提起。即便原告提起，法院亦不应处理。

（2）关于约定管辖异议的处理。对于约定管辖异议的处理需要在尊重约定与纠纷解决之间作价值权衡。反诉制度的目的在于通过同一诉讼程序解决相互牵连的民事纠纷，追求纠纷一次性解决的制度效果，其制度价值在于提高诉讼效率同时避免因分别审理而导致矛盾裁判的出现。因此，为了贯彻“两便”原则，保证法院裁判的正确性和统一性，在反诉管辖问题上需要向诉讼效率与纠纷解决上适当倾斜。为此，虽然反诉涉及约定管辖问题，但既然被告选择向受诉法院提起反诉，则其行为实质表明其放弃约定管辖条款。而如前分析，原告向受诉法院提起诉讼的行为即表明其自愿接受由该受诉法院一并审理被告可能提起的反诉。

---

① 沈德咏主编：《最高人民法院民事诉讼法司法解释理解与适用》（上），人民法院出版社 2015 年版，第 197 页。

事实上,现行的民事诉讼法及相关司法解释没有关于反诉中存在约定管辖条款的处理意见,这不应是无意忽视,而是价值权衡的结果,目的在于既实现反诉制度价值,又符合管辖制度要求。因此,原告无权提出有关约定管辖的异议,即便提出,一审法院亦不应予以审查。

就本案而言,西北电缆公司所提与管辖权有关的上诉理由为"根据恒阳电缆厂反诉状陈述的事实,一审法院根本没有管辖权",该理由虽然较为模糊,但结合本案系加工合同纠纷及具体证据材料可以判断,西北电缆公司实际提出的理由是恒阳电缆厂反诉的事实中涉及约定管辖,但鉴于西北电缆公司所提与管辖权有关的异议理由并非专属管辖,因此在一审法院进行审查并作出裁定的情况下,二审法院认为不予审查是正确的。

(三)法院就原告对反诉提出管辖异议的裁判方式

就原告对反诉提出管辖异议后法院的裁判问题,必须考虑到反诉在程序上的特殊性。与本诉相比,反诉依附于本诉,与本诉实质为一个案件,反诉是否受理由合议庭审查决定,不经历完整的登记立案程序,因而除最终判决之外,法院对于反诉的程序处理要大为简化,否则有违反诉的制度价值。此外,是否属于受诉法院管辖是反诉是否成立的要件之一,因此法院无须针对反诉单独作出管辖权异议裁定,而应将对管辖权异议的处理同反诉是否成立的审查一并处理。

1. 原告提出管辖异议理由成立时的裁判方式

如果原告提出反诉属于专属管辖的理由成立,则受诉法院应当裁定对反诉不予受理,并告知其向有管辖权的法院另行起诉。

2. 原告提出管辖异议理由不成立时的裁判方式

如果原告提出的有关专属管辖异议的理由不成立的,受诉法院无须出具裁定,只需口头告知理由不成立并继续审理,避免诉讼程序的拖沓。原告对此不服的,可以在实体判决上诉时一并提出。

如果原告提出的其他管辖异议的理由不成立的,受诉法院亦不应予以审查,明确告知原告对其异议不予处理。原告对此不服,可以在实体判决上诉时一并提出。

就本案而言,原告针对反诉提出的管辖异议涉及属于约定管辖情形,对此一审法院在认为理由不成立时出具书面裁定,并据此赋予原告上诉权。该种处理方式不仅缺少法律依据,而且因程序上诉导致案件中止审理,损害了诉讼效率价值。

【案例点评】

司法实践中,原告针对反诉提出管辖权异议时有发生,各法院对此处理方式并不一致,有些口头告知并继续审理,有些出具书面裁定并赋予其上诉权,此类案件在法律适用和处理方式上亟须统一。本案例较为全面地分析了反诉中提出管辖权异议的具体类型,并就审查处理的原则依据及法院裁判的方式方法作了类型化分析,为此类案件的统一处理提供了具体裁判标准。

【裁判心得】

反诉制度的价值是在同一诉讼程序中解决相互牵连的民事纠纷,避免因分别审理出现矛盾裁判,以保证法院裁判的正确性和统一性。对于反诉管辖问题,法律及司法解释并未作出明确规定,因而法官需要在准确理解反诉价值及管辖原则的基础上,充分适用自由裁量权作出准确裁判,同时向提高诉讼效率与纠纷快速解决上适当倾斜。

马瑞锋与北京汇众阳光国际教育科技有限公司债务人异议复议案

娄玉玲*　王慧若**

关键词

债务人异议　实体审查　举证责任　债务消灭

裁判要旨

被执行人以债权消灭、丧失强制执行效力等执行依据生效之后的实体事由提出排除执行异议的,人民法院应当参照《民事诉讼法》第二百二十五条规定进行审查。债务人异议案件中异议人的请求从表面上看虽然也呈现为排除执行的异议,但其与执行行为异议案件有本质差别。对于债务人异议这一类型的案件,法院应当依法进行实体审查,并合理运用证据规则,以保护当事人在执行程序中的合法权益。

相关法条

最高人民法院《关于人民法院办理执行异议和复议案件若干问题的规定》第七条第二款、第二十三条第一款第一项。

【当事人基本情况】

申请复议人(原审申请执行人):马瑞锋。

原审异议人(原审被执行人):北京汇众阳光国际教育科技有限公司。

---

* 娄玉玲,北京市第一中级人民法院执行二庭法官。

** 王慧若,北京市第一中级人民法院执行二庭法官助理。

【基本案情】

2016年3月24日,北京汇众阳光国际教育科技有限公司(以下简称汇众阳光公司)(甲方、借款人)与马瑞锋(乙方、出借人)、杨生喜(丙方、连带保证人)签订《借款合同》,约定以下主要内容:甲方因资金周转需要,曾于2015年5月18日向乙方借款人民币300万元,双方签订了《借款协议》申请办理公证并赋予强制执行效力。现甲方利息已经结清至2016年3月23日,本金归还了63万元,还欠借款237万元,甲方继续使用上述借款237万元,丙方为上述债务提供第三方连带保证责任保证担保。为此,三方经协商一致,订立本合同。甲方向乙方借款人民币237万元用于资金周转,借款期限为2016年3月24日到2016年5月4日止,本合同项下的借款月利率为0,日息为月利率除以30。逾期利息同样计算。丙方为甲方上述债务向乙方提供第三方连带责任保证担保,保证期间为自本合同项下债务履行期限借款之日起二年。各方自愿向公证处申请办理合同公证并赋予其强制执行效力。甲方如违反合同约定,不履行或不完全履行本合同项下本、息偿还义务,甲方、丙方承诺自愿接受人民法院对其全部财产采取的强制执行措施。

2016年4月13日,北京市方正公证处出具(2016)京方正内民证字第33980号公证书,对上述《借款合同》的签约行为和内容予以公证,并赋予其强制执行效力。2016年6月6日,北京市方正公证处出具(2016)京方正执字第00642号执行证书,确定申请执行人为马瑞锋,被执行人为汇众阳光公司、杨生喜,执行标的为:(1)本金人民币237万元;(2)利息:无;(3)实现债权所产生的其他相关费用。

2017年5月23日,马瑞锋持上述公证书和执行证书向北京市海淀区人民法院(以下简称原审法院)申请强制执行。执行中,被执行人汇众阳光公司以其已经履行了部分债务为由,向原审法院提出对部分债务排除执行的异议。

汇众阳光公司原审述称:公司曾于2015年5月18日向马瑞锋借款人民币300万元。双方于2016年3月24日进行结算,并签订新的借款合同,明确约定汇众阳光公司利息已经结清至2016年3月23日,本金归还63万元,还欠借款237万元,汇众阳光公司继续使用上述借款237万元,月利率为0,逾期利息同样为0。该重新签订的借款合同经过公证程序,方正公证处也出具了执行证书。在上述执行证书出具前后,汇众阳光公司在2016年5月18日至2017年1月23日期间,分11次向马瑞锋还款人民币134万元,剩余未还款项为103万元。马瑞锋却仍然向法院申请强制执行本金237万元,马瑞锋申请强制执行的款项已经远远超出汇众阳光公司剩余未还款项总额,不应予以支持。故汇众阳光公司提出异议,请求法院裁定汇众阳光公司已经在134万元范围内履行了还款义务,剩余未还款项为103万元。

马瑞锋原审辩称:根据公证书的约定,我与汇众阳光公司之间的借款,在2016年5月4日之前还款是没有利息的。但借款人到期后没有按期还款,我们私下约定每月按照4%的利息还款,截止到2017年5月底我提出执行申请的日期,对方实际还款124万元,只支付了利息,没有支付本金。本次我申请强制执行,是以公证书和执行证书为依据,申请对方支付237万元本金,没有主张违约金和利息。法院应当按照执行证书的内容,执行237万元借款本金。

原审法院查明:异议审查过程中,汇众阳光公司向原审法院提交了银行电子回单、刷卡单、对账单等证据,以证明其偿还借款的情况。汇众阳光公司主张共偿还借款134万元,分别为:2016年5月18日,通过杨生喜账户向徐元霞账户汇款1万元;2016年5月24日,通过杨生喜账户向徐元霞账户汇款2万元;2016年6月22日,通过杨生喜账户向马瑞锋账户汇款20万元;2016年7月6日,通过杨生喜账户向马瑞锋账户汇款15万元;2016年7月29日,通过杨生喜账户向马瑞锋账户汇款30万元;2016年8月15日,通过杨生喜账户向马瑞锋账户汇款18万元;2016年9月30日,通过晋显玉账户向马瑞锋账户汇款5万元;2016年10月26日,通过晋显玉账户向马瑞锋账户汇款10万元;2016年10月27日,通过晋显玉账户向马瑞锋账户汇款3万元;2016年12月29日,通过晋显玉账户向马瑞锋账户汇款20万元;2017年1月23日,通过杨生喜贷记卡向北京华元汇投资顾问有限公司刷卡支付10万元。

对于汇众阳光公司主张的以上还款,马瑞锋认可其中汇入其本人及徐元霞账户内的124万元为偿还本案借款的利息。对于杨生喜支付给北京华元汇投资顾问有限公司的10万元,马瑞锋主张与本案无关。汇众阳光公司提交了北京华元汇投资顾问有限公司的工商信息、杨生喜向马瑞锋发送的还款情况邮件、汇众阳光公司此前向北京华元汇投资顾问有限公司汇款记录等证据予以佐证。

关于马瑞锋主张的其与汇众阳光公司私下约定了每月4%的利息一节,马瑞锋提交了其与杨生喜之间、徐元霞与杨生喜之间的短信、微信记录截屏作为证据。马瑞锋称,徐元霞是与其一起向汇众阳光公司和杨生喜提供借款的共同出借人,通过他们之间的短信、微信交流,可以看出双方之间存在约定的利息,并且杨生喜为了避免强制执行,提出各种补偿方案。汇众阳光公司对上述证据的真实性不予认可,亦否认双方之间存在关于利息的新的约定。

根据双方当事人提供的证据材料及陈述,原审法院对争议焦点归纳并评述如下:第一,汇众阳光公司所主张的2016年5月18日还款1万元以及2016年5月24日还款2万元,能否在执行标的中予以核减。原审法院认为,汇众阳光公司所主张的上述清偿行为,发生在作为本案执行依据的执行证书作出以前,不符合法律规定的可以排除执行的条件。汇众阳光公司可另循正当法律程序予以主张。第二,汇众阳光公司主张其向北京华元汇投资顾问有限公司支付的10万元系偿还本案借款。马瑞锋对此不予认可,而汇众阳光公司提供的证据材料,不足以证明其向债权人以外的他人付款的行为与本案借款偿还之间的关联性。因此,原审法院对汇众阳光公司的此项清偿主张不予支持。第三,汇众阳光公司主张其于2016年6月22日至2016年12月29日期间还款121万元。马瑞锋认可还款事实,但主张上述还款系用于偿还双方另行约定的每月4%的借款利息,并非偿还借款本金,故不应从本案执行标的中扣除。原审法院认为,双方经过公证的借款合同中,对借款利息和逾期利息均约定为0。马瑞锋以微信、短信聊天记录作为双方存在其他利息约定的证据,但该证据本身并未体现双方对利率、利息的支付形成明确的约定,汇众阳光公司对此亦不予认可,因此,马瑞锋提出的还款系用于归还利息的抗辩理由,原审法院不予采信。对于汇众阳光公司提出的清偿121万元的异议主张,原审法院予以支持。

马瑞锋不服原审裁定,向北京市第一中级人民法院提出复议申请,其复议理由为:原审裁定有错误,原审裁定认为被执行人支付的款项是偿还的本金,这一点与双方的实际约定、与马瑞锋提交的证据不符,这些偿还的款项系逾期付款利息,因此原审对于这一点认定错误。综上,请求法院依法撤销原审裁定。

汇众阳光公司辩称:原审裁定认定本公司已经偿还了121万元是正确的,马瑞锋的复议申请无事实与法律依据,请求法院依最高人民法院《关于人民法院办理执行异议和复议案件若干问题的规定》第二十三条第一款第一项之规定,驳回马瑞锋的复议申请。

【审理结果】

北京市海淀区人民法院于2017年9月12日作出(2017)京0108执异277号执行裁定书,裁定:一、北京汇众阳光国际教育科技有限公司所提异议部分成立;二、北京市方正公证处出具的(2016)京方正内民证字第33980号具有强制执行效力的债权文书公证书以及(2016)京方正执字第00642号执行证书所确定的债务,北京汇众阳光国际教育科技有限公司已履行一百二十一万元。马瑞锋不服该裁定,向北京市第一中级人民法院提出复议申请。北京市第一中级人民法院于2017

年 12 月 8 日作出(2017)京 01 执复 111 号执行裁定书,裁定:驳回马瑞锋提出的复议申请,维持原审裁定。

【裁判理由】

法院生效裁判认为:被执行人以债权消灭、丧失强制执行效力等执行依据生效之后的实体事由提出排除执行异议的,人民法院应当参照《民事诉讼法》第二百二十五条规定进行审查。本案中,(2016)京方正内民证字第 33980 号公证书、(2016)京方正执字第 00642 号执行证书均已明确《借款合同》项下的借款月利率为 0,日息为月利率除以 30。逾期利息同样计算。对此,马瑞锋、汇众阳光公司均予以认可,则汇众阳光公司已支付的一百二十一万元应当视为执行依据作出后,汇众阳光公司履行的债务。马瑞锋主张上述还款系用于偿还双方另行约定的每月 4% 的借款利息,并非偿还借款本金。但其提交的微信、短信聊天记录等证据,仅体现其单方意思表示,汇众阳光公司并未对该意思表示作出回复,上述证据并未体现双方对利率、利息的支付形成合意。综上,马瑞锋提出的复议申请无事实及法律依据。

【裁判解析】

《民事诉讼法》为当事人、利害关系人、案外人提供了民事执行中的救济途径,即第二百二十五条规定的执行行为异议与第二百二十七条规定的案外人异议。执行行为异议是当事人、利害关系人针对法院执行行为违法性提出的异议,应作程序性审查;案外人异议则是案外人对执行标的主张所有权等实体权利,并以此排除执行而产生的异议。然而,上述救济途径并不能涵盖实践中的所有类型,例如本案中当事人所提出的异议是以债务部分消灭的事实为理由排除执行,这既不属于行为异议也非案外人异议。因此,这就涉及对本案性质的判断。

执行程序中,被执行人以债权消灭、丧失等实体事由提出排除执行的异议,这类案件在法律上并没有被命名,仅有的依据是最高人民法院《关于人民法院办理执行异议和复议案件若干问题的规定》第七条第二款的规定,即被执行人以债权消灭、丧失强制执行效力等执行依据生效后的实体事由提出排除执行异议的,人民法院应当参照《民事诉讼法》第二百二十五条规定进行审查。学理上把这类案件称为债务人异议。因此,本案应属债务人异议。债务人异议是指执行依据作出后,若有消灭或妨碍债权人执行申请的事由发生,债务人于强制执行程序终结之前,向执行法院请求排除执行的救济途径。从外观看,债务人异议与执行行为异议相似。首先,提出异议的主体都可以是当事人;其次,异议人提出的主张目的都是排除执行。

因此,实践中容易发生混淆。然而,这两者在本质上是不同的。执行行为异议指向某一具体的执行行为,主要是对该执行行为的合法性进行审查;而债务人异议虽然有时也表现为当事人针对某一具体执行行为提出异议,但其理由是基于当事人之间的某一实体事由。由此可见,这类案件因异议人提出了实体性事由,因此需要进行一定程度的实体审查。这就一方面涉及举证责任的分配,另一方面主要涉及对关键事实的审查与认定。

以本案为例,本案的争议焦点在于是否存在债务消灭或部分消灭的事实,这就需要对当事人的举证情况进行审查,需要运用最高人民法院《关于民事诉讼证据的若干规定》等相关规定进行判定。异议人汇众阳光公司负有对其主张的债务消灭事实举证证明的责任,其提交了银行电子回单、刷卡单、对账单等证据,以证明其偿还借款的情况,最终对于2016年6月22日至2016年12月29日期间被执行人还款121万元的事实双方均无异议。而关于汇众阳光公司主张的2017年1月23日其向北京华元汇投资顾问有限公司支付的10万元系偿还本案借款,马瑞锋对此不予认可,而汇众阳光公司提供的证据材料,也不足以证明其向债权人以外的他人付款的行为与本案借款偿还之间的关联性。因此,合议庭没有认定该笔款项系偿还本案借款。

马瑞锋的抗辩理由是其与汇众阳光公司私下约定了每月4%的利息,已还款是偿还的利息。对其主张,其负有举证责任。马瑞锋提交了其与杨生喜之间、徐元霞与杨生喜之间的短信、微信记录截屏作为证据。但是经审查,其提交的证据仅体现其单方意思表示,汇众阳光公司并未对该意思表示作出回复,上述证据并未体现双方对利率、利息的支付形成合意,而且汇众阳光公司否认存在双方私下约定利息的事实。马瑞锋也没有提交其他证据足以证明其主张,上述证据也无法形成完整的证据链,因此,合议庭没有认定其抗辩主张。

因双方对于本案的执行依据并无异议,在(2016)京方正内民证字第33980号公证书、(2016)京方正执字第00642号执行证书均已明确《借款合同》项下的借款月利率、日息、逾期利息均为0的情况下,汇众阳光公司偿还的就是本案的债务,其已偿还的121万元债务应当在执行中予以核减。

此外,由于债务人异议只限于执行依据作出之后发生的实体事由。因此,汇众阳光公司所主张的2016年5月18日及2016年5月24日还款事实发生的时间在本案公证书作出之前,这项事由不属于本案的审查范围。

根据最高人民法院的司法解释,债务人异议本就是参照执行行为异议的规定进行审查,这导致实践中各级法院经常对某一异议在二者中如何界定发生争议。但通过本案的分析可以看出债务人异议案件不能被简单归入执行行为异议,因为执行行为异议案件采用的是程序性审查的标准,并不介入实体审查,而债务人异议必须要对实体事由进行审查。但是对于这类案件的审查标准,即实体审查的尺度如何把握还属于规则的空白。笔者认为,在现有条件下,应当进行一定程度的实体审查,并非完全等同于民事审判中的审判标准,尤其对于在执行中基于执行依据或原债务新产生的较为复杂的实体法律纠纷,应当需要进行相应的诉讼。建议立法尽快明确债务人异议的概念,完善这一案件类型的相关法律规定,债务人异议应当作为一项独立的执行救济程序而存在。

【案例点评】

被执行人以债权消灭、丧失强制执行效力等实体事由提出排除执行异议的案件是执行裁判程序中的常见案件类型。在法律没有明确规定的情况下,正确理解和把握债务人异议的审查尺度关系到对债务人合法权益的保护。本案例解析紧紧围绕债务人异议的审查要点,对于债务人异议的审查进行了深入研究,具有典型意义和参考价值。

【裁判心得】

本案涉及对债务人异议案件的审查要点和审查尺度的把握。本案的争议焦点在于是否存在债务消灭或部分消灭的事实,进而合议庭通过运用证据规则等对争议进行了实体判断。通过案例可以看出债务人异议案件不能被简单归入执行行为异议。但是该类案件实体审查仅参照民事审判中的审判标准,并非完全等同,尤其对于在执行中基于执行依据或原债务新产生的较为复杂的实体法律纠纷,不宜在债务人异议程序中进行审查,而应由当事人进行相应的诉讼程序解决。

深圳市五洲协和投资有限公司申请变更申请执行人案

王　阳*　崔丹妮**

关键词

变更申请执行人　权利转让　行为履行

裁判要旨

民法意义上的"债"指通过合同、侵权行为等法律事实产生的人与人之间的权利、义务关系,债权人即是享有权利的人,"债权"应作广义理解,不限于借贷关系中的金钱之债。因此,行为履行类案件的申请执行人所享有的权利也是债权的一种,应当允许此类案件的申请执行人通过协议方式转让执行依据确定的债权,并允许受让人主张变更申请执行人,取得申请执行人在执行案件中的权利和地位。此时,执行裁判部门需要重点审查执行依据指定履行的行为是否要求申请执行人具有特定的身份属性、所涉及的权利根据协议可否转让等,并在此基础上,参照金钱债权执行案件变更申请执行人要件进行审查,符合条件的,人民法院对变更申请应予支持。

相关法条

1. 最高人民法院《关于民事执行中变更、追加当事人若干问题的规定》第九条。

2.《中华人民共和国民事诉讼法》第一百五十四条第一款第十一项。

* 王阳,北京市第一中级人民法院执行二庭法官。

** 崔丹妮,北京市第一中级人民法院审判管理办公室法官助理。

【当事人基本情况】

申请变更人:深圳市五洲协和投资有限公司。

申请执行人:天津国恒铁路控股股份有限公司。

被执行人:中国华电集团财务有限公司。

被执行人:华龙证券股份有限公司。

被执行人:济钢集团有限公司。

【基本案情】

天津国恒铁路控股股份有限公司(原名天津宏峰实业股份有限公司,以下简称天津国恒公司)与中国华电集团财务有限公司(以下简称华电财务公司)、华龙证券股份有限公司(以下简称华龙证券公司)、济钢集团有限公司(以下简称济钢集团公司)股权转让合同纠纷一案,北京市第一中级人民法院于2011年11月23日作出(2011)一中民初字第10567号民事判决书,判决:一、华电财务公司与天津国恒公司、华龙证券公司、济钢集团公司于2006年10月8日签订的《股权转让及保证协议》无效……随后,天津国恒公司向北京市高级人民法院提起上诉。北京市高级人民法院于2014年12月31日作出(2012)高民终字第332号民事判决书,判决:一、撤销北京市第一中级人民法院(2011)一中民初字第10567号民事判决;二、华电财务公司与天津国恒公司、华龙证券公司、济钢集团公司于2006年10月8日签订的《股权转让及保证协议》生效并继续履行;三、华电财务公司于判决生效后三十日内,向华商基金管理有限公司提供办理其所持华商基金管理有限公司34%股权的股权转让涉及中国证券监督管理委员会批准及变更登记所需的手续材料(华龙证券公司、济钢集团公司一并提供);四、驳回华电财务公司的诉讼请求。判决生效后,天津国恒公司向北京市第一中级人民法院申请强制执行。

生效民事判决书查明:2006年10月8日,华电财务公司与天津国恒公司、华龙证券公司、济钢集团公司签订《股权转让及保证协议》,约定:华电财务公司向天津国恒公司转让其持有的占华商基金股本总额34%的股权,转让借款4100万元。天津国恒公司已向华电财务公司支付股权转让款4100万元。

华电财务公司(甲方)与天津国恒公司(乙方)、华龙证券公司(丙方)、济钢集团公司(丁方)在《股权转让及保证协议》中,约定:"第四条声明和保证:4.2乙方就本协议作出如下声明和保证:(3)乙方负责办理受让甲方持有华商基金公司股权的相关手续,如乙方自己不能办理相关受让手续或办理受让手续时出现法律障碍,乙方可向其他第三方再转让受让的股权,但乙方不得向甲方主张返还已支付的定金和股权受让款，不得要求甲方回收转让的股权或承担相应法律责任。第六条变更：6.2 根据本协议的性质，当事人不得将本协议的权利或义务全部或部分转让给第三人。”

2007 年 5 月 11 日，五洲协和公司与天津国恒公司签订《权利转让协议书》，约定：鉴于天津国恒公司因自身原因，已不具备受让华商基金股权的资格，天津国恒公司同意将拟受让的华商基金管理有限公司 34% 股权再转让予五洲协和公司。

2011 年 11 月 30 日，五洲协和公司与天津国恒公司签订《权利转让补充协议书》，约定：针对北京市第一中级人民法院作出（2011）一中民初字第 10567 号民事判决书，天津国恒公司提起上诉，尚在审理中。天津国恒公司将通过诉讼可能获得的权利出让给五洲协和公司，包括：1. 若天津国恒公司胜诉，则天津国恒公司将获得所受让的华商基金 34% 的股权再转让给第三方的权利；2. 若天津国恒公司与华电财务公司调解，则天津国恒公司有取得调解款项的权利；3. 若天津国恒公司败诉，则天津国恒公司有取得华电财务公司退还天津国恒公司款项的权利。无论诉讼结果，天津国恒公司均应依照协议将诉讼所得的权利出让给五洲协和公司。

生效民事判决认为：四方签订《股权转让及保证协议》时，就已明确无误地预见并设定“如天津国恒公司办理股权受让手续时出现法律障碍，天津国恒公司可向其他第三方再转让受让的股权”。“华电财务公司不得再行转让、质押以及以任何其他方式处分涉案股权”。四方当事人在《股权转让及保证协议》中给予天津国恒公司在其办理股权受让手续出现法律障碍时，其可向其他第三方再转让受让股权的授权及委托，“但天津国恒公司不得向华电财务公司主张返还已支付的定金和股权转让款，不得要求华电财务公司回收转让的股权或承担相应法律责任”。因此，《股权转让及保证协议》约定的如天津国恒公司不能办理相关受让手续或办理受让手续时出现法律障碍，天津国恒公司可向其他第三方再转让受让的股权的情况一旦发生，天津国恒公司即有权向其他第三方再转让受让的股权，是华电财务公司、天津国恒公司、华龙证券公司、济钢公司在《股权转让及保证协议》中授予天津国恒公司专有的合同权利，并不存在华龙证券公司、济钢公司享有优先购买权的问题，是四方当事人一致的真实意思表示，属于四方当事人对《股权转让及保证协议》内容的补充，且不属于天津国恒公司行使股东权利的行为。根据一审法院向中国证监会的调查了解，即使天津国恒公司在 2006 年 10 月 8 日签订《股权转让及保证协议》时被中国证监会行政处罚不满 3 年，那么在中国证监会行政处罚期限届满后，天津国恒公司是仍然可以受让涉案股权的。因此，即使天津国恒公司于 2014 年被中国证监会行政处罚,天津国恒公司如因此不能受让涉案股权,那么根据《股权转让及保证协议》中关于天津国恒公司可再向其他第三方转让受让股权的授权及委托,亦不影响《股权转让及保证协议》的履行。天津国恒公司关于根据《股权转让及保证协议》的约定,如天津国恒公司不能办理相关受让手续或办理手续时出现法律障碍,其可以再向其他第三方转让涉案股权的主张,符合《股权转让及保证协议》中的约定,有合同依据,不违反法律、行政法规的强制性规定,本院予以采纳。华电财务公司作为职业的经营者,其应具有对涉案股权交易的专业判断能力、当然的注意义务和对等的交易能力,其应当恪守诚实信用原则并根据股东会决议并尊重华商基金公司其他股东的意思表示,按约履行向华商基金公司提供向中国证监会申请报批股权转让相应手续的合同义务。天津国恒公司关于华电财务公司无权以其在 2006 年 10 月 8 日签订《股权转让及保证协议》时曾被中国证监会行政处罚不满 3 年为由拒绝履行合同义务,更无权以 2014 年发生的事实来否定 2006 年 10 月 8 日签订的《股权转让及保证协议》的合法性的主张成立,本院予以采纳。

2014 年 12 月 31 日,五洲协和公司与天津国恒公司签订《协议书》,约定:鉴于 2014 年 12 月 31 日北京市高级人民法院作出(2012)高民终字第 332 号民事判决书,判决《股权转让及保证协议》生效并继续履行,并确认了天津国恒公司可将受让的华电财务公司持有的华商基金 34% 的股权再转让给第三方。五洲协和公司与天津国恒公司同意继续履行 2007 年的约定,天津国恒公司将所受让的华电财务公司持有华商基金 34% 的股权再转让给五洲协和公司,双方确认上述股权转让的价格为人民币 7700 万元,该笔转让款五洲协和公司已付清。凡因该协议发生的争议,协议双方应协商解决,协商不成,提请深圳仲裁委员会,按照其仲裁规则进行仲裁。

2015 年 7 月 22 日,深圳仲裁委员会作出(2015)深仲裁字第 920 号仲裁书,裁决:一、确认五洲协和公司与天津国恒公司签订的《权利转让协议书》《权利转让补充协议书》《协议书》合法有效;二、确认天津国恒公司将所受让的华电财务公司持有的华商基金管理有限公司 34% 股权再转让给五洲协和公司;三、天津国恒公司向华商基金管理有限公司提交华电财务公司持有的华商基金管理有限公司 34% 的股权转让、再转让给五洲协和公司的有关所有手续材料,并配合办理华商基金管理有限公司 34% 股权登记在五洲协和公司名下的所有事项;四、由天津国恒公司承担本案全部仲裁费。

2015 年 10 月 20 日,五洲协和公司向华电财务公司、华商基金管理有限公司、华龙证券公司、济钢集团公司作出《关于尽快配合完成华商基金股权转让事宜的告知函》，主要内容为：五洲协和公司提请华电财务公司、华商基金管理有限公司、华龙证券公司、济钢集团公司按照（2012）高民终字第332号民事判决书以及深圳仲裁委员会（2015）深仲裁字第920号裁决书的内容，履行提供证监会要求提供的相关材料并办理涉案股权过户手续的义务。

2016年1月4日，天津国恒公司向执行法院提起强制执行申请并立案受理。执行过程中，申请变更人深圳市五洲协和投资有限公司向执行法院提出变更执行主体申请。

五洲协和公司述称：由于天津国恒公司不具备受让条件，其已将涉案股权转让给五洲协和公司，且（2015）深仲裁字第920号裁决书确认了该次股权转让的效力以及五洲协和公司为涉案股权的适格受让方。综上，请求法院变更五洲协和公司为本案申请执行人。

天津国恒公司认可五洲协和公司陈述的事实，同意五洲协和公司提出的变更申请。

针对变更申请，华电财务公司辩称：第一，天津国恒公司不具备受让涉案股权的资格，无权再行转让，其与五洲协和公司签订的再转让协议应认定为无效。第二，依据四方签订的《股权转让及保证协议》第6.2款约定，当事人不得将协议的权利或义务全部或部分转让给第三人，因此天津国恒公司与五洲协和公司签订的《股权转让协议》不具有法律效力，五洲协和公司不具备受让的资格。第三，北京市高级人民法院认定《股权转让及保证协议》有效，但该判决因天津国恒公司不具备涉案股权的受让主体资格而不具有实际履行性和强制执行性。本案执行依据所确定的内容具有特定性和不可替代性，天津国恒公司无权通过变更申请执行人执行该判决，五洲协和公司提出的变更申请执行人申请没有法律依据。第四，天津国恒公司与五洲协和公司具有关联关系，双方的再转让行为是为了规避法律规定的自买自卖，不具有真实性、合法性，也侵犯了其他股东的优先购买权。综上，不同意五洲协和公司提出的变更申请。

华龙证券公司、济钢集团公司未发表答辩意见。

【审理结果】

北京市第一中级人民法院于2016年10月25日作出（2016）京01执异103号执行裁定书，裁定：执行依据为北京市高级人民法院（2012）高民终字第332号民事判决书的申请执行人变更为五洲协和公司。裁定送达后，华电财务公司向北京市高级人民法院申请复议。北京市高级人民法院于 2017 年 5 月 26 日作出(2016)京执复 115 号执行裁定书,裁定驳回复议申请人华电财务公司的复议申请,维持北京市第一中级人民法院(2016)京 01 执异 103 号执行裁定。

【裁判理由】

法院生效裁定认为:本案执行依据(2012)高民终字第 332 号民事判决书确定,华电财务公司与天津国恒公司、华龙证券公司、济钢集团公司于 2006 年 10 月 8 日签订的《股权转让及保证协议》生效并继续履行,该协议中,有天津国恒公司如不能办理相关受让手续或办理手续时出现法律障碍,其可以再向其他第三方转让涉案股权的约定,现各方当事人均认可天津国恒公司受让涉案股权存在法律障碍的事实,天津国恒公司将拟受让的涉案股权再转让给五洲协和公司,符合上述协议中的约定。由于天津国恒公司本身不能受让涉案股权,故涉案股权应当直接变更至权利受让人即五洲协和公司的名下,结合天津国恒公司与五洲协和公司签订的《权利转让协议书》《权利转让补充协议书》《协议书》约定的内容,天津国恒公司行使上述协议中再行转让股权的权利,其实质就是向五洲协和公司转让《股权转让及保证协议》项下要求华电财务公司、华龙证券公司、济钢集团公司提供办理股权转让所需手续材料等合同权利,亦即本案执行依据判决确定的权利。故五洲协和公司提出的变更申请执行人申请,符合各方当事人在《股权转让及保证协议》中的约定,亦符合其与天津国恒公司在《权利转让协议书》《权利转让补充协议书》《协议书》中的约定。

此外,当事人在转让自己的权利时,应当依法及时对义务人履行通知义务。根据本院查明的事实,五洲协和公司在受让上述权利后,以告知函的形式,向华电财务公司、华龙证券公司、济钢集团公司履行了通知义务,华电财务公司、华龙证券公司、济钢集团公司对此不持异议。五洲协和公司以权利受让人的身份履行通知义务确有不妥,但从本案审查情况来看,五洲协和公司、天津国恒公司、华电财务公司、华龙证券公司、济钢集团公司均参与了案件的审查,天津国恒公司明确表示同意五洲协和公司的变更申请,亦可以认定目前华电财务公司、华龙证券公司、济钢集团公司均知晓天津国恒公司已将《股权转让及保证协议》项下的权利转让给五洲协和公司的事实,故天津国恒公司履行通知义务的瑕疵不影响五洲协和公司依据合同约定取得本案申请执行人的地位。

华电财务公司主张依据《股权转让及保证协议》第 6.2 款约定,当事人不得将协议的权利或义务全部或部分转让给第三人。但该协议第 4.2 款中关于天津国恒公司如不能办理相关受让手续或办理手续时出现法律障碍,其可以再向其他第三方转让涉案股权的约定,赋予天津国恒公司在前述情况下再转让股权的权利,如前所述,若天津国恒公司行使该权利,涉案股权应当直接变更至权利受让人的名下,故《股权转让及保证协议》实质上准许天津国恒公司转让其受让涉案股权的权利,该协议第4.2款系对天津国恒公司转让合同权利的特别约定,故华电财务公司提出的《股权转让及保证协议》第6.2款约定协议权利不能转让的抗辩理由,本院不予支持。

关于华电财务公司的第三点主张,与《股权转让及保证协议》第4.2款不符,本案据以执行的(2012)高民终字第332号民事判决书认为天津国恒公司有再转让股权的权利,并判决《股权转让及保证协议》继续履行,不存在华电财务公司主张的不具有实际履行性和强制执行性的情形,华电财务公司的上述抗辩理由,本院不予支持。

华电财务公司主张天津国恒公司与五洲协和公司的转让行为系关联公司间的转让行为,不具有合法性和真实性,但天津国恒公司与五洲协和公司已向本院提交双方针对转让本案涉案股权所签订的一系列协议,无证据证明上述协议是不真实的,亦无证据证明上述协议所涉的权利转让行为违反法律的强制性规定,故华电财务公司的上述抗辩理由,本院不予支持。

华电财务公司主张天津国恒公司与五洲协和公司的转让行为侵犯了其他股东的优先购买权,但依据《股权转让及保证协议》第4.2款,在约定情形出现后,天津国恒公司可向其他第三方再转让股权,故天津国恒公司将涉案股权再转让给五洲协和公司系依据《股权转让及保证协议》赋予天津国恒公司的合同权利,并非行使股东权利,不存在其他股东行使优先购买权的情形,故华电财务公司的该项抗辩理由,本院不予支持。

综上,天津国恒公司与五洲协和公司之间的权利转让行为系双方真实意思表示,不违背法律的强制性规定,且对义务人依法履行了通知义务。故五洲协和公司提出的变更申请执行人申请符合相关法律规定,应予准许。

【裁判解析】

(一)锁定案件性质:本案执行内容为行为履行

本案执行依据可以归纳为:一是申请执行人与各方被执行人继续履行2006年10月8日签订的《股权转让及保证协议》;二是三被执行人一并向华商基金管理有限公司提供办理股权转让、批准及变更所需的手续材料。申请执行的法律文书应具有给付内容且给付内容具体明确[①]，在司法实践中，仅判决继续履行合同，但未在主文中明确具体履行事项的法律文书不具有可执行性。故而本案的执行内容限于第二项，即三被执行人一并向华商基金管理有限公司提供办理股权转让、批准及变更所需的手续材料，这是被执行人的行为义务，本案系行为履行类执行案件。

（二）锁定焦点问题：通过转让协议，行为履行类执行案件是否可以变更申请执行人

按照法律规定，变更申请执行人应遵循条件法定原则[②]，第三人与申请执行人协议转让债权的，据此享有变更申请执行人的权利[③]。实践中，此类变更申请多见于银行、资产公司之间买卖不良债权后产生，极少出现行为履行类案件变更申请执行人的情形。值得注意的是，民法意义上的“债”指通过合同、侵权行为等法律事实产生的人与人之间的权利义务关系，债权人即是享有权利的人，“债权”应做广义理解，亦不限于借贷关系中的金钱之债。因此行为履行类案件的申请执行人也享有的广义上的债权，应当允许其通过协议的方式转让，并允许受让人据此主张变更申请执行人，继而取得申请执行人在执行案件中的权利和地位。

（三）锁定权利性质：审查明确协议转让权利

协议转让权利的性质，影响到继受人主张权利的程序选择，执行法院必须加以审查。如果转让的是涉案股权，则应当由天津国恒公司取得股权后，再行向五洲协和公司转让，五洲协和公司不得直接通过变更申请执行人的方式主张权利。如果转让的是合同项下的权利，由于执行依据确认的被执行人的义务系由继续履行合同产生，则五洲协和公司通过协议取得了执行依据项下的权利，可以直接主张变更申请执行人。

一方面，天津国恒公司与五洲协和公司约定转让的权利因民事诉讼的结果而不同，既可能是涉案股权，也可能是华电财务公司退还的股权转让款，故而五洲协和公司受让的权利并非仅限于涉案股权，而应当是天津国恒公司在四方签订的《股

---

① 参见最高人民法院《关于人民法院执行工作若干问题的规定（试行）》第十八条；最高人民法院《关于适用〈中华人民共和国民事诉讼法〉的解释》第四百六十三条第一款。

② 最高人民法院《关于民事执行中变更、追加当事人若干问题的规定》第一条规定：执行过程中，申请执行人或其继承人、权利承受人可以向人民法院申请变更、追加当事人。申请符合法定条件的，人民法院应予支持。

③ 最高人民法院《关于民事执行中变更、追加当事人若干问题的规定》第九条规定：申请执行人将生效法律文书确定的债权依法转让给第三人，且书面认可第三人取得该债权，该第三人申请变更、追加其为申请执行人的，人民法院应予支持。

权转让及保证协议》中所享有的,取得涉案股权的权利及衍生权利,换言之是上述协议约定的主要合同权利。

另一方面,根据《股权转让及保证协议》第 4.2 款,天津国恒公司在不能取得股权登记时,涉案股权应直接从华电财务公司转移至受让人名下,这也可以从侧面证明天津国恒公司与五洲协和公司之间转让的并非涉案股权。

(四)锁定审查要件:通过转让协议方式变更申请执行人的条件

根据最高人民法院《关于民事执行中变更、追加当事人若干问题的规定》第九条,协议方式变更申请执行人的要件为:(1)申请执行人与第三人订立转让协议;(2)申请执行人书面认可第三人取得该债权;(3)转让的债权经生效法律文书确定。结合司法实践,应有:(4)执行实施案件尚未终结。考虑到民事协议的特征以及意思自治的原则,变更申请执行人的要件还应包括:(5)对被执行人履行了告知义务;(6)转让协议不违反法律的强制性规定;(7)转让行为不损害国家、集体或第三人的利益。此外,涉及抚养费、抚育费、抚恤金等依附申请执行人身份的执行案件,不宜变更申请执行人。行为履行类案件变更申请执行人也要遵循上述标准。

因此,五洲协和公司可以向执行法院申请变更申请执行人,经审查,其变更申请符合前述的 7 个要件,且转让的权利不涉及人身特定属性,人民法院应予支持。

此外,在金钱债权类执行案件中,生效法律文书确定的权利人合法转让债权的,债权受让人即权利承受人可以向执行法院申请变更申请执行人,如债权转让发生在权利人申请强制执行之前,权利承受人可直接申请强制执行,无须执行法院作出变更申请执行人裁定。在这方面具有大量的裁判案例作为支撑,审判思路较为成熟。但在行为履行类执行案件中,权利人合法转让其他权利的,在权利人申请强制执行之前,权利承受人可否无须执行法院作出变更申请执行人的裁定,而作为申请执行人直接申请执行?或是权利承受人可否根据转让协议向执行法院申请变更执行主体?这方面尚未见典型案例与统一结论。笔者认为,一是在权利可转让的前提下,申请执行前已通过转让协议取得权利的继受人可以直接持协议、执行依据、通知函向具有管辖权的执行法院申请强制执行。二是在执行中,权利继受人提出变更申请执行人后,执行裁判部门需要重点审查执行依据指定履行的行为是否要求申请执行人具有特定的身份属性,所涉及的权利可否转让,是否符合上述 7 个要件等,综合分析后作出审查决定。

【案例点评】

本案涉及行为履行类执行案件中,能否变更申请执行人及其审查标准问题,即权利承受人可否根据转让协议向执行法院申请变更执行主体?在法律没有明确规定和指导案例的情况下,执行裁决机构需要结合案情,深入分析行为义务、转让的权利性质、是否带有身份属性等,参考金钱债权转让类执行案件变更申请执行人的审查要件进行裁决。本案例新颖,分析思路逻辑清晰,论证充分,并结合司法实践梳理归纳了变更申请执行人案件的审查要件与审理思路,对今后同类案件的处理具有较强的指导和借鉴意义。

【裁判心得】

目前,我国尚未出台部门法意义上的强制执行法,强制执行相关法律规范散见于民事诉讼法及各司法解释中,理论界也未形成较为完善的强制执行理论体系,尤其是对于执行裁决案件的审查,人民法院在司法实践中,常常陷入无法可依、无章可循的窘境。履行特定行为的执行案件中,权利继受人以协议转让为由,向人民法院请求变更申请执行人,就是没有明确法律规范适用的典型情况。在此类案件的审查过程中,一方面,要考虑到执行程序的效率原则,对业已经过生效法律文书确认的权利义务关系,应当准许当事人通过变更申请执行人这一相对简便的程序对自身合法权利进行处分,无须审判权再行介入;另一方面,要在参考金钱债权类执行案件变更申请人的审查要件的同时,结合行为履行类执行案件的特点,在综合考量转让行为、权利属性等具体因素后,在现行法律框架内规制当事人行使请求权,保护其合法权益,最终得出令人信服的审查结果。

许诗婕诉许景云物权保护纠纷申请再审案

姚志伟*

关键词

申诉　审查新证据　申请再审期限

裁判要旨

在申请再审阶段,准确把握新证据与其他申请事由一并提出和申请再审期限的关系,直接影响生效裁判既判力与当事人权利平衡。结合民事诉讼立法精神以及申诉审查司法实践,应该先就再审申请人提交的新证据进行实质性认定,再据情结合再审申请人提出再审申请的期限,决定对其他申请再审事由是否审查。

相关法条

1.《中华人民共和国民事诉讼法》第二百条、第二百零四条、第二百零五条。

2.最高人民法院《关于适用〈中华人民共和国民事诉讼法〉的解释》第三百八十七条。

【当事人基本情况】

再审申请人(一审原告,二审上诉人):许诗婕。

被申请人(一审被告,二审上诉人):许景云。

【基本案情】

许秀云、许景云、许增云系许宏与程顺贤二人子女。许增云与刘凤山为夫妻,许诗婕为二人之女。许宏于1987年6月5日因去世注销户口,程顺贤于2000年4

---

* 姚志伟,北京市第一中级人民法院申诉审查庭法官助理。

月 18 日因去世注销户口,许增云于 2008 年 2 月 23 日去世。

位于北京市石景山区广宁复兴街 65 号房屋(以下简称复兴街 65 号房屋)两间为公有住宅,原始承租人为许宏。在使用过程中,许宏家庭在公房走道南侧自建南房。许增云、刘凤山、许诗婕自 1999 年开始居住在复兴街 65 号房屋。

1999 年 12 月 12 日,许秀云作为公证人,许增云与许景云签订《协议书》,双方约定:"根据许景云、许增云两家多次协商,特就广宁村房产商定如下两条:一、铁路宿舍一间半平房归许景云所有,对面平房归许增云、许景云共同所有房产各百分之五十。二、铁路宿舍一间半平房如果拆迁,新房或房费归许景云所有。注:在铁路宿舍九户邻居同等的条件下,多余的居室房费归许增云所有,在拆迁过程中如果影响许景云邻居的同等条件时,许增云中止住房要求。"其中"铁路宿舍一间半平房"即为本案复兴街 65 号之两间公房,"对面平房"即为自建南房。

2001 年 5 月 21 日,许增云与北京铁路分局北京建筑段签订《铁路公有住宅租赁合同》,取得诉争房屋承租权,后许增云于 2008 年去世。2012 年 2 月 29 日,许诗婕与北京铁路局石景山车务段签订《铁路公有住宅租赁合同》,约定由许诗婕承租位于北京市石景山区广宁复兴街 65 号房屋两间,面积 21.19 平方米。许诗婕取得复兴街 65 号房屋承租权后,于 2012 年 3 月开始对两间承租房屋进行装修、扩建。在装修原有房屋的基础上,新建厨房和卫生间。

2012 年 4 月 23 日,北京市石景山区广宁街道东山社区居民委员会(以下简称东山居委会)出具《证明》一份,载明:"许诗婕、刘凤山自 1999 年至 2012 年居住在石景山区广宁街道东山社区复兴街 65 号,属我地区居民。"2012 年 6 月 12 日,东山居委会出具《证明》一份,载明:"2012 年 4 月 15 日,许景云与许诗婕因复兴街 65 号的房产问题发生纠纷,报警 110 后由派出所进行了笔录,后又到社区居委会进行调解,调解无效。4 月 22 日,许景云将复兴街 65 号房门锁进行了更换。"

根据法院向东山居委会了解之情况、石景山广宁派出所询问笔录、证人许秀云证言,本案诉争房屋使用及产生争议情况为:许诗婕、刘凤山自 1999 年在复兴街 65 号房屋居住,许诗婕居住使用公房外侧之小间,其母刘凤山居住原自建南房,公房里侧之大间一直上锁无人使用;2012 年 3 月,许诗婕将公房大间打开,并对公房进行装修;2012 年 4 月 15 日,许景云及其女许蕊前往复兴街 65 号房屋现场,并报警,当日,公安机关对许蕊、许诗婕进行询问;2012 年 4 月 22 日,许景云自行入住涉案公房,自此开始在此居住至今。

【审理结果】

北京市石景山区人民法院于2012年12月20日作出(2012)石民初字第02567号民事判决:一、许景云于判决生效后十日内将许诗婕名下承租的位于北京市石景山区广宁复兴街65号公有房屋两间及许诗婕自建厨房一间、卫生间一间腾退并交付许诗婕;二、许景云于判决生效后十日内支付许诗婕自二零一二年四月二十二日起至实际腾房之日止的房屋占用费,按每日二十元计算;三、驳回许诗婕的其他诉讼请求。宣判后,许诗婕与许景云均向北京市第一中级人民法院提起上诉。北京市第一中级人民法院于2013年3月27日作出(2013)一中民终字第01448号,判决驳回上诉,维持原判。二审判决生效后,许诗婕不服,以有新的证据足以推翻原一、二审判决,一、二审法院对许景云提交的《协议书》效力进行认定违反法律规定为由,向北京市第一中级人民法院申请再审。北京市第一中级人民法院于2017年10月23日作出(2017)京01民申245号民事裁定:驳回许诗婕再审申请。

【裁判理由】

法院生效裁判认为:人民法院已经生效的民事判决,具有既判力。(2013)一中民终字第2104号民事判决已经确认《铁路公有住宅租赁合同》为有效。许诗婕因此取得了复兴街65号房屋的公房承租权利,其应享有上述公房的居住使用权。结合许诗婕一直在此居住并无其他住房的事实,一审法院认定许诗婕对复兴街65号两间公房及自建厨房、卫生间享有优先的居住使用权并无不当。许景云擅自入住该房的行为,侵犯了许诗婕的合法占有的权利,其应当予以腾退并向许诗婕支付一定的使用费。

另,许增云与许景云签订的《协议书》系双方真实意思表示,内容不违反法律行政法规强制性规定,应属有效合同。许增云与许景云于1999年签订《协议书》的行为性质为家庭内部对公房权利的分配。许增云后取得公房承租权,其作为公房承租人有权对其名下公房进行分配处理。因此《协议书》对许增云亦有法律效力,即许增云在公房上为许景云设定了相关权利。在此种情况下,许诗婕取得的公房承租权亦应受到原承租人许增云上述约定的约束。因本案为物权保护纠纷,许景云对诉争房屋有何种权利成为是否应当腾退房屋之关键,故一审法院对《协议书》性质和效力的审理与本案的结果有密切相关性,一审法院对上述待决事实的审理并无不当,但是《协议书》是否履行、如何履行,并不在本案的审理范围内。

北京市第一中级人民法院经申诉审查后,驳回了许诗婕的再审申请。

【裁判解析】

本案系在申请再审阶段,如何把握以新证据与其他申请事由一并提出和申请再审期限的关系的典型案件。根据民事诉讼立法精神,以及长期申诉审查案件实践,应该先就再审申请人提交的新证据进行实质性认定,再据情结合再审申请人提出再审申请的期限,决定对其他申请再审事由是否审查。

(一)遵循"先证据效力与后逾期原因"审查原则

《民事诉讼法》第二百条第一项规定,有新的证据,足以推翻原判决、裁定的,应当提起再审。最高人民法院《关于适用〈中华人民共和国民事诉讼法〉的解释》(以下简称《民诉法解释》)第三百八十七条第一款进一步明确了标准,即:"再审申请人提供的新的证据,能够证明原判决、裁定认定基本事实或者裁判结果错误的,应当认定为民事诉讼法第二百条第一项规定的情形。"因此,再审申请人提供的新证据如果只是证明原判决、裁定存在一般的瑕疵,则不属于上述条款所规定的情形。在民事申诉审查案件中,对于再审申请人在申请再审时提交的新证据,应当先判断其是否足以推翻原判决、裁定,即是否会对原审在基本事实认定、法律适用方面造成实质影响,然后再判断再审申请人逾期提交证据的理由是否成立。

在本案中,许诗婕向法院提交了许景云留存的几笔账目的记载,用以证明许景云在原一、二审时向法院提交的两份《情况说明》,均系通过请客吃饭送礼的非法手段获取,致使原一、二审法院作出错误判决。就许诗婕提交的证据,本院严格按照"先审查证据效力,后审查逾期原因"原则,进行审查认证:第一,就许诗婕提交上述证据,许景云在庭审明确表示不是其所写,并对该证据的真实性、合法性与关联性均不认可。第二,《广宁街道东山社区居委会就〈北京铁路局共有住房承租过户申请审批表〉出具证明情况说明》和《北京铁路局石景山车务段就其单位共有住宅租赁事宜出具说明》两份说明的内容均系对当时事实过程说明,并无明显倾向性意见。第三,上述两份说明的证明内容与本案一、二审判决认定的基本事实的关联性不大,即使予以认定也不能推翻原一、二审法院认定的基本事实。第四,对于逾期提交原因,许诗婕解释其于2017年3月26日整理物品时才发现。鉴于本案已经于二审判决后执行完毕,房屋内物品届时已处于许诗婕控制的状态,许诗婕主张刚发现上述证据的理由牵强,不能成立。综上,许诗婕提交的许景云日记中有关账目记录内容不属于新证据,亦不足以推翻原一、二审判决。

（二）在否定新证据事由成立基础上，严格依据申请再审期限判断是否审查其他申请再审事由

《民事诉讼法》第二百零五条规定："当事人申请再审，应当在判决、裁定发生法律效力后六个月内提出；有本法第二百条第一项、第三项、第十二项、第十三项规定情形的，自知道或者应当知道之日起六个月内提出。"根据该法律条款规定，再审申请人以新证据等四种事由申请再审的，申请再审期限从知道或应当知道之日起算。

在民事申诉审查案件实务中，不少再审申请人明知申请再审期限已过，却在众多申请再审理由中加入新证据事由，以规避申请再审期限。因此，对于再审申请人以新证据事由申请再审，特别是在判决、裁定发生法律效力六个月后提出再审申请的，一般要求再审申请人书面说明知道或应当知道该新证据的时间和为新证据的理由。假如对此不加以严格审查，则会使法律关于申请再审期限的规定成为一纸空文。如果经过审查，再审申请人提出的新证据的申请再审事由不能成立，则对于再审申请人与新证据事由一并提出的其他已经超过申请再审期限的事由不予审查。

就本案而言，二审判决于2013年3月27日作出，许诗婕于2017年7月21日向本院提交申请再审材料，基于本院已经认定许诗婕提交的证据不属于新证据范畴，故许诗婕的再审申请已经超过《民事诉讼法》第二百零五条规定的申请再审期限。对于许诗婕与新证据事由一并提出的其他已经超过申请再审期限的事由，则不再予以审查。

【案例点评】

在民事申请再审案件司法审查实践中，如何准确把握新证据效力与申请再审期限关系至关重要。本案首先通过详细论述否定了新证据的效力，再据情结合再审申请人提出再审申请的期限，决定对其他申请再审事由不予审查。充分展现了民事申请再审案件中有关新证据效力认定与申请再审期限如何衔接的具体审查原则，并凸显出民事申诉审查在维护生效裁判既判力与保障当事人合法权利两者之间有效平衡的职能。

【裁判心得】

在民事申请再审案件司法实践中，再审申请人时常会以新证据为主要申请理由，并附加其他申请理由，一并提起再审申请。针对如何正确处理新证据的认定与

申请再审期限关系,申诉审查实践一般遵循“先证据实质效力、后申请再审期限”的审查原则。就本案而言,首先对于再审申请人在申请再审阶段提交的新证据,进行实质性要件判断,并就该新证据不符合“足以推翻原审裁判”的标准进行详细阐述。然后在否定该证据效力基础之上,严格按照申请再审期限,不再对再审申请人的其他申请再审理由予以审查。

北京瑞友科技股份有限公司诉郑国雄劳动争议申请再审案

董建铁[*]　蒋　慧[**]

关键词

申诉审查　高级管理人员　旷工　不定时工时制

裁判要旨

高层管理人员劳动内容、性质的特殊性决定了其工作时间的自主决定性和不确定性，用人单位对高层管理人员可约定不定时工作制。用人单位与其协商一致，可以变更劳动合同中关于工时制度的约定，但未经同意，不得变更劳动合同。在高层管理人员不予认可的情况下，公司内部关于劳动工时制度的会议决议不能对其发生效力。对高层管理人员提供劳动的判断标准亦应根据其劳动岗位性质区别于一般的劳动者。

相关法条

1.《中华人民共和国民事诉讼法》第二百条、第二百零四条。

2.《中华人民共和国劳动法》第五十条。

3.《中华人民共和国劳动合同法》第三十五条。

4.最高人民法院《关于审理劳动争议案件适用法律若干问题的解释(二)》第十六条。

* 董建铁，北京市第一中级人民法院申诉审查庭庭长。

** 蒋慧，北京市第一中级人民法院申诉审查庭法官助理。

【当事人基本情况】

再审申请人(一审原告):北京瑞友科技股份有限公司。

被申请人(一审被告):郑国雄。

【基本案情】

郑国雄于2007年11月1日入职北京瑞友科技股份有限公司(以下简称瑞友公司),双方签订有劳动合同。2014年郑国雄被瑞友公司任命为副总裁。2015年11月20日瑞友公司作出《解除劳动合同通知书》,以郑国雄旷工已经超过五个月,严重违反制度规定为由解除劳动合同。2015年11月25日该解除通知送达给郑国雄。双方在庭审中均认可劳动合同于2015年11月25日解除,之前存续。郑国雄的月工资标准自2015年1月起为22 420元,由基本工资18 000元、岗位津贴4000元、餐补220元和外派补贴200元组成。瑞友公司通过银行打卡向郑国雄支付工资,工资支付至2015年5月。

工作期间,瑞友公司为郑国雄分配了公司账号和公司邮箱,郑国雄以此处理日常工作事务。2015年6月前瑞友公司不对郑国雄进行考勤,郑国雄无须每天坐班。2015年6月2日郑国雄发送电子邮件给瑞友公司法定代表人邵凯,内容为:"鉴于公司目前的工作安排,我已经不能在公司做我的贡献了。尽管我非常期待在公司尽心尽力。请考虑是按照协商的方式,或者是按照劳动法的规定,给我安排办理手续,我希望是这个月底(6月底)办理完成手续。"当天邵凯回复郑国雄,内容为:"你对公司部分同事有误会没有消除,我非常遗憾,希望还有机会当面化解。期待你尽快回到公司上班,并及时交流探讨工作。如仍然不愿意见我并且已经有明确去处,也可以直接到HR和董办办理手续。"2015年6月16日郑国雄回复邵凯,提出离职补偿的计算项目并征求计算方法。当天邵凯再次回复郑国雄,内容为:"你在公司可以做很多事情,不建议你离职,希望你及早回公司上班,参与公司发展。若你已经有新的工作机会一定要离职,可到人力资源部和董事会办公室办理相关手续。"2015年6月17日邵凯将其与郑国雄的上述往来电子邮件转发给瑞友公司董事潘海洲,并注明"今天已经安排邢芳芳发邮件给他,下月开始按照考勤情况发工资。"当天,邢芳芳发送电子邮件给郑国雄,内容为:"自6月份开始,根据公司的要求,将按照您的考勤记录发放您的工资。您的社保及公积金个人缴存部分也是由公司垫付的,从6月份起,您看这部分钱您以什么方式给公司比较方便?"2015年7月4日郑国雄回复邢芳芳,内容为:"1. 6月开始对我按照考勤来发放薪资的依据是什么?为什么?2. 这个制度只是针对我?还是针对公司所有员工?如果只是针对我,合理吗？3. 如果从6月开始，那么之前发放薪资的依据是什么？为什么？4. 我目前还没有打算辞职，如果公司觉得想辞退我，可以明确。”同时，2015年7月3日邢芳芳还向郑国雄发送电子邮件，内容为：“由于您近两个月没有上班，按照公司的要求，将暂时关闭您的内网登录账号及公司的邮箱，如有任何疑问，请与公司联系。您没有来公司上班也没有办理请假手续，有可能会构成旷工的行为，所以请您尽快告知回公司上班的时间。”2015年7月4日郑国雄回复邢芳芳，内容为：“1. 我一直在为公司做事情，包括浑源项目和质量部日常管理。有相关工作记录，不存在你说的2个月不上班的情况。2. 公司账号和邮箱是我工作的基本条件，在我没有离职之前，公司必须给我提供这些基本的工作条件。3. 我一直在为公司工作，如果我有请假的情况，我会向我的主管请假。不过根据我的工作岗位和工作性质，以及过去几年形成的惯例，我的工作时间由自己安排。我看到了本月薪资的计算结果，如果你不能正常足额给我发放薪资，我保留通过仲裁拿到工作报酬的权力。”2015年7月6日邢芳芳回复郑国雄，内容为：“1. 这是公司董事会的意见，相关考勤数据已经由上级主管确认。2. 公司HR部门也未看到你的出勤记录。3. 您的行为已经构成了旷工，如您没有打算辞职，还请您尽快来公司上班，并到您的主管领导处报到，按照您的主管领导布置的任务开展工作。”2015年7月11日瑞友公司关闭了郑国雄的公司账号和公司邮箱。

2015年8月14日郑国雄以要求瑞友公司按原岗位继续履行劳动合同，并向其支付工资为由向北京市海淀区劳动人事争议仲裁委员会提出申诉。2015年11月27日仲裁委员会作出京海劳人仲字(2015)第10571号裁决书，裁决如下：一、双方按原岗位继续履行劳动合同；二、瑞友公司向郑国雄支付2015年6月至7月工资44 000元。瑞友公司不服该仲裁裁决，于法定期限内向海淀法院提起诉讼，要求1. 确认双方无须按原岗位继续履行劳动合同；2. 确认我公司无须支付郑国雄2015年6月至7月工资工资44 000元；3. 本案诉讼费由郑国雄承担。

【审理结果】

北京市海淀区人民法院于2017年1月20日作出(2015)海民初字第44748号民事判决：一、北京瑞友科技股份有限公司于判决生效后七日内向郑国雄支付二〇一五年六月至七月期间工资三万九千零三十元；二、确认北京瑞友科技股份有限公司与郑国雄无须按原岗位继续履行劳动合同。宣判后，瑞友公司不服判决，向北京市第一中级人民法院申请再审。北京市第一中级人民法院于2017年9月25日作出(2017)京01民申215号民事裁定：驳回北京瑞友科技股份有限公司的再审申请。

【裁判理由】

法院生效裁判认为:郑国雄与瑞友公司均认可劳动合同于 2015 年 11 月 25 日解除,故本院确认双方无须按原岗位继续履行劳动合同。

双方争议的第一个焦点是 2015 年 6 月 1 日起郑国雄是否要进行考勤。工时制度是劳动合同的重要内容,从不定时工作制变为定时工作制度,并变更考勤管理方式,应当由双方协商一致进行变更。作为担任副总裁的高管人员,2015 年 6 月前瑞友公司一直不对郑国雄进行考勤,郑国雄实行不定时工作制。瑞友公司主张 2015 年 5 月 28 日董事会开会决定对公司高管人员实行考勤管理,但该会议纪要未曾送达给郑国雄,故对郑国雄不具有约束力。同时,从 2015 年 6 月瑞友公司法定代表人邵凯与郑国雄的多份往来电子邮件来看,双方都是在协商离职及离职补偿事宜,并未涉及要变更考勤管理方式。因此,瑞友公司主张自 2015 年 6 月 1 日对郑国雄实行考勤管理,缺乏相应依据。双方争议的第二个焦点是 2015 年 6 月 1 日起郑国雄是否提供了劳动。高管人员通过公司账号邮箱处理日常工作事务是非常普遍的工作方式。郑国雄提供的公司邮箱截屏显示 2015 年 6 月 2 日至 7 月 5 日期间处理了项目款项支付、部门工资审核、法律培训讲座、下属工作报告等分管的工作事务,为瑞友公司提供了劳动。考虑到郑国雄无须考勤、无须每天坐班的工作模式,瑞友公司仅以郑国雄未到公司坐班为由即认定郑国雄旷工未提供劳动,缺乏相应依据。2015 年 7 月 11 日瑞友公司关闭了郑国雄的公司账号和邮箱,不再提供最基本的工作条件,致使郑国雄无法提供劳动。综上,瑞友公司应向郑国雄支付 2015 年 6 月至 7 月期间工资 39 030 元。

北京市第一中级人民法院经申诉审查后,驳回了瑞友公司的再审申请。

【裁判解析】

本案系一起劳动争议,劳动者系该单位的高层管理人员,因劳动者的特殊岗位性质,争议双方在劳动工时约定、劳动质量判断等方面都存在较大争议。本案应当首先对高层管理人员的身份在劳动法律关系中予以界定,再根据工时制度的约定和提供劳动的判断标准入手进行审判。

(一)高层管理人员在劳动法中的主体身份界定

虽然从其他多数国家的劳动法中可以看到存在对高级管理人员的例外规定,但是我国劳动法律法规没有对高级管理人员和普通员工加以区分。因此,当下我国劳动法没有将高级管理人员排除出该法的保护范围,经理等高级管理人员也被视为普通劳动者受到劳动法的调整。纵观我国劳动法律法规,甚少使用“高级管理人员”一词,与劳动争议相关的法律均未对高级管理人员作出明确直接的界定。而在公司法领域,我国《公司法》第二百一十六条对高级管理人员的范围作了列举性的认定。[①] 但《公司法》立法宗旨更多在于规制公司管理制度等方面,与劳动法的立法宗旨相去甚远,不宜简单套用《公司法》中对高层管理人员的主体身份界定。

笔者认为,对高级管理人员范围的界定可以参考但又不拘泥于公司法的相关规定,即高级管理人员系指经理、副经理、财务负责人,上市公司董事会秘书,公司章程规定的高级管理人员以及实际行使上述职权的管理人员。从劳动法律关系来看,高层管理人员通常是指对整个组织的管理负有全面责任的人,其主要职责是制定组织的总目标、总战略,掌握组织的大致方针。对高层管理人员主体身份的界定有利于对其劳动性质和劳动质量的判断。

从本案来看,郑国雄于 2007 年 11 月 1 日入职瑞友公司后,于 2014 年被瑞友公司任命为副总裁,2015 年继续被任命为副总裁,但对分管的事务进行了调整,主要从事对产品质量事务的分管。郑国雄在本案纠纷发生期间在单位的身份系副总裁,是劳动法中的高级管理人员。

(二)高层管理人员的工时制度的约定及变更

高级管理人员劳动内容、性质的特殊性决定了其工作时间的自主决定性和不确定性。在很多公司,高级管理人员根本没有明显的上下班工作时间标准,表现为上下班不需要在考勤机上打卡,出差和休假时间也往往可自由决定。考虑到高级管理人员工时的特殊性,原劳动部《关于企业实行不定时工作制和综合计算工时工作制的审批办法》(劳部发〔1994〕503 号)明确规定,企业可对高级管理人员实行不定时工作制,[②]不定时工作制,是指因工作性质和工作职责的限制,劳动者的工作时间不能受固定时数限制,而直接确定职工劳动量的工时制度。它可适用于企业中高级管理、推销、货运等特殊职位的人。本案中郑国雄虽于 2007 年入职瑞友公司时双方签订有劳动合同,约定郑国雄采取定时工作制。但自从郑国雄被任命为副

---

① 《公司法》第二百一十六条第一项规定:“高级管理人员,是指公司的经理、副经理、财务负责人,上市公司董事会秘书和公司章程规定的其他人员。”

② 《关于企业实行不定时工作制和综合计算工时工作制的审批办法》(劳部发〔1994〕503 号)规定,企业对符合下列条件之一的职工,可以实行不定时工作制:企业中的高级管理人员、外勤人员、推销人员、部分值班人员和其他因工作无法按标准工作时间衡量的职工;企业中的长途运输人员、出租汽车司机和铁路、港口、仓库的部分装卸人员以及因工作性质特殊,需机动作业的职工;其他因生产特点、工作特殊需要或职责范围的关系,适合实行不定时工作制的职工。

总裁后,瑞友公司不再对其进行考勤,郑国雄亦不再需要坐班,而系通过邮件等方式远程办公。对此,瑞友公司亦认可 2015 年 6 月前瑞友公司不对郑国雄进行考勤,郑国雄无须每天坐班。根据《劳动合同法》第三十五条的规定,用人单位与劳动者协商一致,可以变更劳动合同约定的内容,未经劳动者同意,不得变更劳动合同。因此,瑞友公司与郑国雄之间已通过双方协商实际约定了郑国雄采取不定时工作制。

对此,瑞友公司主张,公司决定自 2015 年 6 月开始对公司所有总经理及以上高层人员严格按照《员工手册》的规定开始考勤,并根据考勤情况支付工资,并提交了《关于对公司高层考勤等事宜的会议记录》予以证明,从而主张郑国雄也应当遵守该公司内部规定。但根据最高人民法院《关于审理劳动争议案件适用法律若干问题的解释(二)》第十六条规定:"用人单位制定的内部规章制度与集体合同或者劳动合同约定的内容不一致,劳动者请求优先适用合同约定的,人民法院应予支持。"因此,在郑国雄对此不予认可的情况下,瑞友公司内部关于劳动工时制度的会议决议不能对郑国雄发生效力。

(三)高层管理人员提供劳动的判断标准

一般情况下,普通劳动者所从事的劳动多是程序固定、内容单一、重复性高、替代性强的工作,因此他们付出的大多为时间性的价值,其工作定额容易量化和监督,劳动成果也可以用时间来衡量计算。然而公司高级管理人员所从事的经营管理活动并非一般的体力劳动,而是一种更为复杂的脑力劳动,因此他们的劳动成果便很难被量化处理。现实生活中,公司在聘任高级管理人员时看重的是他们的商业知识技能与综合管理能力能否给公司带来高利润、好业绩,而非是这些高级管理人员工作的时间长短。因此,对于高级管理人员的劳动成果,只能从宏观方面,例如通过利润指标、股票市场、公司业绩等来衡量分析。

本案中瑞友公司主张,郑国雄在 2015 年 6 月至 7 月期间仅通过邮件处理了极少量的工作,基本未提供其应有的劳动量。但是高管人员通过公司账号邮箱处理日常工作事务是非常普遍的工作方式。郑国雄提供的公司邮箱截屏显示 2015 年 6 月 2 日至 7 月 5 日期间处理了项目款项支付、部门工资审核、法律培训讲座、下属工作报告等分管的工作事务,为瑞友公司提供了劳动。考虑到郑国雄无须考勤、无须每天坐班的工作模式,瑞友公司仅以郑国雄未到公司坐班为由即认定郑国雄旷工未提供劳动,缺乏相应依据。

当然,公司高级管理人员作为介于雇主和劳动者之间的特殊群体,在现有劳动法体系下，高级管理人员具有劳动者身份，受劳动法律法规的保护，但是其也是公司的经营管理者，相比普通劳动者具有特殊性，在单位中并非处于完全弱势，因此对高级管理人员的劳动法保护不能一味倾向于劳动者，应综合衡量平衡高级管理人员与用人单位之间的利益。

【案例点评】

高级管理人员作为劳动者，其工作性质和内容均具有一定的特殊性，对高级管理人员的劳动关系调整是当前审判实践的难点。本案从不定时工作制的约定及变更、高管的劳动质量判断等方面入手，进行充分的说理论证，对高级管理人员劳动关系调整具有较强的审判参考价值。

【裁判心得】

对高级管理人员的劳动关系调整应区别于一般劳动纠纷审判，尤其对于劳动质量的判断，因高级管理人员岗位的特殊性，单位往往对其不采取考勤管理，致使其工作很难予以量化，对此在审判实践中应紧紧把握高管的工作性质和工作惯例，综合衡量作出裁判。

冯海军与北京门城物美商城有限公司、北京门城物美商城有限公司双峪环岛店买卖合同纠纷再审案

纪艳琼*

关键词

消费者　欺诈　商品标准

裁判要旨

欺诈消费者的行为是指经营者在提供商品或者服务中,采取虚假或者其他不正当手段欺骗、误导消费者的行为。欺诈行为之构成应当以经营者实施了欺骗行为并足以误导消费者为前提。对于产品标准标识存在微小瑕疵但不足以误导消费者的,不应认定为欺诈行为。

相关法条

《中华人民共和国消费者权益保护法》第二条、第二十条、第五十五条。

【当事人基本情况】

再审申请人(一审被告):北京门城物美商城有限公司。

再审申请人(一审被告):北京门城物美商城有限公司双峪环岛店。

被申请人(一审原告):冯海军。

【基本案情】

2016 年 3 月 22 日,冯海军在北京门城物美商城有限公司双峪环岛店(以下简

---

* 纪艳琼,北京市第一中级人民法院审监庭法官。

称双峪环岛店)购买忠狗两个,单价为 128 元,专用炭 1 盒,单价为 158 元,共计花费 414 元,其中,忠狗包装所标注执行标准为 QB/2761 - 2006,JC/T2188 - 2013,专用炭包装标注执行标准为 QB/1761 - 2006,JC/T2188 - 2013。

冯海军主张,忠狗及专用炭实际应执行标 QB/T2761 - 2006,该标准名称为《室内空气净化产品净化效果测定方法》,忠狗及专用炭包装标准均与实际应执行标准不同,故门城物美公司、双峪环岛店作为经营者销售虚假标准商品,对消费者构成欺诈。北京门城物美商城有限公司(以下简称门城物美公司)、双峪环岛店认可上述商品标注标准与实际执行标准不同,实际执行标准为 QB/T2761 - 2006,JC/T2188 - 2013,但主张系商品包装印刷错误,其作为经营者已尽审查义务,不构成欺诈。

【审理结果】

北京市门头沟区人民法院于 2016 年 5 月 27 日作出(2016)京 0109 民初 1402 号民事判决:一、北京门城物美商城有限公司、北京门城物美商城有限公司双峪环岛店于本判决生效之日起七日内返还冯海军购物款四百一十四元,冯海军于本判决生效之日起七日内返还北京门城物美商城有限公司、北京门城物美商城有限公司双峪环岛店单价为一百二十八元的国研联合空气净化神器忠狗两个、单价为一百五十八元的国研联合母婴专用炭二千四百克一盒。二、北京门城物美商城有限公司、北京门城物美商城有限公司双峪环岛店于本判决生效之日起七日内赔偿冯海军损失一千二百四十二元。门城物美公司、双峪环岛店不服一审判决,向北京市第一中级人民法院申请再审。北京市第一中级人民法院于 2017 年 4 月 24 日作出(2017)京 01 民再 22 号判决:一、撤销北京市门头沟区人民法院(2016)京 0109 民初 1402 号民事判决书;二、驳回冯海军的全部诉讼请求。

【裁判理由】

法院生效裁判认为:冯海军在双峪环岛店购买商品,双方形成事实上的买卖合同关系,该合同系双方当事人的真实意思表示,未违反法律、行政法规的强制性规定,应为有效。本案的争议焦点为冯海军是否属于消费者及双峪环岛店的销售行为是否构成欺诈。

关于冯海军是否属于消费者的问题,《消费者权益保护法》第二条规定,消费者为生活消费需要购买、使用商品或者接受服务,其权益受本法保护。因现有证据无法证明冯海军此次购买涉案商品并非为生活消费,故门城物美公司、双峪环岛店关于冯海军不属于消费者的再审申请理由缺乏依据,本院不予采信。

关于双峪环岛店的销售行为是否构成欺诈的问题,《消费者权益保护法》第二十条规定,经营者向消费者提供有关商品或者服务的质量、性能、用途、有效期限等信息,应当真实、全面,不得作虚假或者引人误解的宣传。依据《消费者权益保护法》之规定及欺诈之文义,欺诈消费者的行为应指经营者在提供商品或者服务中,采取虚假或者其他不正当手段欺骗、误导消费者的行为。因此,欺诈行为之构成应当以经营者实施了欺骗行为并足以误导消费者为前提。本案中,由于事实上并不存在 QB/2761 - 2006 与 QB/1761 - 2006 的执行标准,对于参考产品执行标准而购买商品的消费者而言,应可分析出 QB/2761 - 2006 系 QB/T2761 - 2006 执行标准的漏写,且由于涉案商品上亦标注了正确的 JC/T2188 - 2013 执行标准,消费者完全可依据 JC/T2188 - 2013 了解商品应当执行的标准,而不会因为产品标准标识错误而陷入错误认识并作出购买的意思表示,因此涉案商品执行标准的标识错误并不足以对消费者构成误导,原审认定双峪环岛店的销售行为构成欺诈并支持冯海军按照购物款三倍赔偿的诉讼请求不当,本院再审予以纠正。门城物美公司、双峪环岛店关于原审判决错误认定再审申请人的行为属欺诈,适用法律不当的再审申请理由具有事实及法律依据,本院予以采信。

因涉案商品不存在质量问题,不符合相关法律法规中规定的消费者可要求退货的条件,且冯海军与双峪环岛店间的买卖合同合法有效,不存在法定或约定解除的情形,故冯海军亦无权要求门城物美公司及双峪环岛店退还购物款,本院对其全部诉讼请求均不予支持。

【裁判解析】

本案的争议焦点是《消费者权益保护法》中的欺诈行为应当如何认定。《消费者权益保护法》未对欺诈的概念及行为表现作出明确规定,关于消费领域的欺诈认定问题,理论及实务界主要存在两种观点:

一种观点认为,《消费者权益保护法》中规定的欺诈与民法、合同法中的欺诈应该是同一含义,我国的《民法通则》中未给欺诈下定义,因此应当参考学说解释和最高人民法院的解释,根据最高人民法院《关于贯彻执行〈中华人民共和国民法通则〉若干问题的意见(试行)》第六十八条的规定:"一方当事人故意告知对方虚假情况,或者故意隐瞒真实情况,诱使对方当事人作出错误意思表示的,可以认定为欺诈行为。"即构成欺诈应符合以下要件:(1)行为人故意告知虚假事实或者隐瞒事实;(2)相对人因此陷入错误认识;(3)相对人因此作出不真实的意思表示。因此,我国《消费者权益保护法》所说的欺诈以故意为构成要件,过失即使重大过失也不构成欺诈行为。依据《消费者权益保护法》对消费者特殊保护的立法目的及参考发达国家法院的经验,法官在判断经营者的欺诈故意时应当采用举证责任转换的法律技术,要求经营者就自己不具有故意举证。

另一种观点认为,基于消费者的弱者性,法律在保护消费者的时候应该注意到他与经营者的区别,实施倾斜保护。因此对欺诈的认识就有别于一般民事法律制度中对平等的法律主体之间行为的法律规制,即无须考虑经营者的主观状态,也无须考虑消费者是否基于欺诈陷入错误判断并且为错误的意思表示,只要经营者实施了欺诈行为,就可以认定《消费者权益保护法》中规定的欺诈已经成立。对欺诈行为应当以客观的方法检验和认定,在确定欺诈行为时,只要商家的行为按其性质足以使消费者产生误解并且足以给他们带来某种不利益,它就可以被认定为欺诈行为。《消费者权益保护法》规定的欺诈行为的民事责任应当被理解为一种无过错责任,被控售假者的主观状态是无须考虑的。

另外,《侵害消费者权益行为处罚办法》第五条、第六条、第十三条对欺诈情形作出了规定,其中第六条规定:"经营者向消费者提供有关商品或者服务的信息应当真实、全面、准确,不得有下列虚假或者引人误解的宣传行为:……(二)以虚假或者引人误解的商品说明、商品标准、实物样品等方式销售商品或者服务……"第十六条规定:"经营者有本办法第五条第(一)项至第(六)项规定行为之一且不能证明自己并非欺骗、误导消费者而实施此种行为的,属于欺诈行为。经营者有本办法第五条第(七)项至第(十)项、第六条和第十三条规定行为之一的,属于欺诈行为。"《侵害消费者权益行为处罚办法》对欺诈行为的认定采取了两种原则,一种是主观认定原则,即认定欺诈的前提是先要认定是否存在主观故意,涉及该办法第五条第一项至第六项规定行为,但对经营者之主观心态采推定原则,即推定经营者存在故意,除非经营者举出相反证据;另一种是客观认定原则,即认定欺诈无须认定经营者是否存在主观故意,涉及十五种情形,即办法第五条第七项至第十项、第六条和第十三条规定之情形。

基于《消费者权益保护法》在规范经营者行为、降低消费者维权成本方面的特殊性,对于经营者欺诈行为的认定不宜完全采用民法中的标准,即不应当限定经营者的主观心态为故意,过失应也可成立欺诈行为,同时不应当限定消费者确实被误导,即只要欺诈行为在客观上足以误导消费者即可,同时,为了防止过分扩大欺诈的适用范围,给经营者施加过重的负担,不应过于机械地理解《侵害消费者权益行为处罚办法》中的规定,对于极微小瑕疵不足以误导消费者以及经营者确无过错的,不宜认定为欺诈行为。因此,认定消费领域的欺诈行为应着重考察以下几个因素:一是是否实施了《侵害消费者权益行为处罚办法》中规定的以及其他虚构事实或隐瞒真相的行为;二是是否足以对消费者构成误导,即并不要求消费者实际被误导,以平常人的认知标准依据社会日常经验可能被误导即可;三是经营者主观上是否存在过错(包括故意或过失),关于经营者主观心态应采过错推定原则,实行举证责任倒置之规则,由经营者承担举证责任,对于经营者能举出充分证据证明确不存在故意或过失的,不宜认定为欺诈行为。

本案中,首先,QB/2761 - 2006 与 QB/1761 - 2006 并不存在,诉争商品应执行的标准 QB/T2761 - 2006 与产品上标注的 QB/2761 - 2006 与 QB/1761 - 2006 差距甚微,且产品上亦正确标注了 JC/T2188 - 2013 标准,因此,诉争商品的标识错误应系印刷中存在过失而造成;其次,诉争商品的标识错误并不会对消费者构成误导,由于事实上并不存在 QB/2761 - 2006 与 QB/1761 - 2006,对于参考产品执行标准而购买商品的消费者而言,应可将 QB/2761 - 2006 从格式上分析应属 QB/T2761 - 2006 执行标准的漏写;最后,消费者完全亦可以依据 JC/T2188 - 2013 了解商品应当执行的标准,而不会因为印刷错误陷入错误认识并作出购买的意思表示。因此,门城物美公司及双峪环岛店虽因过失提供了不存在的产品标准,但不足以构成对消费者的误导,消费者不会因为该产品标识错误而作出不真实的意思表示,涉案商品的标识错误不构成欺诈。原判认定门城物美公司及双峪环岛店构成欺诈不当,本院再审予以纠正。因涉案商品不存在质量问题,不符合相关法律法规中规定的消费者可要求退货的条件,且冯海军与双峪环岛店间的买卖合同合法有效,不存在法定或约定解除的情形,故冯海军亦无权要求门城物美公司及双峪环岛店退还购物款,故再审应撤销原判,驳回冯海军的全部诉讼请求。

【案例点评】

本案涉及的主要问题为消费领域中的欺诈行为应当如何认定,理论界及实务界对该问题均存在不同认识。本院再审认为,欺诈行为之构成应当以经营者实施了欺骗行为并足以误导消费者为前提。对于产品标准标识存在微小瑕疵但不足以误导消费者的,不应认定为欺诈行为。该裁判思路充分考虑了消费领域欺诈行为认定的特殊性,较好地兼顾了经营者与消费者的利益,对于类似案件的裁判具有积极的参考意义。

【裁判心得】

本案案情较为简单，但涉及的法律问题却不简单。笔者在审理本案时查阅了大量的案例及学术文章，发现消费领域的欺诈认定问题涉及民法与消费者权益保护法，现行法律并未明确规定，理论界及司法实务界对消费领域的欺诈认定标准存在不同认识。认定消费欺诈，既应当不违背现行法律规定，又应当合理地平衡经营者和消费者的利益。通过反复研究，我们认为，欺诈行为之构成应当以经营者实施了欺骗行为并足以误导消费者为前提。通过办理这个案件，笔者更深刻地认识到，法官不仅仅是法律的机械适用者，面对一些法律无明确规定的案件，我们应当充分发挥主观能动性，审慎地权衡各方当事人的利益，努力寻求法律效果与社会效果的统一。

哈尔滨山川商砼有限公司诉北汽福田汽车股份有限公司、哈尔滨昌和汽车销售有限公司追偿权纠纷再审案

金　著*　唐静静**

关键词

融资租赁　回购型融资租赁　担保追偿权　产品质量

裁判要旨

在融资租赁交易中，出租人为了确保其租金债权的实现，要求出卖人或者生产商承担回购义务，当承租人未按约定履行租金支付义务时，由回购人承担回购义务并取得对承租人的追偿权，此种新的交易模式即回购型融资租赁。在回购型融资租赁中，出卖人或生产商履行回购义务与其承担产品质量责任并非处于同一法律关系中，其履行回购义务后行使追偿权不以产品质量合格为前提。若融资租赁合同的租赁标的存在问题，承租人可向出卖人进行索赔，或者要求出租人向出卖人或生产商行使索赔权。承租人也可以产品质量存在问题致使融资租赁合同的目的无法实现为由，要求解除融资租赁合同。

相关法条

1.《中华人民共和国合同法》第二百三十七条、第二百四十条、第二百四十四条。

---

* 金著，北京市第一中级人民法院审监庭法官。

** 唐静静，北京市第一中级人民法院审监庭法官助理。

2.《中华人民共和国担保法》第二条、第三十一条。

3. 最高人民法院《关于审理融资租赁合同纠纷案件适用法律问题的解释》第六条、第十一条第三项、第十八条。

【当事人基本情况】

抗诉机关:北京市人民检察院。

申诉人(一审被告、二审上诉人):哈尔滨山川商砼有限公司(以下简称山川公司)。

被申诉人(一审原告、二审被上诉人):北汽福田汽车股份有限公司(以下简称福田公司)。

被申诉人(一审被告、二审被上诉人):哈尔滨昌和汽车销售有限公司(以下简称昌和公司)。

【基本案情】

2011 年 5 月 1 日,国银金融租赁股份有限公司(以下简称国银公司)(出租人)、山川公司(承租人)、昌和公司(出卖人)签订《融资租赁合同》,约定出租人根据承租人的要求和设定条件向出卖人购进指定车辆,并将所购车辆作为租赁物以融资租赁的方式出租给承租人使用;车辆由出卖人直接向承租人交付,并由承租人接收和检验;租赁期限为 36 个月;租赁期限届满后,由承租人留购租赁物,并支付每台车 100 元的名义价款后,出租人将租赁物以当时的状态转让给承租人;还款月的 10 日为租金到期日;如发生承租人扣款日违约的情形,福田公司应垫付承租人当期欠付租金及违约金,福田公司垫付租金及违约金后,有权向承租人追索其垫付的款项;若承租人扣款日违约状态持续达 90 个日历日,视为承租人在本合同项下的严重违约,出租人有权要求福田公司垫付剩余全部租金、违约金及转让租赁物所有权名义价款、承租人应付出租人的其他款项及违约金;在福田公司向出租人垫付承租人的应付款项后,出卖人应为承租人对福田公司的清偿义务提供连带责任保证。

同日,福田公司(甲方)与山川公司(乙方)签订《服务协议》。协议约定,鉴于乙方与国银公司签订了《融资租赁合同》,乙方请求甲方协助其办理相关融资业务,请求甲方为其申请的按揭贷款/融资租赁业务融资款项向合作金融机构提供回购/垫付责任,即乙方未按时足额还款或支付租金时,由甲方代其支付相应款项;甲方履行回购/垫付责任后取得对乙方的追偿权;如乙方违约致使甲方履行回购/垫付责任,甲方有权要求乙方偿还甲方承担回购/垫付责任而支付给合作金融机构的全部款项及违约金,违约金金额为回购/垫付金额×10%。同日,昌和公司向福田公司出具《连带责任保证书》,内容为:山川公司与国银公司签订《融资租赁合同》,约定山川公司应按期向国银公司偿还贷款;福田公司为山川公司偿还贷款承担回购责任,福田公司承担回购责任后享有对山川公司的追偿权;昌和公司自愿为福田公司的追偿权提供连带保证责任。

2011年6月20日,山川公司在《租赁物接收确认函》上签章,确认已经接收了《融资租赁合同》项下的20辆车。山川公司向国银公司支付了2011年7~10月的租金后,未再向国银公司支付后续的租金。

2012年8月14日,国银公司向福田公司发出《履行承诺通知书》,要求福田公司垫付到期未付的租金、未到期的租赁本金、未缴纳的违约金、名义价款、其他应付款项(提前终止损失金)共计8 248 170.11元。福田公司于2012年8月20日履行了垫付义务。2012年8月31日,国银公司向福田公司出具《车辆所有权转让确认书》,将涉案车辆的所有权转让给了福田公司。

另查,山川公司与昌和公司于2011年3月22日签订《产品买卖合同》,该合同约定,山川公司向昌和公司购买车辆20台;总价款为9 500 000元;合同签订后,山川公司向昌和公司支付了定金2 017 500元。

福田公司据此向法院起诉请求:(1)判令山川公司清偿福田公司为其垫付的租金、违约金及名义价款合计8 248 170.11元;(2)判令山川公司向福田公司支付违约金824 817.01元;(3)判令昌和公司对上述债务承担连带清偿责任。

【审理结果】

北京市昌平区人民法院于2014年1月21日作出(2012)昌民初字第13066号民事判决:一、山川公司偿还福田公司垫付款八百二十四万八千一百七十元一角一分,于判决生效后七日内付清;二、山川公司向福田公司支付违约金八十二万四千八百一十七元〇一分,于判决生效后七日内付清;三、昌和公司对判决第一项所确定的给付义务向福田公司承担连带清偿责任,并有权在承担保证责任后向山川公司追偿;四、驳回福田公司的其他诉讼请求。宣判后,山川公司向北京市第一中级人民法院提起上诉。北京市第一中级人民法院于2014年9月2日作出(2014)一中民(商)终字第6460号民事判决,判决驳回上诉,维持原判。判决生效后,山川公司向北京市人民检察院申诉。北京市人民检察院向北京市高级人民法院提出抗诉。后北京市高级人民法院指令北京市第一中级人民法院再审本案。北京市第一中级人民法院于2017年6月27日作出(2017)京01民再13号民事判决书,判决:

维持本院(2014)一中民(商)终字第6460号民事判决。

【裁判理由】

法院生效裁判认为:国银公司与山川公司、昌和公司签订的《融资租赁合同》及福田公司、山川公司签订的《服务协议》系各方当事人的真实意思表示,且未违反国家法律、行政法规的强制性规定,应确认有效。山川公司在《租赁物接收确认函》上签章确认并实际接收了合同项下车辆,且向国银公司支付了部分租金,应认定各方已经实际履行了《融资租赁合同》。

本案中,各方当事人争议的两个焦点问题:一是福田公司是否具备行使追偿权的条件;二是涉案车辆质量问题是否影响福田公司行使追偿权。

首先,福田公司行使追偿权的条件应该是其履行了回购/垫付义务。根据《服务协议》的约定,山川公司未按《融资租赁合同》的约定履行租金支付义务时,由福田公司代其向国银公司支付相应款项,且福田公司在履行回购/垫付责任后取得对山川公司的追偿权,向山川公司主张回购/垫付的全部款项及违约金。故福田公司能否向山川公司主张追偿权,关键在于福田公司是否为山川公司履行了回购/垫付义务。根据本院再审查明的事实,福田公司当庭出示国银公司向昌和公司支付车辆总价款的结算对账单、回执、电汇凭证原件,及福田公司向国银公司汇款的"转账凭证"原件,足以证明国银公司已履行买受人的付款义务,且福田公司已于2012年8月20日向国银公司转账回购款26 190 679.82元,履行了回购/垫付义务,故福田公司已具备行使追偿权的条件。关于山川公司称"转账凭证"上转款人系福田机械分公司而非福田公司,"转账凭证"上的金额与福田公司主张垫付金额不符的理由,本院认为,依据工商登记查询可知,福田机械分公司并非独立法人单位,其为福田公司的分公司,且福田机械分公司于2012年8月20日向国银公司转账回购款26 190 679.82元,其中就包括为山川公司垫付的8 248 170.11元,故山川公司的该项主张不能成立,北京市人民检察院关于福田公司履行垫付义务的基本事实缺乏证据证明的意见亦不能成立。此外,因福田公司再审中提交了国银公司向昌和公司支付涉案车辆价款的证据,故北京市人民检察院关于国银公司支付车辆总价款的事实缺乏证据证明的意见亦不能成立。

其次,涉案车辆质量问题是否影响福田公司行使追偿权。山川公司称其与昌和公司签订《产品买卖合同》,后因涉案车辆存在质量问题遂停止支付租金,且现关于产品质量纠纷的另案已进入再审,本案应中止审理等待另案审理结果。对此本院认为,最高人民法院《关于审理融资租赁合同纠纷案件适用法律问题的解释》第六条规定:“承租人对出卖人行使索赔权,不影响其履行融资租赁合同项下支付租金的义务,但承租人以依赖出租人的技能确定租赁物或者出租人干预选择租赁物为由,主张减轻或者免除相应租金支付义务的除外。”故若涉案车辆存在质量问题,山川公司可以向出卖人昌和公司或生产者福田公司行使索赔权,但该项权利的行使并不影响其向国银公司履行支付租金的义务。而福田公司系基于融资租赁法律关系履行垫付义务,并依据其与山川公司签订的《服务协议》,向山川公司行使追偿权,该权利的行使与涉案车辆质量无关。因此,《产品买卖合同》的履行情况和涉案车辆质量问题,与山川公司、国银公司、昌和公司之间的融资租赁合同关系并非同一法律关系,故山川公司的该项主张不能成立。北京市人民检察院关于《产品买卖合同》的履行情况决定《融资租赁合同》《服务协议》对当事人的约束力,二审判决仅依《融资租赁合同》和《服务协议》确定双方权利义务不当的意见亦不能成立。另,北京市人民检察院关于本案二审判决结果与(2014)哈民三商终字第 208 号民事判决结果存在矛盾,本案判决结果有失公平的意见,本院认为,本案是以《融资租赁合同》和《服务协议》为基础审理的追偿权纠纷,如涉案车辆质量存在问题,山川公司可依法另行向昌和公司、福田公司主张赔偿损失,(2014)哈民三商终字第 208 号民事判决结果与本案的处理结果之间并不存在矛盾,故北京市人民检察院的该项意见亦不能成立。原审判决结果正确,应予维持。

【裁判解析】

追偿权系保证人履行保证责任后,得请求债务人偿还的权利。本案的争议焦点问题是福田公司能否向山川公司行使追偿权。要解决这个问题,需要考虑以下几个问题:

(一)本案中的《融资租赁合同》《服务协议》《连带责任保证书》《产品买卖合同》的关系如何认定

第一,《融资租赁合同》非系为履行《产品买卖合同》而进行的借款融资。《产品买卖合同》签订在先,山川公司向昌和公司支付了购买车辆的定金后,并未再继续履行该合同。后三方签订《融资租赁合同》,在此合同中未提及《产品买卖合同》中的任何内容,且国银公司已根据《融资租赁合同》的约定,向昌和公司全额支付了购车款。由此可以认定,《融资租赁合同》并非山川公司为履行《产品买卖合同》而向国银公司借款融资,而是山川公司未再履行《产品买卖合同》后,转而签订《融资租赁合同》并实际履行了该合同。

第二,《产品买卖合同》亦非《融资租赁合同》的组成部分。融资租赁中出租人一般会根据承租人的要求购买租赁物。在实践中,往往还存在很多承租人在与出租人签订融资租赁合同之前即与出卖人签订买卖合同的情形。买卖合同与融资租赁合同的标的、价格均同一,出租人在融资租赁合同中对承租人签订的买卖合同表示认可,买卖合同中的标的成为融资租赁合同中的租赁物,买卖合同成为融资租赁合同中的一部分。但本案中,虽《融资租赁合同》《产品买卖合同》中的标的物一样,但三方并未在《融资租赁合同》中确认《产品买卖合同》,因此《产品买卖合同》并非《融资租赁合同》的组成部分。

第三,《融资租赁合同》《服务协议》《连带责任保证书》系统一联系的整体,共同构成本案的法律关系。如前所述,虽《产品买卖合同》《融资租赁合同》关于购买车辆的数量、价款完全一致,且购买车辆所有权直接归属山川公司,但本案并非山川公司向昌和公司购买车辆后,再向国银公司借款融资。实际上,《融资租赁合同》《服务协议》《连带责任保证书》三者的内容相关、目的一致、当事人亦相互交叉。从合同目的角度来解释,三者又都是为了实现同一种交易形态而存在的。故《融资租赁合同》《服务协议》《连带责任保证书》作为一个统一联系的整体,共同构成本案的法律关系。

(二)本案的法律关系探究:本案系一种新型的融资租赁形态——回购型融资租赁

本案是融资租赁关系无疑,但与传统的融资租赁关系不同的是,本案中约定了福田公司为山川公司的融资租赁业务向国银公司提供回购责任。对于融资租赁中的回购条款的法律性质,理论界存在不同的观点:一种观点认为,回购条款属于附条件的担保。但该观点无法解释担保合同具有单务性、无偿性的特点。如本案中出租人国银公司需要将涉案汽车所有权转让给福田公司,福田公司“买”回涉案汽车,这不具有一般担保合同的单务性、无偿性的特征。另一种观点则认为,回购条款系附条件的买卖合同,当承租人存在不支付租金等违约责任这一条件成就时,出卖人或生产商必须买下出租人的租赁标的。但这种观点违背了当事人的真实意思表示,即出租人并非意在向出卖人或生产商出售租赁标的,而是为了防控法律风险;其实,融资租赁与回购条款,构成了一种新型的融资租赁关系——回购型融资租赁,它具有买卖和非典型担保的双重属性。与传统的融资租赁以承租人为主导地位不同,回购型融资租赁大多以出卖人为主导,出卖人为出卖设备,先行寻找客户资源,之后再向融资租赁公司寻求资金支持。① 另外,回购型融资租赁中,出租人为了保障债权的安全性,一般会要求承租人、出卖人等提供足够的保障,因此回购型融资租赁往往具有非典型担保的特征,需要适用担保法、合同法中有关保证的相关法律规定。对于回购型融资租赁的效力的认定,根据契约自由原则和行业惯例,只要其不存在法律规定的合同无效或可撤销的情形,应尊重当事人的真实意思,按照条款约定的内容履行。这里还有一个问题值得注意,我国法律禁止让与担保和流质,主要原因在于标的物未经评估价格即转移给债权人,可能损害债务人的利益。但在回购型融资租赁中,因租金价格、回购价格均系由租赁标的的价格确定的,因此不存在租赁标的价格远远大于回购价格的情形,回购型融资租赁也并未违反我国法律禁止让与担保和流质的规定。

典型的回购型融资租赁交易流程图(如图 1 所示):

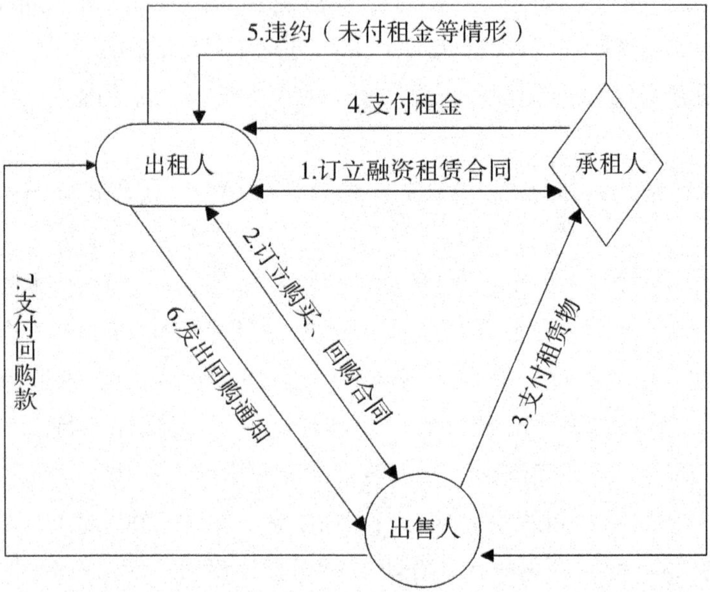

图 1 回购型融资租赁交易流程示意图

① 施浩、张娜娜:《融资租赁案件三种保证金的性质甄别及回购价格确认》,载《人民司法》2013 年第 24 期。

本案的交易流程图(如图2所示):

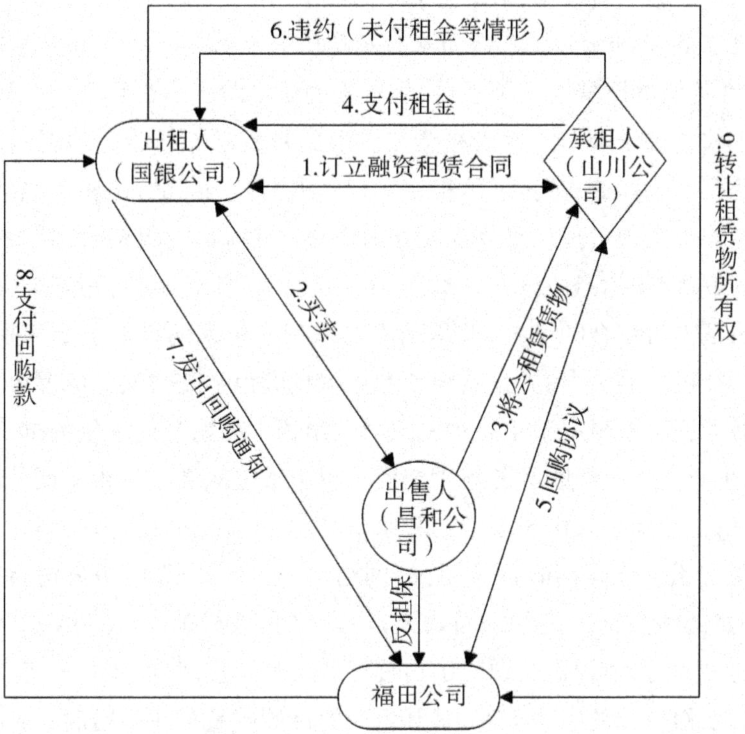

图2　本案交易流程示意图

具体分析来说,福田公司是涉案汽车的生产商,其将生产的汽车销售给汽车销售商昌和公司,昌和公司再将涉案汽车出卖给山川公司,二者于2011年3月22日签订《产品买卖合同》。但因为资金的关系,昌和公司与山川公司的交易并未采取买卖合同的形式,而是采用融资租赁合同的形式,昌和公司(出卖人)、山川公司(承租人)与国银公司(买受人、出租人)三方签订《融资租赁合同》。但出租人国银公司为了保障自身债权的实现,又采用《融资租赁合同》《服务协议》等形式,让汽车生产商福田公司提供担保,担保的方式是福田公司为山川公司的融资租赁业务向国银公司提供回购/垫付责任,山川公司未按时足额还款或支付租金时,由福田公司代其支付相应款项;福田公司履行回购/垫付责任后取得对山川公司的追偿权。而同时,为担保人福田公司承担担保责任后对债务人山川公司的追偿权的实现,担保人福田公司又让债务人山川公司提供反担保,即福田公司为山川公司承担回购责任后,由昌和公司作为反担保的保证人与债务人山川公司一起承担连带责任保证。后福田公司为山川公司垫付到期未付的租金、未到期租赁本金等,国银公司将涉案汽车所有权转让给福田公司。

(三)生产商履行回购义务后向承租人行使追偿权是否以产品质量合格为前提

第一,在传统的融资租赁关系中,租赁物的质量瑕疵是否系承租人对抗出租人的租金请求权的抗辩理由?融资租赁与普通的租赁不一样,租赁物往往系根据承租人自己的要求选择的,甚至系承租人自行向出卖人购买的,出租人当然不应对租赁物的质量瑕疵承担责任。最高人民法院《关于审理融资租赁合同纠纷案件适用法律问题的解释》第六条也规定,承租人对出卖人行使索赔权,不影响其履行融资租赁合同项下支付租金的义务,但承租人以依赖出租人的技能确定租赁物或者出租人干预选择租赁物为由,主张减轻或者免除相应租金支付义务的除外。所以,租赁物的质量瑕疵一般情况下不是承租人对抗出租人的租金请求权的抗辩理由。

第二,生产商承担回购义务与生产商承担质量担保义务是否系同一法律关系?就本案而言,在与承租人山川公司的关系中,生产商福田公司存在双重身份。一方面,根据《融资租赁合同》和《服务协议》的约定,福田公司系山川公司履行《融资租赁合同》约定的租金支付义务的回购人,当山川公司不履行《融资租赁合同》约定的租金支付义务时,由福田公司对山川公司的义务承担回购/垫付义务;另一方面,福田公司又系租赁标的的生产商,若其生产的标的质量存在问题时,山川公司有权向产品销售商主张违约责任,或者向产品销售商、生产商主张侵权责任。但福田公司作为回购人和最为生产商并非处于同一法律关系之中,故本案中福田公司作为回购人在履行回购义务后向山川公司行使追偿权,与其生产的产品质量无关。

第三,若涉案汽车存在产品质量问题,承租人山川公司的权益如何保护?检察院抗诉意见认为,原审判决结果与黑龙江省哈尔滨市中级人民法院(2014)哈民三商终字第 208 号民事判决存在矛盾,判决结果有失公正。在(2014)哈民三商终字第 208 号中,法院认定本案的标的车辆存在质量问题,并支持了山川公司的诉求——退还山川公司依《产品买卖合同》约定支付的定金及后山川公司向国银公司支付的租金,并将车辆返还给昌和公司,福田公司对昌和公司承担连带责任。笔者认为,《产品买卖合同》并未全部履行,山川公司依该合同先期向昌和公司支付的定金可以根据该合同的约定处理。而若本案车辆存在质量问题,山川公司的救济途径应是根据最高人民法院《关于审理融资租赁合同纠纷案件适用法律问题的解释》第十一条规定,因出卖人的原因致使融资租赁合同的目的不能实现的,出租人或承租人请求解除融资租赁合同的,人民法院应予支持。即山川公司若认为车辆存在质量问题,致使其租赁车辆的目的无法实现,可以请求解除《融资租赁合同》,合同解除后,山川公司的租金支付义务自然不存在,福田公司的回购义务和追偿权也随之不存在了。如果想继续履行融资租赁合同,也可以向出卖人另行主张索赔权,或者要求出租人向出卖人主张索赔权[(2014)哈民三商终字第208号案件]。但本案中山川公司未要求解除《融资租赁合同》,故该合同仍系合法有效合同,福田公司在承担回购义务后有权向山川公司进行追偿。

(四)另一个小问题,租赁期间将涉案汽车所有权登记在山川公司名下,是否影响本案融资租赁法律关系的成立

根据《合同法》第二百四十二条的规定,出租人享有租赁物的所有权。承租人破产的,租赁物不属于破产财产。即法律规定租赁期间租赁物归出租人所有。但本案在履行《融资租赁合同》时,车辆由昌和公司直接向山川公司交付并自交付时已将车辆所有权登记在山川公司名下。似乎当事人以实际行动变更了《融资租赁合同》中关于租赁物归属的约定,在租赁期间即约定车辆所有权归属山川公司所有。这一行为是否影响本案法律关系的判断?

笔者的答案是否定的。首先,虽法律规定租赁期间租赁物所有权归属出租人所有,但是根据民法合同自由原则,当事人有权决定合同的内容,包括可以在法律规定的有名合同之处,改变法律任意性规定或指导性规定。故本案国银公司和山川公司以实际行动变更租赁期间租赁物所有权的归属并无不可。其次,从法理上讲,当事人有约定时遵循约定,没有明确约定时将融资租赁物归属出租人,这一制度设置本身欠失妥当,不符合实践中融资租赁交易的本质。从出租人、承租人关注的利益角度讲,出租人最为关注的是向承租人收取"根据购买租赁物的大部分或者全部成本以及出租人的合理利润确定"的租金①,而非租赁物的所有权。而承租人则是由于无法承担独自购买租赁物的价款而选择向出租人分期付款这一融资租赁模式,关注的是租赁物的实际利用价值;从权利义务角度分析,承租人集标的物所有权衍生的权、责于一身,出租人却享有标的物的所有权,②这一设置导致权利义务的不平衡;从交易动态保护角度看,融资租赁的标的物一般均为动产,在承租人占有、使用、收益租赁物时,却让出租人仍保留所有权,不利于善意第三人的保护。最

---

① 徐同远:《论融资租赁交易中保证金的法律适用——恒信公司与闫某等融资租赁合同纠纷案评释》,载《北京政法职业学院学报》2015年第3期。

② 唐郢、汤杨程:《融资租赁中的租赁物所有权归属问题研究》,载《重庆科技学院学报》(社会科学版)2016年第6期。

后,在融资租赁实践中,很多融资租赁公司开展的车辆融资租赁业务,为了满足客户需求和使用便利,也为了避免因承租人用车导致交通事故而被迫应诉的风险,往往将车辆直接登记在承租人名下,车辆发票也直接由出卖人开具给承租人,但这并不会对各方的权利义务产生影响。总之,本案中当事人对租赁期间租赁物归属承租人的变更不能改变其系融资租赁法律关系的本质。

综上,在回购型融资租赁中,出卖人或者生产商作为回购义务人,对承租人的租金债务进行担保。出卖人或者生产商向承租人行使追偿权的前提是其履行了约定的回购担保义务。若承租人以产品质量不符合合同约定为由对追偿权进行抗辩,人民法院不应支持。承租人可另诉索赔,或者请求解除融资租赁合同。故原审判决福田公司可向山川公司进行追偿正确,本院再审予以维持。

【案例点评】

市场具有能动性、创新性,法律的滞后不可避免。尤其在金融市场中,灵活和创新是其生命力之所在。回购型融资租赁即是如此。当回购型融资租赁这一交易模式无法用现行法律加以规定和解释时,司法应秉持谦抑性,以合同自由为指导思想,只要没有违反现行法律法规的强制性规定,则应该充分尊重市场主体的意思自治和交易惯例。本案例即系如此,保障了交易安全,维护了合同效力,理清了回购型融资租赁合同的审理思路和认定标准。

【裁判心得】

法律的规定是原则性的,但司法实践中遇到的实际问题却是复杂多样的。如何将原则性的法律规定适用到纷繁复杂的司法实践中去?这便需要法官从浩翰的法律规范中去"找法"。找法的路径大致概括为:阅读案件事实—概括案件的法律关系—针对案件的部门法识别—从法律规范到裁判规范。本案的审理过程就是充分诠释了法官找法的这一过程。在本案的法律事实呈现之处,一下子难以找到适合的法律规定。但在概括和提炼本案的法律关系后发现,其系一种融资租赁法律关系,只是与传统的融资租赁关系不同的是,其呈现出一种新型的面貌。最后,法官根据融资租赁关系的基本法律规定,结合本案的具体案情,对本案作出了正确的判决。

胡福生诉阎旭临、阎孺临、闫韶临、闫彤临、刘宝琴房屋买卖合同纠纷再审案

孙　锋*

关键词

恶意串通　事实推定　无权处分　善意取得

裁判要旨

我国《合同法》第五十二条将恶意串通规定为合同无效的情形之一。从文义解释的角度来分析，恶意串通的构成需要符合主客观要件，即合同当事人存在加害他人的故意并串通以及国家、集体、第三人利益因此受损。主观要件难以直接证明，需要法官在已知事实的基础上根据经验法则，采用逻辑推理的方式进行推定。需要着重审查的基础事实包括合同当事人之间的特殊关系、签约时间、洽商过程、成交价款、款项交付方式、标的物交付情况等内容。此外，法官在对客观要件进行归入时，应注意对于国家、集体、第三人利益受损的判断应以权利受到妨害或有受损之虞为标准，而不应以损害实际发生为必要，否则将不合理地限缩恶意串通制度的救济范围。

相关法条

1.《中华人民共和国合同法》第五十二条。

2.《中华人民共和国民法总则》第一百五十四条。

---

* 孙锋，北京市第一中级人民法院审监庭法官。

【当事人基本情况】

申诉人(一审被告、二审上诉人):阎旭临、阎孺临、闫韶临、闫彤临、刘宝琴。

被申诉人(一审原告、二审上诉人):胡福生。

【基本案情】

2008 年 2 月 29 日,阎孺临与胡福生签订房产抵押借款合同,胡福生以海淀区华清嘉园 7 号楼作为抵押,向阎孺临借款 700 万元。胡福生为阎孺临出具欠条,约定还款期限及每月利息。2008 年 2 月,刘宝琴担任法定代表人的北京博之名商贸有限公司向中国工商银行借款 850 万元,并用胡福生名下的涉诉房屋作为抵押担保。后胡福生与文斌签署借款合同,并将所借款项给付阎孺临。2009 年 2 月 16 日,阎孺临向胡福生出具承诺书,内容为:“北京博之名商贸有限公司在 2009 年 2 月 25 日前收到胡福生还款后,同意于三个工作日内把胡福生抵押于工商银行上地支行房产予以解除抵押。”2009 年 3 月 26 日,马海平接受文斌的转委托作为胡福生代理人与孟会英签订房屋买卖合同,将胡福生名下的涉诉房屋以 301 万元的价格售予孟会英。2009 年 4 月 22 日,孟会英与刘宝琴签订房屋买卖合同,合同约定刘宝琴以 1100 万元的价格购买涉诉房屋,付款时间为 2009 年 4 月 22 日至 2012 年 4 月 21 日。合同签订当日,刘宝琴向孟会英支付购房款 50 万元并办理了房屋所有权过户手续。刘宝琴取得涉诉房屋产权证后,将该房屋多次设立抵押。

胡福生与孟会英就涉诉房屋签订的房屋买卖合同于 2011 年 12 月 13 日经法院生效判决撤销,判决认定合同价格显著低于市场价格,属于显失公平。

孟会英去世后,其继承人阎孺临、阎旭临、闫韶临、闫彤临与刘宝琴于 2012 年 1 月 7 日签订补充协议,约定刘宝琴于 2012 年 4 月 21 日之前支付剩余购房款 1000 万元。刘宝琴于 2012 年 2 月底分五次通过银行转账分别向闫彤临、阎旭临、闫韶临三人账户中共计支付人民币 10 000 200 元。

胡福生在起诉请求法院撤销其与孟会英签订的房屋买卖合同获得胜诉后再次向法院提起诉讼,请求确认刘宝琴与孟会英及其法定继承人阎旭临、阎孺临、闫韶临、闫彤临签订的房屋买卖合同及补充协议无效。

【审理结果】

北京市海淀区人民法院于 2013 年 12 月 20 日作出(2013)海民初字第 11890 号民事判决:一、孟会英与刘宝琴于二〇〇九年四月二十二日就位于北京市海淀区华清嘉园七号楼 F 底商一至二层房屋签订的房屋买卖合同无效;阎孺临、阎旭临、闫韶临、闫彤临与刘宝琴于二〇一二年一月七日就位于北京市海淀区华清嘉园七号楼F底商一至二层房屋签订的房屋买卖合同补充协议无效；二、刘宝琴于本判决生效后三十日内，返还胡福生二〇〇九年七月七日至二〇一三年十一月七日房屋租金共计七百零六万二千五百元；三、驳回胡福生的其他诉讼请求。宣判后，各方当事人均不服，向北京市第一中级人民法院提起上诉。北京市第一中级人民法院于2014年6月10日作出(2014)一中民终字第3455号民事判决，判决驳回上诉，维持原判。阎孺临、阎旭临、闫韶临、闫彤临与刘宝琴仍不服，向北京市人民检察院申诉，北京市高级人民法院在对检察院的抗诉进行审查后指令北京市第一中级人民法院再审本案。北京市第一中级人民法院于2017年10月13日作出(2017)京01民再83号民事判决：维持本院(2014)一中民终字第3393号民事判决。

【裁判理由】

法院生效裁判认为：《合同法》第五十二条规定的恶意串通的合同，是指合同当事人非法勾结，为牟取私利而共同订立的损害国家、集体或者第三人利益的合同。对于一份合同是否属于恶意串通的合同的判断应着眼于两个方面，即合同当事人是否有通过损害国家、集体或第三人利益来获取自已非法利益的故意并相互串通，以及合同当事人订立的合同是否危及国家、集体或第三人的利益。

首先，当事人在订立合同时是否存在损害国家、集体或第三人利益的故意并相互串通属于主观心理范畴的内容，只能依据已知事实和日常生活经验法则进行推定。本案系房屋买卖合同纠纷，对于合同双方当事人是否存在损害国家、集体或第三人利益的故意并相互串通的考察应重点集中在双方当事人之间有无特殊关系、合同的具体内容以及合同的履行情况等方面。其一，关于合同双方当事人之间的关系问题。阎孺临与刘宝琴均主张双方曾存在夫妻关系并育有子女，且双方存在诸多经济往来，关系较为密切。其二，关于合同的具体内容。阎孺临之母孟会英在以不合理低价购得案涉房屋后，在未支付完毕购房款的情况下即与刘宝琴签订房屋买卖合同，且合同中关于价款支付这一核心条款的约定极为简单，仅仅约定三年内付清房款。其三，关于合同的履行情况。在孟会英与刘宝琴签订房屋买卖合同当日，在仅收到50万元购房款的情况下，孟会英即将合同价格逾千万的案涉房屋所有权变更至刘宝琴名下；与之形成强烈反差的是，刘宝琴在之后近三年的时间里并未积极履行对待给付义务，而是在胡福生与孟会英签订的房屋买卖合同被法院判决撤销后旋即就案涉房屋与孟会英的继承人签订《房屋买卖合同补充协议》，并于2012年2月底分五次通过银行转账分别向闫彤临、阎旭临、闫韶临共计支付人民币10 000 200元。综合上述已知事实，不难发现，刘宝琴与孟会英及其继承人签订的房屋买卖合同及补充协议不论在缔约过程、合同内容以及履行方式上均存在不符合日常生活经验法则之处。若上述情节在案件中单独存在不足以推定合同当事人存在恶意串通,而本案中,上述事实相互叠加,足以使人形成内心确信,并排除合理怀疑,进而认定合同双方当事人之间存在恶意串通。

其次,关于合同当事人订立的合同是否危及国家、集体或第三人利益的判断问题。《合同法》第五十二条规定的恶意串通损害国家、集体或第三人利益的情形是指合同双方当事人缔结的合同有危害上述利益之虞,而并不以损害实际发生为必要,旨在强调合同双方当事人恶意串通的违法性。本案中,刘宝琴与孟会英及其继承人签订的房屋买卖合同及补充协议客观上会阻碍胡福生对于案涉房屋的物权支配效力的实现,应受到法律的否定性评价。

综上,申诉人的申诉理由不能成立,对其申诉请求法院不予支持。

【裁判解析】

我国《合同法》第五十二条将恶意串通确定为合同无效的情形之一。《民法总则》第一百五十四条亦规定,行为人与相对人恶意串通,损害他人合法权益的民事法律行为无效。与《合同法》第五十二条相比,《民法总则》对于恶意串通的客观要件进行了优化,以"损害他人合法权益"取代了"国家、集体、第三人利益"的提法。但两个条文对于"恶意串通"的认定标准都未予明确。在司法实践中,判断行为人与相对人是否为恶意串通时,首先要区分恶意串通与通谋虚伪表示。通谋虚伪表示因欠缺意思表示真实这一法律行为效力要件而当然无效,是否损害他人合法权益则在所不问。因此,恶意串通的构成,首先必须是行为人与相对人意思表示真实,且具有损害他人合法权益的故意。然而,是否具有加害故意属于主观范畴的内容,原告方无法直接举证证明。但这并不意味着原告举证责任的豁免。原告方仍应就行为人与相对人所为民事法律行为的基础事实承担举证责任。而法官则需要依据经过审查认证的基础事实以及经验法则,采用逻辑推理的方式,对合同当事人是否存在加害故意的事实进行推定,这就是所谓的事实推定。本案所涉及的是房屋买卖合同纠纷,法官需要审查的基础事实就包括合同当事人之间的特殊关系、签约时间、洽商过程、成交价款、款项交付方式、标的物交付情况等内容。本案中所涉及的合同关系在上述基础事实方面均有异于常规交易之处。且将案涉房屋买卖合同置于胡福生与阎孺临、刘宝琴的资金拆借历史以及阎孺临之母孟会英以不合理低价购得胡福生房屋的背景事实中考察,可以确定阎孺临、刘宝琴具有损害胡福生合法权益的故意,并排除合理怀疑。至于加害故意的串通的证明问题,由于合同当事人的缔约过程具有一定的私密性，外界难以具体感知，同样需要根据已知的基础事实进行事实推定。只要基础事实可以支撑合同当事人均积极追求或放任损害他人利益的结果发生即可。

恶意串通致使合同无效还需符合一定的客观要件，即损害他人合法权益。需要注意的是，对于损害的理解不应以损害的实际发生为必要，否则将会不合理地限缩该制度的适用范围。如在本案中，胡福生与孟会英的房屋买卖合同已被法院生效判决撤销，孟会英与刘宝琴进行案涉房屋的交易属于无权处分。在此情况下，刘宝琴可能取得案涉房屋的唯一途径便是通过善意取得制度。然而，如前所述，刘宝琴具有损害胡福生合法权益的故意，其不可能具备善意取得的构成要件。因此，从法律上来讲，胡福生对于案涉房屋的所有权不可能受到损害。故，如认为恶意串通制度的适用应以损害的实际发生为必要，则本案中胡福生的诉讼请求应被驳回。但是，现实的情况却是，在胡福生起诉之时，案涉房屋的所有权已经登记到刘宝琴名下，若不诉诸恶意串通制度，胡福生将别无救济之法。因此，对于恶意串通客观要件的把握以他人合法权益有受损之现实危险为标准，更利于实体正义的实现。

【案例点评】

恶意串通是合同法规定的合同无效的情形之一。同时，最高人民法院《关于适用〈中华人民共和国民事诉讼法〉的解释》对于恶意串通的证明标准也作了专门规定，即恶意串通事实的证明，人民法院确信该待证事实存在的可能性能够排除合理怀疑的，应当认定该事实存在。然而，对于恶意串通的构成要件，现行法律以及司法解释并未明确涉及。一般认为，恶意串通的构成应从主客观两个方面进行考察。本案例即遵循这一基本思路，从主观和客观两方面对恶意串通的构成要件进行归入，同时对于待证事实存在的可能性是否可以排除合理怀疑进行了较为充分的论证。本案例的论证结构及说理方式对于同类案件的办理具有一定的参考价值。

【裁判心得】

根据最高人民法院《关于适用〈中华人民共和国民事诉讼法〉的解释》的相关规定，人民法院确信恶意串通存在的可能性能够排除合理怀疑的，应当认定该事实存在。恶意串通的主观要件的归入往往需要借助于事实推定。而对于相关证据的审查认证应始终坚持排除一切合理怀疑的证明标准，并充分公开关键证据的认证过程。恶意串通的客观要件的归入不应拘泥于恶意串通的行为须对他人造成现实损害，否则会不合理地限缩该制度的适用范围。

王某强奸、猥亵儿童再审案

黄晓丰*

关键词

强奸　猥亵　直接证据　间接证据　印证

裁判要旨

对于强奸、猥亵类案件，由于存在"隐蔽性"的特点，往往缺乏客观证据。在证明有罪的被害人陈述与证明无罪的被告人供述"一对一"，且被告人拒不认罪的情况下，应当着重审查直接证据与间接证据是否能够相互印证。对于仅有被害人陈述，没有其他直接证据能够证明被告人有罪的案件，要重点审查被害人陈述是否连续稳定、证人证言是否连续稳定、被害人陈述与证人证言之间是否能够在证明案件事实的关键环节上相互印证，细节上存在瑕疵的，能否得到合理解释，排除合理怀疑。

本案中直接证据与间接证据之间、间接证据之间不能相互充分印证，指控王某犯罪的证据没有形成完整的证据锁链，证据之间存在的矛盾不能排除合理怀疑，指控犯罪的证据没有达到案件事实清楚，证据确实、充分的法定证明标准，故指控王某犯猥亵儿童罪、强奸罪的事实不清、证据不足，不能认定王某有罪。

相关法条

1.《中华人民共和国刑法》第二百三十六条、第二百三十七条第三款。

2.《中华人民共和国刑事诉讼法》第二百二十五条第一款第一项、第二百四十

* 黄晓丰，北京市第一中级人民法院清河法庭法官。

五条第一款。

3. 最高人民法院《关于适用〈中华人民共和国刑事诉讼法〉的解释》第三百八十九条第一款第一项。

【当事人基本情况】

原公诉机关:北京市大兴区人民检察院。

原审被告人:王某。

【基本案情】

2007 年 7 月,被告人王某与王某某结婚,组成再婚家庭,婚后王某与王某某及王某某的长女魏某某、次女魏某共同生活。魏某 2013 年 12 月 2 日放学后离家未归,次日返回家中。12 月 6 日晚,魏某某、王某某责问魏某找男朋友之事,魏某称自己被王某强奸。12 月 7 日,魏某在王某某、魏某某及证人孟某的陪同下到公安机关报警。魏某在公安机关的询问中称:在家中其多次受到王某性侵,对三次印象较深,第一次是 2012 年 11 月或者 12 月的一天 13 时许,被告人王某于用手抠摸魏某的阴部;第二次是 2013 年 5 月初的一天 9 时至 12 时许,被告人王某强行奸淫魏某,但未能插入;第三次是 2013 年 8 月底 9 月初的一天下午,被告人王某强行将魏某奸淫。被告人王某于 2013 年 12 月 7 日被抓获归案,到案后坚称自己从未对魏某实施过性侵害。

【审理结果】

北京市大兴区人民法院于 2015 年 6 月 11 日作出(2014)大刑初字第 892 号刑事判决,判决被告人王某无罪。宣判后,王某未提出上诉,被害人及其法定代理人未请求检察机关抗诉,大兴区人民检察院提出抗诉。北京市第二中级人民法院于 2015 年 10 月 14 日作出(2015)二中少刑终字第 01044 号刑事裁定,驳回大兴区人民检察院的抗诉,维持原判。判决发生法律效力后,2016 年 6 月 30 日北京市人民检察院以京检未检审刑抗(2016)1 号刑事抗诉书,以原判认定事实错误、适用法律不当为由向北京市高级人民法院提出抗诉。北京市高级人民法院于 2016 年 8 月 23 日作出(2016)京刑抗 1 号再审决定书,指令北京市第一中级人民法院对本案进行再审,本案在再审期间不停止原裁定的执行。再审确认原审查明的事实及证据,认为原审法院根据本案现有证据对原审被告人王某作出的裁判,认定的事实及适用法律正确,审判程序合法,裁定维持原判。

【裁判理由】

法院生效裁判认为:本案指控原审被告人王某犯猥亵儿童罪、强奸罪的主要证据是被害人魏某的陈述,以及证人赵某某、王某某、魏某某等人的证言。综观全案,本案缺乏能够认定王某作案的客观证据,被害人陈述缺乏客观、直接证据印证。对于原公诉机关指控原审被告人王某第一项犯猥亵儿童罪的证据,被害人魏某关于王某实施猥亵行为的基本事实陈述前后不一致,证人赵某某的证言与被害人陈述不能相互印证;对于原公诉机关指控原审被告人王某第二项犯强奸罪的证据,在案被害人魏某的陈述缺乏连续性、稳定性,且无其他证据佐证;对于原公诉机关指控原审被告人王某第三项犯强奸罪的证据,被害人魏某对于基本事实的陈述存在前后不一致,赵某某关于该起指控所作的证言存在前后不一致,且被害人陈述与证人赵某某的证言之间亦存在矛盾,证据之间的矛盾不能得到合理解释,无法证实指控犯罪事实的存在。此外,本案证人魏某某、王某某、孟某等有关王某猥亵、强奸魏某的证言内容均来源于魏某的陈述,无法认定上述证人证言与魏某陈述之间可以相互印证。综上,本案直接证据与间接证据之间、间接证据之间不能相互充分印证,指控原审被告人王某犯罪的证据没有形成完整的证据锁链,证据之间存在的矛盾不能得到合理解释,指控王某犯罪的证据没有达到案件事实清楚,证据确实、充分的法定证明标准,指控王某犯猥亵儿童罪、强奸罪的事实不清、证据不足,不能认定王某有罪。对于原审被告人王某及其辩护人关于王某无罪的辩解及辩护意见,本院予以采纳。对于北京市人民检察院第一分院的出庭意见,经查,缺乏法律依据,理由不充分,本院不予采纳。综上所述,原审法院根据本案现有证据对原审被告人王某作出的裁判,认定的事实及适用法律正确,审判程序合法,应予维持。据此,依照《中华人民共和国刑事诉讼法》第二百四十五条第一款、第二百二十五条第一款第一项及最高人民法院《关于适用〈中华人民共和国刑事诉讼法〉的解释》第三百八十九条第一款第一项之规定,裁定如下:维持北京市第二中级人民法院(2015)二中少刑抗终字第 01044 号刑事裁定和北京市大兴区人民法院(2014)大刑初字第 892 号刑事判决。

【裁判解析】

本案原一、二审均以事实不清、证据不足为由判决原审被告人王某无罪,检察机关针对本案在二审及再审中均提出抗诉,争议较大。本案涉及的主要问题是检察机关指控犯罪的证据是否达到确实充分,排除合理怀疑的证明标准,对此,需要综合审查在案的直接证据、间接证据,以及在直接证据不足的情况下,尤其应注意审查间接证据的证明力。

(一)综合全案证据,证明被告人实施犯罪的直接证据、客观证据缺乏

本案中证明被告人有罪的证据除被害人陈述外,没有其他直接证据。由于指控的案发时间距离被害人报案时间较长,现场勘验系在案发后三个月之久才进行,未能提取到DNA物证,亦未提取到有价值的物证、痕迹,致使被害人陈述缺乏客观证据印证。分析认为,在此情况下,一方面,应审查被害人陈述是否连续、稳定,是否有其他证据印证;另一方面,要充分审查间接证据,间接证据之间是否连续、稳定,间接证据是否能够印证被害人陈述,证明有罪的直接证据与间接证据之间形成的证据锁链是否封闭、能够扎实证成指控犯罪事实的发生。

(二)被害人陈述不连续、不稳定,且前后陈述存在不一致,致使其证明力不高,无法证明指控犯罪事实的发生

刑事诉讼理论及司法实务中一般认为被害人陈述属于直接证据,能够单独、直接证明案件主要事实。"基于各种主客观因素的影响,被害人陈述也存在虚假的可能性。一方面,被害人是犯罪行为的直接侵害对象,被害人的精神高度紧张,这种情绪波动可能会严重影响被害人的感知和记忆能力。另一方面,被害人与被告人和案件处理结果存在利害关系,很可能基于偏私的心理而夸大甚至虚构相应的案件情况。"[①]对于被害人陈述的审查,不仅应审查历次陈述之间对于案件事实的陈述是否存在矛盾,还要分析矛盾的性质属于对基本事实之间陈述的矛盾,还是关于案件事实枝节方面的瑕疵以及上述矛盾、瑕疵是否可以得到合理解释、补正,进而可以排除合理怀疑。更为重要的是,被害人陈述中形成稳定的部分是否有其他证据可以印证。

本案中魏某有多次陈述,历次陈述中关于案件基本事实并不完全一致,这些不一致并无其他证据印证,亦不能排除合理怀疑,因此无法认定其陈述的真实性。具体到公诉机关指控的第一起猥亵儿童罪证据中,魏某曾提到王某在实施该起犯罪过程中与其有过对话,但是对于对话的发生时间与王某脱其裤子行为之间的前后顺序陈述不一致;关于王某在实施完毕性侵行为后,所作出的威胁行为的时间与魏某当时所处的具体位置陈述前后存在不一致。在公诉机关指控的第二起强奸罪证据中,直接证据只有魏某一次详细陈述,陈述中对于被强奸的经过描述的比较清楚,场景、细节都有涉及,但是在公安机关时隔十余天再次向其取证时,其表示对该起被侵犯的具体过程记不清了,这不符合记忆规律,有违常理,导致被害人陈述缺

① 张军主编:《刑事证据规则理解与适用》,法律出版社2010年版,第159页。

乏连续、稳定。此外,魏某陈述的该起被侵犯的具体过程、被告人具体的性侵动作,结合现场勘查情况、案发卧室的家具摆放情况,可以发现被告人难以顺利实施魏某陈述的犯罪行为,故其陈述的该起案发经过不符合常理,且无合理解释。在公诉机关指控的第三起强奸罪证据中,魏某两次陈述之间关于王某性侵过程的关键细节均存在不一致,如对于王某实施性侵的体位、过程、动作,王某在此次性侵过程中是否与其有过对话及对话内容,王某在性侵中的具体行为,如是否对其实施过盖被子的具体情节等,魏某陈述均前后不一致。

综上,被害人陈述前后细节不一致,缺乏连续稳定,使法官内心无法形成对其陈述真实性的内心确信,其陈述在指证王某构成犯罪中的证据效力产生折扣,也使得证据锁链体系无法闭合,难以证明涉案犯罪事实的发生。退一步而言,即便可以认定被害人陈述的真实性,认为其前后陈述不一致是由于情绪紧张、记忆误差导致,那么在被告人作无罪供述,其陈述缺少其他证据印证的情况下,也无法认为根据"一对一"的证据来认定指控犯罪的证据已经达到确实、充分的定罪程度。

(三)证人证言前后不一致,且与被害人陈述之间存在矛盾,证据之间的矛盾无法得到合理解释,无法排除合理怀疑,导致无法稳定证成指控犯罪事实存在

证人证言是否连续稳定、真实有效,是判断其证据效力的关键。首先,要分析证人证言是否连续稳定,数次证言之间对于案件基本事实的证明是否基本一致。对于同一证人对案件陈述存在前后不一致的,要注意哪些地方是基本一致的,进而抽象出证言中一致的内容,对于能够抽象出的证言中基本一致的内容,则要审查这部分内容是否可以与被害人陈述相互印证,以及与其他证人证言是否可以相互印证。同时也要分析出哪些地方是不一致的,并注意产生这些不一致的原因是什么,是由于时间的流逝而自然导致记忆力衰退,还是由于证言本身虚假,对于案件事实的描述,由于询问时间的间隔,客观上无法做到连续稳定。尤其要注意的是,不能因为证人对于案件事实的某次陈述能够与在案其他证据相互印证,就确定该份证言的效力,而对于证人数次证言之间的差异不做分析,甚至是对证人数次证言之间的矛盾原因不加分析。只有在对矛盾可以排除合理怀疑的基础上,才可以采信证人数次不相一致的证言中的某次证言,作为与在案其他证据相互印证的证据来使用。其次,要分析在案的证人证言的证明效力。一般而言,证人证言的效力根据证人是否直接感知案件情况,可以分为两类,一类是直接证据,如证人直接目睹凶案现场、直接目睹被告人行凶过程,此时证人作出的证言具有较强的证明力。另一类是间接证据,如证人是根据他人转述而知晓的与案件有关的事实,包括证人听见被

害人自述的被性侵犯的过程等,此时证人证言的证明力一方面取决于证人对传闻信息的认知、理解及表达能力,另一方面取决于原始信息传播者传播的信息的本身真实性。本案中由于没有现场目击证人,王某某、魏某某、孟某等关于魏某曾经被侵犯的感知均源于魏某的陈述,系传来证据、间接证据,证明效力有限。证人赵某某对于检察机关指控的王某实施第三起强奸行为时曾经证过与魏某通过电话,对于当时魏某在通话中的异常表现有过证言,因此,赵某某的证言对于能否印证该起强奸犯罪具有重要作用,应予重点分析评判。

关于公诉机关指控的第三起强奸罪犯罪事实的证据,证人赵某某曾证案发期间其曾与魏某通过电话,并发现异常,如果证言属实,那么可以间接佐证魏某的陈述,但是经过审查发现:证人赵某某关于第三次指控的强奸案发过程的陈述前后矛盾。赵某某是本案唯一有可能印证魏某关于指控第三起强奸罪陈述的重要证人,但其多次证言之间存在矛盾,且其证言与魏某陈述之间亦存在矛盾,导致其证言的真实性存在疑问。

本案中证人赵某某证明的案发经过与魏某陈述的案发过程之间存在矛盾,这些矛盾对于判断言词证据的真实性具有重要作用,在无法得到合理解释的情况下,导致魏某的陈述缺少其他证据印证,证人证言也缺少其他证据印证,魏某陈述与证人证言均处于真伪不明的状态,在此基础上,这两种证据所指向的案件事实当然也就处于证据不足的状态,难以有效证明指控犯罪事实的发生。具体而言,主要体现在以下几个方面:

第一,关于案发当天二人是否有约会,赵某某证言与魏某陈述不一致,无法相互印证。从魏某关于此节事实的陈述来看,基本可以确定案发当天二人事先约好要见面,有约会在先。而根据证人赵某某在侦查机关所作证言及其二审期间的当庭陈述,可以证实案发前赵某某与魏某对于案发当天约会这件事没有事先约定,赵某某属于临时性打电话相约。

第二,关于案发时的场景,赵某某证言与魏某陈述存在不一致,无法相互印证。魏某在陈述中均表述王某在侵犯其时,其在走廊正准备穿鞋出去,而赵某某在二审当庭陈述事后魏某曾告诉他当时感到疼,当时其注意力在电视或者是游戏上,可能意识不到在被性侵,也即魏某对于该起被性侵犯时自己所处的场景、正在做何事,其陈述的场景与证人赵某某所能够证明的场景不一致。

第三,二人均提及该起案发过程中,魏某在被性侵时二人存在通话的事实,并且赵某某证明其在与魏某通话时听到一个男子说“脱裤子”之类的言语,这部分内容与魏某陈述的二人通话情况及王某实施性侵行为的过程之间,相互矛盾,无法相互印证。在案魏某的陈述均未提到王某在对其性侵过程中说过让其脱裤子之类的言语,并且从魏某陈述的其与证人赵某某通话过程情况来看,在接通的通话中,魏某陈述王某说过"你把电话挂了"之类的言语,在王某脱魏某的衣裤过程中,魏某也证实当时其与证人并未通话,因此,证人证明的此节事实没有相关证据印证,故证人证实的其知晓魏某被侵犯的事实,证明力不强。且从常理而言,如果魏某在与他人进行通话,王某在此时还进行性侵,竟不顾魏某在电话中向他人告发,此时还要强横地命令魏某把电话关掉,甚至对着电话说要求魏某把裤子脱掉,这也不符合常理。

第四,魏某陈述的关于此次被性侵时被侵害的体位、动作与现场环境存在一定程度的矛盾,亦有违常理。

(四)本案案发过程不自然,同时存在其他不符合常理环节

发案和破案经过虽不能作为认定被告人有罪的证据,但在性侵未成年人案件缺乏客观物证的情况下,发案和破案经过自然、正常且及时,有助于办案人员形成内心确信。[①] 从本案的案发情况来看,报案时间距离指控的犯罪时间最短间隔三个多月,最长间隔一年之久,导致无法提取到有价值的物证,案发过程也不是很自然,案发是由于魏某在离家出走后,家人责问交男朋友的事情,并且家人反对其与赵某某继续交往的情况下,才说出被性侵的事情,案发过程不自然。另外,从证人赵某某作证的程序来看,系得到魏某通知去侦查机关作证,考虑到赵某某在作证时与魏某之间是男友朋友关系,且在最后一起性侵之前二人还曾发生过性关系,故赵某某针对最后一起犯罪事实所作证言的真实性,无法得到确认。需要注意的是,本案中还存在其他一些不符合常理的情节,如魏某在历次陈述中,对于其在被性侵的整个过程中能够顺利接听、挂断手机,尤其是其在被王某抱在床上、脱光衣服后,也能够顺利地拿到手机的陈述是基本一致的,考虑到其当时处于被性侵的状态,此时王某又允许其离开床,去接听手机,这与一般的强奸犯罪行为中被害人所处的境地、被告人的行为特点均显得极不相符,在这种情景下,王某毫无顾忌地侵犯被害人,无法得到合理解释。这种案发过程的不自然以及其他一些有违常理的地方,加之言词证据之间细节的不一致,以及缺少客观证据印证的证据情况,难以让办案人员形成内心确信。

---

① 余穗军:《王某某强奸案》,载《刑事审判参考》总第98集,法律出版社2014年版,第39页。

综上，本案直接证据与间接证据之间、间接证据之间不能相互充分印证，对此类案件的定罪证据要掌握得更加严格一些，证据之间的印证尤为重要。在目前没有新证据的情况下，指控王某犯罪的证据没有形成完整的证据锁链，证据之间存在的矛盾不能排除合理怀疑，指控犯罪的证据没有达到案件事实清楚，证据确实、充分的法定证明标准，指控原审被告人王某犯猥亵儿童罪、强奸罪的事实不清、证据不足，不能认定王某有罪。故原审依据在案证据情况，作出的事实不清、证据不足，王某无罪的裁判，认定的事实及适用法律正确，审判程序合法，应予维持。

【案例点评】

本案中，检察机关坚持抗诉，实际上是对定罪证据是否达到确实、充分产生的认识分歧。综合在案被害人陈述、证人证言及其他证据情况，定罪的证据尚未达到确实、充分的程度，存在合理怀疑的地方未能完全排除，这是有道理的。案例依次对在案证据从直接证据、间接证据以及直接证据与间接证据、间接证据之间是否能够相互印证，进行了较为详细的论述，尤其是在直接证据不足的情况下，对于间接证据进行了充分的分析，这种分析结论逻辑严谨，依据扎实，为最终的裁判结论提供了有力的支撑。本案最终作出维持无罪的裁判，再次实践了刑事诉讼的基本原则：证据不足，不能认定被告人有罪的，应当按照疑罪从无原则，依法作出无罪判决。

【裁判心得】

对于强奸、猥亵类案件，很多时候都是"一对一"的证据，有的细节也无法完全印证，定罪的关键是需要有客观的证据来印证被害人的陈述，比如被告人或者被害人身上有伤，或者及时报案，单纯依据有瑕疵的间接证据，如并未目睹案发经过的与被害人有特殊关系证人证言，这种证明的效力、印证的效力是否能够达到刑事案件定罪的证明标准，应当持慎重态度。对于类似发生于家庭成员之间的性侵害犯罪，能否认定构成犯罪，应坚持证据裁判原则，对全案证据细致分析，根据证据种类的不同运用相应证据审查规则，从而对指控的犯罪事实是否成立作出判断。本案再审后维持原裁判，正是坚持证据裁判原则得出的结论。

图书在版编目(CIP)数据

裁判方法与法律适用：案例精选. 2017 年卷 / 北京市第一中级人民法院编. -- 北京：法律出版社，2018
ISBN 978-7-5197-2280-7

Ⅰ. ①裁… Ⅱ. ①北… Ⅲ. ①审判-案例-中国
Ⅳ. ①D925.05

中国版本图书馆 CIP 数据核字(2018)第 094417 号

裁判方法与法律适用:案例精选(2017 年卷)
CAIPAN FANGFA YU FALÜ SHIYONG:
ANLI JINGXUAN(2017 NIAN JUAN)

北京市第一中级人民法院 编

策划编辑 李 群
责任编辑 李 群 李 璐
装帧设计 汪奇峰

出版 法律出版社
总发行 中国法律图书有限公司
经销 新华书店
印刷 北京虎彩文化传播有限公司
责任印制 胡晓雅

编辑统筹 法律应用·大众读物出版第一分社
开本 710 毫米×1000 毫米 1/16
印张 24
字数 418 千
版本 2018 年 5 月第 1 版
印次 2018 年 5 月第 1 次印刷

法律出版社/北京市丰台区莲花池西里 7 号(100073)
网址/www.lawpress.com.cn
投稿邮箱/info@lawpress.com.cn
举报维权邮箱/jbwq@lawpress.com.cn
销售热线/010-63939792/9779
咨询电话/010-63939796

中国法律图书有限公司/北京市丰台区莲花池西里 7 号(100073)
全国各地中法图分、子公司销售电话:
统一销售客服/400-660-6393
第一法律书店/010-63939781/9782
西安分公司/029-85330678
重庆分公司/023-67453036
上海分公司/021-62071010/1636
深圳分公司/0755-83072995

书号:ISBN 978-7-5197-2280-7
定价:68.00 元